政治经济学新连线·学术研究系列

利润率的政治经济学

孟 捷 / 主编

社会科学文献出版社
SOCIAL SCIENCES ACADEMIC PRESS (CHINA)

政治经济学新连线丛书

丛 书 主 编 孟　捷（复旦大学）

丛 书 顾 问 史正富（复旦大学）

白暴力（北京师范大学）

张晖明（复旦大学）

吴　栋（清华大学）

丛书支持单位 中国政治经济学年会秘书处

出版说明

"政治经济学新连线丛书"现由中国政治经济学年会秘书处策划出版。丛书在秉持古典经济学和马克思以降的分析传统的同时，力图展现当代政治经济学研究与时俱进的品格与风貌。2014年，丛书的第一批书目出版，赢得了学界的好评。2016年以后，新书目持续推出，敬请垂注。

前　言

　　利润率动态的理论是马克思资本积累理论的核心。近年来，在汲取国际马克思主义经济学研究成果的同时，中国学者在利润率问题的研究上也取得了一些进展，发表了一批具有较高水准的论文。为了便于读者了解这些研究的总貌，编者选择了一些论文收入本书。这些论文被分为两个部分，在书中构成上、下两篇。其中，上篇主要是围绕置盐定理的讨论。2010 年，置盐信雄的经典论文经编者推介首度译为中文，在《教学与研究》当年第 7 期发表（译者是骆桢和李怡乐）。在此之前，国内几乎没有针对置盐定理的专门研究，此后相关研究陆续出现，并吸引了越来越多的学者的注意。对置盐定理的研究和批判，对于深化利润率下降理论的研究、发展一个非均衡的资本积累理论具有重要意义。编者和冯金华的论文在此方向上做了初步尝试。值得一提的是，在我们的论文问世不久，孙小雨就将我们的模型（她称之为 MF 模型）和谢克的真实竞争理论加以比较和综合，进一步发展了从非均衡进路考察这一问题的思路。此外，其他一些青年学者如裴宏、李帮喜、骆桢也对置盐定理进行了别具特色的研究。

　　本书下篇主要是对利润率动态的经验研究。要承认的是，这一研究一直是马克思主义经济学相对薄弱的环节，其原因是多方面的。利润率是资本主义经济表面的范畴，它和马克思经济学中以价值为量纲的核心范畴之间的关系，只有在一个中介系统的帮助下，才能建立起来。我们认为，在国外马克思主义文献中，有三项围绕利润率的经验研究是值得注意的。其一，20 世纪 70 年代，韦斯科普夫在对利润率定义加以分解的基础上，提出了一个将三种马克思主义危机理论综合在一起加以分析的模型，这产生了较大影响。这一研究尽管是利润率经验研究方面的一个标志性成果，但在理论上也存在明显的弱点，如低估了需求侧因素对危机的影响，为此本书收入了一篇编者和李亚伟针对他的批判性评论。其二，谢克近年来发展了一种研究利润率平均化的新进路，即专注于净投资对利润率平均化的影响，这一进路在方法上具有某种便利性，值得关注。其三，伴随发达资本主义经济的金融化，利润率下降和金融化之间的关系也成为值得探讨的重要问题。弗里曼等人对此开展了研究，他们强调了金融化给利润率的测度所带来的影响。在编者和李亚伟等人合作的论文里，我们系统地评介了这些研究。将利润率下降和金融化联系起来是非常重要的，这关涉能否发展一种将金融化纳入其中的更为全面的资本积累理论。

本书较为全面地反映了近年来国内在利润率动态问题上的研究热点和研究成果。它是对过去取得的成绩的一个小结，也是未来进一步研究的起点。

本书出版受到中国人民大学校内科研基金的资助，谨致谢忱。

孟　捷

2018 年初春于沪上新江湾寓所

目　录

上　篇

技术变革与利润率[*]

〔日〕置盐信雄

骆　桢　李怡乐　译^{**}

孟　捷　校^{***}

译者按：置盐信雄（1927～2003 年）是日本著名马克思主义经济学家、马克思主义数理经济学派的代表人物。生前长期执教于神户大学。1961 年，他在《神户大学经济评论》（英文版）上发表了《技术变革与利润率》一文，提出了后来被称为"置盐定理"（Okishio Theorem）的观点。和马克思的利润率下降规律相反，该定理认为，除非实际工资率有足够高的上升，否则由资本家引进的技术创新不会降低一般利润率；基本品行业的技术创新会提高一般利润率，而非基本品行业的技术创新对一般利润率水平没有影响。该文发表后，在国际学术界引起了热烈的争论。半个世纪过去了，置盐定理所引发的争论一直没有停歇，并和价值转形问题一样，成为马克思主义数理经济学中的重要争论之一。近年来，国内数理政治经济学界对价值转形问题的研究倾注

---

* 本文译自 Nubuo Okishio, "Technical Changes and the Rate of Profit," *Kobe University Economic Review*, 7 (1961)：85 - 99。

** 骆桢，四川大学经济学院副教授，主要研究方向为马克思经济学、经济增长与波动、非线性内生波动模型；李怡乐，西南财经大学经济学院副教授，主要研究方向为政治经济学。

*** 孟捷，复旦大学经济学院教授，主要研究方向为政治经济学。

了很大精力，也取得了不少有价值的成果。但令人遗憾的是，置盐定理以及相关争论一直乏人问津。我们组织翻译此文，旨在唤起学术界同仁对此问题的研究兴趣，借以推动国内数理政治经济学全面均衡地发展。

一

本文将考察马克思的利润率趋向下降的规律①，在《资本论》第三卷中马克思将此规律表述如下。

（1）资本家之间的竞争迫使他们引进新的生产技术以提高劳动生产率。

（2）提高劳动生产率的生产技术通常会提高"资本有机构成"。资本有机构成由 c/v 来度量，其中 v、c 分别为可变资本和不变资本。

（3）利润率为 $m/(c+v)$，其中 m 表示"剩余价值"。于是，如果剩余价值率 m/v 保持不变，随着资本有机构成 c/v 的提高，利润率下降。

（4）如果实际工资率不变，提高工资品行业及其相关行业劳动生产率的生产技术会提高剩余价值率。这个效应阻碍了利润率的下降，但作用有限。

（5）于是，尽管有这些起阻碍作用的因素，但由于提高资本有机构成的新技术的不断引入，利润率有下降的趋势。

---

① 此处原文为德文——译者注。下述 5 个表述见于一些不太引人注意的文章：Kei Shibata，"On the Law of Decline in the Rate of Profit，" *Kyoto University Economic Review*，July，1934 以及 Kei Shibata，"On the General Profit Rate，" *Kyoto University Economic Review*，January，1939。

针对这些命题，有以下疑问。

（1）资本家引入的新的生产技术真的必然提高劳动生产率吗？

（2）提高劳动生产率的生产技术通常会提高资本的有机构成吗？

（3）新生产技术对利润率有着对立的双重影响：提高剩余价值率以及提高资本有机构成。然而为什么利润率有下降趋势呢？

我们将依次考察这些问题。

二

资本家是否引入一项新技术并不取决于其是否能提高劳动生产率，而是取决于其能否降低生产成本。"生产率准则"不同于"成本准则"。

第 i 种商品的劳动生产率由 $1/t_i$ 度量，其中 t_i 表示生产 1 单位第 i 种商品所耗费的直接或间接的必要劳动量。t_i 由下列方程决定：

$$t_i = \sum a_{ij} t_j + \tau_i \quad (i = 1, 2, \cdots, n) \tag{1}$$

其中 a_{ij} 表示生产 1 单位第 i 种商品所必需的第 j 种商品的直接投入量，而 τ_i 表示生产 1 单位第 i 种商品所需要的直接劳动量。

在第 k 产业中，新技术能提高生产第 k 种商品的劳动生产率的条件是：

$$\sum a_{kj} t_j + \tau_k > \sum a'_{kj} t_j + \tau'_k \tag{2}$$

其中 $(a'_{k1}, a'_{k2}, \cdots, a'_{kn}, \tau'_k)$ 表示第 k 产业中的新技术①，方程（2）是"生产率准则"。

与之不同，"成本准则"是：

$$\sum a_{kj} q_j + \tau_k > \sum a'_{kj} q_j + \tau'_k \tag{3}$$

---

① 见文章末数学附录 I 。

5

其中 $q_j = p_j/w$，p_j 和 w 分别表示第 j 种商品的价格和货币工资率。

只有在对所有的 i 而言 $q_i = t_i$ 时，"生产率准则"［方程（2）］和 "成本准则"［方程（3）］才等价。而在资本主义经济中，因为每个行业都必须存在正的利润，从而必须满足下列不等式：

$$q_i > \sum a_{ij}q_j + \tau_i \quad (i = 1,2,\cdots,n) \tag{4}$$

比较方程（1）和方程（4），我们可得，对所有的 i 都有 $q_i > t_i$[①]。

因此，"生产率准则"不同于"成本准则"，由于资本家采用的是 "成本准则"而不是"生产率准则"，从而资本家所引入的新技术虽必须降低生产成本，却不必然提高劳动生产率。这是资本主义经济阻碍生产力进步的一种表述。

三

提高劳动生产率的生产技术是否会提高资本有机构成，在没有统计研究的情况下是无法回答这一问题的，因此本文对此将不做讨论。

在马克思的视角中，为了提高劳动生产率，生产的迂回程度必然增加。于是生产商品所耗费的必要劳动量相对于生产必需的生产资料所耗费的劳动量减少。

马克思用 c_i/v_i 来度量第 i 产业的资本有机构成，但这种度量不能充分展示马克思的视角。

用我们的记法：

$$c_i = \sum a_{ij}t_j$$

$$v_i = \tau_i \sum b_j t_j$$

其中（b_1，b_2，$\cdots$，b_n）表示劳动者付出 1 单位劳动所换得的一揽子消

---

① 见数学附录 Ⅱ。

费品，称为实际工资率。从而一个产业的资本有机构成取决于两个因素：决定 a_{ij}、τ_i 和 t_i 的生产技术，以及决定 b_i 的实际工资率。即使生产技术不变，实际工资率的变动也会引起资本有机构成的变化。

为清晰地展示马克思的视角，我们认为最好采用 $\sum a_{ij}t_j/\tau_i$，而不是 $c_i/v_i = \sum a_{ij}t_j/\tau_i \sum b_jt_j$ 来度量资本有机构成。我们度量资本有机构成的 $\sum a_{ij}t_j/\tau_i$ 或者 $c_i/(v_i+m_i)$ 取决于生产技术并且清楚地表示出直接劳动和生产资料所包含的间接必要劳动之间的比例。我们将 $c_i/(v_i+m_i)$ 称为第 i 产业的"生产的有机构成"。

四

剩余价值率 m/v，用我们的符号表示如下：

$$\frac{m}{v} = \frac{\tau_i - \tau_i \sum b_jt_j}{\tau_i \sum b_jt_j} = \frac{1 - \sum b_jt_j}{\sum b_jt_j} \tag{5}$$

由上述方程可知，剩余价值率取决于实际工资率和工资品的劳动生产率。如果 $b_j > 0$，则第 j 产业是工资品行业。工资品的劳动生产率不仅取决于工资品行业本身的生产技术，还取决于与工资品行业不可分[①]的产业的技术。因为，根据方程（1）所示，t_i 不仅取决于第 i 产业本身的生产技术，同时还取决于其产出作为第 i 产业直接或间接投入品的产业的技术。由此我们将所有工资品行业和与工资品行业不可分的行业称为"基本品行业"。于是，给定实际工资率，剩余价值率仅取决于"基本品行业"的生产技术。

如果在某一基本品行业引入新的生产技术，并且导致某些工资品行业的劳动生产率提高，即对于 $b_i > 0$ 的 t_i 变小，于是，给定实际工资率，剩余价值率必然增加。但是非基本品行业的生产技术变化不影响剩余价值率。

[①] 与投入－产出理论中系数矩阵的"不可分解"（Indecomposable）概念相对应——译者注。

在分析对剩余价值率的影响时，区分"基本品行业"和"非基本品行业"是很重要的。这一点马克思和李嘉图都充分认识到了。^① 且这个区分在分析技术变革对利润率的影响时也是至关重要的。李嘉图坚持了这一点，而马克思否认了这个观点。这也就是我们后面将要说的马克思的错误。

五

在基本品行业新引进的马克思式的生产技术，有两种效应：提高剩余价值率以及提高资本有机构成。但是马克思坚持利润率有下降的趋势。为什么前一个效应不能完全抵消后者呢？

对此，大多数的结论和通常的回答如下：利润率 $m/(c+v)$，不能超过生产有机构成的倒数，即：

$$m/(c+v) \leqslant (v+m)/c \tag{6}$$

只有当 $v = 0$ 时，上式才能取等号，换句话说，此时工人免费劳动。这一毫无疑问的关系式表明生产有机构成的倒数是利润率的上限。并且，根据马克思的观点，这个上限是时间的减函数，从而 $(v+m)/c \rightarrow 0$。

---

① "购买这类必需品，既须增加支出，劳动者自然会要求增加工资。工资增加，必致减低利润。至若非必要品如绢物天鹅绒家具等，则虽因所费劳动增加而价格腾贵，亦决不能影响利润。只有工资腾贵可影响利润；劳动者既不消费绢物天鹅绒，故不能提高工资。"见李嘉图《经济学及赋税之原理》，郭大力、王亚南译，上海三联书店，2008，第63页。
"要使劳动力的价值降低，生产力的提高必须扩展到这样一些产业部门，这些部门的产品决定劳动力的价值，就是说，它们或者属于日常生活资料的范围，或者能够代替这些生活资料。但是，商品的价值不仅取决于使商品取得最终形式的那种劳动的量，而且还取决于该商品的生产资料所包含的劳动量。例如，皮靴的价值不仅取决于鞋匠的劳动，而且还取决于皮革、蜡、线等等的价值。因此，那些为生产必要生活资料提供不变资本物质要素（劳动资料和劳动材料）的产业部门中生产力的提高，以及它们的商品相应的便宜，也会降低劳动力的价值。相反，那些既不提供必要生活资料、也不为制造必要生活资料提供生产资料的生产部门中生产力的提高，不会影响劳动力的价值。"见马克思《资本论》第1卷，中央编译局译，人民出版社，2004，第366~367页（第十章"相对剩余价值的概念"）。

因此，即使高剩余价值率出现，利润率仍不能超越其上限，并且这个上限本身是随时间递减的。由此，虽然利润率会上下波动，但其趋势不可能上升或者保持不变（如图1所示）。

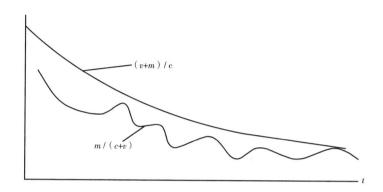

图1　利润率的变化趋势

上述推理在逻辑上似乎没有什么问题。如果我们接受马克思关于生产的有机构成的观点，则这个结论似乎是必然的。甚至那些在严格意义上否认马克思观点的人也不能否认生产的有机构成具有上升的趋势，即使不是一直上升。并且上述证明仅需要上升的趋势，而不需要严格递增。

不幸的是上述表象只是误导，我们下面将进一步分析。

六

第一个问题是关于不等式（6）本身的，这个不等式是否合理？如果利润率能通过 $m/(c+v)$ 来计算，则不等式（6）必然成立。马克思通过总资本以价值形式瓜分总剩余价值来计算一般利润率，即 $m/(c+v)$。但是这个方法并不正确。一般利润率 r，是由下列方程决定的：

$$q_i = (1+r)\left(\sum a_{ij}q_j + \tau_i\right) \qquad (i = 1,2,\cdots,n)$$
$$1 = \sum b_i q_i \tag{7}$$

初看上去，这样得到的 r 总体上并不等于 $m/(c+v)$。这样的一般利润率 r，其上限是否由生产的有机构成决定呢？答案是肯定的。我们可由方程（1）和方程组（7）得到以下不等式[①]：

$$r < \tau_i / \sum a_{ij} t_j \quad \text{对于某些 } i \text{ 而言} \tag{8}$$

式（8）的右边就是第 i 行业的生产有机构成的倒数。从而，不等式（8）表明一般利润率不能超过某些行业生产有机构成的倒数。这样的关系与不等式（6）有着相同的作用。因为根据马克思的观点，所有行业的生产有机构成都有无限升高的趋势，于是一般利润率在长期中必然下降。

因此，虽然不等式（6）不正确，但是由不等式（6）所得结论的合理性由于不等式（8）而依旧成立。这样一来，我们能否同意马克思的命题呢？在此之前我们需要做更多的工作。

七

下一个所要考察的问题是关于资本家新引进的生产技术的类型。马克思认为资本家迫于竞争的压力会引进提高劳动生产率并提高生产有机构成的新技术，并且在长期，所有行业的生产有机构成无限制地提高导致利润率的下降。

但是，如前所述，在资本主义经济中资本家选择新的生产技术首先要遵循成本准则。即使存在能大幅提高劳动生产率的技术，其也不会被资本家引进，除非其能降低生产成本，这个条件为劳动生产率的提高设置了限制。

我们必须考察遵循成本准则所引入的生产技术对一般利润率的影响。一般利润率由方程组（7）决定。假设在第 k 行业中的生产技术

---

① 见数学附录Ⅲ。

$(a_{k1}, a_{k2}, \cdots, a_{kn}, \tau_k)$ 被新技术 $(a_{k1}', a_{k2}', \cdots, a_{kn}', \tau_k')$ 取代，且满足不等式（3）。方程组（7）中的一般利润率 r 如何变动呢？我们有以下结论，其证明在附录Ⅳ和附录Ⅴ中给出。

（1）如果引入新技术的行业是"非基本品行业"，则一般利润率不会受影响。

（2）如果引入新技术的行业是"基本品行业"，则一般利润率必然上升。

非基本品行业的生产技术不影响一般利润率的命题为李嘉图所揭示，却被马克思拒绝。① 马克思之所以不能得出正确结论的原因在于其通过包含非基本品行业的总资本瓜分总剩余价值，即 $m/(c+v)$ 来计算一般利润率。如果一般利润率是 $m/(c+v)$ 的话，则非基本品行业扮演着与基本品行业相同的角色，其区别在分析对一般利润率影响的时候变得无足轻重。但是一般利润率不能由如此简单的商数来计算而应由方程组（7）计算，在那里非基本品行业只起消极的作用。

基本品行业中满足成本准则的新技术的引进必然提高一般利润率这个命题与马克思利润率下降规律不相容。这个命题表明，只要新技术引进满足成本准则并且实际工资保持不变的话，无论生产有机构成会提高

---

① "设若自种谷物，自制衣服，自造必需品的价格，不能减低，但若能以较廉价格得之于新市场，工资亦将低落，同时，利润亦将提高。但是，由外国贸易扩大或机械改良而得之物，若纯由富有者消费，利润率自然不会发生什么变动。葡萄酒、天鹅绒、丝绢，以及其他昂贵物品，即令价格低落了百分之五十，工资率亦不受到影响，因之，利润率依然不变。"见李嘉图《经济学及赋税之原理》，郭大力、王亚南译，上海三联书店，2008，第73页。
对此，马克思反驳道："我们看到，整个这一段都写得极为草率。但是，撇开这些形式上的缺点不谈，这一切，就象在整个关于相对剩余价值的这种研究中一样，只有在把'利润率'读成'剩余价值率'的情况下才是正确的。即使对奢侈品来说，上述改良也可以提高一般利润率，因为这些生产领域的利润率，同其他一切生产领域的利润率一样，也参加一切特殊利润率平均化为平均利润率的过程。"见《马克思恩格斯全集》第26卷第2册，人民出版社，1973，第481页。

多少，一般利润率无一例外地会上涨。而且我们可以有把握地说，以原有的价格和工资计算，资本家引进的每一项技术都是降低成本的。从而，我们必须接受：资本家在基本品行业采纳的每一项技术创新必然提高一般利润率，除非实际工资上涨得足够高。

八

既然附录已经给出了这两个命题完整的一般性证明，我们这里就用一个简单的数值例子进行说明。

假设有产业 I 生产生产资料，产业 II 生产工资品，产业 III 生产奢侈品，并且这些产业的生产技术如表 1 所示。

表 1 三个产业的生产技术

	I	II	III
生产资料	1/2	1/4	1/5
劳动	10	15	16

这个表格显示，第 II 产业生产 1 单位工资品必须投入 1/4 单位的生产资料和 15 单位的直接劳动。

接下来，令实际工资率为 1/45 单位工资品。

于是，一般利润率 r 由下列方程决定：

$$q_1 = (1 + r)\left(\frac{1}{2}q_1 + 10\right) \tag{9.1}$$

$$q_2 = (1 + r)\left(\frac{1}{4}q_1 + 15\right) \tag{9.2}$$

$$q_3 = (1 + r)\left(\frac{1}{5}q_1 + 16\right) \tag{9.3}$$

$$1 = q_2/45 \tag{9.4}$$

我们很容易解得 $r = 50\%$、$q_1 = 60$、$q_2 = 45$、$q_3 = 42$，其中 $q_i = p_i/w$。

现在，我们假设技术变革发生在非基本品行业。在这个例子中第 III

产业是非基本品行业，而其他两个则是基本品行业，因为第Ⅲ产业对于维持其他产业的生产并不是必需的，而第Ⅰ、第Ⅱ产业对所有产业而言则是必需的。观察上述四个方程，我们会发现方程（9.3）的不同之处。方程（9.1）、方程（9.2）和方程（9.4）可以离开方程（9.3）独立决定 r、q_1 和 q_2，同时方程（9.3）用已经求出来的 r、q_1 的值来决定 q_3。从而方程（9.3）不以任何方式参与决定一般利润率。因此非基本品行业的任何技术变革，即改变方程（9.3）的参数，不会对一般利润率产生任何影响。这就是前一部分提出来的第一个命题：非基本品行业不能参与一般利润率的决定，而只能被动接受由基本品行业决定的一般利润率。

但是，这并不是说非基本品行业的生产技术与一般利润率一点关系都没有，比如说我们将方程（9.3）换为：

$$q_3 = (1 + r)(\frac{1}{20}q_1 + \frac{3}{4}q_3 + 6) \tag{9.3'}$$

并且同前面一样 $q_1 = 60$、$r = 50\%$，我们得到值为负的 q_3。这意味着如果在第Ⅲ产业的技术要求生产 1 单位第三类商品需要投入 1/20 单位的第一类商品和 3/4 单位的第三类商品，以及 6 单位直接劳动，则各产业间的一般利润率不存在。所以，虽然非基本品行业的生产技术不影响一般利润率的高低，但是与一般利润率本身是否存在有关。

接下来我们假设技术变革发生在基本品行业，比如第Ⅱ产业，我们假设第Ⅱ产业中的资本家采用"马克思"式的新技术，即能提高劳动生产率及生产的有机构成，并且按原有价格和工资计算成本是降低的。

作为数值例子，我们假设第Ⅱ产业的生产技术被替换为：

生产 1 单位工资品必须投入 $\frac{1}{3}$ 单位的生产资料和 $\frac{35}{24}$ 单位的直接劳动

这个新技术是"马克思"式的。首先，与旧技术相比，其提高了劳动生产率。在原有技术下劳动生产率由 t_i 衡量，并由下式决定：

$$t_1 = \frac{1}{2}t_1 + 10 \tag{10.1}$$

$$t_2 = \frac{1}{4}t_1 + 15 \tag{10.2}$$

从而 $t_1 = 20$、$t_2 = 20$。与此对应,在新技术下方程(10.2)被替换为:

$$t_2 = \frac{1}{3}t_1 + \frac{35}{24}$$

生产 1 单位工资品所必需的劳动 t_2 减少得很多,从 20 个单位到 8.125 个单位。

其次,生产有机构成上升。原有技术下有机构成为 $\frac{1}{4}t_1/15 = \frac{1}{3}$,但新构成为 $\frac{1}{3}t_1/\frac{35}{24} = \frac{32}{7}$。第 II 产业的有机构成有巨大的上升。

最后,依照旧技术下确定的价格和工资计,作为工资单位的第二种商品的生产成本比旧技术下更低。在旧技术下第二种商品的成本是 $1/4q_1 + 15 = 30$,而在新技术下成本为 $1/3q_1 + 35/24 = 21.5$。

通过把方程(9.2)替换为下式,我们可以得到新技术对一般利润率的影响。

$$q_2 = (1 + r)\left(\frac{1}{3}q_1 + 35/24\right) \tag{9.2'}$$

方程(9.1)、方程(9.2')和方程(9.4)的解为:$q_1 = 80$、$q_2 = 45$、$r = 60\%$,一般利润率上升。

九

我们的结论与马克思的利润率趋向下降的规律相反,除非实际工资率有足够高的上升,否则资本家引进的技术创新不会降低一般利润率。基本品行业的技术创新会提高一般利润率,而非基本品行业的技术创新对一般利润率水平没有影响。

在我们看来，马克思之所以不能得出正确的结论，有两个原因，一是他对所谓"转形问题"的研究不够彻底，二是他忽略了在引进新技术方面资本主义行为的重要特征。

第一点关系到马克思的方程——一般利润率 = $m/(c+v)$ 以及由此而来的在分析一般利润率时对基本品和非基本品行业之间区别的忽视。马克思意识到自己对生产价格的分析还不够充分[①]，但他没有能够反思自己的分析。

关于第二点，我们不能说马克思不知道这个特征。因为在《资本论》中他反复阐述了生产方法选择的资本主义局限性特征[②]。然而很不幸的是他在思考一般利润率时，却没有考虑这个特征。

在本文末尾，我们简要说明本文对整个马克思主义经济学的意义。

（1）利润率趋向下降的规律并不是马克思体系大厦赖以存在的基石。某些人试图从此规律中演绎出危机理论，但这样的努力注定将失败。

（2）基本品行业和非基本品行业对一般利润率的不同影响是马克思基础信条的一种表述，即利润是剩余价值的一种表现形式。

[①] "当然，以上所说，对商品成本价格的规定是一种修正。我们原先假定，一个商品的成本价格，等于该商品生产中所消费的各种商品的价值。但一个商品的生产价格，对它的买者来说，就是它的成本价格，因而可以作为成本价格加入另一个商品的价格形成。因为生产价格可以偏离商品的价值，所以，一个商品的包含另一个商品的这个生产价格在内的成本价格，也可以高于或低于它的总价值中由加到它里面的生产资料的价值构成的部分。必须记住成本价格这个修正了的意义，因此，必须记住，如果在一个特殊生产部门把商品的成本价格看作和该商品生产中所消费的生产资料的价值相等，那就总可能有误差。"见马克思《资本论》第 3 卷，中央编译局译，人民出版社，2004，第 184～185 页（第九章）。

[②] "如果只把机器看作使产品便宜的手段，那么使用机器的界限就在于：生产机器所费的劳动要少于使用机器所代替的劳动。可是对资本说来，这个界限表现得更为狭窄。因为资本支付的不是所使用的劳动，而是所使用的劳动力的价值，所以，对资本说来，只有在机器的价值和它所代替的劳动力的价值之间存在差额的情况下，机器才会被使用。""因此，在共产主义社会，机器的使用范围将和在资产阶级社会完全不同。"见马克思《资本论》第 1 卷，中央编译局译，人民出版社，2004，第 451 页（第十三章"机器和大工业"）。

因为剩余价值率仅仅依赖于基本品行业，而不取决于非基本品行业。

（3）资本主义采纳技术的特征也是马克思基本命题的一种表述，即资本主义社会的生产关系已成为人类生产力进步的障碍。

（4）马克思通过利润率下降规律想表述的内容是，在资本主义社会中生产力进步不可避免地采取了令人生畏的形式，或称利润率下降。但是如前所述，只要劳动者增加工资的努力失败，资产阶级是能提高利润率的。从而利润率的运动由阶级斗争所决定。

数学附录

I

在第 k 行业中新技术能降低生产 1 单位第 k 种产品所必需的直接或间接劳动量的条件为：

$$\sum a_{kj}t_j + \tau_k > \sum a'_{kj}t_j + \tau'_k \qquad (11)$$

其中 $(a_{k1}, a_{k2}, \cdots, a_{kn}, \tau_k)$ 和 $(a'_{k1}, a'_{k2}, \cdots, a'_{kn}, \tau'_k)$ 分别表示第 k 行业旧的和新的技术，并且 t_i 由下式决定：

$$t_i = \sum a_{ij}t_j + \tau_i \qquad (i = 1,2,\cdots,n) \qquad (12)$$

证明

如果新技术被引进第 k 行业，则新的 t_i 由下式决定：

$$\begin{cases} t_i = \sum a_{ij}t_j + \tau_i & (i = 1,\cdots,k-1,k+1,\cdots,n) \\ t_k = \sum a'_{kj}t_j + \tau'_k \end{cases} \qquad (13)$$

令方程（12）的解为 $(t_1, t_2, \cdots, t_n)$、方程组（13）的解为 $(t'_1, t'_2, \cdots, t'_n)$。由方程（12）和方程组（13）我们得：

$$\begin{cases} \Delta t_i = \sum a_{ij}\Delta t_j & (i = 1,\cdots,k-1,k+1,\cdots,n) \\ \Delta t_k = \sum a'_{kj}\Delta t_j + (\sum \Delta a_{kj}t_j + \Delta \tau_k) \end{cases} \tag{14}$$

其中 $\Delta t_i = t'_i - t_i$，$\Delta a_{kj} = a'_{kj} - a_{kj}$，$\Delta \tau_k = \tau'_k - \tau_k$。

方程组（13）若要有经济意义的解，即对于所有的 i 而言都有 $t_i > 0$，则其中 t 的系数必须遵循"霍金斯 – 西蒙（Hawkins – Simon）条件"[①]。从而，在方程组（14）中如果 $\sum \Delta a_{kj}t_j + \Delta \tau_k \geqslant 0$，则对于所有的 i 而言都有 $\Delta t_i \geqslant 0$。若 $\sum \Delta a_{kj}t_j + \Delta \tau_k < 0$，则对于所有的 i 而言都有 $\Delta t_i \leqslant 0$，其中 $\Delta t_k < 0$。

II

如果（q_1，q_2，$\cdots$，q_n）满足下列不等式：

$$q_i > \sum a_{ij}q_j + \tau_i \qquad (i = 1,2,\cdots,n) \tag{15}$$

则必满足下列不等式：

$$q_i > t_i \qquad (i = 1,2,\cdots,n) \tag{16}$$

其中，t_i 由方程（12）决定。

证明

由方程（12）和方程（15）我们得：

$$q_i - t_i > \sum a_{ij}(q_j - t_j) \qquad (i = 1,2,\cdots,n) \tag{17}$$

由方程（12）中 t_i 的系数必须满足 Hawkins – Simon 条件，可得方程（16）。

III

一般利润率 r，由下述方程决定：

[①] D. Hawkins and H. A. Simon，"Some Conditions of Macroeconomic Stability,"*Econometrica*，July – Oct.，1949.

$$\begin{cases} q_i = (1 + r)\left(\sum a_{ij}q_j + \tau_i\right) & (i = 1,2,\cdots,n) \\ 1 = \sum b_i q_i \end{cases} \quad (18)$$

则必然满足关系：

$$r < \tau_i / \sum a_{ij}t_j \qquad \text{对于某些 } i \text{ 而言} \quad (19)$$

其中 t_i 由方程（12）决定并且对于所有 i 都有 $\sum a_{ij}t_j > 0$。

证明

由方程组（18）我们可得：

$$r = \frac{q_i}{\sum a_{ij}q_j + \tau_i} - 1 \qquad \text{对于所有 } i \text{ 而言} \quad (20)$$

对于所有的 i，令 $q_i = \lambda_i t_i$，并替换 q_i，同时考虑到 $\tau_i > 0$ 我们得①：

$$r < \frac{\lambda_i}{\lambda_i^*} \frac{t_i}{\sum a_{ij}t_j} - 1 \qquad \text{对于所有 } i \text{ 而言} \quad (21)$$

其中 $$\lambda_i^* = \sum a_{ij}\lambda_j t_j / \sum a_{ij}t_j \quad (22)$$

λ_i^* 是 $\lambda_1, \lambda_2, \cdots, \lambda_n$ 各自以 $a_{i1}t_1, a_{i2}t_2, \cdots, a_{in}t_n$ 为权重的加权平均。所以对于某些 i 而言必然满足下列关系：

$$\lambda_i \geqslant \lambda_i^* \quad (23)$$

对于这样的 i，我们由方程（21）和方程（12）可得：

$$r < \frac{t_i}{\sum a_{ij}t_j} - 1 = \tau_i / \sum a_{ij}t_j \quad (24)$$

IV

非基本品行业的技术变革不会影响由方程组（18）决定的一般利

①　原文是" $r < \frac{\lambda_i}{\lambda_i^*} \frac{t_i}{\sum a_{ij}t_i} - 1$"，疑将分母中 t 的角标误印为 i——译者注。

润率水平。

证明

根据定义,非基本品行业的产品不是工资品,因此在方程组(18)中 $b_l = 0$,其中 l 表示非基本品行业的编号。再一次根据定义,非基本品行业的产品不会成为工资品行业或者生产工资品直接、间接需要的行业的投入品。因此,如果用 1 到 m 表示工资品行业以及工资品生产中所必需的行业,则有:

$$a_{il} = 0 \qquad (i = 1, 2, \cdots, m) \tag{25}$$

从而我们可以挑选出 $m+1$ 个方程:

$$\begin{cases} q_i = (1+r)\left(\sum a_{ij}q_j + \tau_i\right) & (i = 1, 2, \cdots, m) \\ 1 = \sum b_i q_i \end{cases} \tag{26}$$

并且它们足以决定一般利润率。因此,非基本品行业的技术变革不能影响已经被决定了的利润率 r。

V

在第 k 行业,假设其为基本品行业,引入的新技术满足:

$$\sum a_{kj}q_j + \tau_k > \sum a'_{kj}q_j + \tau'_k \tag{27}$$

则由方程组(26)决定的一般利润率必然上升。

证明

令 $\beta = 1/(1+r)$,方程组(26)可以被重新写成:

$$\beta q_i = \sum a_{ij}q_j + \tau_i \qquad (i = 1, 2, \cdots, m) \tag{28}$$

$$1 = \sum b_i q_i \tag{29}$$

在新技术下,一般利润率由方程(29)以及下式决定:

$$\beta q_i = \sum a_{ij}q_j + \tau_i \qquad (i = 1, \cdots, k-1, k+1, \cdots, m) \tag{30}$$

$$\beta q_k = \sum a'_{kj} q_j + \tau'_k \tag{31}$$

令方程（28）和方程（29）的解为（β，q_1，$\cdots$，q_n），而方程（30）、方程（31）和方程（29）的解为（β'，q'_1，$\cdots$，q'_n）。则由方程（28）~方程（31），我们可得：

$$\beta' \Delta q_i = \sum a_{ij} \Delta q_j - q_i \Delta\beta \qquad (i = 1,\cdots,k-1,k+1,\cdots,m) \tag{32}$$

$$\beta' \Delta q_k = \sum a'_{kj} \Delta q_j - q_k \Delta\beta + \left\{ \sum \Delta a_{kj} q_j + \Delta\tau_k \right\} \tag{33}$$

$$0 = \sum b_i \Delta q_i \tag{34}$$

其中 $\Delta q_t = q'_t - q_t$，$\Delta\beta = \beta' - \beta$，$\Delta a_{kj} = a'_{kj} - a_{kj}$ 以及 $\Delta\tau_k = \tau'_k - \tau_k$。由于对于所有 i 而言 $q'_i > 0$，因此方程（32）和方程（33）中 Δq 的系数满足 Hawkins – Simon 条件。同时，由方程（27）可知方程（33）右端第三项为负。因此，如果 $\Delta\beta \geq 0$，则方程（32）和方程（33）中的 $\Delta q_k < 0$ 并且 $\Delta q_i \leq 0$（当 $i \neq k$ 时）。由于第 k 行业是基本品行业，那么至少有一个工资品行业的 $\Delta q_i < 0$。但是这与方程（34）矛盾，因此，我们有 $\Delta\beta < 0$，或者说 $r' > r$。

Hawkins – Simon 定理说明（译者）

该问题涉及线性方程组 $Bx = c$ 在什么条件下具有经济意义的解，即解大于等于 0。

Hawkins 和 Simon 是在以下条件下考察这个问题：

（1）$b_{ii} > 0$；$b_{ij} < 0$（$i \neq j$；i，$j = 1$，2，$\cdots$，n）；

（2）$c > 0$。

后来由二阶堂（Nikaido Hukukane）给出了广义 Hawkins – Simon 定理的证明。

Hawkins – Simon 定理：考虑方程组 $Bx = c$，其中对于所有 $i \neq j$，都有 $b_{ij} \leq 0$。则下列条件是等价的：

（i）给定 $c>0$，则 $x \geqslant 0$；

（ii）给定 $c \geqslant 0$，则 $x \geqslant 0$；

（iii）矩阵 B 的左上主子式为正；

（iv）矩阵 B 为 P 矩阵（即 B 的所有主子式为正）。

——以上内容参见 J. E. Woods，*Mathematical Economics*（Longman Inc.，New York，1978），pp. 6–7。

产品创新与利润率[*]

〔日〕中谷武 萩原泰治

高晨曦 译[**]

孙小雨 校[***]

一 置盐定理的简单图解

置盐定理说明，在保持实际工资不变的条件下，若创新发生于基本品部门，那么成本节约型的技术变革一定会提高利润率。假定经济由两部门组成：资本品部门（第一部门）和消费品部门（第二部门）。投入系数的符号如表1所示。

表1 投入系数的符号

	资本品	劳动
资本品	α_1	τ_1
消费品	α_2	τ_2

劳动者每单位的劳动获得 b 单位消费品，则两部门的利润率r_1和r_2由以下方程决定：

* 本文译自 Takeshi Nakatani and Taiji Hagiwara，"Product Innovation and the Rate of Profit," *Kobe University Economic Review*，43（1997）。

** 高晨曦，日本一桥大学研究生，主要研究方向为政治经济学。

*** 孙小雨，清华大学社会科学学院博士生，主要研究方向为政治经济学。

$$p_1 = (1 + r_1)(\alpha_1 p_1 + \tau_1 b p_2) \qquad (1)$$

$$p_2 = (1 + r_2)(\alpha_2 p_1 + \tau_2 b p_2) \qquad (2)$$

我们应当注意，α_1 必须小于 1。如果 $\alpha_1 \geq 1$，资本品将不会被再生产出来。如图 1 所示，均衡利润率 r 和均衡相对价格 p（$p = p_1/p_2$）由 $L_1 L_1$ 和 $L_2 L_2$ 相交的点 A 给出。现在，假设第一部门引进了由（α_1'，τ_1'）表示的工艺创新，为了使均衡价格 p 衡量的成本下降，即新技术必须是节约成本型的，那么需要满足：

$$\alpha_1 p + \tau_1 b > \alpha_1' p + \tau_1' b \qquad (3)$$

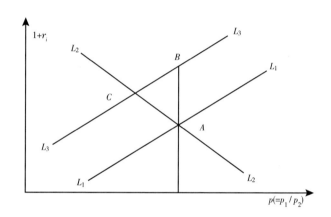

图 1   成本节约型技术进步

图 1 表示了这个条件，即 $L_1 L_1$ 向上移动，形成代表新技术条件下利润率的 $L_3 L_3$。

显然，由 $L_3 L_3$ 和 $L_2 L_2$ 相交得到的新均衡条件下的利润率增加，相对价格减少。如果技术创新发生在第二部门，这一结论也同样成立。

二　争议的问题

针对置盐定理的疑惑或质疑可以列举如下。

（1）这一定理毫无意义，因为节约成本的技术变革本来就提高了利润率。

（2）这一定理与马克思的一般利润率趋于下降理论有何联系。

（3）如果考虑耐用资本设备（Durable Capital Equipment）或更一般的联合生产（Joint Production），这一定理是否依然成立。

（4）在现实世界中，我们基于非均衡价格评估新科技。这种情况下，这一定理是否仍然成立。

（5）资本家在动态环境中进行决策，但他们对价格以及对耐用资本设备经济寿命的预期可能与事实不符。在不确定的动态世界里，这一定理可能不成立。

（6）技术变革往往带来全新的产品。这种情况下，这一定理可能不成立。

前两个问题涉及定理本身的内涵：它证明了什么以及没有证明什么。剩下的四个问题与定理的稳健性有关：在放松一个或更多原假定的条件下该定理是否依然有效。

我们将依次解决这些问题。

（1）第一个批评宣称置盐定理毫无意义，它忽略了短期利润率（Temporal Profit Rate）和均衡利润率（Equilibrium Profit Rate）的差别。当然，采用新技术显然会提高由旧价格衡量的短期利润率，但当我们考虑由新均衡价格衡量的均衡利润率是否提高时，这一问题的答案并非显而易见。事实上，非基本品部门采用的新技术根本不会提高均衡利润率。这意味着置盐定理是有意义的。

（2）置盐定理与马克思的利润率趋于下降理论的逻辑存在关联。马克思指出，资本主义经济中的技术变革倾向于通过提高资本有机构成来抑制利润率的上升。然而，如果我们考虑到技术选择的标准，在实际工资率保持不变时，追求利润最大化的资本家不会采用上述技术变革。但是，置盐定理并未否定马克思主张的可能有效性。如果长期利润率下降，它一定是由实际工资率的上升导致的。这是置盐定理的隐含推论。

（3）置盐定理在考虑耐用资本设备的情况下依然成立（中谷，

1978；罗默，1979）。然而，在考虑更一般的联合生产时，萨尔瓦多里（1981）提供了一个反例。如图 2 所示，他给出了一个有两种产品和三种生产方式的例子，这三种技术的利润率都是相对价格的增函数[1]。

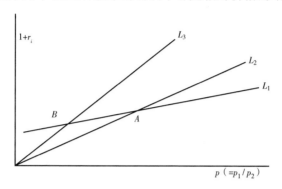

图 2　三种技术下的利润率

注：L_1 表示第一种技术下的利润率，L_2 表示第二种技术下的利润率，L_3 表示第三种技术下的利润率。

（4）在置盐定理中，资本家基于旧均衡价格评估技术。但现实经济并非如此。如果他们基于普遍的非均衡价格选择新技术，新均衡利润率并不必然高于旧均衡利润率。例如，有的技术如果用非均衡价格衡量会降低单位成本，但用均衡价格衡量则会增加单位成本。但是，如果部门间的利润率差别在技术变革前后保持不变，即[2]：

$$r_1 = \lambda_i r_i \quad (i = 1,2,\cdots,n) \quad \lambda_i s \text{ 是常数} \tag{4}$$

如果基本品部门采用成本节约型技术变革，经济中的一切利润率都必定会提高。置盐定理是 $\lambda_1 = 1$ 的特例。

（5）谢克（1978）、阿尔贝罗和皮尔斯基（1979）争论道，在动态竞争环境中置盐定理并不必然成立。谢克认为，利润率下降的根源在于企业在持续非均衡过程中采用了新技术，在这个过程中资本家之间战争

---

① 图 2 中涉及三种生产方式或技术，原文作者用"两种"可能是指有两种技术变革——译者注。

② 公式（4）原文出错，正确应为 $r_1 = \sum \lambda_i r_i$（λ_i 是常数）——译者注。

般的竞争将导致价格下降。另外，阿尔贝罗和皮尔斯基（1979）指出，利润率下降可能是对耐用资本设备经济寿命的预期和现实之间的偏差带来的。这些观点的难点在于这个假设，即预期和现实的偏差可以持续到长期①。

（6）尽管产品创新在技术史上具有重要地位，但很少得到研究，至少没有从理论视角进行研究。在这一点上，R. 布瓦耶（1979）表示该定理在产品创新的情况下可能不成立。

三　新资本品

在这里，我们讨论产品创新对利润率的影响。首先，假定新产品是资本品。消费品的情况将在下节讨论。为方便理解，我们讨论最简单的情况并把更一般的情况放在附录。我们假定第一节中方程（1）和方程（2）表示的是两部门经济，并假定两部门的利润率因为竞争而相等。将价格除以名义工资率（$q_i = p_i/\omega$），用 β［ $= 1/(1 + r)$］表示 1 与利润率之和的导数，我们可以得到：

$$\beta q_1 = \alpha_1 q_1 + \tau_1 \tag{5}$$

$$\beta q_2 = \alpha_2 q_2 + \tau_2 \tag{6}$$

$$1 = b q_1 \tag{7}$$

我们认为（r，p_1，p_2，ω）或（β，q_1，q_2）为旧的价格体系。现在，新资本品（第三部门）出现了。引进新产品需要满足什么条件呢？第一个条件是，生产新产品一定比生产旧产品更有利可图，否则，没有人敢于冒险引进新产品。甚至在新的资本品发明出来之后，它也并不一定被市场接受。新产品必须找到它的市场。如果这一条件不能满足，新产品根本卖不出去，从而第三部门的利润无法实现。换言之，必须存在

① 这一点由罗默（1979）指出。

两种类型的创新者。第一种创新者将新产品引进市场，第二种是先于其他人使用新产品。我们称前者为生产创新者（Producer - Innovator），称后者为用户创新者（User - Innovator）。为了使这两种创新者的出现成为可能，有两个条件需要满足。我们假设生产 1 单位的新产品需要消耗 α_3 单位的旧资本品和 τ_3 单位的劳动。进而，就新产品的需求而言，我们假设生产 1 单位消费品需要 α_2' 单位的新资本品和 τ_2' 单位的劳动。这样我们得到：

$$\beta q_3 > \alpha_3 q_1 + \tau_3 \tag{8}$$

$$\beta q_2 > \alpha_2' q_3 + \tau_2' \tag{9}$$

前者意味着新产品保证了生产创新者获得额外的利润率 r_3（$>r$），后者意味着在旧的价格体系下用户创新者降低了单位成本。因此，我们称方程（8）为新产品的供给条件，方程（9）为新产品的需求条件。

若方程（8）和方程（9）同时满足，新产品就会被市场接受。这里，旧资本品仅用于生产新资本品。新均衡利润率 r' 或 β'，以及新价格 q_i' 由以下方程决定：

$$\beta' q_1' = \alpha_1 q_1' + \tau_1 \tag{10}$$

$$\beta' q_2' = \alpha_2' q_3' + \tau_2' \tag{11}$$

$$\beta' q_3' = \alpha_3 q_1' + \tau_3 \tag{12}$$

因为实际工资 b 保持不变，我们有：

$$1 = b q_2'$$

如下，我们可以轻易证明 $r' > r$ 或 $\beta > \beta'$。

我们假设否命题，$\beta \leqslant \beta'$。从方程（9）、方程（11）和 $q_2 = q_2'$ 中，我们有 $q_3' > q_3$，因此我们可以从方程（8）和方程（12）中得到 $q_1' > q_1$。接着，从方程（10）和

$$\beta q_1 = \alpha_1 q_1 + \tau_1 \tag{13}$$

中，我们有：

$$(\beta' - \alpha_1)(q_1' - q_1) = (\beta - \beta')q_1 \qquad (14)$$

这与 $\beta \leqslant \beta'$ 和 $q_1' > q_1$ 矛盾，因为由方程（10）可以推出 $\beta' - \alpha_1 > 0$。因此我们知道 $\beta > \beta'$。

（1）最终，我们的证明必然和置盐（1961）的最初版本一致，因为如果我们用方程（12）消去方程（11）中的 q_3'，新资本品的引进可以被重新解释为消费品的工艺创新。即方程（11）和方程（12）意味着消费品由旧资本品和劳动生产。考虑这样一种情况，即生产创新者和用户创新者是同一个人或同一家公司，同时创新的采用者都用新生产方式生产。在这种情况中，新产品可能不为公众所知，从而它看上去与生产工艺创新一样。

（2）在工艺创新的情况中，相关商品支配的劳动量——单价除以名义工资（p_i/w）——在新均衡中必然较旧均衡下降。相反，在产品创新的情况中，却并不必然如此。新产品支配的劳动量可能增加，因为新产品的供给部门和需求部门都有特别利润。若新产品售以较低的价格，需求部门占有很多特别利润，从而在新均衡中，以劳动衡量的新商品价格一定上涨。

（3）新均衡下新商品支配的劳动量可能增加。那么，若价格调整到新均衡价格后，是否存在再转换为旧产品的可能性呢？我们可以证明这是不可能的。若这一再转换发生，需要满足：

$$\beta' q_2' > \alpha_2 q_1' + \tau_2 \qquad (15)$$

另外，在旧的均衡下，我们有：

$$\beta q_2 = \alpha_2 q_1 + \tau_2 \qquad (16)$$

由方程（15）和方程（16），可得：

$$\beta' q_2' - \beta q_2 > \alpha_2(q_1' - q_1) \qquad (17)$$

已知$q_1' > q_1$和$q_2 = q_2'$，我们可以轻易发现方程（17）与$\beta > \beta'$矛盾，因此方程（15）不成立。

四　新消费品

接着，假设新产品是消费品。这里最简单的情况是一个包含两种消费品的经济，第一种是旧消费品，第二种是新消费品。生产每单位的新旧消费品分别只需要τ_1和τ_2单位劳动，不需要使用资本品。新消费品可以是工资品，也可以为奢侈品。众所周知，当它被归为奢侈品时，均衡利润率根本不会变动。我们令新消费品为工资品，那么我们不得不重新考虑置盐（1961）的初始假设，即劳动者工资篮子不变。

我们应当如何认识这一点呢？假定每单位劳动获得的工资篮子由b单位旧商品变为b_1单位旧商品和b_2单位新商品。如果可以按照旧均衡价格购买新的工资篮子（b_1，b_2），劳动者的显示性偏好为新篮子优于旧篮子，因为他们决定购买新消费品而非旧消费品。从效用的观点来看，我们可以说工资篮子的这种变动不会降低劳动者的效用。

在新消费品的例子中，我们将要介绍的命题是一个修正版的置盐定理，它用"劳动者效用从不下降的条件"替换了"实际工资率不变的条件"。证明如下。

在旧的均衡条件下，我们有：

$$\beta q_1 = \tau_1 \tag{18}$$

劳动者的预算约束为：

$$1 = b q_1 \tag{19}$$

生产创新者的供给条件可以写作：

$$\beta q_2 > \tau_2 \tag{20}$$

接着，用户创新者的需求条件是劳动者用现行价格购买（b_1，b_2），即：

$$1 = b_1 q_1 + b_2 q_2 \quad (b_2 > 0) \tag{21}$$

如果工资篮子由旧变新，新均衡价格（q_1'，q_2'）和新均衡利润率β' $[=1/(1+r')]$ 将由下列方程决定：

$$\beta' q_1' = \tau_1 \tag{22}$$

$$\beta' q_2' = \tau_2 \tag{23}$$

$$1 = b_1 q_1' + b_2 q_2' \tag{24}$$

易证$r' > r$，将方程（20）和方程（23）结合起来加以整理，我们有：

$$\beta(q_2 - q_2') > (\beta' - \beta) q_2' \tag{25}$$

类似地，对于方程（18）和方程（22），我们有：

$$\beta(q_1 - q_1') > (\beta' - \beta) q_1' \tag{26}$$

对于方程（21）和方程（24），可得：

$$b_1(q_1 - q_1') = b_2(q_2' - q_2) \tag{27}$$

现在假定$\beta' - \beta \geq 0$，从方程（25）和方程（26）中我们知道$q_2 - q_2' > 0$ 和$q_1 - q_1' \geq 0$，在$b_2 > 0$ 时，它与方程（27）矛盾，因此，必然有$r' > r$。

（1）从旧均衡到新均衡，新消费品支配的劳动量必然下降，除了特殊情况即新商品是唯一的工资品外。这很显然，因为由方程（26）和方程（27），我们得到$q_1 - q_1' < 0$ 和$q_2 - q_2' \geq 0$。如果唯一的新商品是工资品（$b_1 = 0$），新产品q_2'支配的劳动量维持不变。

现行价格的超额利润率r_2^*或β_2^*由下式决定：

$$\beta_2^* q_2 = \tau_2 \tag{28}$$

从而由方程（23），我们有：

$$\beta > \beta' \geq \beta_2^* \text{ 或 } r < r' \leq r_2^*$$

现行价格下新均衡利润率低于超额利润率，但它仍然高于旧均衡利润率。

（2）随着新均衡条件下新产品价格下降，在新产品的扩散过程中，旧消费品逐渐被抛弃。即使最初新产品是作为奢侈品引进的，它也可能通过有利于新产品的相对价格变化成为基本品，这将导致劳动者的偏好从旧产品转变为新产品。

五 结论

我们已经表明当把产品创新考虑在内时，置盐定理依然成立。接着，若新产品是消费品，我们修改了原命题，用"在劳动者效用水平从不下降的条件"替换了"实际工资率不变的条件"。

重要的是，新产品的引入可以改变经济中基本品部门的构成。这通过两个阶段得以实现。首先，新产品取代旧的基本资本品或工资品。接着，在扩散过程中，新的非基本品逐渐替代旧产品，变为基本品。第二阶段一般紧随着第一阶段。在这一意义上，我们可以说产品创新引致了生产工艺创新。

附录 一般的例子

本附录将讨论 n 种商品的情况。显然，如果新产品是非基本品，它就不会影响利润率。因此，在接下来的讨论中我们假设新产品是基本品。产品创新有时是同时引入一篮子新产品。但为了简化分析，我们假设只向原来的 n 商品经济中加入 1 个新产品（标记为第 $n+1$ 个商品）。用 a_{i1}，a_{i2}，$\cdots$，a_{in}，τ_i 分别表示生产 1 单位第 i 个商品所需的资本品数量和劳动，用 b_1，b_2，$\cdots$，b_n 表示实际工资篮子，用 $q_i\left(=\dfrac{p_i}{\omega}\right)$ 表示名义工资率衡量的第 i 个商品的价格，用 r 或 β [$=1/(1+r)$] 表示均衡利润率，则我们用以下方程表示旧均衡体系：

$$\beta q_i = \sum_{j=1}^{n} a_{ij} q_j + \tau_i \qquad (A-1)$$

$$1 = \sum_{j=1}^{n} b_j q_j \qquad (A-2)$$

令新产品的生产系数为（$a'_{n+1,1}$，$a'_{n+1,2}$，$\cdots$，$a'_{n+1,n+1}$，τ'_{n+1}）。新产品的供给条件可以写作：

$$\beta q_{n+1} > \sum_{j=1}^{n+1} a'_{n+1,j} q_j + \tau'_{n+1} \qquad (A-3)$$

（1）新资本品

假定新产品用于第一部门，令新技术为（a'_{11}，a'_{12}，$\cdots$，$a'_{1,n+1}$，τ'_1）。新产品的需求条件可以写作：

$$\beta q_1 > \sum_{j=1}^{n+1} a'_{1j} q_j + \tau'_1 \qquad (A-4)$$

这里，价格满足来自方程（A-1）的以下条件：

$$\beta q_i = \sum_{j=1}^{n} a_{ij} q_j + \tau_i \quad (i = 2,3,\cdots,n) \qquad (A-5)$$

新均衡价格q'_i和利润率r'或β'〔$=1/(1+r')$〕由以下方程决定：

$$\beta' q'_1 > \sum_{j=1}^{n+1} a'_{1j} q'_j + \tau'_1 \qquad (A-6)$$

$$\beta' q'_i = \sum_{j=1}^{n} a_{ij} q_j + \tau_i^① (i = 2,3,\cdots,n) \qquad (A-7)$$

$$\beta' q'_{n+1} = \sum_{j=1}^{n+1} a'_{n+1,j} q'_j + \tau'_{n+1} \qquad (A-8)$$

---

① 此处原文q'_i处没有上标，应为印刷错误——译者注。

$$1 = \sum_{j=1}^{n} b_j q_j' \tag{A-9}$$

由方程（A-4）和方程（A-6）得：

$$\beta(q_1 - q_1') > \sum_{j=1}^{n+1} a_{1j}'(q_j - q_j') + (\beta' - \beta) q_1' \tag{A-10}$$

由方程（A-5）和方程（A-7）得：

$$\beta(q_i - q_i') = \sum_{j=1}^{n} a_{ij}(q_j - q_j') + (\beta' - \beta) q_i' \quad (i = 2, 3, \cdots, n) \tag{A-11}$$

由方程（A-3）和方程（A-8）得：

$$\beta(q_{n+1} - q_{n+1}') > \sum_{j=1}^{n+1} a_{n+1,j}'(q_j - q_j') + (\beta' - \beta) q_{n+1}' \tag{A-12}$$

由方程（A-2）和方程（A-9）得：

$$\sum_{j=1}^{n} (q_j - q_j') = 0 \tag{A-13}$$

由方程（A-10）~方程（A-12）我们可以知道，若假定 $\beta' - \beta \geqslant 0$，$q_i - q_i' > 0$（$i = 1, 2, \cdots, n+1$）成立，这与方程（A-13）矛盾，因此我们有 $\beta' - \beta < 0$。

（2）新消费品

这种情况中，需求条件是劳动者按照旧均衡价格购买新产品：

$$1 = \sum_{j=1}^{n+1} b_j q_j \tag{A-14}$$

新均衡价格由以下方程决定：

$$\beta' q_i' = \sum_{j=1}^{n} a_{ij} q_j' + \tau_i \tag{A-15}$$

$$\beta' q_{n+1}' = \sum_{j=1}^{n} a_{n+1,j}' q_j' + \tau_{n+1}' \tag{A-16}$$

$$1 = \sum_{j=1}^{n} b_j q_j'. \tag{A-17}$$

由方程（A-1）和方程（A-15）得：

$$\beta(q_i - q_i') = \sum_{j=1}^{n} a_{ij}(q_j - q_j') + (\beta' - \beta) q_i' \quad (i = 1, 2, \cdots, n+1) \tag{A-18}$$

由方程（A-3）和方程（A-16）得：

$$\beta(q_{n+1} - q_{n+1}') > \sum_{j=1}^{n+1} a_{n+1,j}'(q_j - q_j') + (\beta' - \beta) q_{n+1}' \tag{A-19}$$

由方程（A-14）和方程（A-17）得：

$$\sum_{j=1}^{n+1} b_j(q_j - q_j') = 0 \tag{A-20}$$

同理，我们容易发现假设$\beta' - \beta \geq 0$与方程（A-20）存在矛盾。因此可以得到$\beta' - \beta < 0$或$r' - r > 0$。

参考文献

［1］ Alberro, J. and Persky, J. （1979）, "The Simple Analytics of Falling Profit Rates: Okishio Theorem and Fixed Capital", *The Review of Radical Political Economics*, vol. 11 no. 3, pp. 37 – 41.

［2］ Boyer, R. （1979）, "La Crise Actuelle: Une Mise en Perspective Historique", *Critiques Del'economie Politique*, no. 7 – 8, pp. 5 – 113.

［3］ Nakatani, T. （1978）, "The Rate of Profit, Real Wages and Technical Change: Considering Durable Equipment", *The Economic Review*, vol. 29, no. 1. （日文版）

［4］ Okishio, N. （1961）, "Technical Change and the Rate of Profit", *Kobe University Economic Review*, no. 7, pp. 85 – 99.

［5］ Roemer, J. （1978）, "The Effect of Technological Change on the Real Wage and Marx's Falling Rate of Profit", *Australian Economic Papers*, June, vol. 17, no. 30, pp. 152 – 166.

[6] Roemer, J. (1979), "Continuing Controversy on the Falling Rate of Profit: Fixed Capital and Other Issues", *Cambridge Journal of Economics*, December, vol. 3, no. 4, pp. 379 – 398.

[7] Salvadori, N. (1981), "Falling Rate of Profit with a Constant Real Wage: An Example", *Cambridge Journal of Economics*, March, vol. 5, no. 1, pp. 59 – 66.

[8] Shaikh, A. (1978), "Political Economy and Capitalism: Notes on Dobb's Theory of Crisis", *Cambridge Journal of Economics*, June, vol. 2, no. 2, pp. 233 – 251.

非均衡和平均利润率的变动：
一个一般分析框架

孟 捷　冯金华[*]

　　马克思的利润率下降理论是在假设再生产均衡的前提下提出来的。这一点在马克思主义经济学家中间虽然也曾有人提及，但一直没有得到足够充分的讨论。具体而言，在《资本论》第三卷的现行版本中，马克思是撇开了资本积累的基本矛盾，即剩余价值生产和剩余价值实现的矛盾，来讨论利润率下降规律的。在现代马克思主义经济学中一直被争论的"置盐定理"（the Okishio Theorem），认为在假定实际工资不变时，基本品部门的技术进步将提高平均利润率[①]，这一结论表面看来虽与马克思不同，但其赖以成立的关键前提和马克思其实是一样的，两者都假设，对利润率变化的研究应该在假定再生产均衡的前提下进行。本文批评了这一假设，并从资本积累的基本矛盾以及由此产生的再生产失衡的立场出发，对马克思的理论和所谓置盐定理进行了再考察。我们重新设计了平均利润率和生产价格决定的方程，最终构建了一个解释平均利润率变动的一般模型，根据我们的模型，平均利润率是技术进步、实

　　* 孟捷，复旦大学经济学院教授，主要研究方向为政治经济学；冯金华，上海财经大学马克思主义学院教授，主要研究方向为政治经济学。

　　① N. Okishio, "Technical Changes and the Rate of Profit," *Kobe University Economic Review* 1961, 7: 85 – 99.

际工资和产品实现率这三者的函数。所谓置盐定理只是在产品实现率等于 1、实际工资不变时的特例。

本文第一节讨论了马克思的一般利润率下降规律与资本积累基本矛盾的关系，指出应该在剩余价值生产和剩余价值实现的矛盾架构下考察利润率动态。第二节对置盐模型做了介绍，并对其中的一些技术性问题做了批判的考察。第三节通过引入资本积累的基本矛盾（剩余价值生产和剩余价值实现的矛盾），在非均衡的前提下改造了置盐信雄提出的生产价格和利润率的决定方程。第四节在此前讨论的基础上，提出了一个解释平均利润率变动的一般模型，根据这个模型，平均利润率是技术进步、实际工资和产品实现率这三者的函数。第五节是全文的结论，总结了本文提出的模型对于今后理论和经验研究的意义。

一 一般利润率下降与资本积累的基本矛盾

在《资本论》第三卷，马克思提出了一般利润率下降的规律。这一规律是以《资本论》第一卷讨论的生产资本有机构成提高的趋势为前提的，换言之，马克思此时撇开了资本积累的基本矛盾（即剩余价值生产和剩余价值实现的矛盾），没有从这一矛盾架构出发，来讨论利润率下降。从《资本论》第三卷（恩格斯编辑的现行版本）来看，马克思是在第十三章和第十四章论述了利润率下降及其抵消因素之后，才在第十五章引入资本积累的基本矛盾。而且，参照恩格斯拟定的第十五章标题"规律内部矛盾的展开"，我们或可猜度，剩余价值生产与剩余价值实现的矛盾在逻辑上是从属于利润率下降规律的。也就是说，因资本有机构成提高而造成的利润率下降，反倒是促使剩余价值生产与剩余价值实现的矛盾激化的根源。

关于利润率下降规律和资本积累基本矛盾的关系，在相关文献中较少有讨论。然而，笔者认为，这是一个在理论上具有重要意义的问题。只有在厘清该问题的基础上，才能达成对利润率下降规律的正确理解。

从思想史的角度看，美国马克思主义经济学家吉尔曼最早触及该问题。但问题在他那里并不是以自觉的方式提出来的。1957 年，吉尔曼出版了《利润率下降》一书。[1] 他在书中反对以马克思的方式解释垄断资本主义时代美国的利润率下降，主张以剩余价值实现困难作为利润率下降的原因。具体而言，他提出了如下公式来解释利润率下降的根源：

$$r = \frac{S - U}{C}$$

S 在此代表全部已实现的剩余价值，C 代表不变资本，U 代表所有与产品实现相关的非生产性支出，其中包括非生产性工人的工资，以及所有用于销售、广告和管理的成本。在此意义上，$S - U$ 代表已实现的净剩余价值。

吉尔曼认为，在自由竞争资本主义时期，U 在剩余价值实现中是一个可以相对忽略的因素，利润率下降的原因在于马克思分析的资本有机构成提高趋势；而在垄断资本主义时期，由于新技术的迅速采用，不变资本的构成要素变得越来越便宜，资本有机构成也因此而相对稳定。利润率下降的根源此时更主要地是与非生产性开支的日益增长相关，这意味着净剩余价值即 $S - U$ 日趋萎缩，由此造成利润率下降。

吉尔曼的具体观点后来遭到了一些学者批评。[2] 不过，单纯从方法论的角度来看，吉尔曼最先把利润率下降置于剩余价值生产和剩余价值实现的矛盾架构下来分析，而不像马克思那样仅从剩余价值生产条件的变化（即资本有机构成提高）解释利润率下降。而且，在他的解释中还默认了这样一点，即在垄断资本主义条件下，利润率下降是和再生产失衡（或非充分就业的均衡）联系在一起的。这一点在巴兰对他的批判中得到了明确。

在较为晚近的学者中，从方法论上最明确地将资本积累的基本矛盾和

---

[1] J. M. Gillman, *The Falling Rate of Profit* (London: Dobson, 1957).

[2] 保罗·巴兰曾指出，当有效需求不足时，非生产性开支的增长可能有助于实现生产出来的全部剩余价值，从而有助于提高利润率，而不是像吉尔曼主张的那样，造成净剩余价值的下降。参见 M. C. Howard and J. E. King, *A History of Marxian Economics*, vol. 2 (London: Macmillan, 1992), pp. 141 - 142。

利润率下降联系在一起的，是加拿大学者莱博维奇。在一篇发表于20世纪70年代的文章里，莱博维奇明确地批评了以资本有机构成提高解释利润率下降的理论，提出利润率动态应该在资本积累基本矛盾的分析框架内来研究。他写道："利润率下降是资本的生产和流通之间的矛盾表现自身的方式……不可能从马克思的观点中取消利润率下降的趋势，就像不可能取消资本的流通领域一样。"① 此外，由巴兰、斯威齐开创的"垄断资本学派"（the Monopoly Capital School），在对美国资本积累的研究中，也使用了剩余价值生产和剩余价值实现的矛盾分析框架。② 从吉尔曼到莱博维奇和垄断资本学派，核心观点是主张资本积累的基本矛盾（即剩余价值生产和剩余价值实现的矛盾）才是利润率下降的根源。这个观点和《资本论》第三卷现行版本里蕴含的观点正好相反，在那里，对利润率下降规律的讨论是在抽象了资本积累基本矛盾的前提下进行的。③

然而，以吉尔曼、莱博维奇和垄断资本学派为代表的观点，在马克思主义经济学中并未占据主导地位。个中原因或许在于，对于如何理解资本积累的基本矛盾以及这一矛盾产生的根源，马克思主义经济学家并未达成共识。以垄断资本学派的斯威齐为例，他坚持从消费不足论出发来解释资本积累的基本矛盾，而消费不足论一直是大多数马克思主义者诟病的对象。与此不同，以卡莱茨基为代表的分析传统则始终强调投资在这一矛盾发展中的决定作用。自20世纪80年代以来，置盐信雄、科茨等人从马克思的再生产图式出发各自独立地发展出一个新的表达再生

① M. A. Lebowitz, "Marx's Falling Rate of Profit: A Dialectical View," *Canadian Journal of Economics* 1976, IX（2）. 对莱博维奇观点的一个评述，可参见高峰《资本积累与现代资本主义》第二版，社会科学文献出版社，2014，第273~276页。

② 参见 J. B. Foster and H. Szlajfer, eds., *The Faltering Economy*（New York: Monthly Review Press, 1984）。该书收录的斯威齐的文章，从消费不足论的立场对剩余价值生产和剩余价值实现的矛盾进行了解释，见 P. Sweezy, "Some Problems in the Theory of Capital Accumulation," in J. B. Foster and H. Szlajfer, eds., *The Faltering Economy*（New York: Monthly Review Press, 1984）, pp. 52 - 53.

③ 进一步的讨论，可参见孟捷《马克思主义经济学的创造性转化》，经济科学出版社，2001。

产均衡条件的方程[①]，这个方程支持了卡莱茨基的观点，也构成了本文对再生产非均衡进行分析的基础。

在马克思的两部类模型中，社会总资本再生产在积累条件下的总量均衡条件为：

$$C_1 + V_1 + S_1 = C_1 + C_2 + S_{1c} + S_{2c} \tag{1}$$

$$C_2 + V_2 + S_2 = V_1 + V_2 + S_{1k} + S_{2k} + S_{1v} + S_{2v} \tag{2}$$

其中，C_i（$i = 1$，2）为不变资本，V_i 为可变资本，S_i 为剩余价值，S_{ic} 为追加不变资本，S_{iv} 为追加可变资本，S_{ik} 为资本家的个人消费。将公式（1）和公式（2）进行整理可得出[②]：

$$\alpha S_1^t + \alpha S_2^t = S_c^{t+1} + S_{1v}^{t+1} + S_{2c}^{t+1} + S_{2v}^{t+1} \tag{3}$$

该式左端是生产出来的剩余价值中未被资本家消费的部分，也可看作两部类资本家的意愿积累，其中 α 为意愿积累率；右端则代表了决定剩余价值实现程度的有效需求，这些需求项目恰好是两部类资本家的实际积累。公式（3）的好处是，它直观地表现了剩余价值生产与剩余价值实现的差异及其潜在的矛盾。[③]

公式（3）里的上标 t 和 $t+1$ 可用于表示马克思所说的剩余价值生产和剩余价值实现在时空上的差异。这种差异是否转化为对立，取决于资本积累的实际规模。这样一来，剩余价值实现的难易归根结底就取决于

① N. Okishio, "On Marx's Reproduction Scheme," *Kobe University Economic Review* 1988, 34: 1 – 24; D. M. Kotz, "Accumulation, Money, and Credit in the Circuit of Capital," *Rethinking Marxism* 1991, 4（2）.

② 详见孟捷《马克思主义经济学的创造性转化》，经济科学出版社，2001，第87~92页。

③ 关于这种矛盾，马克思这样写道："直接剥削的条件和实现这种剥削的条件，不是一回事。二者不仅在时间和空间上是分开的，而且在概念上也是分开的。前者只受社会生产力的限制，后者受不同生产部门的比例和社会消费力的限制。但是社会消费力既不是取决于绝对的生产力，也不是取决于绝对的消费力，而是取决于以对抗性的分配关系为基础的消费力；这种分配关系，使社会上大多数人的消费缩小到只能在相当狭小的界限内变动的最低限度。这个消费力还受到追求积累的欲望的限制，受到扩大资本和扩大剩余价值生产规模的欲望的限制。"参见马克思《资本论》第3卷，载《马克思恩格斯全集》第25卷，人民出版社，1974，第272~273页。

积累或新投资的水平。换言之，剩余价值生产和剩余价值实现的矛盾就进一步转化为实现和积累的矛盾：一方面，在再生产 t 时期生产出来的剩余价值要靠 $t+1$ 时期资本家的积累来实现；另一方面，资本家在 $t+1$ 时期进行积累的欲望显然也受制于在 t 时期生产出来的剩余价值的实现程度。剩余价值实现和资本积累就这样陷入了恶性循环，并最终转化为危机或衰退。

正如前文提到的，马克思对资本积累基本矛盾的论述，是在结束了对利润率下降规律的讨论之后进行的。在笔者看来，在引入资本积累的基本矛盾之后，马克思本来可以在这一矛盾架构内对利润率下降规律重新讨论一次。但马克思没有这样做（或未来得及这样做，因为《资本论》第三卷是未完稿）。这样一来，一般利润率下降规律就是在撇开资本积累基本矛盾的前提下，纯粹从生产资本有机构成的提高这一点来论证的。也就是说，利润率下降的前提，仅仅是生产领域的技术变革。在一些维护马克思的学者看来，这一叙述方式是完全合理的，因为马克思的意图是要分析生产力发展的长期趋势对于利润率的影响；剩余价值生产和剩余价值实现的矛盾在此可作为相对短期的因素被抽象掉。①

这类观点乍看起来不无道理。但在置盐定理提出以后，这类观点陷入了两难境地。在发表于1961年的经典论文里，置盐信雄在方法论上采纳了和马克思类似的立场，即撇开资本积累的基本矛盾和由此产生的非均衡，在一个比较静态框架内分析了生产领域的技术进步对利润率的影响。然而，他所得出的结论和马克思的观点初看恰好相反：若保持实际工资不变，在技术进步的前提下，平均利润率会上升而不是下降。半个世纪以来，一直有马克思主义者想要反驳置盐，但问题是，这些批判

---

① 美国学者谢克是这类观点的代表，他在一项研究里曾把利润率区分为基本利润率和考虑生产能力变化的经验利润率，即有 $r=r^* u$，其中 r 是经验利润率，r^* 是基本利润率，u 是产能利用率。他认为，基本利润率的变化反映了马克思的利润率下降规律，但由于需求的变动，这一规律被考虑了产能利用率的经验利润率掩盖了。见 A. Shaikh, "The Falling Rate of Profit as the Cause of Long Waves: Theory and Empirical Evidence," in A. Kleinknecht, E. Mandel, I. M. Wallerstein, eds., *New Findings in Long-Wave Research* (New York: St Martin, 1992)。

大都忽略了，在马克思和置盐那里存在着共同的假定。① 对置盐的反驳，与对马克思的批评，其实是一枚硬币的两面。易言之，对置盐定理的合理批判，同时也必然是对马克思利润率下降理论的某种修正。

二 对置盐定理的重新表述

置盐信雄把一个经济中的所有部门分为三个大类，即生产生产资料的部门、生产工资品的部门和生产奢侈品或非基本品（即既不用于生产资料生产也不用于劳动力再生产的产品）的部门。其中，每一个部门的生产都需要投入和消耗生产资料和活劳动。为简单起见，我们假定在三大类部门中每一大类只包括一个部门。例如，部门 1 只生产生产资料，部门 2 只生产工资品，部门 3 只生产奢侈品。若设第 i（$i=1$，2，3）个部门每生产 1 单位产品需要消耗 a_i 单位的生产资料和 τ_i 单位的活劳动（称 a_i 和 τ_i 为生产第 i 种产品的"物质消耗系数"和"活劳动消耗系数"，统称二者为"消耗系数"），并用 q_i 表示该产品的以货币工资来衡量的"实际价格"（这里，第 i 种产品的实际价格可以理解为用该产品的价格所能够购买到的劳动量），即 $q_i = p_i/w$（p_i 为第 i 种产品的生产价格，w 为单位时间如 1 小时劳动所得到的货币工资），则部门 i 生产 1 单位产品的实际成本就等于 $a_i q_i + \tau_i$，从而有：

$$
\begin{aligned}
q_1 &= (1+r)(a_1 q_1 + \tau_1) \\
q_2 &= (1+r)(a_2 q_1 + \tau_2) \\
q_3 &= (1+r)(a_3 q_1 + \tau_3)
\end{aligned}
\tag{4}
$$

其中，r 为整个经济的平均利润率。每个方程均表示：生产 1 个单位产品的实际成本加上平均利润恰好等于该产品的实际价格。

由于在方程组（4）中，总共有四个未知数，即三种产品的实际价

---

① 置盐定理和马克思的利润率下降理论表面看来结论相反，但两者其实具有互补性，并不像通常理解的那样是彼此冲突的。在本文第二节的最后，笔者对此还有进一步的评论。

格 q_1、q_2、q_3 和平均利润率 r，但只有三个方程，故为了能够求解，置盐补充了一个假定，即假定货币工资 w 与工资品价格 p_2 总是保持同比例的变化，从而，货币工资与工资品价格的比率即实际工资 w/p_2 总是保持固定不变。[①] 置盐的实际工资不变假定可以用公式表示为：

$$\frac{w}{p_2} = \left(\frac{w}{p_2}\right)_0$$

然而，很少有人看到，实际工资不变的假定，对于求解平均利润率来说并不是必要的。在下两节中，我们将放弃该假定，建立一个更为一般的关于平均利润率的模型。

由于工资品的实际价格恰好等于实际工资的倒数，即：

$$q_2 = \frac{p_2}{w} = \frac{1}{w/p_2}$$

故假定实际工资不变就等于假定工资品的实际价格不变，即有：

$$q_2 = \frac{1}{(w/p_2)_0}$$

将上式代入方程组（4）则得到：

$$q_1 = (1+r)(a_1 q_1 + \tau_1)$$
$$\frac{1}{(w/p_2)_0} = (1+r)(a_2 q_1 + \tau_2) \qquad (5)$$
$$q_3 = (1+r)(a_3 q_1 + \tau_3)$$

在方程组（5）中，有三个方程，同时也只有三个未知数，即生产资料的实际价格 q_1、奢侈品的实际价格 q_3，以及平均利润率 r，故可以求得确定的解。

从观察和求解方程组（5）中可以得到两个重要的结论。第一，平均利润率的决定与奢侈品部门无关，或言之，奢侈品部门的技术进步不

---

① 实际工资是用货币工资所能够购买到的工资品的数量。因此，假定实际工资不变也就是假定用货币工资所能够购买到的工资品的数量不变。

会影响整个经济的平均利润率。这是因为，由方程组（5）的前两个方程（即关于生产资料和工资品生产部门的方程）就可以解得平均利润率 r 以及生产资料的实际价格 q_1，而无须用到第三个方程（即关于奢侈品生产部门的方程）。一旦根据前两个方程求得 r 和 q_1，则奢侈品的实际价格 q_3 就可由第三个方程求得。

第二，在基本品（生产资料和工资品）部门发生的降低单位成本的技术进步必然会导致平均利润率上升。这也是置盐定理最为关键的结论。该结论不像前一个结论那样一目了然，可以通过一个数字例子来说明。[①]

例如，一开始时，$(a_1, \tau_1) = (1/2, 10)$、$(a_2, \tau_2) = (1/4, 15)$、$(a_3, \tau_3) = (1/5, 16)$ 以及 $(w/p_2)_0 = 1/45$。将这些数值代入方程组（5）可求得[②]：

$$r = 50\%, \quad q_1 = 60, \quad q_3 = 42$$

置盐假定工资品部门出现技术进步，使得技术系数变为 $(a_2, \tau_2) = (1/3, 35/24)$。[③] 就工资品的单位成本而言，在原来的技术条件 $(a_2, \tau_2) = (1/4, 15)$ 下，工资品的单位成本为：

$$\frac{1}{4}q_1 + 15 = \frac{1}{4} \times 60 + 15 = 30$$

而在技术进步后的技术条件 $(a_2, \tau_2) = (1/3, 35/24)$ 下，工资品的单位成本为[④]：

$$\frac{1}{3}q_1 + \frac{35}{24} = \frac{1}{3} \times 60 + \frac{35}{24} \approx 21.458$$

---

① 严格的证明可参看 N. Okishio, "Technical Changes and the Rate of Profit," *Kobe University Economic Review* 1961, 7: 85 - 99。

② 还有另一组解为 $r = 5$, $q_1 = -30$, $q_3 = 60$，因其中生产资料的实际价格为负数，故略去。

③ 值得一提的是，置盐在讨论技术进步时尽管区分了劳动生产率标准和成本标准，并认为只有后者才是资本主义企业真正关心的，但在他的模型里所假设的技术进步，实际上仍然同时符合以下三个特征：降低单位产品价值（这被看成提高劳动生产率的表现）、降低以生产价格度量的单位成本、提高资本的构成。

④ 置盐在计算新技术条件下工资品单位成本时犯了一个错误，即他使用的生产资料的实际价格仍然是旧技术条件下的 $q_1 = 60$ 而不是新技术条件下的 $q_1 = 80$。

如果假定其他部门的情况一如其旧，则有 $(a_1, \tau_1) = (1/2, 10)$、$(a_2, \tau_2) = (1/3, 35/24)$、$(a_3, \tau_3) = (1/5, 16)$ 以及 $(w/p_2)_0 = 1/45$。再将这些数值代入方程组（5）后可解得[1]：

$$r = 60\%, \quad q_1 = 80, \quad q_3 = 51.2$$

由此可见，当工资品部门发生降低单位成本的技术进步之后，平均利润率从原来的 50% 上升到了 60%。

置盐定理是运用比较静态的方法来论证的。2000 年，置盐在《剑桥经济学报》发表了他生前最后一篇英文论文，在该文中，他批判地反思了这种比较静态方法，认为这一方法的运用依赖于两个不适当的假设前提，其一是实际工资保持不变，其二是新的生产价格始终能够确立。[2] 但在进一步的讨论中，置盐并未从这种反思出发，从根本上质疑其定理，而是构想了一个思想试验。与置盐定理相反，他假设此时不存在技术进步，在此前提下，伴随资本的竞争，实际工资将因劳动市场接近于充分就业而不断增长，从而挤压剩余价值，使其最终趋向为零。[3] 这一趋势意味着，竞争的结果将消灭可供平均化的剩余价值，从而导致新的均衡价格（生产价格）无法确立。这个思想试验其实是从另一角度为置盐定理所做的辩护。这是因为，根据这个模型，若要改变利润趋于零的结局，资本家

---

① 这里同样略去了另一组包括负数的解。

② N. Okishio, "Competition and Production Prices," *Cambridge Journal of Economics* 2000, 25 (4): 493 – 501.

③ 置盐提出："在没有技术变革时，资本家之间的竞争不会建立带有正的利润率的生产价格，反而会摧毁剩余价值本身。竞争之所以会造成这个结果的主要原因在于劳动供给维持不变，实际工资增长，并挤压了剩余价值。" 见 N. Okishio, "Competition and Production Prices," *Cambridge Journal of Economics* 2000, 25 (4): 500。置盐在此表达的正是所谓"利润挤压论"（the Profit Squeeze Theory）的观点。利润挤压论是解释 1974 ~ 1975 年发达资本主义经济衰退的最有影响的政治经济学理论，它主张工人阶级谈判能力的提高导致工资过快的增长，从而挤压了利润份额，造成利润率下降。置盐定理实际上是利润挤压论在学理上的基础。这也难怪利润挤压论的代表人物，如已故的牛津大学马克思主义经济学家格林，在理论上支持置盐定理。见 A. Glyn, "Marxist Economics," in J. Eatwell, M. Milgate and P. Newman, eds., *The New Palgrave: Marxian Economics* (London: Macmillan Press Limited, 1990), pp. 281 – 282.

的唯一出路是推动技术进步，降低生产的成本，以抵消实际工资上升的
影响，实现利润率的增长。换言之，置盐在这篇论文里从反思置盐定理
的假设前提出发，最终得出的却仍然是维护置盐定理的结论。

比较置盐在1961年和2000年发表的两篇论文，可以发现置盐分别
叙述了两个截然不同的故事。在1961年的论文里，置盐假设实际工资
不变，在技术进步的前提下，论证了一般利润率将出现增长。而在
2000年的论文里，置盐反过来假设没有技术进步，在实际工资不断上
升的前提下，利润会遭到挤压，最终消失殆尽。在这两个互为极端的故
事之间，还存在第三种情况，即实际工资伴随技术进步而增长。在此条
件下，利润率上升的前提，是实际工资增速小于劳动生产率增速；反
之，则有利润率下降；当实际工资增速和生产率增速持平时，利润率不
变。下面通过一个数字例子说明这一点。

在发生技术进步的条件下，实际工资要增长到什么程度才能恰好抵
消技术进步对平均利润率的影响呢？在前述数字例子中，令技术进步后
的平均利润率等于技术进步前的水平，即令 $r = 0.5$，我们可以得到：

$$q_1 = (1 + 0.5)\left(\frac{1}{2}q_1 + 10\right)$$

$$q_2 = (1 + 0.5)\left(\frac{1}{3}q_1 + \frac{35}{24}\right)$$

它的解为：

$$q_1 = 60$$

$$q_2 = \frac{515}{16}$$

q_2 的倒数，即：

$$\frac{1}{q_2} = \frac{w}{p_2} = \frac{16}{515}$$

就是所要的结果。也就是说，在发生技术进步后，如果实际工资从原来
的 $1/45 \approx 0.022$ 上升到 $16/515 \approx 0.031$，则平均利润率就将保持在原来

的50%水平不变。如果实际工资的上升低于这个水平，平均利润率仍然会上升。但若超过了这个水平，平均利润率就会下降。

以上讨论表明，在置盐的理论框架里，分别存在以下几种可能的情况。第一，当实际工资不变时，技术进步会提高平均利润率；第二，当不存在技术进步时，实际工资的增长会侵蚀利润，最终使利润荡然无存；第三，当实际工资上升和技术进步并存时，视两者增速的差异，分别有平均利润率上升、不变和下降三种情况。然而，所有这些情况事实上都依赖于以下前提，即平均利润率变化与资本积累的基本矛盾和由此产生的非均衡无涉。换言之，这些讨论和马克思的理论有一个共同点，即抽象了资本积累基本矛盾以及再生产失衡的可能性，只限于考虑生产领域的技术和成本变化对平均利润率的影响。

还可指出的是，置盐定理表面看来和马克思的观点相反，但这一定理实际上是对马克思观点的补充。置盐与马克思的区别体现在，两者采纳的量纲不同，置盐是在价格和实物量纲上考虑问题的，马克思则是在价值量纲上考虑问题的，这种差异使人容易忽略两者之间的内在联系。这两个量纲虽有差别，但又是相互对应、相互转化的，在一个量纲上使用的概念，完全可以转换或对应于另一个量纲的概念。置盐假定在实际工资不变时，技术进步会提高平均利润率，如果从马克思的价值量纲来看，这相当于假定剩余价值率的增长可以达到技术进步所能允许的最大值，并足以抵消资本有机构成的提高。从这个角度看，置盐的贡献在于，第一，他将抵消利润率下降的一种特殊情形在理论上明确化了；第二，更重要的是，通过改变各变量的量纲，他使利润率的研究有可能从纯理论研究转化为利用经验数据的实证研究。

三 再生产失衡、产品实现率与平均利润率的变动

（一）置盐定理与非均衡

半个世纪以来，围绕置盐定理的争论从未停歇。韩国学者柳东民曾

将相关批判划分为两类①：一类是内部批判，其特点是将置盐的模型扩展到涵盖固定资本和联合生产的情况；另一类是外部批判，其特点是对置盐模型的假设前提提出不同程度的质疑。柳东民的这一界分是根据置盐本人的观点做出的。正如前文提到的，置盐认为，其定理建立在两个假设前提的基础上，即实际工资保持不变，以及存在着以利润率平均化为标志的均衡。② 对置盐定理的内部批判，无须触动这两个前提；而外部批判则涉及对这两个前提的反思。近年来，在国际范围内影响最大的外部批判，来自所谓 TSSI（或译"分期单一体系解释"）。③ TSSI 的批判是以下述观点为基础的，即主张区分投入的价值（或价格）与产出的价值（或价格），以历史成本而非当前成本定义利润率。这一方法的本质，是反对将利润率定义与共时均衡（Simultaneous Equilibrium）相联系，转而引入分期乃至非均衡的视角。TSSI 的这种观点在方法论上无疑是正确的④，但 TSSI 所发展的具体模型引起了广泛的批评。正如柳东民所指出的，TSSI 对置盐的批判依赖于对劳动生产率和价格变化的时间路径的任意假定，因而是不成功的。⑤

置盐本人在其 2000 年发表的论文中，也曾比较了两种不同的利润率定义：一种是采纳重置成本、依赖共时均衡的定义；另一种是采纳历

---

① D. M. Rieu, "Has the Okishio Theorem Been Refuted," *Metroeconomica* 2009, 60（1）: 162 – 178.

② N. Okishio, "Competition and Production Prices," *Cambridge Journal of Economics* 2000, 25（4）: 493 – 501.

③ A. Kliman and T. McGlone, "A Temporal Single – System Interpretation of Marx's Value Theory," *Review of Political Economy* 1999, 11（1）: 33 – 59.

④ 可以指出的一点是，这一观点并不是 TSSI 的独创。主张在价值决定中区分投入的价值和产出的价值，至少可以追溯到曼德尔。20 世纪 70 年代，在为《资本论》新英译本撰写的导言里，曼德尔提出："投入层次上的价值并不自动地决定产出层次上的价值。只在一定的时间间隔以后，才能表明'投入'的一个部分是否已被浪费。"见孟德尔（又译曼德尔）《〈资本论〉新英译本导言》，仇启华、杜章智译，中央党校出版社，1991，第 95 页。20 世纪 80 年代以来，类似观点在马克思主义者对新李嘉图主义的批判中进一步发展起来。

⑤ D. M. Rieu, "Has the Okishio Theorem Been Refuted," *Metroeconomica* 2009, 60（1）: 162 – 178.

史成本、可以接纳非均衡的定义。考虑一个两部门经济，分别生产投资品和工资品，两种利润率便可分别定义为：

$$r_i^t = p_i^t / \ (a_i p_1^t + n_1 m^t) \ -1$$

$$r_i^t = p_i^t / \ (a_i p_1^{t-1} + n_1 m^{t-1}) \ -1 \quad i = 1, \ 2$$

其中，p_1 是投资品的生产价格，m 是货币工资率，a 和 n 代表投资品和活劳动的数量。与第一个定义不同的是，第二个定义区分了两个不同时期（t 和 $t-1$），这意味着，投入的价格（包括货币工资率）和产出的价格有可能互不相同。从定义来看，第二个利润率是以预付资本或历史成本为基础的利润率。与此不同的是，第一个定义假设不同时期的价格和货币工资率是相同的，这样一来，利润率就是以当前成本为基础的利润率。

饶有意味的是，在其 2000 年的论文里，置盐本人也不否认采纳第二种定义的利润率（或分期利润率）有其积极意义。[①] 但他最终还是选择了第一种利润率（即假设了比较静态均衡的利润率）。置盐明确提出，他之所以在其模型中选择第一个定义，是因为资本家可以凭借这个定义预测其产出的价格，从而预期投资的赢利性。[②] 换言之，置盐仍然倾向于在排除了不确定性和非均衡的条件下，考察技术进步对利润率变化的影响。

置盐对两种利润率的比较，在一定程度上开启了对置盐定理的外部批判。但是，他的这种批判性反思是远非彻底的。这种不彻底性，除了上文所谈的以外，还体现在他对均衡的片面理解上。在他那里，均衡只被理解为在整个经济中利润率的平均化。也就是说，能否建立统一的利润率或形成生产价格，被看作均衡是否存在的唯一标准。然而，这样来

① 用他的话来说，如果假设生产期间是统一的，分期利润率就是有意义的，见 N. Okishio，"Competition and Production Prices," *Cambridge Journal of Economics* 2000，25（4）：497。

② N. Okishio，"Competition and Production Prices," *Cambridge Journal of Economics* 2000，25（4）：497.

理解均衡，没有摆脱单纯以资本主义生产当事人的经验意识为依据来理解经济概念的弊端。马克思的观点与此迥然不同。在马克思那里，即便存在着利润率平均化，也会出现再生产的非均衡。在笔者看来，《资本论》第三卷所采用的叙述方法足够清晰地表达了这一点。在第十三章（题为"规律本身"）讨论了平均利润率下降规律以后，马克思随即在第十五章（题为"规律内部矛盾的展开"）里引入了资本积累的基本矛盾，即剩余价值生产和剩余价值实现的矛盾。这一叙述方法意味着，在马克思看来，一般利润率的存在或生产价格的形成，是完全可能和再生产非均衡相伴随的。确认这一点是我们对置盐定理展开批判的前提之一。

在相关部门出现技术进步的情况下，依照马克思的观点，不仅单位产品价值会下降，单位时间内的产出也会增长。在《资本论》第一卷开篇不久，这两个并行不悖的趋势就被分别概括为劳动生产率与单位产品价值成反比变化的规律，以及劳动生产率与使用价值量成正比变化的规律。劳动生产率与使用价值量成正比的规律，潜在地意味着资本的价值增殖将变得日益依赖于使用价值量的实现。① 由于市场上针对特定使用价值的需求总会达到饱和，使用价值就会从价值的承担者变成价值增殖的障碍。在此意义上，马克思所揭示的商品两因素即使用价值和价值的矛盾，事实上是推动《资本论》第三卷所分析的剩余价值生产和剩余价值实现的矛盾逐步激化的内在力量。

---

① 为了说明这一点，不妨假设生产某商品时不需要任何不变资本，即 $c = 0$。该商品的单位价值量可以表达为：$\lambda = v + s = v\ (1 + e)$，并有 $v = \lambda\ \dfrac{1}{1+e}$。这里的 λ 是单位商品价值，v 是单位商品所含的可变资本，s 是单位商品的利润，e 是剩余价值率。由 $s = ve$，有 $s = \lambda\ \dfrac{e}{1+e}$。生产这种商品的总利润为：$\Pi = xs = x\lambda\ \dfrac{e}{1+e}$。$x$ 是在单位时间内生产出来并得到实现的全部商品量，x 的增长是 λ 下降的抵消因素。至于剩余价值率，在数学上取极限时，$\dfrac{e}{1+e}$ 等于 1，这意味着，在长期内，剩余价值率的提高对于 λ 及商品单位利润下降所起的抵消作用是有限的，总利润量能否增长越来越取决于使用价值的实现规模。

在经济思想史上，古典经济学家魁奈通过下述悖论第一次把握到使用价值和价值之间的这种矛盾，以及这种矛盾对于资本积累的影响。作为"重农学派"的代表，魁奈相信价值源自土地而非劳动。为了驳倒劳动价值论，魁奈别出心裁地采用了归谬法。[①] 他假定劳动价值论是正确的，然后依照劳动价值论原理来推论，在劳动生产率提高的前提下，单位商品价值会不断下降。在魁奈看来，这一结论与资本主义生产在概念上是相互冲突的，因为单位商品价值的下降将不可避免地带来单位利润的减少，后者势必会危及以利润为目的的资本主义生产。反过来说，如果资本主义生产能够在现实中成立，劳动价值论就必然是错误的。

魁奈所发现的这种矛盾可以称作"魁奈悖论"。这一悖论在经济思想史上首次发现资本主义生产不可能建立在单位产品价值永恒下降的基础上。换言之，魁奈在某种意义上意识到"通货紧缩"是对资本主义生产方式的致命威胁。但魁奈不是利用这一发现揭示资本主义发展的内在矛盾，而是据此宣布，劳动价值论是错误的。在《资本论》里，马克思非常重视魁奈的思想，在不止一个地方和魁奈进行了有时是不点名的对话。[②] 在马克思看来，魁奈所发现的矛盾，并不是导致资本主义生产不能成立的理由，反而是资本主义生产得到发展的依据。在《资本论》第三卷讨论利润率下降规律时，马克思针对魁奈悖论提出了一个解决办法：单位商品价值（价格）下降及其所伴随的单位商品利润的下降，可以同商品总额利润量的增长相并存。马克思把这一点作为利润率下降规律的表现形式之一。[③]

值得指出的是，马克思尽管正确地提出了单位利润下降与总利润增

---

① 魁奈：《关于手工业劳动》，载《魁奈经济著作选集》，吴斐丹、张草纫译，商务印书馆，1991。

② 除了在讨论利润率下降的《资本论》第 3 卷，马克思还在《资本论》第 1 卷里谈到了魁奈悖论。见马克思《资本论》第 1 卷，载《马克思恩格斯全集》第 23 卷，人民出版社，1972，第 356 页。

③ 马克思：《资本论》第 3 卷，载《马克思恩格斯全集》第 25 卷，人民出版社，1974，第 251～257 页。

长并存的可能性，却没有论证这一并存的前提条件。从微观即个别企业
来看，这种并存要以下述假定为前提，即针对某种特定产品或特定使用
价值的有效需求，会和劳动生产率提高一起成比例地增长。从宏观来
看，这种并存则是以包括公式（3）在内的社会总资本再生产均衡条件
的成立为条件的。在讨论利润率下降规律及其在竞争中的表现形式时，
马克思并没有提出过这个问题。这一不寻常的缄默意味着，马克思其实
在暗中假定这些条件是能得到保证的。

和马克思相似，置盐在研究利润率变化时，也没有考虑再生产失衡
的问题。而且，在置盐那里，由于他对劳动生产率提高有不适当的理
解，更预先排斥了考察这个问题的可能性。这体现在，第一，他提出，
资本家所引入的新技术只需降低生产成本，不必一定提高劳动生产率。
第二，即便在考虑技术进步对劳动生产率的影响时，他也仅仅把劳动生
产率提高理解为单位产品价值的下降，而忽略了单位时间产出可以和劳
动生产率成比例地增长。早在 20 世纪 60 年代，即在置盐的文章发表后
不久，就有日本学者批判了置盐的这个观点。① 在马克思的相对剩余价
值生产理论中，技术进步是以提高劳动生产率为偏向的。之所以如此，
原因就在于，和单纯提高资本生产率相比，劳动生产率提高有助于通过
提高单位时间产出增加剩余价值或利润总量。置盐完全无视这一点，片
面地主张以所谓成本标准代替劳动生产率标准来理解技术进步的动因。
置盐在这个问题上的片面性，并不是一个小小的失误。劳动生产率提高
所引起的单位时间产出的增长，会在总量层面带来再生产失衡的可能
性。可以认为，置盐正是因为忽略了产出总量与技术变革的关系，仅限
于从单位产品价值（或价格）着眼来分析问题，才最终忽略了单位时
间产出（或马克思的社会年产品）的实现困难及其给平均利润率变化
所带来的影响。

---

① R. Tomizuka, *Chikuseikiron Kenkyu* (*Studies in Theory of Accumulation*) (Tokyo:
Miraisha, 1965).

（二）产品实现率和平均利润率的变动

下面通过一个模型来考察单位时间产出的实现价值和平均利润率的关系。假定生产第 i 种（$i = 1, 2$）产品所需要的劳动（包括物化劳动和活劳动）为 t_i，所形成的单位产品价值量为 λ_i。该产品在单位时间内的产出为 x_i。再假定第 i 种产品在市场上可实现的单位价值量为 λ_i^*。在再生产均衡的假定下，这两个部门在单位时间内生产的产出所实现的价值总量，应该等于由标准技术条件所决定的在生产中形成的价值总量，为此可以写出：

$$\sum_{i=1}^{2} \lambda_i^* x_i = \sum_{i=1}^{2} \lambda_i x_i = \sum_{i=1}^{2} t_i \qquad (6)$$

接下来需要讨论的是，单位产品的实现价值 λ^* 是如何被决定的。为此，我们要引入一个由笔者之一发展的第二种社会必要劳动时间决定的模型①，我们曾将其称为"冯金华方程"。从定义来看，单位产品的实现价值（λ_i^*）应当等于用该单位产品交换到的全部货币的价值（以劳动价值衡量），即等于产品的交易价格与货币价值（后者用 λ_g^* 表示）的乘积。若用 p_i 表示第 i 种产品的价格，可写出如下交易方程：

$$\lambda_i^* = p_i \lambda_g^* \qquad (7)$$

需要指出的是，在这个交易方程里，价格 p_i 可以是任何一种价格形态。也就是说，该式中的 p_i 既可以是"直接价格"（即与价值成比例的价格），也可以是生产价格等其他价格形式。在这里，我们假定它就是生产价格。

将公式（7）代入公式（6），可以解出产品的单位实现价值 λ_i^*，即所谓冯金华方程：

---

① 冯金华：《社会总劳动的分配和价值量的决定》，《经济评论》2013 年第 6 期。

$$\lambda_i^* = \frac{p_i}{\sum\limits_{i=1}^{2} p_i x_i} \sum\limits_{i=1}^{2} t_i$$

若在该方程两边乘以单位时间产出 x_i，则有：

$$\lambda_i^* x_i = \frac{p_i x_i}{\sum\limits_{i=1}^{2} p_i x_i} \sum\limits_{i=1}^{2} t_i \qquad (8)$$

冯金华方程在提出时并没有考虑再生产出现非均衡的情况。我们可以结合上一节对资本积累基本矛盾的讨论，将再生产失衡引入冯金华方程。我们将讨论分为两个步骤，首先假定技术进步发生在工资品部门，然后再考虑工资品部门和生产资料（或投资品）部门同时发生技术进步的情况。

首先来看工资品部门。假定工资品部门在技术变革后，单位时间产出能够全部实现，即存在再生产均衡。此时有：

$$\lambda_2^{'*} x_2' = \frac{p_2' x_2'}{p_1 x_1 + p_2' x_2'} (\lambda_1 x_1 + \lambda_2' x_2') \qquad (9)$$

同时，参照公式（3），还可写出：

$$\lambda_1 x_1 + \lambda_2' x_2' = \sum\limits_{i=1}^{2} (C_i + V_i + S_{ic} + S_{iv}) = \lambda_1 x_1 + \lambda_2^{'*} x_2' \qquad (10)$$

其中，λ_2' 代表工资品部门在技术进步后的单位产品形成价值，并有 $\lambda_2' < \lambda_2$；x_2' 则是技术进步后的单位时间产出，且 $x_2' > x_2$。相应的，$\lambda_2^{'*}$ 则代表在技术变革后与再生产均衡相对应的单位工资品的实现价值。公式（10）第一个等式右边的后两项因子，即 $S_{ic} + S_{iv}$，表示的是两个部门的实际积累。对工资品部门的需求增量，是由其中的 S_{iv} 决定的。需要指出的是，由于置盐模型里假设资本家仅消费奢侈品，因此，在公式（10）的 $\sum\limits_{i=1}^{2} (C_i + V_i + S_{ic} + S_{iv})$ 之中，资本家的消费即 S_{ik} 没有写入。

在再生产均衡的条件下，公式（9）右边的第二项因子，即（$\lambda_1 x_1$

$+\lambda_2^{'} x_2^{'}$），作为在两个部门之间待分配的价值总量，取决于在生产中投入的、由生产的技术条件决定的劳动量。然而，在再生产存在非均衡时，这个待分配的价值总量就不再由生产中投入的劳动量（包括物化劳动和活劳动）来决定了，而是由剩余价值生产和剩余价值实现的矛盾所主宰的最终实现价值总量来决定。在非均衡的情况下，有不等式 $\Delta S_{iv} < \Delta \lambda_2 x_2$，其中 $\Delta \lambda_2 x_2 = \lambda_2^{'} x_2^{'} - \lambda_2 x_2$，它代表了工资品部门在技术变革前后单位时间产出价值的变化。该不等式的存在，意味着公式（10）的第一个等号转化为不等式，即有：

$$\lambda_1 x_1 + \lambda_2^{'} x_2^{'} > \sum_{i=1}^{2} (C_i + V_i + S_{ic} + S_{iv})$$

此不等式右边的各项代表了两个部门的有效需求。该不等式意味着工资品部门出现了由实现困难造成的再生产失衡，为此将出现相应的价格调整或产量调整。我们把经过价格和产量调整后的工资品部门的单位实现价值和单位时间产出，分别写作 λ_2^{**} 和 x_2^{**}，并写出新的方程：

$$\lambda_1 x_1 + \lambda_2^{**} x_2^{**} = \sum_{i=1}^{2} (C_i + V_i + S_{ic} + S_{iv})$$

以及

$$\lambda_2^{**} x_2^{**} = \sum_{i=1}^{2} (V_i + S_{iv})$$

该方程表示工资品部门年产品的可实现价值等于工资品部门的有效需求。参照前述冯金华方程，我们还可写出：

$$\lambda_2^{**} x_2^{**} = \frac{p_2^{**} x_2^{**}}{p_1 x_1 + p_2^{**} x_2^{**}} \sum_{i=1}^{2} (C_i + V_i + S_{ic} + S_{iv}) = \sum_{i=1}^{2} (V_i + S_{iv}) \qquad (11)$$

这里的 p_2^{**} 是与非均衡对应的市场生产价格。在再生产失衡的条件下，会有 $p_2^{**} x_2^{**} < p_2^{'} x_2^{'}$，或

$$p_2^{**} x_2^{**} = \phi_2 p_2^{'} x_2^{'}, \ 0 < \phi_2 \leqslant 1$$

其中系数 ϕ_2 代表产量和价格调整所带来的变化，它可定义为工资品部门的产品实现率。将此式代入公式（11），可得出 ϕ_2 的一个补充定义式：

$$\phi_2 = \frac{\dfrac{p_1 x_1 + p_2^{**} x_2^{**}}{\displaystyle\sum_{i=1}^{2}(C_i + V_i + S_{ic} + S_{iv})}}{\dfrac{p_2' x_2'}{\displaystyle\sum_{i=1}^{2}(V_i + S_{iv})}}$$

参照上述讨论和公式（11），可知该式的分子和分母遵从以下关系：

$$\frac{p_2' x_2'}{\displaystyle\sum_{i=1}^{2}(V_i + S_{iv})} > \frac{p_2^{**} x_2^{**}}{\displaystyle\sum_{i=1}^{2}(V_i + S_{iv})} = \frac{p_1 x_1 + p_2^{**} x_2^{**}}{\displaystyle\sum_{i=1}^{2}(C_i + V_i + S_{ic} + S_{iv})}$$

这意味着 $\phi_2 < 1$。从 ϕ_2 的这个补充定义式可看到，产品实现率归根结底取决于资本家阶级的积累活动，即 S_{ic} 和 S_{iv} 的实际规模。

在上述分析的基础上，可写出工资品部门在进行产量和价格调整后的新的生产价格方程：

$$\phi_2 p_2' x_2' = (1 + r)(a_2 p_1 + \tau_2 w)x_2'$$

或

$$\phi_2 q_2 = (1 + r)(a_2 q_1 + \tau_2) \tag{12}$$

与置盐的方程不同，这个新方程有如下特点：第一，它区别了投入和产出的价格；第二，它考虑了因实现困难而带来的再生产失衡。为了简化分析，可假设工资品部门只进行产量调整，ϕ_2 代表在特定时间内产量调整的幅度。参照置盐给出的表示工资品部门技术进步的数例，可写出如下新的方程组（其中 $q_2 = \dfrac{p_2'}{w}$）：

$$q_1 = (1 + r) \left(\frac{1}{2} q_1 + 10 \right)$$

$$\phi_2 q_2 = (1 + r) \left(\frac{1}{3} q_1 + \frac{35}{24} \right)$$

$$1 = \frac{q_2}{45}$$

若将该方程组里的第三个方程代入第二个方程，便得到：

$$q_1 = (1 + r) \left(\frac{1}{2} q_1 + 10 \right)$$

$$45\phi_2 = (1 + r) \left(\frac{1}{3} q_1 + \frac{35}{24} \right) \tag{13}$$

由方程组（13）可以解得：

$$r = \frac{24 \sqrt{\frac{2025\phi_2^2}{4} + \frac{4275\phi_2}{8} + \frac{1225}{576}}}{125} - \frac{108\phi_2}{25} - \frac{32}{25}$$

从此解中可以看到以下几点。第一，在 $0 < \phi_2 \leqslant 1$ 的范围内，平均利润率 r 与工资品的实现率 ϕ_2 同方向变化。特别是，当工资品的实现率下降时，平均利润率也趋于下降。第二，工资品的实现率 ϕ_2 有一个"下限"——当 ϕ_2 低于该下限时，平均利润率 r 将为负数。在这个例子中，这个下限为 $\phi_2 \approx 0.1805$。第三，当工资品的实现率 ϕ_2 趋于 1，即当非均衡趋于均衡时，平均利润率 r 趋于 0.6。这正好是我们在置盐所给的技术进步的均衡例子中所看到的结果。第四，当工资品的实现率 ϕ_2 下降到大约 0.7153 时，平均利润率 r 下降到 0.5。这正好是工资品部门发生技术进步前的均衡情况。这意味着，在我们的例子中，工资品的实现率下降到大约 0.7153 时，将恰好抵消掉技术进步对平均利润率的影响。

下面再来分析所有基本品部门在技术进步条件下同时出现再生产失衡的情况。由于投资品或生产资料部门也出现再生产失衡，可以针对该部门写出：

$$\lambda_1' x_1' - \lambda_1 x_1 > \sum_{i=1}^{2} S_{ic}$$

并有:

$$\lambda_1' x_1' + \lambda_2' x_2' > \sum_{i=1}^{2} (C_i + V_i + S_{ic} + S_{iv})$$

参照公式 (12), 可写出:

$$\phi_1 q_1 = (1 + r)(a_1 q_1 + \tau_1)$$

其中 ϕ_1 代表生产资料生产部门的产品实现率。假定生产资料生产部门的物质消耗系数和活劳动消耗系数分别从原来的 $a_1 = 1/2$ 和 $\tau_1 = 10$ 下降到 $a_1 = 2/5$ 和 $\tau_1 = 5$。这样, 方程组 (13) 就可改写为:

$$\phi_1 q_1 = (1 + r)\left(\frac{2}{5} q_1 + 5\right)$$
$$45\phi_2 = (1 + r)\left(\frac{1}{3} q_1 + \frac{35}{24}\right) \tag{14}$$

这里的 ϕ_1 和 ϕ_2 分别代表生产资料和工资品的实现率。由上述方程组 (14) 中的第一个方程可以得到:

$$\frac{\phi_1 q_1}{0.4q_1 + 5} = 1 + r$$

代入第二个方程则有:

$$45\phi_2 = \frac{\phi_1 q_1}{0.4q_1 + 5}\left(\frac{1}{3} q_1 + \frac{35}{24}\right)$$

由此即能解得:

$$q_1 = \frac{24\sqrt{\left(-\frac{35}{24}\phi_1 + 18\phi_2\right)^2 + 300\phi_1\phi_2} - 35\phi_1 + 432\phi_2}{16\phi_1}$$

再将上式代入方程组 (14) 的第二个方程, 即可最后解得平均利润率为:

$$r = \cfrac{\phi_1 \phi_2}{\cfrac{\sqrt{\left(-\cfrac{35\phi_1}{24} + 18\phi_2\right)^2 + 300\phi_1\phi_2}}{90} + \cfrac{\phi_2}{5} + \cfrac{7\phi_1}{432}} - 1$$

从上式可以看到，平均利润率 r 随 ϕ_1 和 ϕ_2 的下降而下降，反之亦然，而且，随 ϕ_1 而下降的速度要大于随 ϕ_2 而下降的速度。这意味着，就对平均利润率的影响而言，生产资料的实现率要比工资品的实现率更加重要。这一点是可以预期到的，因为工资品是由工人购买的，资本家的利润在使用价值形态上主要体现为投资品。

四　技术进步、实际工资和产品实现率对平均利润率变动的影响

在这一节里，我们将在以上讨论的基础上，提出一个解释平均利润率变化的一般模型。考虑一个两部门经济，其中的两个部门分别生产生产资料和工资品。设生产资料和工资品的"实际价格"为 q_1 和 q_2。这里，q_i 是（名义）价格（用 p_i 表示）与货币工资（用 w 表示）的比率，即 $q_i = p_i / w$。于是，该经济的实际价格体系可表示为：

$$
\begin{aligned}
q_1 &= (1 + r)(a_1 q_1 + \tau_1) \\
q_2 &= (1 + r)(a_2 q_1 + \tau_2)
\end{aligned}
\tag{15}
$$

其中，a_i 和 τ_i 是第 i 个部门生产 1 单位第 i 种产品所消耗的生产资料和活劳动的数量。[①]

容易看到，方程组（15）实际上假定了所有生产出来的生产资料和工资品都能够得到完全的实现。换句话说，方程组（15）描述的是所有生产资料和工资品市场的供给和需求都完全相等的均衡情况。

---

① 方程组（15）就是置盐的基本品价格方程组，即置盐的价格方程组（4）中的前两个方程。见 N. Okishio, "Technical Changes and the Rate of Profit," *Kobe University Economic Review* 1961, 7: 85 – 99。

现在考虑非均衡条件下的产品实现问题。为简单起见，我们假定生产资料的实现率 ϕ_1 和工资品的实现率 ϕ_2 相同，即有：$\phi_1 = \phi_2 = \phi$。[①] 其中，$0 < \phi \leq 1$。于是，在这种包括非均衡的条件下，方程组（15）应当修正为：

$$\phi q_1 = (1+r)(a_1 q_1 + \tau_1)$$
$$\phi q_2 = (1+r)(a_2 q_1 + \tau_2) \tag{16}$$

需要说明的是，方程组（16）既可以用来确定非均衡条件下（即当 $0 < \phi < 1$ 时）的平均利润率，也可以用来确定均衡条件下（即当 $\phi = 1$ 时）的平均利润率。因此，方程组（16）可以看成方程组（15）的一般化，而方程组（15）则为方程组（16）的一个特例。[②]

由于工资品的实际价格 q_2 与实际工资（可表示为 $\omega = w/p_2$）正好互为倒数，故方程组（16）亦可以表示为：

$$\phi q_1 = (1+r)(a_1 q_1 + \tau_1)$$
$$\frac{\phi}{\omega} = (1+r)(a_2 q_1 + \tau_2) \tag{17}$$

若将产品实现率 ϕ 和实际工资 ω 看成参数（或"外生变量"），则方程组（17）就是一个只包括两个未知数（即生产资料的实际价格 q_1 和平均利润率 r）的线性方程组。

（一）平均利润率

现在来求解方程组（17）中的平均利润率。首先，由方程组（17）的第一个方程可得：

[①] 本文的讨论也可以放宽到假定两个部门的产品实现率保持不同比例变化的更加一般的情况。

[②] 在这组方程里，生产价格的定义与《价值和积累理论》（孟捷，社会科学文献出版社，2018）第9章的转形理论是不一致的。在《价值和积累理论》第9章，价值转形是以产出价值为出发点的，因而成本价格无须再转形；而在这里，成本价格也得到了转形。需要提醒读者的是，这样做只是为了便于和置盐的模型相比较。

$$\frac{\phi q_1}{a_1 q_1 + \tau_1} = 1 + r$$

将此式代入方程组（17）的第二个方程则得到：

$$q_1 = \frac{-(\omega\tau_2 - a_1) \pm \sqrt{(\omega\tau_2 - a_1)^2 + 4a_2\omega\tau_1}}{2a_2\omega}$$

由于生产资料的实际价格必须大于零，即必须有 $q_1 > 0$，故上式根号前应当取"＋"号。于是有：

$$q_1 = \frac{-(\omega\tau_2 - a_1) + \sqrt{(\omega\tau_2 - a_1)^2 + 4a_2\omega\tau_1}}{2a_2\omega}$$

将此结果代入方程组（17）的第二个方程即得到：

$$r = \frac{2\phi}{a_1 + \omega\tau_2 + \sqrt{(\omega\tau_2 - a_1)^2 + 4a_2\omega\tau_1}} - 1 \qquad (18)$$

在公式（18）中，平均利润率 r 取决于所有三项因素，即反映技术状况的消耗系数（a_1，a_2，τ_1，τ_2）、实际工资 ω 和产品实现率 ϕ。因此，公式（18）可以看成关于平均利润率的一般公式。

如果假定产品实现率 ϕ 不变，则平均利润率就只取决于消耗系数和实际工资。特别是，如果假定产品实现率 $\phi = 1$，公式（18）就退化为：

$$r = \frac{2}{a_1 + \omega\tau_2 + \sqrt{(\omega\tau_2 - a_1)^2 + 4a_2\omega\tau_1}} - 1$$

这是"均衡"（即所有产品都能够得到完全实现）条件下的平均利润率决定公式。

如果再进一步假定实际工资不变，如 $\omega = \omega_0$，则上式就退化为：

$$r = \frac{2}{a_1 + \omega_0\tau_2 + \sqrt{(\omega_0\tau_2 - a_1)^2 + 4a_2\omega_0\tau_1}} - 1$$

这相当于置盐的平均利润率决定公式。① 在该公式中，平均利润率只取决于反映技术进步的消耗系数。

（二）平均利润率的变动

在平均利润率的一般公式（18）中，如果假定每次都只有一个变量在变化，所有其他的变量都暂时被固定，则可以很容易地得到此种简单情况下的平均利润率的变化规律。

例如，首先，由一般公式（18）容易看到，平均利润率 r 将随产品实现率 ϕ 的上升而上升，随产品实现率 ϕ 的下降而下降。

其次，由一般公式（18）也容易知道，平均利润率 r 将随消耗系数的下降（亦即技术的进步）而上升，反之亦然。r 随生产资料生产部门和工资品生产部门的活劳动消耗系数 τ_1 和 τ_2 以及工资品生产部门的物质消耗系数 a_2 的下降而上升是显然的。r 随生产资料生产部门的物质消耗系数 a_1 的下降而上升则是因为：

$$\frac{\partial r}{\partial a_1} = -2\phi \left\{ \frac{\sqrt{(\omega\tau_2 - a_1)^2 + 4a_2\omega\tau_1} - (\omega\tau_2 - a_1)}{\sqrt{(\omega\tau_2 - a_1)^2 + 4a_2\omega\tau_1} \left[a_1 + \omega\tau_2 + \sqrt{(\omega\tau_2 - a_1)^2 + 4a_2\omega\tau_1} \right]^2} \right\}$$

由于在上式中总有：

$$\sqrt{(\omega\tau_2 - a_1)^2 + 4a_2\omega\tau_1} > \omega\tau_2 - a_1$$

故必有：

$$\frac{\partial r}{\partial a_1} < 0$$

这意味着，平均利润率随生产资料生产部门的物质消耗系数的下降而上升。

最后，由一般公式（18）对实际工资的一阶导数的符号也可以知道，

① N. Okishio, "Technical Changes and the Rate of Profit," *Kobe University Economic Review* 1961, 7: 85 - 99.

一般利润率 r 将随实际工资 ω 的上升而下降，反之亦然。这是因为：

$$\frac{\partial r}{\partial w} = -2\phi \left\{ \frac{\tau_2 \left[\sqrt{(\omega\tau_2 - a_1)^2 + 4a_2\omega\tau_1} + (\omega\tau_2 - a_1) \right] + 2a_2\tau_1}{\left[a_1 + \omega\tau_2 + \sqrt{(\omega\tau_2 - a_1)^2 + 4a_2\omega\tau_1} \right]^2 \sqrt{(\omega\tau_2 - a_1)^2 + 4a_2\omega\tau_1}} \right\} < 0$$

这意味着，平均利润率随实际工资的上升而下降。

（三） 等利润率方程

以上讨论的是单独一个变量的变化对平均利润率的影响。为了说明两个或两个以上的变量同时变化对平均利润率的影响，我们可由平均利润率的一般公式（18）引申出所谓"等利润率方程"，即能够导致同一个平均利润率水平的不同变量的各种可能的组合。

方法如下：先任意给定一组生产资料和工资品生产部门的各个消耗系数以及产品实现率和实际工资的值，并将它们代入平均利润率的一般公式（18），求得相应的某个平均利润率的值，如 $r = r_0$；然后再将这个 $r = r_0$ 代回公式（18），得到在维持平均利润率不变（即 $r = r_0$）的条件下各种变量之间的关系式，即：

$$r_0 = \frac{2\phi}{a_1 + \omega\tau_2 + \sqrt{(\omega\tau_2 - a_1)^2 + 4a_2\omega\tau_1}} - 1 \tag{19}$$

例如，假定一开始时各个消耗系数以及实际工资和产品实现率的值分别为[①]：

$$a_1 = \frac{1}{2} \text{、} \tau_1 = 10 \text{、} a_2 = \frac{1}{3} \text{、} \tau_2 = \frac{35}{24} \text{、} \omega = \frac{1}{45} \text{、} \phi = 0.7 \tag{20}$$

将它们代入等利润率方程（19）可解得 $r_0 = 3/25$。再将 $r_0 = 3/25$ 代回等利润率方程（19），即得到一个具体的（初始消耗系数以及产品实现率和实际工资给定或者平均利润率等于 3/25 的）等利润率方程：

---

① 这些值中的前五个就是置盐给出的在发生技术进步后的消耗系数和实际工资。见 N. Okishio, "Technical Changes and the Rate of Profit," *Kobe University Economic Review* 1961，7：85 - 99。

$$\frac{3}{25} = \frac{2\phi}{a_1 + \omega\tau_2 + \sqrt{(\omega\tau_2 - a_1)^2 + 4a_2\omega\tau_1}} - 1 \tag{21}$$

方程（19）和方程（21）都是符合我们要求的等利润率方程。前者是等利润率方程的一般形式，后者则是在给定初始状态条件下得到的更加具体的等利润方程。

（四）等利润率曲线

在等利润率方程（19）或方程（21）中，如果同时有且仅有两个变量在变化，例如，消耗系数下降和实际工资上升同时发生，或者，实际工资上升和产品实现率上升同时发生，又或者，产品实现率上升和消耗系数下降同时发生，如此等等，则就可以得到各种特殊的等利润率方程以及相应的等利润率曲线。这里分三种情况具体讨论（其中，反映技术进步的消耗系数的变化用生产资料生产部门的活劳动消耗系数 τ_1 的下降来代表）。

1. ϕ 和 ω 可变，其他不变

在等利润率方程的一般形式公式（19）中，如果只考虑产品实现率 ϕ 和实际工资 ω 的变化，而假定所有其他因素均不变化，则得到的等利润率方程以及相应的等利润率曲线就描述了在维持平均利润率不变条件下产品实现率 ϕ 与实际工资 ω 的所有可能的各种组合。

若以横轴表示实际工资 ω，纵轴表示产品实现率 ϕ，则容易看到，这条等利润率曲线具有如下特点。

首先，它的纵截距等于 $(1 + r_0) a_1 > 0$。

其次，等利润率曲线一定向右上方倾斜。这是因为，在公式（19）中，产品实现率 ϕ 对实际工资 ω 的一阶导数为：

$$\frac{\partial \phi}{\partial \omega} = \frac{1 + r_0}{2} \left\{ \frac{\tau_2 \left[\sqrt{(\omega\tau_2 - a_1)^2 + 4a_2\omega\tau_1} + (\omega\tau_2 - a_1) \right] + 2a_2\tau_1}{\sqrt{(\omega\tau_2 - a_1)^2 + 4a_2\omega\tau_1}} \right\} > 0$$

最后，等利润率曲线的弯曲方向完全取决于消耗系数的相对大小。

这是因为，在公式（19）中，产品实现率 ϕ 对实际工资 ω 的二阶导数为：

$$\frac{\partial^2 \phi}{\partial \omega^2} = 2(1+r_0)\frac{a_2\tau_1(a_1\tau_2 - a_2\tau_1)}{[(\omega\tau_2 - a_1)^2 + 4a_2\omega\tau_1]\sqrt{(\omega\tau_2 - a_1)^2 + 4a_2\omega\tau_1}}$$

由此可见，如果 $a_1\tau_2 > a_2\tau_1$，则 $\partial^2\phi/\partial\omega^2 > 0$，等利润率曲线向上弯曲；反之，如果 $a_1\tau_2 < a_2\tau_1$，则 $\partial^2\phi/\partial\omega^2 < 0$，等利润率曲线向下弯曲；如果 $a_1\tau_2 = a_2\tau_1$，则 $\partial^2\phi/\partial\omega^2 = 0$，等利润率曲线为一条直线。

若在更加具体的等利润率方程（21）中，让产品实现率 ϕ 和实际工资 ω 可变，而所有其他因素仍为初始值，即令：

$$a_1 = \frac{1}{2}、\tau_1 = 10、a_2 = \frac{1}{3}、\tau_2 = \frac{35}{24}、\omega = \omega、\phi = \phi$$

在将它们代入公式（21）后，等利润率方程就简化为：

$$\frac{3}{25} = \frac{2\phi}{\frac{1}{2} + \frac{35}{24}\omega + \sqrt{\left(\frac{35}{24}\omega - \frac{1}{2}\right)^2 + \frac{40}{3}\omega}} - 1 \tag{22}$$

或者

$$\phi = \frac{7}{25} + \frac{49}{60}\omega + \frac{14}{25}\sqrt{\left(\frac{35}{24}\omega - \frac{1}{2}\right)^2 + \frac{40}{3}\omega} \tag{23}$$

其几何表示如图 1 所示。

在图 1 中，e_0 点给出的是初始的产品实现率–实际工资组合，即 $(\phi, \omega) = (0.7, 1/45)$，该点所代表的平均利润率为 $r = 3/25$。过 e_0 点的曲线是等利润率方程（22）和方程（23）的几何表示。[①] 从 e_0 点

---

① 由于在本例中有：

$$a_1\tau_2 = (1/2) \times (35/24) = 35/48$$
$$a_2\tau_1 = (1/3) \times 10 = 10/3$$

从而

$$a_1\tau_2 = 35/48 < 10/3 = a_2\tau_1$$

故等利润率曲线向下弯曲。

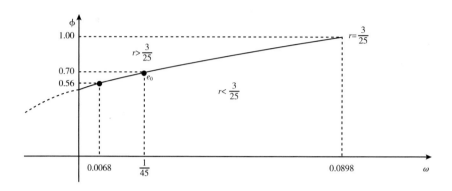

图 1　等利润率曲线（Ⅰ）

出发，如果沿着曲线向右上方或左下方移动，则可以保证平均利润率不变，而如果离开曲线，向曲线的右下方区域移动，则平均利润率将下降；反之，向曲线的左上方区域移动，则平均利润率将上升。

值得注意的是，实际工资通常有一个"下限"。正如马克思所说："劳动力价值的最低限度或最小限度，是劳动力的承担者即人每天得不到就不能更新他的生命过程的那个商品量的价值，也就是维持身体所必不可少的生活资料的价值。假如劳动力的价格降到这个最低限度，那就降到劳动力的价值以下，因为这样一来，劳动力就只能在萎缩的状态下维持和发挥。"①

例如，在我们上面的例子中，若设实际工资的下限为 0.0068，则这意味着，当实际工资下降到 0.0068 之后一般就不能再下降，因而此时，平均利润率就只随产品实现率的上升而上升，随产品实现率的下降而下降。

就产品实现率而言，则既有一个下限，也有一个上限。在我们的例子中，这个下限为 0.56。在等利润率曲线上，当产品实现率下降到 0.56 时，相应的实际工资将下降到零。在这种情况下，如果产品实现

---

① 马克思：《资本论》第 1 卷，载《马克思恩格斯全集》第 23 卷，人民出版社，1972，第 196 页。

率进一步下降，实际工资也不可能再下降，从而，平均利润率实际上不再可能保持不变。换句话说，图 1 中纵轴左边的等利润率曲线（即用细虚线画出的部分）实际上是不现实的。产品实现率的上限显然就是 100% 即 1。产品实现率上升到 1 之后即不可能再上升，因而此时，平均利润率就只随实际工资的上升而下降，随实际工资的下降而上升。这正好是我们在置盐模型中看到的情况。

2. ω 和 τ_1 可变，其他不变

在等利润率方程的一般形式公式（19）中，如果只考虑实际工资 ω 和生产资料生产部门的活劳动消耗系数 τ_1 的变化，而假定所有其他因素均不变化，则可以得到另外一个特殊的等利润率方程以及相应的等利润率曲线——它描述了在平均利润率不变的条件下，实际工资 ω 和活劳动消耗系数 τ_1 的所有可能的各种组合。

若以横轴表示实际工资 ω，纵轴表示活劳动消耗系数 τ_1，且假定 $a_2\tau_1 \geq a_1\tau_2$，则容易看到这条等利润率曲线具有如下特点。第一，它的横截距等于（或小于）$\phi / (1+r_0) \tau_2 > 0$。

第二，它向右下方倾斜。这是因为，由公式（19）可以解得：

$$\tau_1 = \frac{1}{\omega} \frac{\phi}{a_2(1+r_0)} \left(\frac{\phi}{1+r_0} - a_1 \right) + \frac{1}{a_2} \left(a_1\tau_2 - \frac{\tau_2\phi}{1+r_0} \right)$$

从而

$$\frac{\partial \tau_1}{\partial \omega} = -\frac{\phi}{a_2(1+r_0)} \frac{\phi - a_1(1+r_0)}{1+r_0} \frac{1}{\omega^2}$$

其中

$$\phi - a_1(1+r_0) > 0$$

于是有：

$$\frac{\partial \tau_1}{\partial \omega} < 0$$

第三，它向下凸出。这是因为：

$$\frac{\partial^2 \tau_1}{\partial \omega^2} = \frac{\phi}{a_2(1+r_0)} \frac{\phi - a_1(1+r_0)}{1+r_0} \frac{2}{\omega^3} > 0$$

若在更加具体的等利润率方程（21）中，让实际工资 ω 和生产资料生产部门的活劳动消耗系数 τ_1 可变，而保持所有其他因素为初始值，即令：

$$a_1 = \frac{1}{2} \text{、} \tau_1 = \tau_1 \text{、} a_2 = \frac{1}{3} \text{、} \tau_2 = \frac{35}{24} \text{、} \omega = \omega \text{、} \phi = 0.7$$

则将它们代入公式（21）后，等利润率方程就可简化为：

$$\frac{3}{25} = \frac{2 \times 0.7}{\frac{1}{2} + \frac{35}{24}\omega + \sqrt{\left(\frac{35}{24}\omega - \frac{1}{2}\right)^2 + 4 \times \frac{1}{3}\omega\tau_1}} - 1 \quad (24)$$

或者

$$\tau_1 = \frac{3}{4\omega}\left(\frac{5}{16} - \frac{35}{48}\omega\right) \quad (25)$$

其几何表示如图 2 所示。

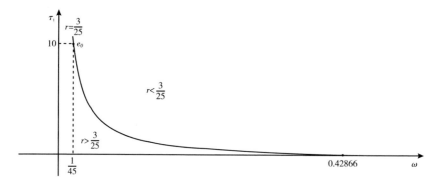

图 2　等利润率曲线（Ⅱ）

在图 2 中，e_0 点给出的是初始的实际工资与生产资料生产部门的活劳动消耗系数的组合，即（ω，τ_1）=（1/45，10），该点所代表的平均利润率为 $r = 3/25$。过 e_0 点的曲线是等利润率方程（24）和方程（25）的几何表示。从 e_0 点出发，如果沿着曲线向右下方或左上方移动，则可以保证平均利润率不变，而如果离开曲线，向曲线的右上方区域移动，则平均利润率将下降；反之，向曲线的左下方区域移动，则平均利润率将上升。

3. τ_1 和 ϕ 可变，其他不变

在等利润率方程的一般形式公式（19）中，如果只考虑生产资料生产部门的活劳动消耗系数 τ_1 和产品实现率 ϕ 的变化，而假定所有其他因素均不变化，则可以得到第三个特殊的等利润率方程以及相应的等利润率曲线——它描述了在平均利润率不变的条件下，活劳动消耗系数 τ_1 和产品实现率 ϕ 的所有可能的各种组合。

若以横轴表示活劳动消耗系数 τ_1，纵轴表示产品实现率 ϕ，则容易看到这条等利润率曲线具有如下特点。第一，它的纵截距等于 $(1+r_0)$ $\omega\tau_2 > 0$（若 $\omega\tau_2 \geqslant a_1$），或 $(1+r_0)$ $a_1 > 0$（若 $\omega\tau_2 < a_1$）。

第二，它向右上方倾斜。这是因为：

$$\frac{\partial \phi}{\partial \tau_1} = \frac{(1+r_0)\ a_2\omega}{\sqrt{(\omega\tau_2 - a_1)^2 + 4a_2\tau_1}} > 0$$

第三，它向下凹。这是因为：

$$\frac{\partial^2 \phi}{\partial \tau_1^2} = \frac{2\ (1+r_0)\ a_2^2\omega^2}{\left[\ (\omega\tau_2 - a_1)^2 + 4a_2\omega\tau_1\right]^{\frac{3}{2}}} < 0$$

若在特殊的等利润率方程（21）中，让活劳动消耗系数 τ_1 和产品实现率 ϕ 可变，而保持所有其他因素为初始值，即令：

$$a_1 = \frac{1}{2}、\tau_1 = \tau_1、a_2 = \frac{1}{3}、\tau_2 = \frac{35}{24}、\omega = \frac{1}{45}、\phi = \phi$$

则将它们代入公式（21）后，等利润率方程就可简化为：

$$\frac{3}{25} = \frac{2\phi}{\frac{1}{2} + \frac{1}{45} \times \frac{35}{24} + \sqrt{\left(\frac{1}{45} \times \frac{35}{24} - \frac{1}{2}\right)^2 + 4 \times \frac{1}{3} \times \frac{1}{45}\tau_1}} - 1 \tag{26}$$

或者

$$\phi = \frac{14}{25}\left(\frac{115}{216} + \sqrt{\frac{10201}{46656} + \frac{4}{135}\tau_1}\right) \tag{27}$$

其几何表示如图 3 所示。

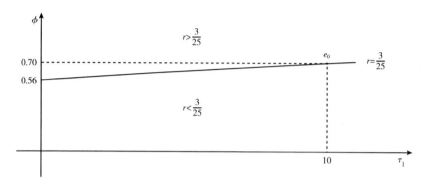

图 3　等利润率曲线（Ⅲ）

在图 3 中，e_0 点给出的是初始的生产资料生产部门的活劳动消耗系数与产品实现率的组合，即 $(\tau_1, \phi) = (10, 0.7)$，该点所代表的平均利润率为 $r = 3/25$。过 e_0 点的曲线是等利润率方程（26）和方程（27）的几何表示。从 e_0 点出发，如果沿着曲线向右上方或左下方移动，则可以保证平均利润率不变，而如果离开曲线，向曲线的右下方区域移动，则平均利润率将下降；反之，向曲线的左上方区域移动，则平均利润率将上升。

（五）等利润率曲面

最后来看三个变量同时可变的情况。如果在等利润率方程的一般形式公式（19）中，假定产品实现率 ϕ、实际工资 ω 和生产资料生产部门的活劳动消耗系数 τ_1 都可变（同时假定所有其他因素——其余的消耗系数——不变），则得到的就是与一般形式的等利润率方程相应的"等利润率曲面"——它描述了在平均利润率不变的条件下，产品实现率 ϕ、实际工资 ω 和生产资料生产部门的活劳动消耗系数 τ_1 的所有可能的各种组合。

若在更加具体的等利润率方程（21）中，让产品实现率 ϕ、产品

实际工资 ω 和生产资料生产部门的活劳动消耗系数 τ_1 均可变，而保持所有其他因素为初始值，即令：

$$a_1 = \frac{1}{2} 、 \tau_1 = \tau_1 、 a_2 = \frac{1}{3} 、 \tau_2 = \frac{35}{24} 、 \omega = \omega 、 \phi = \phi$$

则将它们代入公式（21）后，等利润率方程可简化为：

$$\frac{3}{25} = \frac{2\phi}{\frac{1}{2} + \frac{35}{24}\omega + \sqrt{\left(\frac{35}{24}\omega - \frac{1}{2}\right)^2 + 4 \times \frac{1}{3}\omega\tau_1}} - 1 \qquad (28)$$

或者

$$\phi = \frac{14}{25}\left(\frac{1}{2} + \frac{35}{24}\omega + \sqrt{\left(\frac{35}{24}\omega - \frac{1}{2}\right)^2 + \frac{4}{3}\omega\tau_1}\right) \qquad (29)$$

其几何表示如图 4 所示。

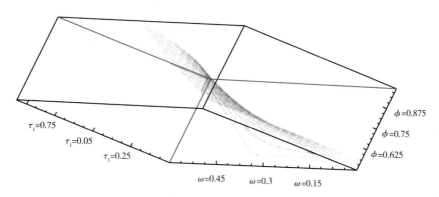

图 4　等利润率曲面

在图 4 中，等利润率曲面是等利润率方程（28）和方程（29）的几何表示。曲面上任何一点代表的平均利润率都相同，即都等于 3/25。曲面"右前上方"区域的平均利润率大于 3/25，"左后下方"区域的平均利润率小于 3/25。这里，"左"和"右"是根据实际工资 ω 的大小来判定：ω 的值越大，表示越靠左；反之，ω 的值越小，表示越靠后。"前"和"后"是根据生产资料生产部门的活劳动消耗系数 τ_1 的大小来判定的：τ_1 的值越小，表示越靠前；反之，τ_1 的值越大，表示越靠后。"上"和"下"是根据产品实现率 ϕ 的大小来判定的：ϕ 的值越大，表示越靠上；ϕ 的值越小，表示越靠下。

五　尾论

本文对马克思的一般利润率下降理论和置盐定理进行了比较，提出马克思和置盐信雄的结论虽然表面上看截然相反，双方的观点实际上具有互补性，并遵循着某些共同的假定。马克思主义者迄今为止对置盐定理的批判，尽管在方法论上有一定的贡献，但基本上都未取得成功。其主要原因在于，这些批判大多强调了马克思和置盐观点的差别，而没有体认到马克思和置盐在观点上的互补，以及在研究假设上的共通之处。我们的分析表明，在利润率动态的研究中，以再生产均衡为预设前提的做法是片面的。利润率的变化只有置于一个以剩余价值生产和剩余价值实现的矛盾为基础的非均衡的框架中，才能得到全面合理的分析。为此，本文重新设计了平均利润率和生产价格决定的方程，引入了代表再生产失衡的产品实现率，最终构建了一个可以解释平均利润率变动的一般模型。在我们的模型里，平均利润率的变动受到技术进步、产品实现率和实际工资这三重因素的影响。这三重因素的并存，意味着平均利润率的变化与生产率提高的联系不是直接的，而是以社会年产品的实现程度和成本的变化为中介的。所谓置盐定理，只是在假设产品实现率为 1 和实际工资不变的前提下的特例。

由于利润率的高低既衡量了资本积累的能力，也可解释积累的动机，对利润率动态的解释在马克思资本积累理论中便居于特别重要的地位。在马克思那里，利润率是在价值量纲上度量的，对于理论分析而言，这样做是必要的，但对于进一步的经验研究而言，就需要把价值量纲进一步转换为价格和实物量纲，以方便经验度量。在笔者看来，置盐最为关键的贡献，或许是在这一方面，而不仅仅在于考察了一种对利润率下降起抵消作用的重要因素。通过重新改造置盐的方程，本文提出了一个更为一般的模型解释利润率的变动，并将利润率的变化还原为三个最为基本的因素。如果在计量分析中能有效地解决这些因素（尤其是产品实现率）的经验度量问题，则该模型也可为解释经济周期和危机的实证研究奠定理论的基础。

真实竞争和利润率下降

——对谢克的真实竞争理论和 MF 模型的比较研究

孙小雨[*]

　　马克思认为资本对相对剩余价值的追求会不断提高资本有机构成，虽然短期而言剩余价值率的提高可能会抵消一部分资本有机构成的提高，但是长期而言资本有机构成的提高将使利润率趋于下降。这种观点通常被称为马克思的利润率趋于下降理论。1961 年，日本学者置盐信雄在《神户大学经济评论》（英文版）发表了《技术变革与利润率》一文，文中提出给定实际工资不变，如果基本品行业引进的技术创新满足成本准则，那么整个经济的一般利润率将提高。[1] 这个观点被称为置盐定理，引起了国际学术界的广泛关注和热烈争论。对置盐定理的相关研究可以分为两类：一是内部探讨，在坚持置盐定理实际工资不变和存在新均衡两个假设的前提下，以罗默为代表的学者[2]将置盐定理扩展到涵盖固定资本和联合生产的情况；二是外部探讨，以谢克为代表的学者[3]对置盐

---

* 孙小雨，清华大学社会科学学院经济所博士研究生，主要研究方向为政治经济学。

① 置盐信雄：《技术变革与利润率》，骆桢、李怡乐译，孟捷校，《教学与研究》2010 年第 7 期。

② Nakatani 证明了包含固定资本的置盐定理。见 Nakatani, T., "Profit Rate, Real Wage and Technical Change: Considering the Existence of Durabl Capital," *Keizai Kenkyu* 1978, 29 (1) ——日文版。

③ TSSI (Temporal Single - System Interpretation, 跨期单一体系) 反对置盐定理在共时均衡的意义上定义利润率，提出引入跨期因素，这实质也是非均衡视角。Freeman 明确指出了这一点。见 Freeman, Alan, "A General Refutation of Okishio's Theorem and a Proof of the Falling Rate of Profit," *Mpra Paper* 1998, 64 (622): 1912 - 1919。

定理的假设前提进行了批判。① 这两类研究都将置盐定理与马克思的利润率趋于下降规律对立起来，忽视了置盐定理是建立在一系列特殊假定的基础上。本文认为置盐定理表面上与马克思的利润率下降理论相反，看似推翻了政治经济学最重要的一个规律，但实际上，置盐定理和马克思利润率趋向下降的规律并不矛盾，它只是表明在特定的假设下剩余价值率的上升抵消了资本有机构成的上升，从而导致利润率的上升。将这种抵消利润率下降的特殊情况在理论上予以明确化正是置盐的贡献所在。②

从这个角度而言，笔者认为将置盐定理与利润率趋于下降规律完全对立起来有碍对平均利润率的进一步研究，对置盐定理的研究应该从放松置盐定理特殊的限定条件出发，构建一个一般的解释平均利润率变动的框架。置盐定理的限定条件主要包括：一、实际工资不变；二、技术选择标准是成本准则；三、新的生产价格和平均利润率始终可以确立的比较静态均衡分析。谢克从批判技术选择标准出发，强调真实竞争中技术选择标准不是利润率最大化，而是生产成本最低。孟捷和冯金华从引入资本积累的基本矛盾出发，指出新的生产价格和平均利润率的确立完全可能与再生产非均衡并存。笔者认为二者虽然切入点不同，但殊途同归，最后都从非均衡的角度对置盐定理严格的限定条件进行了批判。本文通过比较谢克的真实竞争理论与孟捷和冯金华的模型（本文将其简称为 MF 模型），建立了解释平均利润率变化的更一般的框架，并根据此框架对谢克的真实竞争理论进行评价。

---

① Rieu, Dong Min, "Has the Okishio Theorem Been Refuted?" *Metroeconomica* 2009，60 (1)：162 – 178.

② 孟捷、冯金华：《非均衡与平均利润率的变化：一个马克思主义分析框架》，《世界经济》2016 年第 6 期；裴宏、李帮喜：《置盐定理反驳了利润率趋向下降规律吗》，《政治经济学评论》2016 年第 2 期；骆桢：《对置盐定理的批判性考察》，《经济学动态》2010 年第 6 期。

一 谢克的真实竞争理论

从总体而言，谢克对置盐定理的批判可以分为两个阶段：一是批判置盐定理不包含固定资本，提出纳入固定资本后的利润率会下降①；二是在罗默等学者②将置盐定理拓展至包含固定资本和联合生产以后，谢克从真实竞争角度批判涵盖固定资本的置盐定理。

谢克在 1978 年对多布的危机理论进行批判性思考时，发现置盐定理与多布的危机理论存在共同点。置盐定理的一个推论是如果出现利润率下降的情况，那么造成这一情况的原因只能是实际工资的上升而非技术进步，而多布也将实际工资上升视为利润率下降的主要原因。谢克从两个方面对置盐定理进行了批判。（1）他区分了利润边际和利润率两个概念，利润边际 $= \dfrac{p - uc}{uc}$，利润率 $= \dfrac{p - uc}{k}$，其中 p 为价格，uc 为单位生产成本（包括原材料、劳动力成本和折旧），k 为单位资本成本（或单位投资成本），下同。他指出置盐定理没有引入固定资本，其所谓的利润率实质是利润边际。给定价格不变，如果新技术使 uc 下降，那么

---

① Alberro 和 Persky 同样认为纳入固定资本后的置盐定理可能不成立，不过他们的批判角度与谢克不同。他们认为引入固定资本后，单个企业会采用预期利润率更高的技术。如果假定存在不可预期的技术创新，那么固定资本会被加速折旧，企业难以获得其潜在寿命中的所有收入流，实际利润率会下降。因此预期利润率的上升伴随着实际利润率的下降。一个极端的情况是每一年都有技术创新，资本家在每个时期都投入了大量成本以购买新资本，但是仅从上一期的产出中获得了较少的利润。见 Alberro, José, and J. Persky, "The Dynamics of Fixed Capital Revaluation and Scrapping," *Review of Radical Political Economics* 2014, 13 (2): 32 - 37。罗默对此观点进行了反驳，认为这在短期而言是可能的。但长期而言企业家会调整对技术创新速度的预期从而使实际利润率与预期利润率保持一致。见 Roemer, John E., "Continuing Controversy on the Falling Rate of Profit: Fixed Capital and Other Issues," *Cambridge Journal of Economics* 1978, 4 (3): 379 - 398。

② Alberro 和 Persky 以两部类经济为例对包含固定资本的置盐定理进行了简单证明。见 Alberro, J., and J. Persky, "The Simple Analytics of Falling Profit Rates, Okishio's Theorem and Fixed Capital," *Review of Radical Political Economics* 1979, 11 (3): 37 - 41。

利润边际一定会上升。而实现更低的单位生产成本一般需要更高的单位资本成本，因此新技术可能使利润率下降。（2）谢克指出资本竞争中的价格削减将改变现有价格体系下的技术选择。他举例说明，假定现有生产方法 A 不包含固定资本，其单位成本价格为 100 美元，销售价格为 120 美元，因此其利润边际和利润率都为 20%。新生产方法 B 机械化程度更高，其单位成本价格为 50 美元，单位资本成本为 388.89 美元，在现有销售价格 120 美元的条件下，其利润率为 18%，低于原有生产方法 A。谢克指出在给定价格不变的假设下，企业不会选择新方法 B。不过在竞争的战场上，企业的选择不是"自愿的"，具有成本优势的资本将试图通过削减价格的方式将其他竞争者逐出市场。在这个数例中，当采取生产方法 B 的企业将销售价格降至 99 美元时，其单位利润虽然由 70 美元降低为 49 美元，但采用原有生产方法的企业销售每单位商品将亏损 1 美元。采用新技术的企业会迅速扩张市场，而使用原有生产方法的企业或者选择采用新技术或者退出市场。[①]

罗默在 1979 年将置盐定理拓展至包含固定资本的情况，回应了上文总结的谢克对置盐定理的第一点批判。[②] 但罗默的模型没有反驳谢克的第二点批判。谢克在其 2016 年的书中提出了真实竞争（Real Competition）理论，以区别于新古典的完全竞争[③]和不完全竞争[④]。真实竞争理论很大程度上是对他早期观点的继承和完善，他在此基础上批判了涵盖固定资本的置盐定理。该理论主要有三个特征。（1）竞争通

---

① Shaikh, Anwar, "Political Economy and Capitalism: Notes on Dobb's Theory of Crisis," *Cambridge Journal of Economics* 1978, 2 (2): 233–251.

② Roemer, John E., "Continuing Controversy on the Falling Rate of Profit: Fixed Capital and Other Issues," *Cambridge Journal of Economics* 1979, 3 (4): 379–398.

③ 新古典经济学有一派将现实世界的常态视为完全竞争，认为经济中不存在垄断竞争或寡头竞争，没有偏离完全竞争模型。主要代表人物有 George Stigler、Milton Friedman 和 Arnold Harberger，主要与芝加哥大学有关。

④ 另一派认为现实经济的特征是由市场扭曲造成的不完全竞争，他们提出明确的反垄断法和规制措施以纠正这些不完全竞争，从而使现实经济更接近于完全竞争。这一派在 20 世纪 70 年代后逐渐占据主导地位。主要代表人物有 Edwin Chamberlin、Joe Bain 和 John K. Galbraith，主要与哈佛大学有关。

过调节资本展开，谢克吸收了古典经济学和凯恩斯主义的观点，将具有可复制性且生产条件最优（the Best Generally Reproducible Condition of Production）的资本称为调节资本（Regulating Capital）。[1] 调节资本的单位生产成本最低，这意味着在任何与其他企业相同的价格上，它们的利润边际更高。但因为通常而言它们的单位资本成本也更高，因此它们在主导性市场价格上（在价格削减之前）可能具有更低的利润率。（2）在第一个特征的基础上提出，真实竞争中技术领先企业的最大特征是主动的价格削减行为，它不同于完全竞争条件下的价格接受行为和不完全竞争条件下消极的价格制定行为。调节资本可以通过削减价格即价格战的方式来提高利润率，从而排挤竞争对手并在竞争中获得优势。（3）价格削减可以对行业内的技术选择产生关键影响，给定价格体系下的最优生产方法与价格变动下的最优生产方法存在差异。谢克的这种观点也被 Nakatani 不认同地证明[2]，Kliman 将此证明称为 Shaikh-Nakatani 批判[3]。它指出置盐定理中平均利润率上升的微观基础是企业选择给定价格体系下的最优生产方法，而在真实竞争中价格削减将迫使企业采用次优的技术，这实际上重建了平均利润率变动的微观经济学基础。

（一）真实竞争中的技术选择

置盐定理的技术选择标准是成本准则。如果不考虑联合生产和固定资本，置盐定理的成本准则可以表述为：第 i 行业的利润率为 $r = \dfrac{p - uc}{uc} =$

---

① Shaikh, Anwar, *Capitalism*: *Competition*, *Conflicts and Crises*（Oxford University Press, 2016）: 265.

② Nakatani 虽然证明技术削减导致企业选择生产成本最低的生产，但他认为这不是因为技术选择标准是生产成本最低，而是因为竞争导致原料和实际工资成本上升。Nakatani 依然坚持技术选择标准是过渡利润率最高。Nakatani, Takeshi, "The Law of Falling Rate of Profit and the Competitive Battle: Comment on Shaikh," *Cambridge Journal of Economics* 1980, 4 (1): 65 – 68.

③ Kliman, Andrew, "A Value – theoretic Critique of the Okishio Theorem," in Freeman, Alan and Guglielmo Carchedi, eds., *Marx and Non – equilibrium Economics*（UK: Edward Elgar, 1996）: 206 – 224.

$\dfrac{p}{uc}-1$。如果新的技术条件满足 $uc' < uc$，那么这种新技术符合成本准则。

我们可以看到在不包含固定资本的情况下，成本准则等同于利润率准则，即新的技术条件下满足 $r' > r$。[①] 假设现在存在两种技术进步，第一种技术的单位生产成本为 uc''，第二种技术的单位生产成本为 uc'，可以证明如果满足 $uc'' < uc' < uc$，那么在任何给定的价格水平下都会有 $r'' > r' > r$。

置盐在 1963 年指出，如果引入固定资本，那么技术选择标准是过渡利润率（主导价格条件下的利润率）最高而非生产成本最低。[②] 罗默等人坚持了置盐的这一观点，引入固定资本后，利润率可以表示为 $r = \dfrac{p-uc}{k}$。这时我们可以看到在包含固定资本的情况下，成本准则不一定等同于利润率准则，因为单位生产成本更低往往伴随着单位资本成本更高，所以利润率不一定提高。罗默认为在给定价格 p 的条件下，新的生产方法（uc', k'）只有在满足 $r' = \dfrac{p-uc'}{k'} > r$ 的条件下，才能成为行业的技术选择。

谢克指出一旦将固定资本考虑在内，单位生产成本最低的技术就不一定成为利润率最高的技术。置盐及其追随者没有考虑竞争中的价格削减因素，参照给定价格体系下的最优生产方法与参照价格变动下的最优生产方法存在差异。谢克试图通过以下数例来说明他的观点，给定某行业原有生产方法的单位生产成本 $uc_1 = 78$ 美元，$k_1 = 137.5$ 美元，替代方法 1 的单位生产成本 $uc_2 = 76$ 美元，$k_2 = 142.31$ 美元，替代方法 2 的单位生产成本 $uc_3 = 75$ 美元，$k_3 = 157.89$ 美元（见表 1）。

[①] 这里可以比较一下利润率准则和新古典经济学的利润最大化准则。二者的主要区别在于，利润率准则应用于技术条件出现变化的情况，在不同技术条件间进行选择。它强调只有新生产方法在现有价格体系下满足使利润率更高的条件，资本家才会选择这一生产方法。利润最大化准则指在给定技术条件下，边际成本等于边际收益，从而使厂商利润最大化。

[②] Nakatani, Takeshi, " The Law of Falling Rate of Profit and the Competitive Battle: Comment on Shaikh," *Cambridge Journal of Economics* 1980, 4 (1): 65 – 68.

表1 三种生产方法的利润率

单位：美元，%

	单位生产成本(uc)	单位资本成本(k)	利润率$(r=\dfrac{p-uc}{k})$
原有生产方法(C)	78	137.5	$r=\dfrac{p-78}{137.5}$
替代方法1(D1)	76	142.31	$r=\dfrac{p-76}{142.31}$
替代方法2(D2)	75	157.89	$r=\dfrac{p-75}{157.89}$

图1描述了不同价格水平下，原有生产方法和两种替代方法的利润率：

当初始价格为85～100美元时，与替代方法2相比，替代方法1的利润率更高；

当价格等于85美元时，替代方法1和替代方法2的利润率相等；

当价格低于85美元时，替代方法2的利润率高于替代方法1。[①]

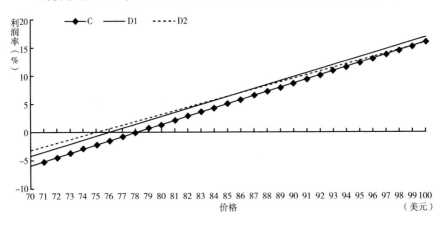

图1 三种生产方法的利润率

资料来源：Shaikh, Anwar, *Capitalism：Competition, Conflicts and Crises*（Oxford University Press, 2016）：316 - 317。

---

① Shaikh, Anwar, *Capitalism：Competition, Conflicts and Crises*（Oxford University Press, 2016）：316 - 317.

根据图 1，谢克指出在现有价格为 100 美元时，替代方法 1 的利润率高于原有的生产方法，而替代方法 2 的利润率低于原有的生产方法，因此如果遵循新古典的价格接受假设，那么替代方法 2 不会被选择，谢克认为这就是置盐定理的逻辑。但根据真实竞争理论，企业可以不断削减价格以获取竞争优势，当价格下降至低于 85 美元时，替代方法 2 成为利润率最高的生产方法。在置盐定理框架中不会被采用的替代方法 2 即 D2 在真实竞争理论中反而成为行业的主导生产方法。根据上述分析，我们可以发现价格 p 本身的水平可以影响技术选择。除了影响在替代方法 1 和替代方法 2 之间的选择以外，价格也影响到新的生产方法是否可以替代原有的生产方法。在上述例子中，对于替代方法 1，只有当价格低于 135 美元时，其利润率才高于原有的生产方法；对于替代方法 2，只有当价格低于 98 美元时，其利润率才高于原有的生产方法。

此外，从图 1 中我们可以看到，单位资本成本较高而单位生产成本较低的生产方法在价格较高时，其利润率相对于单位资本成本较低而单位生产成本较高的生产方法而言较低，在价格较低时其利润率则较高。因此，如果技术变革导致单位资本成本较高而单位生产成本较低，那么这种技术变革在价格较低时更有可能具有更高的利润率从而成为主导性生产方法。

（二）谢克对置盐定理的批判——三个数例

罗默等学者证明在包含固定资本的置盐定理中，只要某个行业的新技术满足利润率准则，即在现有价格体系下利润率提高，那么一般利润率就会高于原有利润率。谢克的观点与之相反，他在上述技术选择分析的基础上指出，在真实竞争中，即使某个行业的新技术不满足利润率准则，并且在新价格体系下一般利润率也较低，企业依然可能选择这种技术。谢克以铁部门和玉米部门为例①，玉米部门没有固定资本，原有生产方法下的铁部门也不存在固定资本，其投入产出见表2。之后，铁部门出现了两种生产方法，这里分析的重点是考察每种替代方法和原有方法之间的选择。②需要指出的是，谢克对单位资本成本的计算沿用了斯拉法的方法，没有将工资算入预付资本。③

表2 两部门不存在固定资本的投入产出

	投入流量		工资篮子		折旧		流动资本		固定资本		产出
	玉米部门	铁部门	玉米部门	铁部门	玉米部门	铁部门	玉米部门	铁部门	玉米部门	铁部门	
玉米	0.625	3	0.05	0.333	0	0	0.625	3	0	0	1
铁	0.03	0.10	0.013	0.083	0	0	0.03	0.10	0	0	1

假定玉米部门年产品为800，铁部门年产品为60，保持两个部门年产品价格之和不变为875。④设玉米价格为 x，铁价格为 y，两部门利润率均等化后的一般利润率为 r。

我们得到以下方程组：

$$800x + 60y = 875$$

$$\frac{x - (0.625x + 0.03y + 0.05x + 0.013y)}{(0.625x + 0.03y)} = \frac{y - (3x + 0.1y + 0.333x + 0.083y)}{(3x + 0.1y)}$$

① Van Parijs 认为谢克在1978年的文章中仅分析了单个行业利润率在引入技术创新后会下降，但没有继续讨论这种降低利润率的创新对一般利润率的影响。谢克在这里以玉米和铁部门为例分析了技术选择对一般利润率的影响，不点名地回应了 Van Parijs 的这一点评论。见 Van Parijs, Philippe, "The Falling - Rate - of Profit Theory of Crisis: A Rational Reconstruction by Way of Obituary," *Review of Radical Political Economics* 1980, 12 (1): 1 - 16。

② Shaikh, Anwar, *Capitalism: Competition, Conflicts and Crises* (Oxford University Press, 2016): 319 - 321.

③ 笔者将工资纳入预付资本，对谢克的数例重新进行计算，发现数据之间的对比和主要结论没有变化。

④ 为了得到价格体系和利润率的绝对值，置盐定理假定实际工资不变，或者工资品的实际价格不变，而谢克假定行业年产品价格之和不变。

第一个等式表示年产品价格之和不变为875，第二个等式表示玉米部门和铁部门原有生产方法的利润率相等。求解方程组得到 $x = 0.806$，$y = 3.837$。

将 x 和 y 代入上述利润率方程，得到一般利润率为16%（见表3）。

表3　原有生产方法的部门成本、利润率和价格

部门	单位生产成本（uc）	单位资本成本（k）	利润率（r）	生产价格（$p = uc + r \cdot k$）
玉米	0.707	0.619	16.0%	0.806
铁	3.390	2.802	16.0%	3.837

谢克假定铁部门出现了两种替代生产方法，两种生产方法都引入了固定资本[①]，二者的投入结构相同但后者的固定资本比重更大，其投入产出如表4和表5所示。

表4　铁部门替代方法1的投入产出

	投入流量（1）	工资篮子（2）	折旧（3）	流动资本（4）	固定资本（5）
玉米	2.583	0.20	0.233	2.583	2.334
铁	0.083	0.05	0.013	0.083	0.134

表5　铁部门替代方法2的投入产出

	投入流量（1）	工资篮子（2）	折旧（3）	流动资本（4）	固定资本（5）
玉米	2.583	0.20	0.30	2.583	3
铁	0.083	0.05	0.02	0.083	0.2

在 $x = 0.806$、$y = 3.837$ 的现有价格体系下，我们可以分别计算出替代方法1的利润率为17.6%，高于原有利润率；而替代方法2的利润率为13.7%，低于原有利润率（见表6）。

---

① 谢克为了进行对比，构造了仅将流动资本纳入总资本的例子（原有生产方法）和仅将固定资本纳入总资本的例子（替代方法1和替代方法2）。为了统一文中的计算，总资本都包括流动资本和固定资本两部分。在遵循这个定义的基础上，为了与谢克的计算结果保持一致，本文铁部门替代方法1和替代方法2的固定资本都等于谢克书中的固定资本项减去流动资本项。

表6　三种生产方法在现有价格体系下的利润率

铁部门生产方法	单位生产成本（uc）	单位资本成本（k）	利润率（r）
原有生产方法	3.390	2.802	16.0%
替代方法1	2.994	4.794	17.6%
替代方法2	3.073	5.587	13.7%

接下来，分别求出引入替代方法1和替代方法2后的一般利润率。

将替代方法1和玉米部门的利润率均等化[1]，得到一般利润率为16.5%，高于原来一般利润率16%。旧的铁部门生产方法在新的价格体系下利润率为14.1%，低于16.5%（见表7）。

表7　引入替代方法1后新价格体系下的利润率

部门	单位生产成本（uc）	单位资本成本（k）	利润率（r）	生产价格（$p = uc + r \cdot k$）
玉米	0.707	0.620	16.5%	0.810
铁（替代方法1）	2.998	4.801	16.5%	3.789
铁（原有生产方法）	3.393	2.808	14.1%	—

相似的，将替代方法2和玉米部门的利润率均等化[2]，得到一般利润率为15.2%，低于原来一般利润率16%。旧的铁部门生产方法在新的价格体系下利润率为18.9%，高于15.2%（见表8）。

---

[1]　$800x + 60y = 875$

$$\frac{x - (0.625x + 0.03y + 0.05x + 0.013y)}{(0.625x + 0.03y)} =$$

$$\frac{y - (2.583x + 0.083y + 0.2x + 0.05y + 0.233x + 0.013y)}{(4.917x + 0.217y)}$$

第一个等式表示年产品价格之和为875，第二个等式表示玉米部门和铁部门引入替代方法1后的利润率相等。求解方程组得到 $x = 0.810$，$y = 3.789$。

[2]　$800x + 60y = 875$

$$\frac{x - (0.625x + 0.03y + 0.05x + 0.013y)}{(0.625x + 0.03y)} =$$

$$\frac{y - (2.583x + 0.083y + 0.2x + 0.05y + 0.3x + 0.02y)}{(5.583x + 0.283y)}$$

第一个等式表示年产品价格之和为875，第二个等式表示玉米部门和铁部门引入替代方法2后的利润率相等。求解方程组得到 $x = 0.800$，$y = 3.914$。

表 8　引入替代方法 2 后新价格体系下的利润率

部门	单位生产成本（uc）	单位资本成本（k）	利润率（r）	价格（$p = uc + r \cdot k$）
玉米	0.706	0.618	15.2%	0.800
铁（替代方法 2）	3.067	5.577	15.2%	3.914
铁（原有生产方法）	3.385	2.792	18.9%	—

根据以上计算，我们发现替代方法 1 在现有价格体系下的过渡利润率和在新价格体系下的一般利润率都高于原有利润率 16%，而替代方法 2 在现有价格体系下的过渡利润率和在新价格体系下的一般利润率则都低于原有利润率。谢克指出在真实竞争理论中，替代方法 2 可以通过价格削减使其利润率高于原有生产方法，企业将选择替代方法 2。但他没有像图 1 一样，具体说明价格削减到什么程度，替代方法 2 的利润率将高于原有生产方法。可以说，谢克试图从真实竞争角度利用三个数例来批判置盐定理的论证是不完整的。

二　MF 模型从非均衡角度对置盐定理的再考察

孟捷和冯金华建立的 MF 模型主要有两个贡献：一是放弃了实际工资不变的假定，将实际工资作为影响平均利润率变化的一个变量；二是引入产品实现率，考察了价值实现困难对平均利润率的影响。这里着重介绍第二个贡献。孟捷和冯金华指出，置盐在研究利润率时用成本准则取代生产率准则，而劳动生产率提高引起的单位时间产出的增长有可能在总量层面导致再生产失衡，因此置盐忽视了产出总量和技术进步的关系，将平均利润率和新的价格体系的形成本身视为均衡的实现，无法从非均衡角度分析平均利润率的变化。[1] 他们以两部门经济（第一部类为投资品部门，第二部类为工资品部门）为例对产品实现率进行了定义，

---

[1]　孟捷、冯金华：《非均衡与平均利润率的变化：一个马克思主义分析框架》，《世界经济》2016 年第 6 期。

为了使模型一般化，本文将两部门经济拓展为 n 部门经济。

向量和矩阵都用黑体表示。假定单位产品价值量向量为 $\boldsymbol{\lambda}$，单位时间内的产出向量为 $\boldsymbol{x}$，所需要的劳动向量（包括物化劳动和活劳动）为 $\boldsymbol{l}$，可实现的单位价值量向量为 $\boldsymbol{\lambda}^*$。生产中形成的价值总量总是等于投入生产的总劳动（包括物化劳动和活劳动），由此我们得到：

$$\boldsymbol{\lambda x} = \boldsymbol{lx} \qquad (1)$$

根据定义，单位产品的实现价值等于产品的交易价格与单位货币价值之积，即 $\boldsymbol{\lambda}^* = m\boldsymbol{p}$。在 n 部门经济中，产品实现率 ϕ 指实现的总价值与生产的总价值之间的比率，即 $\phi = \dfrac{\boldsymbol{\lambda}^* \boldsymbol{x}}{\boldsymbol{\lambda x}}$。

（一）再生产均衡

在再生产均衡的假定下，部门在单位时间内的产出实现的价值总量等于标准技术条件下所决定的生产中形成的价值总量：

$$\boldsymbol{\lambda}^* \boldsymbol{x} = \boldsymbol{\lambda x} = \boldsymbol{lx} \qquad (2)$$

给定 $\boldsymbol{\lambda}^* = m\boldsymbol{p}$，我们可得：

$$\boldsymbol{\lambda} = \frac{\boldsymbol{lx}}{\boldsymbol{px}}\boldsymbol{p} \qquad (3)$$

在再生产均衡条件下，产品实现率为 $\phi = \dfrac{\boldsymbol{\lambda}^* \boldsymbol{x}}{\boldsymbol{\lambda x}} = 1$。

（二）再生产非均衡

在再生产非均衡的条件下，经济中生产的总价值不能完全实现，即：

$$\boldsymbol{\lambda}^* \boldsymbol{x} = m\boldsymbol{px} = \phi\boldsymbol{\lambda x} \quad (0 < \phi < 1) \qquad (4)$$

给定货币价值 m 不变，产品实现率的下降导致实现的总价值下降。如果非均衡部门通过价格调整实现再均衡，那么价格 $\boldsymbol{p}$ 下降。置盐定理中的生产价格向量 $\boldsymbol{p} = (1+r)(\boldsymbol{pA} + \boldsymbol{pbl})$ 由此转变为 n 部门的 MF 模

型中的 ϕp =（$1 + r$）（$pA + pbl$）。MF 模型发现平均利润率受到产品实现率、消耗系数和实际工资三个变量的影响。利润率分别随产品实现率的上升而上升、随消耗系数的下降而上升、随实际工资的下降而上升。

三　比较谢克的真实竞争理论和 MF 模型

（1）从整体分析方法而言，两种观点都是从非均衡的角度出发考察置盐定理。谢克批判置盐定理的利润率标准，而坚持生产成本最低的技术选择标准，意在强调真实竞争中的价格削减行为，实际是一种非均衡角度。不过谢克没有自觉地从非均衡角度开展分析，而主要是从竞争的角度强调价格削减的影响。孟捷和冯金华明确提出，置盐定理以再生产均衡为预设前提来研究利润率的动态变化是片面的。他们认为利润率的变化只有在以剩余价值生产和剩余价值实现的矛盾为基础的非均衡框架中才能得到合理分析，因此引入了代表再生产失衡的产品实现率，以解释平均利润率的变动。

（2）从整体对置盐定理的评价而言，谢克认为置盐定理只有在新古典的价格接受假设下才成立，而新古典的价格接受行为与真实竞争的价格削减行为是两种不同的竞争方式，因此谢克认为置盐定理与真实竞争理论是对立的，置盐定理无法被纳入非均衡的框架。而孟捷和冯金华认为置盐定理是抵消利润率下降的一种特殊情形，在其构建的解释平均利润率变化的一般框架中，置盐定理成为产品实现率为 1 且实际工资保持不变的特例。

（3）相比于 MF 模型，谢克的真实竞争理论有两个贡献。一、谢克的考察对象是包含固定资本的置盐定理，他在引入固定资本的基础上考察价格削减对技术选择和平均利润率的影响。孟捷和冯金华针对的是不包含固定资本的置盐定理，其构建的一般理论框架中没有涵盖固定资本。二、谢克首先分析了部门内价格削减对企业技术选择标准的影响，其次以玉米部门和铁部门为例分析了价格削减对平均利润率变化的影响。谢克对部门内价格削减的强调实际上挑战了置盐及其追随者确立的技术选择标准——利润率准则，而代之以生产成本最低（一般而言生产成本最低伴随着固定资本最高）的准则。罗默将是否具有微观基础视为一个理论是否科学的标准，他根据置盐定理指出马克思利润率趋于下降的理论缺乏微观基础。由此可见，谢克对置盐确立的技术选择标准的挑战具有重要意义，为从非均衡角度分析技术进步对平均利润率的影响提供了微观基础。而孟捷和冯金华更侧重于产品实现率的宏观分析，这种宏观分析可以和谢克对部门内竞争的微观分析相结合。

（4）谢克通过真实竞争理论对置盐定理的再考察也存在缺陷，这些缺陷一定程度上可以为 MF 模型所弥补。一、谢克试图通过列举数例的方式来阐明价格削减对企业技术选择和平均利润率变化的影响，没有建立一般化的模型。二、谢克的价格削减对应于 MF 模型中产品实现率变化的一个方面——价格调整，而忽视了产量调整。只有在特定的制度条件下，企业才会以价格削减为主要竞争策略。[①] 相比于垄断资本主义，竞争性资本主义的企业更有可能采用价格竞争策略，从这个角度而言，谢克的观点更适用于竞争性资本主义而非 Van Parijs 所说的垄断资本主义[②]。三、最重

---

① 美国 SSA 学派学者 Crotty 提出两种不同的竞争体制。一是共同体制，资本之间开展兄弟般的竞争。资本积累主要通过资本广化进行，企业相比于无序竞争会获得高利润，并免于受到不正常的技术变化的影响。二是无序体制（Anarchic Regime），资本之间以不受调节的自相残杀的竞争为特征。资本积累主要通过资本深化进行，导致利润率在长期严重地下降，引发企业之间更强烈的斗争。在后一种体制下企业更有可能通过价格削减进行竞争。见 Crotty, James R. , "Rethinking Marxian Investment Theory: Keynes-Minsky Instability, Competitive Regime Shifts and Coerced Investment," *Review of Radical Political Economics* 1993, 25（1）: 1 – 26。

② Van Parijs 认为在竞争性资本主义中，企业可以选择利用旧技术进行扩大再生产、投资于经济其他领域以获得均衡利润率，而不必采用导致利润率下降的技术创新。在垄断资本主义，有限的需求和行业进入壁垒使垄断资本家只能进行技术创新，尽管这样可能降低利润率。笔者认为 Van Parijs 的这一点评论表面上是维护谢克的观点，实质却如谢克所评论的那样将真实竞争等同于不完全竞争，依然将利润率最高作为技术选择标准，忽视了完全竞争、不完全竞争和真实的企业竞争行为之间的区别。谢克的真实竞争理论着重强调了这一点。见 Van Parijs, Philippe, "The Falling-Rate-of-Profit Theory of Crisis: A Rational Reconstruction by Way of Obituary," *Review of Radical Political Economics* 1980, 12（1）: 1 – 16。

要的是谢克在分析部门内竞争时，强调价格接受行为和价格削减行为之间的区别，但他没有指出价格削减的限度和边界。① Bleaney 深刻地指出了这一问题，他认为谢克的论证只有在市场价格永久地低于生产价格的条件下才能成立，而供求变化在很多情况下引起市场价格高于生产价格。他举例道，假定某行业 90% 的产出由技术 A 生产，其生产价格为 p。另外 10% 的产出由更机械化的技术 B 生产，B 的生产成本更低，当价格降低至 p' 时技术 B 的利润率高于技术 A。假定初始市场价格等于生产价格，如果需求下降 10%，竞争促使市场价格下降至低于 p'，这种情况下生产者采用技术 B，技术 B 的产出份额由 10% 增加至 11%，一些使用技术 A 的企业退出行业，价格回到 p。如果需求增加，价格上升，那么企业将使用技术 A。② 笔者认为 Bleaney 的评论的确指出了谢克的缺陷，但是没有给出令人满意的解释。Bleaney 的数例潜在地假定生产的标准技术条件决定了生产价格进而决定了市场价值。根据孟捷对两种市场价值概念的分析，这种价值概念（第一种市场价值概念）是以均衡为前提，在非均衡条件下，市场价值（即由需求参与决定的第二种市场价值概念）可能与中等生产条件无关，而直接等于最优或最劣生产条件下的个别价值，甚至偏离行业内一切既有的个别价值。③ 可以说，Bleaney 看到谢克的真实竞争理论没有建立在第一种市场价值概念的基础上，但他没有第二种市场价值概念的理论，因此只能用第一种市场价值概念来证明谢克理论的错误。实际上，谢克的微观价格削减行为的可能性，即市场价格持续低于生产价格的可能性正是建立在宏观层面非均衡的基础上，价格削减的限度决定于价值生产和价值实现的矛

① 谢克在一篇批判新李嘉图主义的文章中提到价格变化具有相对自主性，但价格变化同样具有限度，价格变化的限度决定于社会必要劳动时间。见 Shaikh, Anwar, "Neo-Ricardian Economics: A Wealth of Algebra, a Poverty of Theory," *Review of Radical Political Economics* 1982, 14 (2): 67-83。

② Bleaney, Michael, "Maurice Dobb's Theory of Crisis: A Comment," *Cambridge Journal of Economics* 1980, 4 (1): 71-73.

③ 孟捷：《劳动价值论与资本主义再生产中的不确定性》，《中国社会科学》2004 年第 3 期。

盾。根据孟捷和冯金华对产品实现率的定义，我们可以看到产品实现率从根本上受限于资本家阶级的积累活动，可实现的价值量首先在宏观总量上决定（先在部门之间分配），然后在微观上展开部门内的竞争。部门内竞争受限于整个宏观水平的资本积累矛盾，如果没有这个限定，价格削减将是任意的。谢克在以玉米和铁部门为例分析平均利润率时，假设两种产品年产量的价格之和不变，即 $800x + 60y = 875$，这个假设没有考虑宏观层面再生产的非均衡条件。

四 一般框架：构建涵盖固定资本的 MF 模型

（一）罗默：包含固定资本的置盐定理

在引入固定资本的置盐模型中，φ 代表 $n \times n$ 阶固定资本投入系数矩阵，这里假定固定资本不存在折旧且可以永远存在，A 代表 $n \times n$ 阶流动资本投入系数矩阵，L 代表 $1 \times n$ 阶直接劳动投入系数向量，b 代表 $n \times 1$ 阶工人实际工资向量。[①]

(p, r) 是技术条件 (φ, A, L) 下的均衡，满足：

$$p = rp\varphi + (1 + r)(pA + L) \tag{5}$$

$$1 = pb \tag{6}$$

假定 i 行业出现技术创新，(φ^*, A^*, L^*) 代表新技术投入系数，企业只有在以下条件满足时才会采用新技术[②]：

[①] Roemer, John E., "Continuing Controversy on the Falling Rate of Profit: Fixed Capital and Other Issues," *Cambridge Journal of Economics* 1978, 3 (4): 379 – 398.

[②] Roemer 指出，只有在固定资本可以永远存在的条件下，企业采用新技术的条件才为 $-p\varphi_i^* - (p\varphi_i^* + pA_i^* + L_i^*) + \sum_{i=1}^{n} \frac{p_i - (pA_i^* + L_i^*)}{(1+r)^i} > 0$，该不等式等同于 $p_i > rp(\varphi_i + \varphi_i^*) + (1 + r)(pA_i^* + L_i^*)$。见 Roemer, John E., "Continuing Controversy on the Falling Rate of Profit: Fixed Capital and Other Issues," *Cambridge Journal of Economics* 1978, 3 (4): 379 – 398。

$$p_i > rp(\varphi_i + \varphi_i^*) + (1 + r)(pA_i^* + L_i^*) \tag{7}$$

对公式（7）进行变形，我们发现新技术条件要满足利润率准则，即在现有价格体系下利润率提高。

Roemer 证明新的均衡满足：

$$p^* = r^* p^* \dot{\varphi} + (1 + r^*)(p^* A^* + L^*) \tag{8}$$

$$1 = p^* b \tag{9}$$

$\dot{\varphi}$ 为第 i 列替换为 $(\varphi_i + \varphi_i^*)$ 的 φ 矩阵。[①]

令 $M \equiv A + bL$，表示流动投入系数总和矩阵，那么 $p = p[M + r(M + \varphi)]$。

令 $M^* \equiv A^* + bL^*$，则有：

$$p_i > p[M_i^* + r(M_i^* + \dot{\varphi}_i)] \tag{10}$$

$$p_j = p[M_j^* + r(M_j^* + \dot{\varphi}_j)], j \neq i \tag{11}$$

令 $M^* + r(M^* + \dot{\varphi}) \equiv \Omega(r)$，我们可以得到 $p \geq p\Omega(r)$。该不等式意味着对非负向量 p 而言，$\Omega(r)$ 的 Frobenius 特征值小于 1。$M^* + r(M^* + \dot{\varphi})$ 为不可约矩阵，$\Omega(r)$ 要素的增加将增加矩阵的 Frobenius 特征值，r 的增加可以产生一个具有特征值为 1 的矩阵 $\Omega(r^*)$，r^* 对应着非负特征向量 p^*。

（二）构建涵盖固定资本的 MF 模型

笔者认为罗默建构的上述模型回应了谢克等学者对置盐定理不包含固定资本的批判，之后他利用冯诺依曼的模型给出了包含联合生产在内的更一般化的证明。为了简化分析，本文暂不考虑联合生产问题，沿用上文罗默的模型关于固定资本的假定。假定所有行业的产品实现率为

---

① Roemer, John E., "Continuing Controversy on the Falling Rate of Profit: Fixed Capital and Other Issues," *Cambridge Journal of Economics* 1978, 3 (4): 379 – 398.

ϕ，为外生参数。则平均利润率由以下方程决定：

$$\phi p = rp\varphi + (1 + r)(pA + L) \tag{12}$$

$$1 = pb \tag{13}$$

假定 i 行业出现技术创新，(φ^*, A^*, L^*) 代表新技术投入系数，新的均衡满足：

$$\phi p^* = r^* p^* \dot{\varphi} + (1 + r^*)(p^* A^* + L^*) \tag{14}$$

$$1 = p^* b \tag{15}$$

令 $M^* \equiv A^* + bL^*$，$M^* + r^*(M^* + \dot{\varphi}) \equiv \Omega(r^*)$，由此我们可以得到 $\phi p^* = p^* \Omega(r^*)$。根据 Perron – Frobenius 定理，我们可以推出平均利润率随着产品实现率的上升而上升，随着产品实现率的下降而下降；随着实际工资的上升而下降，随着实际工资的下降而上升；引入固定资本以后，技术进步通常在使消耗系数 A 和 L 下降的同时导致固定资本投入系数 $\dot{\varphi}$ 提高，因此对利润率的总影响不确定。

1. 产品实现率对技术选择和平均利润率的影响

假定 i 行业出现技术创新，(φ^*, A^*, L^*) 代表新技术投入系数，企业只有在以下条件满足时才会采用新技术：

$$\phi p_i > rp(\varphi_i + \varphi_i^*) + (1 + r)(pA_i^* + L_i^*) \tag{16}$$

由此我们可以得到：

$$\phi p_i > p[M_i^* + r(M_i^* + \dot{\varphi}_i)] \tag{17}$$

$$\phi p_j = p[M_j^* + r(M_j^* + \dot{\varphi}_j)], j \neq i \tag{18}$$

我们可以将上述式子写为 $\phi p \geq p\Omega(r)$。该不等式意味着对非负向量 p 而言，$\Omega(r)$ 的 Frobenius 特征值小于 ϕ。$M^* + r(M^* + \dot{\varphi})$ 为不可约矩阵，$\Omega(r)$ 要素的增加将增加矩阵的 Frobenius 特征值。r 的增加可以产生一个特征值为 ϕ 的矩阵 $\Omega(r^*)$，r^* 对应着非负特征向量 p^*。因此，只要技术进步满足利润率准则，新的平均利润率依然将提高。

假定 i 行业现在存在两种替代方法（φ_{1i}^*，A_{1i}^*，L_{1i}^*）（φ_{2i}^*，A_{2i}^*，L_{2i}^*），相比于原有生产方法，两种替代方法的消耗系数更低同时固定资本更高，满足 $\varphi_i^* < \varphi_{1i}^* < \varphi_{2i}^*$，$A_i^* > A_{1i}^* > A_{2i}^*$，$L_i^* > L_{1i}^* > L_{2i}^*$，$\varphi_i^* + A_i^* + L_i^* < \varphi_{1i}^* + A_{1i}^* + L_{1i}^* < \varphi_{2i}^* + A_{2i}^* + L_{2i}^*$。现行价格条件下三种生产方法的利润率分别为：

$$r^* = \frac{\phi p_i - (pA_i^* + L_i^*)}{p(\varphi_i + \varphi_i^*) + (pA_i^* + L_i^*)}$$

$$r_1^* = \frac{\phi p_i - (pA_{1i}^* + L_{1i}^*)}{p(\varphi_i + \varphi_{1i}^*) + (pA_{1i}^* + L_{1i}^*)}$$

$$r_2^* = \frac{\phi p_i - (pA_{2i}^* + L_{2i}^*)}{p(\varphi_i + \varphi_{2i}^*) + (pA_{2i}^* + L_{2i}^*)}$$

三种生产方法的利润率可以表示为如图 2 所示。

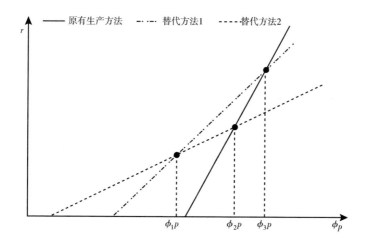

图 2　不同产品实现率下三种生产方法的利润率

根据图 2，比较替代方法 1 和原有生产方法，当 $0 < \phi < \phi_3$ 时，替代方法 1 的利润率高于原有生产方法；当 $\phi > \phi_3$ 时，替代方法 1 的利润率低于原有生产方法。比较替代方法 2 和原有生产方法，当 $0 < \phi < \phi_2$ 时，替代方法 2 的利润率高于原有生产方法；当 $\phi > \phi_2$ 时，替代方法 2 的利润率低于原有生产方法。由 Perron – Frobenius 定理推知当新生产方

法在现有价格体系下满足利润率准则时，平均利润率提高。以替代方法
1 为例，当 $0 < \phi < \phi_3$ 时，引入替代方法 1 后的平均利润率高于原来的
平均利润率；当 $\phi > \phi_3$ 时，引入替代方法 1 后的平均利润率低于原来的
平均利润率。总结而言，产品实现率可以影响技术选择从而影响平均利
润率。对固定资本较高而生产成本较低的生产方法而言，较低的产品实
现率更有利于使其成为利润率相对较高的生产方法。

接下来，我们引入产品实现率的概念对谢克的数例进行重新计算，
完成谢克有待完成的分析：在真实竞争中价格削减到什么程度时（假
定产品实现率通过价格调整，即产品实现率下降到什么程度时）企业
会选择替代方法 2。为了与谢克的分析进行比较，接下来的计算保留了
两部门产品价格之和为 875 的假设。

2. 以产品实现率概念分析谢克的数例

假定铁部门产品实现率为 ϕ，因为谢克强调价格削减，因此这里的
产品实现率通过价格调整而非通过产量调整。将原有生产方法的铁部门
和玉米部门的利润率均等化，得到以下方程组：

$$800x + 60y = 875$$
$$\frac{x - (0.625x + 0.03y + 0.05x + 0.013y)}{(0.625x + 0.03y)} = \frac{\phi y - (3x + 0.1y + 0.333x + 0.083y)}{(3x + 0.1y)}$$

先得到 x、y，可以求解得到利润率的表达式。表 4 的替代方法 1 和
表 5 的替代方法 2 在现有价格体系下的利润率分别表示为产品实现率 ϕ
的函数（均见附录一）。在现有价格体系下，原有生产方法、替代方法
1 和替代方法 2 的利润率和产品实现率之间的关系如图 3 所示。分别比
较替代方法 1 和替代方法 2 与原有生产方法的利润率，从中我们可以
看到：

当产品实现率大于 1.148 时，替代方法 1 和替代方法 2 都不满足成
本准则，原有生产方法的利润率更高；

当产品实现率为 1.148（忽略复数和虚部），替代方法 1 的利润率
等于原有生产方法；

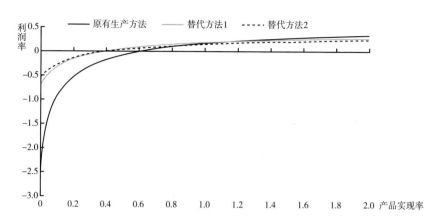

图3　现有价格体系下三种生产方法的利润率

当产品实现率大于0.871小于1.148时，替代方法1满足利润率准则，而替代方法2不满足利润率准则；

当产品实现率为0.871（忽略复数和虚部），替代方法2的利润率等于原有生产方法。

当产品实现率小于0.871（忽略复数和虚部），替代方法2的利润率高于原有生产方法。

将替代方法1和玉米部门的利润率均等化，玉米部门产品实现率为1，铁部门产品实现率为ϕ_1（假定产量不变，表示价格调整的程度），则有：

$$800x + 60y = 875$$

$$\frac{x - (0.625x + 0.03y + 0.05x + 0.013y)}{(0.625x + 0.03y)} =$$

$$\frac{\phi_1 y - (2.583x + 0.083y + 0.2x + 0.05y + 0.233x + 0.013y)}{(4.917x + 0.217y)}$$

求解方程组得到x、y，将利润率表示为产品实现率的函数（见附录一）。相似的，将替代方法2和玉米部门的利润率均等化，玉米部门产品实现率为1，铁部门产品实现率为ϕ_2（假定产量不变，表示价格调整的程度）则有：

$$800x + 60y = 875$$

$$\frac{x - (0.625x + 0.03y + 0.05x + 0.013y)}{(0.625x + 0.03y)} =$$

$$\frac{\phi_2 y - (2.583x + 0.083y + 0.2x + 0.05y + 0.3x + 0.02y)}{(5.583x + 0.283y)}$$

求解方程组得到 x、y，进而将利润率表达式表示为产品实现率的函数（见附录一）。在新价格体系下，原有生产方法、替代方法 1 和替代方法 2 的利润率和产品实现率之间的关系如图 4 所示。分别比较替代方法 1 和替化方法 2 与原有生产方法，从中我们可以得到以下内容。

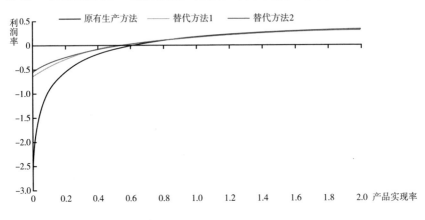

图 4　新价格体系下三种生产方法的利润率

对于替代方法 1 和原有生产方法：

当产品实现率等于 1.148 时，替代方法 1 的利润率等于原有生产方法；

当产品实现率大于 1.148 时，原有生产方法的利润率高于替代方法 1；

当产品实现率小于 1.148 时，替代方法 1 的利润率高于原有生产方法。

对于替代方法 2 和原有生产方法：

当产品实现率等于 0.871 时，替代方法 2 的利润率等于原有生产方法；

当产品实现率大于 0.871 时，原有生产方法的利润率高于替代方法 2；

当产品实现率小于 0.871 时，替代方法 2 的利润率高于原有生产方法。

这个数例有两个重要推论。一是验证了这样的命题：在引入产品实现率以后，如果新技术在给定产品实现率条件下满足利润率准则，那么引入新技术后的平均利润率将同样高于原有利润率。在现有价格体系和新价格体系下，替代方法 1 和替代方法 2 的利润率曲线与原有生产方法的交点相同，都在产品实现率分别为 1.148 和 0.871 时相交；两产品实现率的降低可以改变技术选择。以替代方法 2 为例，在 $\phi = 1$ 时，替代方法 2 在现有价格体系下因而也在新价格体系下利润率低于原有生产方法，而当 $\phi < 0.871$ 时，替代方法 2 的利润率都高于原有生产方法。依据谢克的假设，产品实现率在真实竞争中不断下降，那么替代方法 2 的确是可以被选择的方法。这是谢克始终强调的一点。

（三）等利润率方程

以上讨论的是单独一个变量变化对技术选择和平均利润率的影响。为了说明两个或两个以上变量变化对技术选择和平均利润率的影响，我们可以以谢克的玉米部门和铁部门为例，引出等利润率方程。[①]

令 $q_1 = x/w$，$q_2 = y/w$，其中 w 为货币工资，我们得到：

$$\phi q_1 = (1 + r)(a_{11}q_1 + a_{12}q_2 + \frac{b_1\tau_1}{800}q_1 + \frac{b_2\tau_1}{800}q_2)$$

$$\phi q_2 = a_{21}q_1 + a_{22}q_2 + \frac{b_1\tau_2}{60}q_1 + \frac{b_2\tau_2}{60}q_2 + r(a_{21}q_1 + a_{22}q_2 + \frac{b_1\tau_2}{60}q_1 + \frac{b_2\tau_2}{60}q_2 + \varphi_{22}q_2)$$

$$b_1q_1 + b_2q_2 = 1$$

其中 a_{i1}（$i = 1$，2）表示第 i 个部门投入的原材料玉米的数量，a_{i2}（$i = 1$，2）表示第 i 个部门投入的原材料铁的数量，b_1 表示实际工资中玉米的数量，b_2 表示实际工资中铁的数量，τ_1 指生产 800 单位玉米投入的直接劳动，τ_2 指生产 60 单位铁投入的直接劳动，φ_{22} 表示铁部门生

---

① 将工资纳入预付资本。

产 1 单位铁需要投入的作为固定资本的铁的数量。

　　假定铁部门固定资本、流动资本和直接劳动系数如谢克的替代方法 1 所示，为了计算方便，下列数例中没有将玉米作为固定资本，只保留铁作为固定资本，不考虑折旧。假设实际工资为 4 单位玉米、1 单位铁，两部门的产品实现率都为 0.9，我们可以得到：

$$\frac{0.9q_1 - (0.625q_1 + 0.03q_2 + 0.05q_1 + 0.013q_2)}{(0.625q_1 + 0.03q_2 + 0.05q_1 + 0.013q_2)} =$$
$$\frac{0.9q_2 - (2.583q_1 + 0.083q_2 + 0.2q_1 + 0.05q_2)}{(2.583q_1 + 0.083q_2 + 0.2q_1 + 0.05q_2 + 0.134q_2)}$$

又因为实际工资为 4 单位玉米、1 单位铁，那么：

$$4q_1 + q_2 = 1$$

我们可以求得：

$$q_1 = 0.126$$
$$q_2 = 0.497$$
$$r = 0.065$$

1. 假定产品实现率不变，b_1、τ_2 和 φ_{22} 可变

所有其他因素都为初始值：

$$b_2 = 1, a_{11} = 0.625, a_{12} = 0.03, a_{21} = 2.583, a_{22} = 0.083, \tau_1 = 10, \phi = 0.9$$

我们得到等利润方程为：

$$b_1 = -\frac{(487500\varphi_{22} + 133125\tau_2 - 2102641.182)}{(18147.6\tau_2 - 27690\varphi_{22} + 345743.73)}$$

对固定资本投入系数和直接劳动系数求偏导[1]，当 $0 < \varphi_{22} < 1$，$0 < \tau_2 < 5$ 时[2]，$\frac{\partial b_1}{\partial \varphi_{22}} < 0$，$\frac{\partial b_1}{\partial \tau_2} < 0$。表明在等利润率的各种组合中，如果直

---

[1] 偏导求解结果均见附录二。
[2] $0 < \varphi_{22} < 1$ 指生产 1 单位铁投入的作为固定资本的铁的数量小于 1，$0 < \tau_2 < 5$ 指新生产方法耗费的活劳动小于原有的生产方法。

接劳动系数不变，实际工资随着固定资本投入系数的增加而减小。同样，如果固定资本投入系数不变，实际工资随着直接劳动系数的增加而减小。

等利润率的几何图示如图5所示，在等利润率平面上，实际工资、固定资本投入系数和直接劳动系数的所有组合对应的平均利润率相等。等利润率平面如果向上移动，则平均利润率下降；等利润率平面如果向下移动，那么平均利润率会上升。

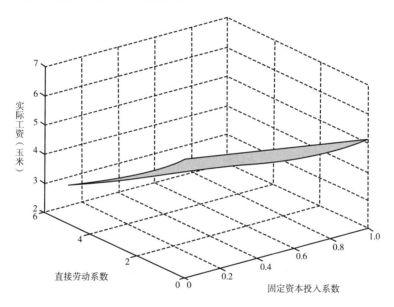

图5 等利润平面——直接劳动系数、固定资本投入系数和实际工资

2. 假定实际工资不变，ϕ、τ_2 和 φ_{22}可变

所有其他因素都为初始值：

$$b_1 = 4, b_2 = 1, a_{11} = 0.625, a_{12} = 0.03, a_{21} = 2.583, a_{22} = 0.083, \tau_1 = 10$$

我们得到等利润率方程为：

$$\phi = 0.0325\varphi_{22} + 0.008875\tau_2 + 0.00015625(43264\varphi_{22}{}^2 + 23628.8\varphi_{22}\tau_2 - 839295\varphi_{22} + 3226.24\tau_2{}^2 - 97561.5\tau_2 + 9170479)^{0.5} + 0.403635$$

对固定资本投入系数和直接劳动系数求偏导（结果见附录二），当 $0 < \varphi_{22} < 1$，$0 < \tau_2 < 5$ 时，$\frac{\partial \varphi}{\partial \varphi_{22}} > 0$，$\frac{\partial \varphi}{\partial \tau_2} > 0$。表明在等利润率的各种组合中，如果直接劳动系数不变，产品实现率随着固定资本投入系数的增加而增加。同样，如果固定资本投入系数不变，产品实现率随着直接劳动系数的增加而增加。

等利润率的几何图示如图 6 所示，在等利润率平面上，产品实现率、固定资本投入系数和直接劳动系数的所有组合对应的平均利润率相等。等利润率平面如果向上移动，则平均利润率上升；等利润率平面如果向下移动，那么平均利润率会下降。

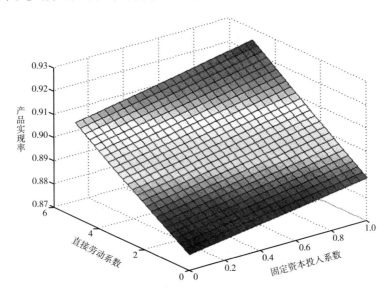

图 6　等利润平面——直接劳动系数、固定资本投入系数和产品实现率

3. 假定直接劳动系数不变，ϕ、b_1 和 φ_{22} 可变

所有其他因素都为初始值：

$$b_2 = 1, a_{11} = 0.625, a_{12} = 0.03, a_{21} = 2.583, a_{22} = 0.083, \tau_1 = 10, \tau_2 = 3$$

我们得到等利润率方程为：

$$\phi = 0.00665625b_1 + 0.0325\varphi_{22} + 0.00015625(1814.76b_1{}^2 - 17721.6b_1\varphi_{22} +$$
$$241580.85b_1 + 43264\varphi_{22}{}^2 - 697522.18\varphi_{22} + 7911470.9)^{0.5} + 0.403635$$

对固定资投入本系数和实际工资求偏导（结果见附录二），当 $0 < \varphi_{22} < 1$，$0 < b_1 < 11$ 时①，$\dfrac{\partial \phi}{\partial \varphi_{22}} > 0$，$\dfrac{\partial \phi}{\partial b_1} > 0$。表明在等利润率的各种组合中，如果实际工资不变，产品实现率随着固定资本投入系数的增加而增加。同样，如果固定资本投入系数不变，产品实现率随着实际工资的增加而增加。

等利润率的几何图示如图 7 所示，在等利润率平面上，产品实现率、固定资本投入系数和实际工资的所有组合对应的平均利润率相等。等利润率平面如果向上移动，则平均利润率上升；等利润率平面如果向下移动，那么平均利润率会下降。

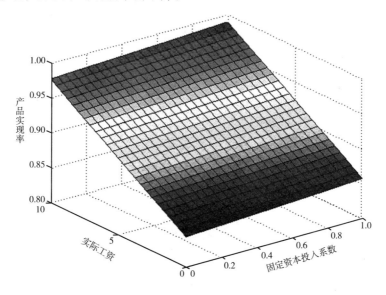

图 7　等利润平面——产品实现率、固定资本投入系数和实际工资

---

① 当 $a_{11} = 0.625$、$a_{21} = 2.583$ 时，实际工资中的玉米总量小于生产的玉米净产量，即 $800 \times (1 - 0.625) - 60 \times 2.583 = 145.02$。给定 $\tau_1 = 10$、$\tau_2 = 3$，因此 $0 < b_1 < 11$。

4. 假定固定资本投入系数不变，ϕ、b_1 和 τ_2 可变

所有其他因素都为初始值：

$$b_2 = 1, a_{11} = 0.625, a_{12} = 0.03, a_{21} = 2.583, a_{22} = 0.083, \tau_1 = 10, \varphi_{22} = 0.134$$

我们得到等利润率方程为：

$$\phi = 0.00665625b_1 + 0.008875\tau_2 + 0.00015625(1814.76b_1^2 + 28068.29b_1\tau_2 +$$
$$155001.3b_1 + 3226.24\tau_2^2 - 206668.39\tau_2 + 8409748.79)^{0.5} + 0.381365$$

对直接劳动系数和实际工资求偏导（结果见附录二），当 $0 < \tau_2 < 5$，$0 < b_1 < 14.5$ 时[①]，$\dfrac{\partial \phi}{\partial \tau_2} > 0$，$\dfrac{\partial \phi}{\partial b_1} > 0$。表明在等利润率的各种组合中，如果实际工资不变，产品实现率随着直接劳动系数的增加而增加。同样，如果直接劳动系数不变，产品实现率随着实际工资的增加而增加。

等利润率的几何图示如图 8 所示，在等利润率平面上，产品实现

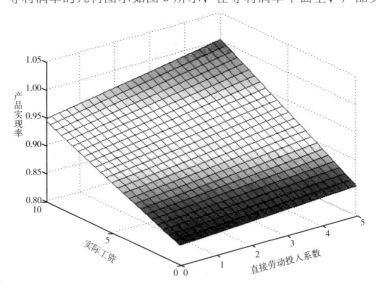

图 8　等利润平面——直接劳动系数、产品实现率和实际工资

---

① 当 $a_{11} = 0.625$、$a_{21} = 2.583$ 时，实际工资中的玉米总量小于生产的玉米净产量，即 $800 \times (1 - 0.625) - 60 \times 2.583 = 145.02$。给定 $\tau_1 = 10$，$0 < \tau_2 < 5$，因此 $0 < b_1 < 14.5$。

率、直接劳动系数和实际工资的所有组合对应的平均利润率相等。等利润率平面如果向上移动，则平均利润率上升；等利润率平面如果向下移动，那么平均利润率会下降。

五　结语

本文梳理了谢克批判置盐定理的两个阶段，着重介绍了第二个阶段谢克运用真实竞争理论对包含固定资本的置盐定理的批判。谢克强调置盐定理遵循的是新古典的价格接受假设，批判该假设在真实竞争理论中并不成立。笔者认为这种批判在一定程度上沟通了 MF 模型从非均衡角度对置盐定理的再考察，谢克从真实竞争角度强调价格削减是产品实现率的一个方面，也属于一种非均衡角度。而且谢克对企业价格削减行为的分析挑战了传统的技术选择标准（利润率准则），强调价格削减情境下的生产成本标准，为孟捷和冯金华从宏观层面上分析非均衡导致的价格和产量调整奠定了微观基础。不过谢克在以玉米和铁两个部门为数例进行分析时假定两部门产品的价格之和保持不变，忽视了宏观层面的再生产失衡，表明谢克没有自觉地在非均衡的框架内对置盐定理进行考察。笔者在谢克真实竞争理论和 MF 模型的基础上，建立了涵盖固定资本的解释平均利润率变化的一般框架。一方面将谢克的数例批判一般化，用产品实现率的概念完成了谢克的数例批判；另一方面将 MF 模型拓展为涵盖固定资本，并且为宏观层面产品实现率的变化奠定了微观技术选择基础。

涵盖固定资本的 MF 模型的结论与 MF 模型的相似点在于：平均利润率随产品实现率的上升而上升，随实际工资的上升而下降。二者的主要区别在于引入固定资本后对技术进步的分析，笔者将其归结为两点。一是 MF 模型的技术进步意味着消耗系数下降，因为平均利润率随着消耗系数下降而上升，因此技术进步在 MF 模型中依然只能提高利润率，在这个意义上 MF 模型并没有反驳置盐定理。引入固定资本之后，技术进步在导致消耗系数下降的同时一般也增加了固定资本（和折旧），这将对平均利润率产生下降效应。如果固定资本的增加超过了对生产成本的节约，那么技术进步将导致平均利润率下降。二是产品实现率对技术选择进而对平均利润率有关键影响，较低的产品实现率更有利于使固定资本较高而生产成本较低的生产方法成为利润率相对较高的生产方法，从而成为行业的主导性生产方法。上述第二点反映了谢克的真实竞争理论：价格削减使生产成本最低（一般而言固定资本最高）的生产方法成为主导性生产方法。包含固定资本的 MF 模型对谢克真实竞争理论的发展在于：一是产品实现率的概念为谢克的价格削减建立了价值论基础，联系了微观和宏观两个层面的分析；二是利用产品实现率概念沟通了技术进步和价格削减，在谢克的理论中价格削减是真实竞争的主要特征，仿佛与技术进步没有直接关系。Kliman 对此进行批判，认为谢克和 Nakatani 是从竞争角度证明利润率下降，没有维护马克思的机械化导致利润率下降的观点。[①] 而 MF 模型指出技术进步带来的产出总量的增长会导致再生产失衡，从而降低产品实现率，这在微观上可能表现为价格削减。

本文对平均利润率分析的一个重要推论就是技术进步在非均衡条件下可以成为导致利润率下降的重要原因，挑战了置盐、萨缪尔森等人的技术进步一定不会导致利润率下降的观点，沟通了马克思强调资本有机构成提高是导致利润率下降主要原因的观点。文初已经提到置盐定理是利润率下降规律的一个特例，它的成立依赖于一系列特定的假设，其中最重要的一个就是均衡假设。其假设的特殊性决定了其推论的特殊性，置盐定理的一个推论是只有实际工资上升到一定程度才会导致一般利润率下降，将利润率下降的主要原因归结于工人的过分需求。本文构建的包含固定资本的 MF 模型放松了均衡假设，从非均衡角度建立了分析平

① Kliman, Andrew, "A Value – theoretic Critique of the Okishio Theorem," in Freeman, Alan and Guglielmo Carchedi, eds., *Marx and Non – equilibrium Economics* (UK: Edward Elgar, 1996): 206 – 224.

均利润率的一般框架。根据此模型，利润率的下降可能由产品实现率下降、实际工资上升所导致，同时技术进步也有可能导致利润率下降。具体而言，在真实竞争的压力下，当技术选择标准为生产成本最低的准则时，技术进步导致的固定资本增加可以直接拉低利润率；此外技术进步带来的产量增长可能引起宏观层面的剩余价值实现困难，从而降低产品实现率，间接降低利润率；而且考虑到产品实现率的下降更有利于固定资本更高而生产成本更低的生产方法成为行业主导性生产方法，从而通过技术进步进一步降低产品实现率，可能导致利润率的连续下降。

附录一　利润率表示为产品实现率的函数

原有生产方法、表 4 的替代方法 1 和表 5 的替代方法 2 在现有价格体系下的利润率分别表示为产品实现率的函数：

$$r = 3.523 - \frac{43.75(0.561\phi + 0.318)\left[500000\phi - 4 \times (15625000000\phi^2 + 8785750000\phi - 26580671)^{0.5} + 272683\right]}{1080000\phi + 611333}$$

$$(1)$$

$$r = \frac{\phi y - (3.016x + 0.146y)}{(4.917x + 0.217y)} =$$
$$\frac{-4\left[(15625000000\phi^2 + 8785750000\phi - 26580671)^{0.5}(802 + 10000\phi) - 578377500\phi - 1250000000\phi^2 + 60563329\right]}{568715000\phi + 6071(15625000000\phi^2 + 8785750000\phi - 26580671)^{0.5} + 337616467}$$

$$(2)$$

$$r = \frac{\phi y - (3.083x + 0.153y)}{(5.583x + 0.283y)} =$$
$$\frac{-\left[(15625000000\phi^2 + 8785750000\phi - 26580671)^{0.5}(3129 + 40000\phi) - 2285545000\phi - 5000000000\phi^2 + 257878633\right]}{828785000\phi + 5429(15625000000\phi^2 + 8785750000\phi - 26580671)^{0.5} + 483169033}$$

$$(3)$$

新价格体系下替代方法 1 和替代方法 2 的利润率表达式为：

$$r = 8.433 -$$
$$\frac{43.75(1.298\phi_1 + 0.8908)\left[2500000\phi_1 - 8(97656250000\phi_1^2 + 91733250000\phi_1 + 17661106519)^{0.5} + 1926519\right]}{5400000\phi_1 + 3705349}$$

$$(4)$$

$$r =$$
$$\frac{43.75(1.644\phi_2 + 1.019)\left[1250000\phi_2 - 2 \times (390625000000\phi_2^2 + 398935750000\phi_2 + 115024477041)^{0.5} + 1042363\right]}{2700000\phi_2 + 1674323}$$
$$-10.244$$

$$(5)$$

附录二　偏导求解结果

假定产品实现率不变，对固定资本投入系数求偏导：

$$\frac{\partial b_1}{\partial \varphi_{22}} = -\frac{27690(487500\varphi_{22} + 133125\tau_2 - 2102641)}{(18147.6\tau_2 - 27690\varphi_{22} + 345743.7)^2} - \frac{487500}{(18147.6\tau_2 - 27690\varphi_{22} + 345743.7)} \tag{1}$$

假定产品实现率不变，对直接劳动系数求偏导：

$$\frac{\partial b_1}{\partial \tau_2} = \frac{90738(487500\varphi_{22} + 133125\tau_2 - 2102641)}{5(18147.6\tau_2 - 27690\varphi_{22} + 345743.7)^2} - \frac{133125}{(18147.6\tau_2 - 27690\varphi_{22} + 345743.7)} \tag{2}$$

假定工资不变，对固定资本投入系数求偏导：

$$\frac{\partial \phi}{\partial \varphi_{22}} = \frac{86528\varphi_{22} + 23628.8\tau_2 - 839295}{12800(43624\varphi_{22}^2 + 23628.8\varphi_{22}\tau_2 - 839295\varphi_{22} + 3226.24\tau_2^2 - 97561.5\tau_2 + 9170479)^{0.5}} + 0.0325 \tag{3}$$

假定工资不变，对直接劳动系数求偏导：

$$\frac{\partial \phi}{\partial \tau_2} = \frac{23628.8\varphi_{22} + 6452.48\tau_2 - 97561.5}{12800(43624\varphi_{22}^2 + 23628.8\varphi_{22}\tau_2 - 839295\varphi_{22} + 3226.24\tau_2^2 - 97561.5\tau_2 + 9170479)^{0.5}} + 0.008875 \tag{4}$$

假定直接劳动系数不变，对固定资本投入系数求偏导：

$$\frac{\partial \phi}{\partial \varphi_{22}} = 0.0325 - \frac{17721.6b_1 - 86528\varphi_{22} + 697522.176}{12800(1814.76b_1^2 - 17721.6b_1\varphi_{22} + 241580.85b_1 + 43264\varphi_{22}^2 - 697522.18\varphi_{22} + 7911470.9)^{0.5}} \tag{5}$$

假定直接劳动系数不变，对实际工资求偏导：

$$\frac{\partial \phi}{\partial b_1} = 0.00665625 + \frac{3629.52b_1 - 17721.6\varphi_{22} + 241580.8512}{12800(1814.76b_1^2 - 17721.6b_1\varphi_{22} + 241580.85b_1 + 43264\varphi_{22}^2 - 697522.18\varphi_{22} + 7911470.9)^{0.5}} \tag{6}$$

假定固定资本投入系数不变，对直接劳动系数求偏导：

$$\frac{\partial \phi}{\partial \tau_2} = \frac{6452.48\tau_2 + 28068.29b_1 - 206668.39}{12800(1814.76b_1^2 + 28068.29b_1\tau_2 + 155001.3b_1 + 3226.24\tau_2^2 - 206668.39\tau_2 + 8409748.79)^{0.5}} + 0.008875 \tag{7}$$

假定固定资本投入系数不变，对实际工资求偏导：

$$\frac{\partial \phi}{\partial b_1} = \frac{28068.29\tau_2 + 3629.52b_1 + 155001.3}{12800(1814.76b_1^2 + 28068.29b_1\tau_2 + 155001.3b_1 + 3226.24\tau_2^2 - 206668.39\tau_2 + 8409748.79)^{0.5}} + 0.00665625 \tag{8}$$

置盐定理反驳了利润率趋向
下降规律吗？[*]

——兼论二者的区别与联系

裴　宏　李帮喜^{**}

一　绪论

马克思认为，资本主义技术进步过程内生了资本有机构成提高的趋势，这一趋势将导致利润率在长期中呈现下降的趋势。但置盐信雄（1961 年）证明了，资本主义技术进步将导致平均利润率上升①——这一结论在今天被称为置盐定理。从置盐定理诞生以来，由于其与马克思的利润率趋向下降规律之间存在"矛盾"，围绕置盐定理的争议一直是学术界的研究热点。

我们认为对置盐定理的研究可以分成三大类别。（1）认为置盐定理原则上是"正确"的，并且认为它严格"证明"了马克思的利润率趋向下降规律具有"局限性"。当然，这一类研究在肯定置盐定理的正确性的同时，也承认置盐定理本身的结论仍然具有一定局限性，可以进

　本文曾发表于《政治经济学评论》2016 年第 2 期。

　裴宏，福州大学经济与管理学院副教授，主要研究方向为数理经济学、宏观经济学、经济思想史；李帮喜，清华大学社会科学学院副教授，主要研究方向为数理马克思经济学、政治经济学、线型经济理论。

① 置盐信雄：《技术变革与利润率》，骆桢、李怡乐译，孟捷校，《教学与研究》2010 年第 7 期，第 48 ~ 56 页。

行拓展性的批评。（2）认为置盐定理的前提不符合经济现实，因此其结论是"错误"的，其经济学意义不存在。同时，置盐定理对利润率趋向下降规律的理解有误，对利润率趋向下降规律的批评也不能成立。（3）认为置盐定理和马克思的利润率趋向下降规律并没有必然联系，二者的理论意义和研究对象不同，不能视为两种互斥理论。

虽然学术界已经对置盐定理和利润率趋向下降规律的关系进行了大量的研究，并获得了极有意义的成果，但这些研究仍然存在如下问题。

（1）缺乏对利润率趋向下降规律和置盐定理二者的完整描述及比较。绝大多数研究认为利润率趋向下降规律是针对利润率**本身**这一单一对象的"定理"。置盐定理在结论意义上"反驳"了这一定理，因此二者是互斥的。但事实上，利润率趋向下降规律是一套容纳了多个对象和命题的"逻辑体系"，以往的研究忽略了这一点。

（2）缺乏对置盐定理和利润率趋向下降规律拥有不同结论的根本原因的正面阐述。虽然大量研究充分展示了置盐定理的局限性，阐述了利润率趋向下降规律的理论目的和意义，并对二者进行了比较，但已有研究未论证，究竟是什么**因素**直接决定了二者的结论差异。

针对这些问题，本文将证明利润率趋向下降规律实质上是由针对不同研究对象的多个命题组合而成的"理论组合"。相反，置盐定理则仅仅是一个关于利润率**本身**的定理，而对利润率趋向下降规律中包含的其他研究对象没有讨论。同时，本文将阐述利润率趋向下降规律和置盐定理在前提上的根本差异。并且证明，如果修补了这样一个前提差异，置盐定理和利润率趋向下降规律能在相同的框架下获得相容的结论。甚至可以说，置盐定理实质上证明了利润率趋向下降规律中所预言的"反作用因素"。

二　置盐定理及对其的批评

（一）置盐定理：数学表述及经济解释

置盐定理认为：如果资本家采用成本下降型的技术进步，且技术变化前后实际工资率不变，那么技术进步不会引致平均利润率的下降；特别是在一些场合下，平均利润率反而会上升。[①]

一般来讲，置盐定理可以表示如下。假定技术进步前社会处于均衡状态，设 p^0 为生产价格向量，r^0 为平均利润率，A^0 为投入系数矩阵，b 为实物工资向量，L^0 为劳动投入向量，则经济系统表示为：

$$p^0 = (1 + r^0)p^0(A^0 + bL^0) \qquad (1)$$

现假设在基本品部门 i 引入了一个新技术，即 $A_i^0 + bL_i^0 \rightarrow A_i^1 + bL_i^1$，该技术进步满足用当前价格向量 p^0 衡量，第 i 部门的成本下降，即 $p^0(A_i^1 + bL_i^1) < p^0(A_i^0 + bL_i^0)$，从而 i 部门暂时获得超额利润。置盐定理保证了，若新技术引入后经济会达成新的一般均衡，即：

$$p^1 = (1 + r^1)p^1(A^1 + bL^1) \qquad (2)$$

则对于技术变化前后的平均利润率，必有 $r^1 > r^0$。

事实上，置盐定理本质上是 Perron – Frobenius 定理的一个直接应用，就数学而言是简单的。[②] 不过为了更好地展现其经济学意义，参照 Bidard 的研究[③]，在此给出一个不直接利用 Perron – Frobenius 定理的证明。

记 $M^j = A^j + bL^j$ （$j = 0$ 或 1），因为在里昂惕夫经济下，对于 M^j 总存在非负的左特征向量 p^j 和非负的右特征向量 x^j，有

$$p^j = (1 + r^j)p^j M^j$$
$$x^j = (1 + g^j)M^j x^j$$

且有 $r^j = g^j$。若第 i 部门引入新技术满足 $p^0(A_i^1 + bL_i^1) < p^0(A_i^0 +$

---

① 严格地说，置盐定理是说，如果发生技术进步的部门是非基本品部门，则新的平均利润率保持不变；如果是基本品部门，则平均利润率上升。

② 藤森赖明、李帮喜：《马克思经济学与数理分析》，社会科学文献出版社，2014，第 7 章。

③ Bidard, Christian, "The Falling Rate of Profit and Joint Production," *Cambridge Journal of Economics*, 12 (1988): 355 – 360.

bL_i^0），这意味着：

$$\lambda_i \equiv p^0 - (1 + r^0) p^0 (A_i^1 + bL_i^1) > 0$$

记 Λ 为 λ_i 构成的行向量，经济意义即为技术进步后各部门获得的超额利润。则有 $(1 + r^0) p^0 M^1 + \Lambda = p^0$。两边同乘以 x^1 可得 $(1 + r^0) p^0 M^1 x^1 + \Lambda x^1 = p^0 x^1$。同时注意到 $x^1 = (1 + r^1) M^1 x^1$，即有 $p^0 x^1 = (1 + r^1) p^0 M^1 x^1$。这蕴含着：

$$r^1 - r^0 = \frac{\Lambda x^1}{p^0 M^1 x^1} \tag{3}$$

由于 $x^1 \geq 0$，则可得 $r^1 \geq r^0$。置盐定理证毕。

可以看出，公式（3）意味着平均利润率的上升本质上来自技术进步引致的超额利润在所有部门中的平均分配——这一点尤其容易被主张平均利润率形成机制的马克思经济学家所认同。可见，置盐定理的数学原理和经济学解释意义都十分直接。从某种意义上讲，置盐定理论证了个别部门利润率变化最终在经济全局中表现出的"扩散"效应。当某一个部门由技术改进导致利润率上升（或下降）后，该变化最终会扩散到经济全局，造成全局性的利润率上升（或下降）。

（二）对置盐定理的批评和反思

由于置盐定理第一次用数学方法"证明"了利润率趋向下降规律不一定都成立，因此发表之后引起了巨大的争议。但由于置盐定理本质上是一个数学定理，要反驳置盐定理，只能去探讨置盐定理框架和数学前提的局限性。相关批评主要分为四个方面。

（1）认为置盐定理所采用的方法本身是错误的。置盐定理的证明环境本质上是所谓的"马克思 - 斯拉法"方法。在这一方法下，平均利润率本质上是（增广）投入矩阵的特征值，而没有任何劳动价值论的背景。

（2）认为置盐定理假设在技术变化前后实际工资率不变这一要求并不现实。

（3）认为置盐定理所假设的以"成本下降"为标准的技术进步路径具有极大的局限性。

（4）认为置盐定理的证明没有包含固定资本、联合生产和非产出投入（Non - produced Inputs）等扩展问题。

这些批评性研究从不同的角度放宽了置盐定理的模型前提，反驳了置盐定理的一般性，甚至在一些模型设定下重新得出了利润率趋于下降的结论，无疑具有十分重要的理论意义。但是，尽管这些研究强烈地暗示置盐定理可能和利润率趋向下降规律并无直接关联，但它们尚未正面研究置盐定理和利润率趋向下降规律在多大程度上是相容的，以及二者在结论上相互偏离的本质原因是什么。

三　利润率趋向下降规律：马克思的三个相关命题的综合

在一般的学术文献意义上，马克思的利润率趋向下降规律的含义是：在资本主义的发展过程中，技术进步造成资本有机构成的上升，从而最终造成利润率趋向下降的趋势——或者更准确地说，会造成一个实际"观测"意义上的利润率趋向下降趋势。但本文认为，马克思的利润率趋向下降规律实际上是由三个相对独立但又逻辑递进的命题共同构成的，它们分别是：（1）技术进步造成有机构成上升；（2）技术进步对剩余价值率和有机构成均有影响，这两方面会对利润率变动产生相反的影响；（3）在大历史尺度下，存在可观测的利润率趋向下降趋势。为了表述方便，下文把这三个命题分别称为利润率趋向下降规律第一、第二、第三命题。

首先，关于第一命题，即有机构成上升问题，马克思认为，在资本主义技术进步过程中，由于技术构成的上升，资本有机构成具有上升的规律。在《资本论》第三卷中他说道："随着资本主义生产方式的发展，可变资本同不变资本相比……会相对减少，这是资本主义生产方式的规律。"① 同时，他以一种不证自明的方式肯定地说道："……本章开头假定的序列，表示了资本主义生产的**实际**趋势。"② 此外，他说："可变资本的相对减少和不变资本的相对增加（尽管这两个部分都已经绝对增加）……只是劳动生产率提高的另一种表现。"③ 可以说，在第一命题的层次上，马克思并不涉及对利润率变化机制的阐述，利润率趋向下降规律只是一个阐述资本积累对资本构成所产生影响的一个理论。在逻辑上，一个资本有机构成上升的技术进步，是马克思讨论利润率趋向下降规律的逻辑前提。

其次，在有机构成上升这一前提下，马克思论证了，在剥削率保持不变的情况下，这种上升的有机构成会导致相同的剥削率表现为较低的利润率。④ 但是，他同样认为，技术进步在造成有机构成上升从而产生利润率趋向下降的效应的同时，也可能产生剥削率的上升从而产生利润率上升的效应，这二者的效应是相反的。对于这一点，马克思说明道："剩余价值率的提高是决定剩余价值量从而决定利润率的一个因素……这个因素不会取消一般规律……因为使剩余价值率提高……的同一些原因，趋向于使利润率降低，同时又使这种降低的运动延缓下来。"⑤ 在第二命题的层次上，马克思提出了技术进步对利润率的影响机制。但在这一命题上，马克思并不对利润率总的变化趋势进行判断。

最后，马克思认为，虽然技术进步可能引致上述所说的对利润率变化的两个相反的效应，但这两个相反效应所产生的最终的趋势性结果仍

① 卡尔·马克思：《资本论》第三卷，人民出版社，1975，第236页。
② 卡尔·马克思：《资本论》第三卷，人民出版社，1975，第237页。
③ 卡尔·马克思：《资本论》第三卷，人民出版社，1975，第240页。
④ 卡尔·马克思：《资本论》第三卷，人民出版社，1975，第236页。
⑤ 卡尔·马克思：《资本论》第三卷，人民出版社，1975，第260~261页。

然是利润率的下降。他说："资本主义生产，随着可变资本同不变资本相比的日益相对减少，使总资本的有机构成不断提高，由此产生的直接结果是：在劳动剥削程度不变甚至提高时，剩余价值率会表现为一个不断下降的一般利润率……在资本主义生产方式的发展中，一般的平均的剩余价值率必然表现为不断下降的一般利润率……利润率必然不断下降"①，"除了个别情况……利润率会不管剩余价值率提高而下降"② 以及 "……随着剩余价值率的提高……利润率甚至可以提高。但是……实际上利润率从长远来说会下降"③。而且进一步的，这个利润率的下降还是以利润量的上升为伴随形式的。他明确指出："尽管利润率不断下降……它所生产的利润的绝对量，仍然**能够**增加……事情还不只是**能够**如此……撇开那些暂时的波动，事情也**必然**如此。"④ 可见，传统文献中所分析的利润率趋向下降规律实际上指的是第三命题。⑤

综上，马克思的利润率趋向下降规律其实是三个相对独立的理论的总和。总而言之，马克思的利润率趋向下降规律包含如下三个命题。

（1）技术进步将导致社会资本有机构成上升。

（2）技术进步将对利润率产生正反两方面的影响。

（3）在长期中，总体而言利润率将呈现下降的趋势。

事实上，通过考察利润率趋向下降规律的研究历史可以发现，各个

---

① 卡尔·马克思：《资本论》第三卷，人民出版社，1975，第237页。

② 卡尔·马克思：《资本论》第三卷，人民出版社，1975，第252页。

③ 卡尔·马克思：《资本论》第三卷，人民出版社，1975，第256页。

④ 卡尔·马克思：《资本论》第三卷，人民出版社，1975，第242~243页。

⑤ 谢富胜、汪家腾在字面意义上考究了马克思对利润率趋向下降规律的陈述，区分了 Heirich 主张的 "必然性" 判断和克里曼主张的 "趋势性" 判断。见谢富胜、汪家腾《马克思放弃利润率趋于下降理论了吗——MEGA² II 出版后引发的新争论》，《当代经济研究》2014 年第 8 期；Heinrich, M., "Crisis Theory, the Law of the Tendency of the Profit Rate of Fall, and Marx's Studies in the 1870s," *Monthly Review*, 4 (2013)。本文不在此意义上做讨论，因为就下文重点讨论的置盐定理本身的模型结构来说，两种观点没有实质上的差别。这也正是置盐定理模型的一个局限性。

学者正是围绕上述三个命题当中的某一个或多个（而非规律整体）进行"平行"的"批评"和"辩护"，而且不同命题的争论彼此之间往往是相对独立的。这些独立的争论共同构成了对利润率趋向下降规律的研究史。

四　置盐定理和第一、第二命题的关系及其数理证明

虽然迄今为止的学术文献一般认为置盐定理反驳了马克思的"整个"利润率趋向下降规律，但由于马克思的利润率趋向下降规律实质上是由三个独立的命题共同构成的。因此，置盐定理实际上只是在"字面意义"上反驳了利润率趋向下降规律的第三个命题，即技术进步将导致利润率可观测地下降。① 而对于第一和第二命题，由于置盐定理本质上采用的是马克思－斯拉法的投入产出框架，其利润率定义方式是斯拉法式的，这造成在置盐定理的环境下，"剩余价值率""有机构成"等概念在传统上缺乏定义，这使得置盐定理对利润率趋向下降规律中的第一及第二个命题均无法做出判断。

但是，如果在不违背置盐定理所采用的基本范式的前提下为"剩余价值率"和"有机构成"等概念补充一定的数学定义，则可以证明置盐定理原则上：（1）支持了第一命题和第二命题，即置盐定理的框架支持了"技术进步导致较高的资本有机构成"以及"技术进步存在正负两种利润率效应"的判断；（2）在狭义的技术进步概念下质疑了第三命题，即置盐定理认为技术进步的总效应是增加了（而不是降低了）平均利润率。但在一般的技术进步概念下无法对第三命题做出判断。下文将来展现这一证明。

---

① 此处"字面"的意义是，如果严格考究，即使在第三命题上，置盐定理和利润率趋向下降规律也不是互斥的。后文将详细阐述这一点。

（一）"马克思－置盐型"技术进步

在置盐定理中，技术进步采用的是"成本准则"，即资本家仅仅以成本为标准选择技术。[1]

但是，相对于置盐定理中的观点，马克思对资本主义技术进步的理解更具有历史感。马克思在承认利润率标准的同时，认为，从大历史尺度看，资本主义的技术进步还意味着机器（或者说生产资料）对劳动力的替代。无论单个资本家是"自愿加入"，还是被"裹挟"进技术更新的浪潮[2]，总体上看，用更多的机器来替代劳动是资本主义技术进步的历史趋势。因此，他认为，一个"典型的"资本主义技术进步同时还应当意味着用机器对劳动的相对替代，这种技术进步会导致资本技术构成的上升，并最终导致资本有机构成的上升。在以往的文献中，这一替代被表达为所谓的"CU－LS（Capital Using and Labour Saving）"[3]，本文称之为"CU－LS"条件。本文把同时满足这两点的技术进步称为"马克思－置盐型"技术进步。

正式地，第 i 部门在一个 $(A_i^0, L_i^0) \rightarrow (A_i^1, L_i^1)$ 的技术变化前后，如果以下两点同时成立，则该技术变化称为一个"马克思－置盐型"技术进步：

（1）$p^0 (A_i^1 + bL_i^1) < p^0 (A_i^0 + bL_i^0)$（超额利润率条件）

（2）$A_i^0 < A_i^1$，$L_i^0 > L_i^1$（"CU－LS"条件）

需要说明的是，严格地说，马克思并不主张超额利润率条件作为技术进步中的绝对前提。在对利润率趋向下降规律的讨论中，马克思用算例和文字详细说明了利润率的下降和利润量的上升之间的矛盾，并主张

---

[1] 当然，可以证明，以当前价格核算，成本节约型的技术进步必然会带来采用新技术的部门的利润率的上升。

[2] Nakatani, Takeshi, "On the Definition of Values the Rates of Profit: Simultaneous or Temporal," *Kobe University Review*, 51 (2005).

[3] Roemer, John E., "The Effect of Technological Change on the Real Wage and Marx's Falling Rate of Profit," *Australian Economic Papers*, 17 (1978): 152–166.

资本主义进程将接受那些利润总量上升的技术变迁，尽管它可能造成利润率的下降。事实上，正如稍后将讨论的，正是这个条件差异决定了置盐定理和利润率趋向下降规律在第三命题上判断的差异。

（二）置盐定理支持第一、第二命题的证明

如前所述，置盐定理证明的是，当实物工资率不变时，能获得超额利润的技术进步将导致平均利润率的上升。但是为了完整地比较马克思的利润率趋向下降规律和置盐定理，我们用置盐定理研究一个"马克思－置盐型"的技术进步。那么，直觉上我们知道，在实物工资率不变的情况下，一个"马克思－置盐型"技术进步会对利润率产生双重影响：①剩余价值率的上升和②资本有机构成的上升。这两种效应会分别造成利润率的上升和下降。这是因为，首先，技术进步意味着某生产部门成本的下降，在工资不变的前提下，更高的利润意味着剩余价值率上升，从而导致利润率的上升；其次，若技术进步是"CU－LS"的，则意味着技术构成的上升，在相同的剩余价值率的前提下，这会导致利润率的下降。利润率最终的可观测效应是上升还是下降取决于这两种效应的相对大小关系。

事实上，置盐定理实际上正是对技术进步的两种效应的总效应的刻画。下文正式地说明这一点。

注意到公式（1）意味着：

$$r^0 = \frac{p^0 x^1 - p^0 (A^0 + bL^0) x^1}{p^0 (A^0 + bL^0) x^1}$$

同时考虑 $p^0 x^1 = (1 + r^1) p^0 (A^1 + bL^1) x^1$，所以有：

$$r^1 - r^0 = \frac{p^0 x^1 - p^0 (A^1 + bL^1) x^1}{p^0 (A^1 + bL^1) x^1} - \frac{p^0 x^1 - p^0 (A^0 + bL^0) x^1}{p^0 (A^0 + bL^0) x^1} \tag{4}$$

记 $e^0 = \frac{p^0 x^1 - p^0 (A^0 + bL^0) x^1}{p^0 bL^0 x^1}$，即技术变化前的"利润－工资比"，用

来表示技术变化前的剥削率；$e^1 = \dfrac{p^0 x^1 - p^0 (A^1 + bL^1) x^1}{p^0 bL^1 x^1}$，即技术变化后的"利润 – 工资比"，用来表示技术变化后的剥削率。[①] 公式（4）可以进一步整理为

$$r^1 - r^0 = \underbrace{\frac{e^0}{\frac{p^0 A^1 x^1}{p^0 bL^1 x^1} + 1} - \frac{e^0}{\frac{p^0 A^0 x^1}{p^0 bL^0 x^1} + 1}}_{\text{OE}} + \underbrace{(e^1 - e^0)\frac{p^0 bL^1 x^1}{p^0 (A^1 + bL^1) x^1}}_{\text{SE}} \qquad (5)$$

因此，利润率的变化量可以分解成两方面的效应：上式中"OE"部分反映了在相同的剥削率水平下，资本有机构成变化所导致的利润率的变化量，即"有机构成效应（O. E.）"；"SE"部分反映了在相同有机构成水平下，剥削率本身发生变化所导致的利润率的变化量，即"剩余价值率效应（S. E.）"。

注意到，公式（5）中对"资本有机构成"的数学定义是 $\dfrac{p^0 A^i x^1}{p^0 bL^i x^1}$（$i = 0$ 或 1）。它由 p^0 和 x^1 所指定。在这个定义下，"CU – LS"条件，即上升的资本技术构成必然意味着一个上升的资本有机构成。因此，置盐定理支持了马克思的第一个命题。[②]

定理 1：在置盐定理的框架下，利润率趋向下降规律的第一命题成立。

同时，一个"马克思 – 置盐型"技术进步意味着：$A_i^0 < A_i^1$，$L_i^0 > L_i^1$（"CU – LS"条件）以及 $p^0 (A_i^1 + bL_i^1) < p^0 (A_i^0 + bL_i^0)$（超额利润条

[①] 从思想史意义上说，置盐定理所使用的斯拉法框架是没有"剥削率"这一概念的。此处的剥削率定义主要是一个数学表达。同时，如 Roemer 所言，在此框架下，剥削率 e 本身是产出向量 x 的函数。见 Roemer, John E., "The Effect of Technological Change on the Real Wage and Marx's Falling Rate of Profit," *Australian Economic Papers*, 17 (1978)：152 – 166。因此严格地说，此处定义的剥削率是当产出处于新技术条件下均衡增长路径下的剥削率。其经济学含义是以新技术（而非旧技术）条件下的经济结构为基准比较利润率的变化机制。

[②] 与剥削率情况相似，在作为置盐定理基础的斯拉法框架中原则上无法定义传统意义上的"资本有机构成"。因为在斯拉法框架下，资本价值构成的数值依赖于 p 和 x 的选择。这一选择，特别是 x 的选择超出了置盐定理本身所讨论的范围。

件）。容易证明，这些条件共同保证了 $e^1 > e^0$，以及 $\dfrac{p^0 A^1 x^1}{p^0 b L^1 x^1} > \dfrac{p^0 A^0 x^1}{p^0 b L^0 x^1}$。

这意味着，在公式（5）中，OE 部分始终为负值，即"马克思－置盐型"技术进步必然有有机构成上升所引致的相同剥削率下利润率趋向下降效应；SE 部分为正，即相同有机构成条件下由剥削率上升所引致的利润率上升效应。这些均正如马克思的利润率趋向下降规律的第二命题所主张的那样。

定理 2：在置盐定理的框架下，利润率趋向下降规律的第二命题成立。

（三）一个数值例子

我们以两大部类为例，设实物工资向量为 $b^{\mathrm{T}} = (0, 1)$，假设技术变化之前，直接劳动投入向量为 $L^0 = (0.6, 0.2)$，投入系数矩阵为：

$$A^0 = \begin{pmatrix} 0.3 & 0.2 \\ 0 & 0 \end{pmatrix}$$

现假设第 1 部类发生技术变革，变革之后直接劳动投入向量变为 $L^1 = (0.1, 0.2)$，此时的投入系数矩阵为：

$$A^1 = \begin{pmatrix} 0.5 & 0.2 \\ 0 & 0 \end{pmatrix}$$

显然，这是一个"马克思－置盐型"技术进步。由计算可知，$r^0 = 0.67$，$r^1 = 0.8$。如置盐定理所保证的，技术改进造成利润率的提高。而此时可知 $p^0 = h_0 (1, 0.5)$（h_0 为任意非零常数），$x^1 = c_1 (1, 0.28)^{\mathrm{T}}$（$c_1$ 为任意非零常数），$e^0 = 1.39$，$e^1 = 6.48$。经检验，公式（5）成立，且"OE"值为 -0.50，即是说在相同的剥削率水平下，有机构成上升效应导致利润率下降 0.50；"SE"值为 $+0.63$，说明在相同有机构成情况下，剥削率上升导致利润率上升 0.63；其利润率变化的总效应为 $+0.13$，正如 $r^1 - r^0 = 0.13$ 所主张的一样。在一定意义上讲，置盐定理和马克思的利润率趋向下降规律并不矛盾，它本质上只是揭示了某种类型的技术进步有可能由于造成剩余价值率的上升这一"反作用因素"而遮蔽了资本有机构成上升所起到的作用。

五 置盐定理与第三命题的关系

上文证明了置盐定理在前两个命题上支持了利润率趋向下降规律中的观点，但是，置盐定理进一步认为如果经济体系满足其假设条件，那么技术进步总体上将导致利润率的上升——造成这个结果的原因是剩余价值率的上升效应掩盖了有机构成上升的效应。这和利润率趋向下降规律的第三命题结论在"字面意义"上是相反的。那么，能否说置盐定理证明了第三命题是错误的呢？

（一）对置盐定理的传统批评的局限性

由于置盐定理本质上是 Perron - Frobenius 定理，其结果在数学层面上是稳健的。因此，人们从置盐定理的四个经济前提入手对其进行反思。如前所述，它们是：

（1）认为置盐定理所采用的方法本身是错误的；

（2）认为置盐定理假设在技术变化前后实际工资率不变这一要求并不现实；

（3）认为置盐定理的证明没有包含固定资本、联合生产和非产出投入的问题；

（4）认为置盐定理所假设的以"成本下降"为标准的技术进步具有极大的局限性。

虽然围绕上述四个方面对置盐定理的有效性进行批评的研究具有非常重大的理论意义，但从考察置盐定理和利润率趋向下降规律关系的角度出发，上述角度中的第一、第二和第三角度的考察都只是间接的。

（1）就第一角度而言，因为一个理论正确与否不能单纯通过其与替代性理论的比较本身得到，不能单纯因为置盐定理所采用的是斯拉法框架而非劳动价值论框架就对其结论的正确性做出判断。（2）马克思本人在讨论利润率趋向下降规律时，虽然认可"并不是说利润率不能由于别的原因而暂时下降"①，但是在阐述利润率趋向下降规律时，马克思主要强调的仍然是资本积累导致的资本有机构成上升对利润率产生的**直接影响**，而非资本积累过程导致的劳动力市场变化引致的实际工资率变化，进而对利润率产生的**派生影响**。因此，从实际工资率角度比较马克思和置盐定理是一种间接的佐证。（3）同实际工资率一样，固定资本、联合生产和非产出投入问题也不是马克思本人阐述利润率趋向下降规律的核心机制，因此基于这些因素对置盐定理的批评也只能是间接的。

（4）事实上，经过对置盐定理和马克思相关论述的仔细比较可以发现，上述的第四点，正是马克思和置盐定理在第三命题上获得不同结论的核心机制。下文将证明，若将置盐的成本标准替换成马克思的标准，置盐定理的框架将和马克思的第三命题相容。

（二）置盐定理与马克思的核心差异：技术选择标准的不同

我们注意到，在《资本论》讨论利润率趋向下降规律的"规律本身"一章，所有的论述和算例都展示了这样一个思想：利润率趋向下降规律是在利润量上升的背景下表现出来的。具体而言，就是在单位资本上所表现的利润率趋向下降和资本总量的更快速积累之间的矛盾上表现出来的。也就是说，马克思认为，随着资本积累的不断发展，资本家的技术进步过程虽然造成在单位资本上的利润率趋向下降，但资本积累造成更大规模的利润量的上升。因此，马克思主张的利润率趋向下降规律和资本积累过程分不开的。例如，马克思在《资本论》第三卷第241页的算例中把利润率趋向下降规律展现为一个 $20c$

---

① 卡尔·马克思：《资本论》第三卷，人民出版社，1975，第237页。

$+80v+40m=140$ 的技术进步为一个 $80c+20v+20m=120$ 的技术的过程。在这个过程中，虽然剩余价值率上升了，但单位资本（本例中为 100 单位资本）的利润量进而利润率都下降了。但是，这个技术进步仍然发生了，这是因为这种技术进步"决不排斥……社会资本所推动和所剥削的劳动的绝对量在增大，因而社会资本所占有的剩余劳动的绝对量也在增大"①。"尽管利润率不断下降，资本所使用的工人人数……从而它所生产的利润的绝对量，仍然能够增加。"② 另外，在第 246～247 页中他详细地阐述了利润率趋向下降规律如何表现在单位资本上，同时又由于资本总量的增长而引起较高的利润总量。最后他总结道："单个商品的利润量和商品总额的利润率下降，而商品总额的利润量却增加，……社会总资本或单个资本家所生产的已经增加了的商品总量的利润量则增加。"③

可见，马克思的利润率趋向下降规律的核心思想是，在资本积累的过程中，一方面资本积累引致的技术进步造成单位资本利润率的下降，另一方面资本积累本身造成资本总量的上升。显然，这样一个技术进步过程和置盐定理所假设的条件完全不同。置盐定理假设，资本家选择技术进步的标准是成本下降，可以证明，这一标准等价于单位资本的利润率上升。但是，马克思对技术进步的理解并不是如此，他的利润标准强调的是利润总量的而非利润率的。在引用的上文中，资本家会接受一个利润率较低，但资本积累造成更大利润量的技术进步。而且，这一技术进步被更有历史感地理解为一个资本积累的宏观的历史产物，而非如置盐定理所描述的那样是一个基于个别资本家的短期的技术比较和选择。

---

① 卡尔·马克思：《资本论》第三卷，人民出版社，1975，第 241 页。
② 卡尔·马克思：《资本论》第三卷，人民出版社，1975，第 242～243 页。
③ 卡尔·马克思：《资本论》第三卷，人民出版社，1975，第 256 页。

事实上，置盐定理所假设的成本标准是否合理，学术界历来有争议。[1] Bidard[2]、Dietzenbacher[3] 在置盐定理的基础上分别用不同方法证明了，当且仅当技术选择是成本下降的，一般利润率会上升（或不变）；如果技术选择造成成本上升，那么一般利润率会下降（或不变）。因此，正是对技术选择的认识差异从根本上决定了置盐和马克思看待利润率趋势上的差异。

按照马克思所给出的算例，一个技术进步将导致利润率的下降，在置盐的框架下这意味着引入技术进步的第 i 部门[4]有：

$$\lambda_i = p^0 - (1 + r^0) p^0 (A_i^1 + bL_i^1) < 0$$

这意味着

$$r^1 - r^0 = \frac{\Lambda x^1}{p^0 M^1 x^1} \leqslant 0 \tag{6}$$

但是，马克思认为，只要这一种技术进步会由于（资本积累所引致的）扩大产量而带来更多的利润总量，那么这种技术进步就是满足资本积累的历史趋势的。用置盐的框架表达即只要

$$r^1 p^1 (A_i^1 + bL_i^1) x_i^1 - r^0 p^0 (A_i^0 + bL_i^0) x_i^0 > 0 \tag{7}$$

成立，上述成本上升的技术进步仍然是可能的。事实上，甚至可以说，至少从马克思所给出的实际算例来看，他认为的技术进步过程恰恰就是

---

① Dietzenbacher, E., "The Implications of Technical Change in a Marxian Framework," *Journal of Economics*, 50 (1989): 35 – 46.

② Bidard, Christian, "The Falling Rate of Profit and Joint Production," *Cambridge Journal of Economics*, 12 (1988): 355 – 360.

③ Dietzenbacher, E., "The Implications of Technical Change in a Marxian Framework," *Journal of Economics*, 50 (1989): 35 – 46.

④ 如后文将阐述的，由于马克思对技术进步的理解十分广泛以及置盐定理框架本身的局限性，考虑到二者内涵上的差异，严格意义上讲，马克思给出的算例和置盐定理的框架不存在完全对应的数学关系。此处取马克思算例中表现的利润率趋向下降的思想。当然，在《资本论》第 241 页处算例中，若假设马克思采用了按当前价值计算（即单位商品价值不变）利润率的方法，则马克思的算例严格等价于一个成本上升型的技术进步。

这种类型，而非置盐定理所认为的成本下降型。

例如，依然如在上一节的算例中所设，实物工资向量为 $b^T = (0, 1)$，技术变化之前直接劳动投入向量为 $L^0 = (0.6, 0.2)$，投入系数矩阵为：

$$A^0 = \begin{pmatrix} 0.3 & 0.2 \\ 0 & 0 \end{pmatrix}$$

与上节假设不同，现假设第 1 部类发生技术变革之后直接劳动投入向量变为 $L^1 = (0.1, 0.2)$，投入系数矩阵变为：

$$A^1 = \begin{pmatrix} 0.7 & 0.2 \\ 0 & 0 \end{pmatrix}$$

这个技术进步仍然是一个 "CU – LS" 型的，即资本技术构成上升型的技术进步。但同时，这种技术进步造成第 1 部类单位产品的成本上升，不满足置盐定理的要求。经过计算可得，$r^0 = 0.67$，$r^1 = 0.36$，正如 Dietzenbacher 所论证的①，这种技术改进最终造成一般利润率的下降。

同时，进一步计算可得 $p^0 = h_0 (1, 0.5)$（h_0 为非零常数），$x^0 = s_0 (1, 1.5)^T$（s_0 为任意非零常数），$p^1 = h_1 (1, 0.37)$（h_1 为任意非零常数），$x^1 = s_1 (1, 0.19)^T$（s_1 为任意非零常数）。此时，只需选择适当的 h_0，h_1，s_0，s_1 使得

$$r^1 p^1 (A_2^1 + bL_2^1) x_2^1 - r^0 p^0 (A_2^0 + bL_2^0) x_2^0 > 0$$

成立，则这种技术进步在降低了平均利润率的同时，仍然为第二部门带来了超额的利润量。满足马克思所主张的技术进步条件。另外，经检验，在这个技术进步中，公式（5）仍然成立，且 "OE" 值为 – 0.55，"SE" 值为 + 0.24，总效应为 – 0.31。这说明技术进步虽然带来了剩余价值率的上升，但不足以抵消有机构成上升带来的下降效应，总的来说

---

① Dietzenbacher, E., "The Implications of Technical Change in a Marxian Framework," *Journal of Economics*, 1 (1989): 35 – 46.

利润率趋向下降了。

这个算例说明了，置盐定理对利润率趋向下降规律所形成的"挑战"本质上是来自对置盐定理对资本主义技术进步的狭义理解。置盐定理从根本上拒绝对资本积累这一动态过程的分析，而把某一类特定类型的技术选择（即单位商品的成本下降）作为资本主义技术进步的一般特征。[①] 由于其对资本主义技术进步的理解缺乏历史感，无法用于把握大历史尺度的资本主义运动规律。因此，置盐定理不能对马克思利润率趋向下降规律的第三命题造成实质性的评价。当我们用马克思的技术进步观点替换置盐的"成本标准"时，仍然能够在置盐定理的环境下得到马克思的第三命题。

六　马克思和置盐定理究竟分别说了什么？

上文证明了，选择不同的技术进步类型，会对利润率趋向下降规律的第三命题结论产生根本影响。如果技术进步路径是利润率标准或是规模报酬不变下的成本标准（如置盐定理的假定），那么新均衡下的一般利润率会上升；而如果技术进步被视作是资本积累的产物，以总利润为标准，甚至遵循其他更复杂的技术进步历史路径，就会引致利润率趋向下降与利润量上升并存的表现形式。

马克思本人对技术进步的标准有多种角度的考察。一方面，他说道："一种新的生产方法，不管它的生产效率有多高，或者它使剩余价值率提高多少，只要它会降低利润率，就没有一个资本家愿意采用。"[②] 另一方面，马克思所采用的算例说明了他同时认为资本家有可能会采用利润率较低但会扩大资本积累从而导致更大的利润总量的技术进步类

---

① 由于其规模报酬不变的模型特性，置盐定理认为技术进步等价于单位资本下成本下降的改进，而任何关于技术进步所引致的产出量 x 的讨论都不包含在置盐定理当中。这在数学上造成，上述算例中 x 的选择是完全独立并可以进行主观选择的。

② 卡尔·马克思：《资本论》第三卷，人民出版社，1975，第294页。

型。马克思甚至还指出出于竞争的压力，资本家会"被迫"采用资本有机构成较高的技术。[①] 因此，在马克思的分析中，资本主义技术进步不存在一个单纯的**具体**动机（例如利润率动机），而是一系列指向资本积累的复杂的历史进程。事实上，在资本主义发展实践中，资本家进行技术更新的动机确实十分复杂：有些是出于成本考虑，有些出于产品改良动机，有些可能出于控制劳动过程[②]，有些可能出于市场扩张和生产效率动机，有些则是被"裹挟"进了技术更新的浪潮。

可见，马克思的利润率趋向下降规律不在于论证每一种技术进步的**具体**形态都必然会导致利润率的下降，而在于声明，不断扩大的资本积累过程会通过提升有机构成的途径影响利润率（当然，在《资本论》第一卷他同时认为资本积累还会通过影响劳动力市场而影响利润率），并且主张在长期这个机制会表现出现实性。在这样的框架和目标下，这一理论允许某些具体的技术进步会导致利润率上升的"反例"，只要这些技术进步并非根本上否定资本积累过程。

相反，置盐定理证明且"仅"证明了在一定的前提下，技术进步带来的利润率变化存在从单个部门向所有部门扩散的效应。同时，以成本为标准的这一具体的技术进步形态会导致剩余价值效应大过有机构成效应从而导致平均利润率上升。在这个意义上说，置盐定理恰恰保证了马克思所主张的利润率上升反例的存在。

因此，站在利润率趋向下降规律的观点上看，与其说置盐定理由于其前提假设的局限性而是"错误"的，不如说置盐定理是一个"正确的特例"。因为置盐定理实质上揭示的是某一类型的技术进步由于提高了剩余价值，从而在观测意义上体现了上升的剩余价值率。这可以被蕴含在马克思所说的由于剩余价值率上升而导致利润率上升的"反例"当中。这种特例并没有从原则上反对利润率趋向下降规律的作用机制。

---

① 卡尔·马克思：《资本论》第三卷，人民出版社，1975，第 295 页。

② Shaikh, Anwar, "Political Economy and Capitalism: Notes on Dobb's Theory of Crisis," *Cambridge Journal of Economics*, 2（1978）: 233–251.

而相反的，我们也可以认识到，在马克思的利润率趋向下降规律中，技术进步只是一种作用途径，而在这种途径背后马克思真正要讨论的是整个资本主义的资本积累对利润率的影响机制。

我们的结论是，置盐定理和利润率趋向下降规律之间差异的直接来源在于对技术进步类型的不同设定，但其背后的根本原因在于二者的理论层次不同。置盐定理论证了满足一定特征的具体的技术进步所导致的利润率变化的**市场理论**，而马克思的利润率趋向下降规律则试图建立一个抽象的、超越具体技术进步形态，并以**资本积累**为核心的资本主义**历史理论**。

七　结论

马克思的利润率趋向下降规律由三个独立的命题递进而成：（1）资本技术构成趋于上升，并导致有机构成趋于上升；（2）技术进步对利润率存在双重效应，带来利润率上升的剥削率上升效应和带来利润率趋向下降的有机构成上升效应；（3）长期中的资本积累会导致利润率趋于下降，并以利润量的上升和利润率的下降这一对矛盾表现出来。置盐定理证明了，"成本下降型"的技术进步最终会导致社会平均利润率的上升。但是，本文证明了置盐定理和马克思的三个独立命题并不矛盾。首先，在置盐定理框架下可以证明，一个技术构成上升的技术进步会带来有机构成的上升。其次，置盐定理所要求的成本下降型技术进步同样存在对利润率的正反两方面效应，一方面来自剥削率的上升，另一方面来自有机构成的上升。最后，马克思和置盐定理观点相反之处仅在于对技术进步的总效应的判断：马克思认为技术进步对利润率的负面效应大于正面效应，从而利润率将下降；而置盐定理认为相反。但本文进一步证明了，这种观点的差异来自对技术进步的不同理解。置盐定理事实上只是讨论了某种"特定的"技术进步所引致的效应。在这种条件下，技术进步的总效应将是正的。但马克思认为技术进步不是表现为规模报酬不变情况下的利润率上升，而是表现为庞大的资本积累导致的利润总量的上升，这又同时表现为单位资本的利润率的下降（当然，在这个过程中存在由置盐定理所证明的某些特定的技术进步所表现出的"反例"）。因此，置盐定理和马克思的利润率趋向下降规律在经济原则上是相容的。当然，由于方法论等基本观点的差异，二者绝不能被看作相同的理论。

参考文献

[1] 保罗·考克肖特：《为马克思利润率趋向下降理论辩护》，《当代经济研究》2013 年第 8 期。

[2] 李亚伟：《利润率趋向下降规律和马克思主义国民经济核算》，2014 年中国政治经济学年会论文集。

[3] 骆桢：《对"置盐定理"的批判性考察：兼论技术创新导致一般利润率趋向下降的机制及其内在约束》，《经济学动态》2010 年第 6 期。

[4] 卡尔·马克思：《资本论》第三卷，人民出版社，1975。

[5] 孟捷、李亚伟：《韦斯科普夫对利润率动态的研究及其局限》，《当代经济研究》2014 年第 1 期。

[6] 彭必源：《评西方学者对马克思利润率趋向下降趋势理论的分析》，《当代经济研究》2011 年第 3 期。

[7] 彭必源：《用马克思理论分析置盐定理》，《湖北工程学院学报》2012 年第 6 期。

[8] 藤森赖明、李帮喜：《马克思经济学与数理分析》，社会科学文献出版社，2014。

[9] 谢富胜、汪家腾：《马克思放弃利润率趋于下降理论了吗——MEGA^2 II 出版后引发的新争论》，《当代经济研究》2014 年第 8 期。

[10] 沙洛姆·格罗、泽夫·B. 奥泽齐：《马克思利润率趋向下降理论中的技术进步和价值：一个注解》，《政治经济学评论》2012 年第 3 卷第 4 期。

[11] 置盐信雄：《技术变革与利润率》，《教学与研究》2010 年第 7 期，第 48~56 页。

[12] Bidard, Christian, "The Falling Rate of Profit and Joint Production," *Cambridge Journal of Economics*, 12 (1988): 355 – 360.

[13] Dietzenbacher, E., "The Implications of Technical Change in a Marxian

Framework," *Journal of Economics*, 1 (1989): 35 – 46.

[14] Heinrich, M., "Crisis Theory, the Law of the Tendency of the Profit Rate of Fall, and Marx's Studies in the 1870s," *Monthly Review*, 4 (2013).

[15] Nakatani, Takeshi, "On the Definition of Values the Rates of Profit: Simultaneous or Temporal," *Kobe University Review*, 51 (2005).

[16] Okishio, Nobuo, "Competition and Production Prices," *Cambridge Journal of Economics*, 25 (2000): 493 – 501.

[17] Roemer, John E., "The Effect of Technological Change on the Real Wage and Marx's Falling Rate of Profit," *Australian Economic Papers*, 17 (1978): 152 – 166.

[18] Roemer, John E., "Continuing Controversy on the Falling Rate of Profit: Fixed Capital and Other Issues," *Cambridge Journal of Economics*, 3 (1979): 379 – 398.

[19] Salvadori, Neri, "Falling Rate of Profit with a Constant Real Wage. An Example," *Cambridge Journal of Economics*, 5 (1981): 1, 59 – 66.

[20] Shaikh, Anwar, "Political Economy and Capitalism: Notes on Dobb's Theory of Crisis," *Cambridge Journal of Economics*, 2 (1978): 233 – 251.

对"置盐定理"的批判性考察[*]

——兼论技术创新导致一般利润率下降的机制及其内在约束

骆 桢^{**}

摘要："置盐定理"及其所引发的争论至今已积累了大量的文献，但国内鲜有研究。本文回顾了相关争论的主要文献，澄清了"置盐定理"与马克思原有论述的本质区别，并指出了"置盐定理"对马克思的误读。由此构造了一个符合"置盐定理"思想却导致一般利润率下降得以实现的"反例"，以表明置盐对资本主义竞争认识的局限性。同时，根据"置盐定理"的启发，本文在马克思原有体系下推导出了技术创新导致一般利润率下降的内在约束，从而在马克思各个理论之间的逻辑自洽性问题上做了一个补充。

关键词：技术创新 利润率 反例 内在约束

马克思的一般利润率下降理论向来是其整个理论体系中受争议较多的部分，早期的争论主要集中在对利润率长期趋势的判定在逻辑上是否

---

* 本文曾发表于《经济学动态》2010 年第 6 期。在此感谢孟捷教授在本文写作过程中的悉心指导，和沈民鸣老师对本文初稿提出的修改意见。

** 骆桢，四川大学经济学院副教授，主要研究方向为马克思经济学、经济增长与波动、非线性内生波动模型。

成立，即马克思的推理中有机构成提高和剩余价值率的关系问题[①]，以及利润率下降是否会导致资本主义危机或者"崩溃"[②]。此外，还有基于经验数据的研究。这些理论争论基本上是基于马克思本身的框架和劳动价值论的，与其说是对马克思利润率下降理论的诘难，不如说是对其的发展。

经过一段时间的沉寂，相关理论讨论在战后重新兴起，除了和以前类似的讨论之外[③]，越来越多的学者将斯拉法的价格体系直接作为马克思的"生产价格体系"对马克思在劳动价值论下得出的各种结论进行检验[④]，还有学者利用新古典生产函数边际产出递减的性质为一般利润率下降辩护[⑤]。而柴田敬早在二战之前就提出一系列数值例子对相关问题进行了讨论[⑥]，但并没有引起足够的关注。直至置盐信雄给出了所谓资本主义竞争条件下技术变革导致平均利润率上升的一般性证明[⑦]，这个结论被称为"置盐定理"。此后，相关的论战便更多地围绕"置盐定理"展开。这场争论至今已经积累了大量的文献，但是国内鲜见此类问题的研究[⑧]，下文将首先对主要文献做简要回顾。

[①] Von Bortkiewicz, L., "Value and Price in the Marxian System," Translated from German by Kahane, J., *International Economic Papers*, 2 (1952): 36 - 51; Schoer, K., "Natalie Moszkowska and the Falling Rate of Profit," *New Left Review*, 95 (1976): 92 - 96.

[②] Grossmann, H., *Law of the Accumulation and Breakdown* (Unknown, 1929)；希法亭：《金融资本》，福民等译，商务印书馆，1994；卢森堡：《资本积累理论》，三联书店，1959。

[③] 斯威齐：《资本主义发展论》中译本，商务印书馆，1997，第119-126页。

[④] Samuelson, P. A., "Wages and Interest: A Modern Dissection of Marxian Economic Models," *American Economic Review*, 47 (1957): 884 - 912.

[⑤] Dickinson, H. D., "The Falling Rate of Profit in Marxian Economics," *Review of Economic Studies*, 24 (1957): 120 - 130.

[⑥] Shibata, K., "On the Law of Decline in the Rate of Profit," *Kyoto University Economic Review*, 9 (1934): 61 - 75.

[⑦] Okishio, N., "Technical Changes and the Rate of Profit," *Kobe University Economic Review*, 7 (1961): 85 - 99.

[⑧] 高峰教授曾在其《资本积累与现代资本主义》（南开大学出版社，1991，第278~284页）中对置盐定理进行了研究。

一 "置盐定理"及其相关争论

和同时代学者一样，置盐信雄将斯拉法的价格体系直接作为马克思的"生产价格体系"对马克思一般利润率下降理论进行了重新表述，并提出两点批判[①]。

首先，他认为即使长期而言技术变革会导致资本的有机构成提高，但资本家是否采用一项新技术并不是依据"劳动生产率准则"[②] 而是依据"成本准则"，即新技术条件下按原有价格计算单位商品成本降低，以保证采用新技术是有利可图的。"成本准则"可作如下表示，若技术变革发生在第 k 行业，则必须满足：

$$\sum a_{kj}q_j + \tau_k > \sum a_{kj}'q_j + \tau_k' \tag{1}$$

其中 a_{kj} 表示为生产 1 单位 k 商品所投入的 j 商品的数量，τ_k 表示第 k 行业生产所消耗的直接劳动量；$q_j = p_j/w$，p_j 和 w 分别表示第 j 种商品的价格和货币工资率；带上标的 a_{kj}' 和 τ_k' 表示新技术条件下相应的变量。

其次，置盐也否定了马克思基于劳动价值论的一般利润率计算公式，而是用斯拉法的价格体系确定一般利润率水平，如下：

$$\begin{cases} q_i = (1+r)(\sum a_{ij}q_j + \tau_i) & (i = 1, 2, \cdots, n) \\ 1 = \sum b_i q_i \end{cases} \tag{2}$$

其中 r 为一般利润率，$(b_1, b_2, \cdots, b_n)$ 表示劳动者付出 1 单位劳动所换得的一揽子消费品，称为实际工资率。于是我们可以将"置盐

---

① Okishio, N., "Technical Changes and the Rate of Profit," *Kobe University Economic Review*, 7 (1961): 85 – 99.
② 这里"劳动生产率准则"指的是新技术必须能够降低生产该商品所消耗的"直接"和"间接"的劳动量。置盐在其文章中认为在马克思理论中只有提高劳动生产率的技术创新才会被采纳，即"劳动生产率准则"，但是这和"成本准则"并不完全一致，因为消耗更多的劳动但是成本更低的新技术同样会被资本家采用。因此，置盐认为"成本准则"才是资本家是否采用新技术的唯一依据。

定理"的主要内容表述如下：

定理（置盐定理）　如果在第 k 行业（假设其为基本品行业），引入的新技术满足：

$$\sum a_{kj}q_j + \tau_k > \sum a_{kj}'q_j + \tau_k'$$

且实际工资率不变，则由公式（2）决定的一般利润率必然上升，即使有机构成是上升的。[①]

如果将"置盐定理"放到马克思的利润率公式 $m/(c+v)$ 中考察，就会进一步发现，置盐对马克思的批判并没有跳出传统的模式，即剩余价值率的变动幅度超过了有机构成，从而导致利润率的上升。不同的是，置盐证明了在其三个假设前提下，"剩余价值率"和"有机构成"的变动是相关联的，不是任意的，而且这种关联保证了"剩余价值率"变动幅度一定超过"有机构成"，从而保证了利润率不降反升。

"置盐定理"出现之后产生了很大的影响，批评也随之而来。谢克在纪念多布（Dobb）的文章中针对"置盐定理"提出了其模型中未包含"固定资本"。[②] 而谢克认为在马克思的论述中，随着技术变革，固定资本的使用量越来越大是有机构成提高的真正原因，而这也正是置盐的模型所没有的。谢克根据《资本论》第三卷考虑固定资本的利润率的计算公式，区分了"利润边际"（Profit – margin）和"利润率"（Profit – rate），前者的分母是"所费资本"，后者的分母则是"所占资本"。从而，谢克认为在资本主义竞争压力下，为了生存，资本家考虑

[①]　定理证明见数学附录一，该证明是置盐信雄 1961 年给出的原始证明。后来的学者虽然给出了各种简化证明，但并无本质区别。见 Bowles, S. , "Technical Change and the Profit Rate: A Simple Proof of the Okishio Theorem," *Cambridge Journal of Economics*, 5 (1981): 183 – 186。

[②]　Shaikh, A. , "Political Economy and Capitalism: Notes on Dobb's Theory of Crisis," *Cambridge Journal of Economics*, 2 (1978): 233 – 251.

得更多的是抢占市场份额，从而其引入新技术的决策所考虑的是利润边际。于是，当固定资本足够大时，即使技术变革使得利润边际，即"置盐定理"证明过程中的"利润率"上升，利润率也是可以下降的。

其次，谢克还提出资本家是否采取一项新技术，并不完全取决于成本上的考虑，新技术条件下资本家如何控制劳动过程也是决定性的因素。为了更好地控制劳动过程，资本家更愿意采取需要大量固定资本的自动化技术，从而实现"去技能化"来弱化工人在工资谈判中的地位以减轻工资上涨压力并提高效率。当然，增加的机器成本不能超过未采取该技术带来的潜在的成本增加。回到"置盐定理"，我们可以这样理解，"实际工资不变"得以实现，正是由于采用了"成本增加"的技术。也就是说，"置盐定理"的这两个假设是不相容的，一个的成立需要另一个不能成立，因此，其证明和结论也就不能成立。

作为对"固定资本问题"的回应，罗默给出了包含固定资本的"置盐定理"的一般性证明。[①] 他采用联合生产的冯诺依曼模型（Von Neumann Model）来讨论固定资本，但是谢克在固定资本上对"置盐定理"的质疑是和他对资本主义企业间竞争的理解联系在一起的，而罗默并没有考虑这一点。因此，很难说罗默的模型反驳了谢克的质疑。罗默的模型本质上并没有超越置盐定理，反而在对资本主义经济的理解上出现了倒退，对其结论的解释依赖于"理性人"等概念。罗默还认为由于其模型是用联合生产来表述"固定资本问题"，因此联合生产条件下的"置盐定理"也自动得以证明，但是这个观点遭到了批评[②]，争议的焦点就是"均衡利润率"的定义。后来的学者还给出了包含固定资

---

① Roemer, J. E., "Continuing Controversy on the Falling Rate of Profit: Fixed Capital and Other Issues," *Cambridge Journal of Economics*, 3 (1979): 379 – 398.

② 萨尔瓦多里主要是质疑罗默的均衡解的定义，通过联合生产等式模型的求解，萨尔瓦多里构造了一个满足置盐定理所有条件，但是利润率下降的反例。随后，彼达尔德给出了联合生产等式模型条件下"置盐定理"成立的具体条件。见 Salvadori, N., "Falling Rate of Profit with a Constant Real Wage: An Example," *Cambridge Journal of Economics*, 5 (1981): 59 – 66; Bidard, C., "The Falling Rate of Profit and Joint Production," *Cambridge Journal of Economics*, 12 (1988): 355 – 360.

本的置盐定理的简化证明①，以及"产品创新"的流动资本模型②，但是和罗默一样，他们对该问题的理解并没有超越置盐信雄。

进入 90 年代之后，"跨期单一系统"（TSS, Temporal Single - System）学派兴起，其代表人物克里曼针对"置盐定理"采用的价格体系提出了质疑③。他运用 TSS 学派独特的生产价格递归方程组，构造了一个技术变革导致利润率下降的"反例"，以挑战"置盐定理"。但是其模型不但未能获得马克思相关理论的支持④，而且本身的概念和逻辑也遭到了批评⑤。尽管如此，TSS 学派的模型却提出了一个很深刻的问题：均衡模型的实现机制是什么，为什么均衡的时候各期的价格一定是相等？如果这样的"均衡"没有具体机制的支持，那么均衡价格体系本身也就只能是个假设。

二 "置盐定理"批判以及技术创新导致利润率下降一个的"反例"

如前所述，"置盐定理"证明了在其三个假设下——实际工资不变、"成本准则"以及利润率由斯拉法价格体系决定——引起"有机构成"提高的新技术只可能导致一般利润率上升而非下降。由此，置盐认为，新技术导致一般利润率的下降只可能是由于"置盐定理"的三个假设条件被破坏，而不是因为有机构成提高，以此否定马克思一般利

① Alberro, J., and J. Persky, "The Simple Analytics of Falling Profit Rate, Okishio's Theorem and Fixed Capital," *Review of Radical Political Economics*, 11 (1979): 37 – 41.
② Nakatani, T. and T. Hagiwara, "Product Innovation and the Rate of Profit," *Kobe University Economic Review*, 43 (1997): 39 – 51.
③ Kliman, A. J., "The Okishio Theorem: An Obituary," *Review of Radical Political Economics*, 29 (1997): 42 – 50.
④ Nakatani, T., "On the Definition of Values and the Rates of Profit: Simultaneous or Temporal," *Kobe University Economic Review*, 51 (2005): 1 – 9.
⑤ Mongiovi, G., "Vulgar Economy in Marxian Grab: A Critique of Temporal Single System Marxism," *Review of Radical Political Economics*, 34 (2002): 393 – 416.

润率下降规律。置盐指出"置盐定理"的提出并不是为了否定现实技术变革中的利润率波动甚至是下降，而是认为技术变革导致利润率下降的原因并不是马克思所说的"有机构成提高"。因为在"置盐定理"的三个假设下，马克思的有机构成提高导致利润率下降的推导不能成立。同时，置盐认为除"实际工资不变"外，其他两个假设是对资本主义竞争经济的"客观"描述，于是只有"实际工资的提高"才是利润率下降的原因。由此，置盐提出马克思的一般利润率下降理论忽略了"阶级斗争"这一关键因素，这便是提出"置盐定理"的目的所在。

首先，事实上，"置盐定理"对马克思的这一批评本身就是对马克思的误读。马克思在其推理中采纳"剩余价值率"的概念而不是置盐的"实际工资不变"，本身就是对阶级斗争的考虑。"剩余价值率"是用来描述资本家对工人剥削程度的概念，数量上是工人与资本家收入份额之比。马克思在其分析一开始所采纳的数值例子中是假定剩余价值率不变，得出利润率随着有机构成提高而降低[1]，随后他即在论述反作用的各种因素中说明了"劳动剥削程度的提高"，即剩余价值率的提高带来的影响[2]。针对"置盐定理"中"实际工资不变"这一假定，马克思的理论持什么看法呢？高峰依据马克思原著中对劳动力价值的论述认为在马克思理论中实际工资是随生产力进步而长期提高的。[3] 那么是否像置盐认为的那样，正是"实际工资上涨"即剩余价值率的降低导致利润率下降呢？针对这种"工资挤轧利润"的观点，马克思认为，长期中如果"剩余资本暂时超过它所支配的工人人口"则一方面会"提高工资……由此使工人人口逐渐增加"，另一方面"会使创造相对剩余价值的方法得到采用，由此更迅速得多地创造出人为的相对过剩人口"[4]。可见，在马克思的理论框架中，实际工资的变动并不能影响利

---

① 马克思：《资本论》第 3 卷，人民出版社，2004，第 235~237 页。
② 马克思：《资本论》第 3 卷，人民出版社，2004，第 258~262 页。
③ 高峰：《资本积累理论与现代资本主义》，南开大学出版社，1991，第 27~272 页。
④ 高峰：《资本积累理论与现代资本主义》，南开大学出版社，1991，第 243 页。

润率变动的历史趋势。由此，"置盐定理"对马克思的批评显得有些
"无的放矢"。

其次，和置盐理解的不一样，马克思的利润率下降理论并不仅仅限
于《资本论》第三卷中利用总量公式的推理。有机构成提高导致利润
率下降，是技术创新的结果，而马克思有大量的论述分析资本家引入新
技术的动机及其带来的后果。比如在《资本论》第一卷中论述相对剩
余价值生产的时候，马克思就指出资本家是为了追求超额剩余价值才进
行提高劳动生产率的技术创新。当技术扩散之后，生产该产品的全社会
劳动生产率都会提高，这带来商品价值的下降、超额剩余价值的消
失。① 而在《资本论》第三卷中，马克思更是将这一观点明确提出，并
指出创新扩散之后，商品价格降低最终导致该部门利润率下降，从而带
动全社会利润率下降。② 可见，在马克思的理论中，资本家采用新技术
的目的是为了获取"超额利润"，而不仅仅是"降低成本"。

此外，利润率是一个和时间相关的概念，是一定时间内的利润率，
在"置盐定理"所采用的斯拉法体系的假设中，所有产品的周转周期
都为一年。而在马克思的理论中，周转的快慢直接影响年利润率的高
低。③ 周转时间分为生产时间和流通时间两部分，要缩短生产时间，就
必须提高劳动生产率。④ 从而"劳动生产率"的提高不像置盐所理解的
那样仅仅减少了单位商品所包含的直接和间接劳动的数量，还能提高周
转速度，创造出"超额利润"。但是流通时间受到市场需求的影响。在一
定的需求状况下，如果市场上有众多供给者相互竞争，导致单个厂商市
场份额缩小，则即使一年能够生产若干批次，但是由于市场容量有限，
资本的周转速度会降低，从而无法使生产时间的节约体现在周转速度上。

基于上述内容，我们可以构造一个"置盐定理"的"反例"：新技术

---

① 马克思：《资本论》第 1 卷，人民出版社，2004，第 366 ~ 373 页。
② 马克思：《资本论》第 3 卷，人民出版社，2004，第 294 页。
③ 马克思：《资本论》第 3 卷，人民出版社，2004，第 85 页。
④ 马克思：《资本论》第 3 卷，人民出版社，2004，第 83 ~ 84 页。

通过有机构成提高，提高劳动生产率，虽然单位商品成本增加，但是节省了生产时间。由于刚开始只有少数资本家采用该技术，他们可以采取比现行价格更低的价格抢占未采用新技术的厂商的市场，这样虽然单位商品利润率更低，但是周转速度更快，使得年利润率超过原有均衡水平，获得超额利润。但是技术扩散之后，由于资本家之间的竞争，需求有限，生产时间的节约无法体现，周转速度降低，均衡利润率下降到原有水平之下。

为了方便对比，我们利用置盐的模型形式构造模型，假定实际工资不变，并且技术变革前和技术扩散后周转都为一年一次，以便利用斯拉法的价格模型来确定均衡利润率。

在技术变革之前，旧的生产体系为：

$$\begin{cases} q_i = (1+r)(\sum a_{ij}q_j + \tau_i) & (i=1,2,\cdots,n) \\ 1 = \sum b_i q_i \end{cases}$$

均衡利润率为 r。假定在第 k 行业出现一种新技术，增加机器使用同时提高劳动生产率，节省生产时间。但是它不满足"成本准则"，即：

$$\sum a_{kj}q_j + \tau_k < \sum a'_{kj}q_j + \tau'_k$$

由于新技术扩散后仍然是一年周转一次，在新技术体系下均衡利润率由下式决定：

$$\begin{cases} q'_i = (1+r')(\sum a'_{ij}q'_j + \tau'_i) & (i=1,2,\cdots,n) \\ 1 = \sum b_i q'_i \end{cases}$$

均衡利润率为 r'，$r' < r$①。

采用新技术的厂商可以以低于现行价格的价格 $\tilde{q}_k$ 进行销售，以抢夺未采用新技术的厂商的市场，从而有 $\tilde{q}_k < q_k$。又因为单位成本提高，因此采纳新技术厂商的单位产品利润率 $\bar{r}$ 小于原有均衡水平，即：

---

① 这样的两个体系是可以构建出来的，因为不满足"成本准则"。

$$\tilde{r} = \tilde{q}_k - (\sum a'_{kj}q_j + \tau') < q_k - (\sum a_{kj}q_j + \tau_k) = r$$

但是，由于生产时间的节约，以及抢占市场后销售量扩大，生产时间的节约体现为周转速度的提高。假设一年可周转 γ 次，$\gamma > 1$，则新技术厂商年利润率为 $\gamma\tilde{r}$，$\gamma\tilde{r} > r$，从而获得"超额利润"。同时，未采纳新技术的厂商由于市场份额被抢占，利润率为 0。

于是，有以下关系：$\gamma\tilde{r} > r > r' > 0$。

假定如罗默所讲，资本家能预见到这一切，那么当这样一种新技术出现时，他们会怎么选择呢？假设只有 2 个资本家，可以得到如下简化的博弈。

资本家 2

资本家 1		采用	不采用
	采用	(r', r')	$(\gamma\tilde{r}, 0)$
	不采用	$(0, \gamma\tilde{r})$	(r, r)

根据关系式 $\gamma\tilde{r} > r > r' > 0$，易证纳什均衡是（采用，采用），最后得益为 (r', r')，从而利润率下降。

上面的"反例"和谢克的批评本质上是相同的，都是在不同条件下，资本家之间的"竞争"导致形成的不利于自身利益的"囚徒困境"。这也体现了"置盐定理"对"资本主义竞争"理解的肤浅。资本主义条件下的竞争，不仅会带来利润平均化以及成本的降低，还是资本主义内在矛盾展开的触发器和推动力，不仅会形成本文提到的"囚徒困境"，还推动着资本积累的不断进行，促使资本主义经济的种种矛盾和危机的形成。

三 一般利润率下降的内在约束：来自"置盐定理"的启发

前文已经指出"置盐定理"的实质是在其三个假设下，马克思理论中的剩余价值率和有机构成不是相互独立变动的，而是有一定关联的，从而有机构成的提高无法抵消剩余价值率的提高。

那么，在马克思的理论中，剩余价值率和有机构成是独立变动的吗？经典文献中并没有明确的答案，但是马克思理论本身蕴含着剩余价值率和有机构成之间的关联，而且这种关联是基于马克思的再生产图式。虽然马克思本人反复强调再生产图式中的平衡条件在资本主义经济中总是被破坏，但是这并不妨碍我们利用再生产图式及其平衡条件研究一个资本主义经济如果能正常运行会存在什么样的规律。

基本逻辑如下：如果总劳动量不变，有机构成提高要得以实现的话，生产生产资料的第一部类劳动量必须增加，同时第二部类劳动量减少。若要保持全社会总消费量不下降，第二部类的劳动生产率就必须提高，从而劳动力价值下降，剩余价值率提高。这样一来，有机构成提高要得以实现，就必然导致剩余价值率的提高，而这两者的关系如何？我们用简单再生产图式进行比较静态分析。

假定第二期已经通过资本积累完成有机构成提高，抽象掉中间扩大再生产的积累过程，只考虑两个时期的简单再生产，以考察两种技术条件下利润率的高低：

$$第\ t\ 期\quad \begin{matrix} c_1^t\ v_1^t\ m_1^t \\ c_2^t\ v_2^t\ m_2^t \end{matrix} \qquad 第\ t+1\ 期\quad \begin{matrix} c_1^{t+1}\ v_1^{t+1}\ m_1^{t+1} \\ c_2^{t+1}\ v_2^{t+1}\ m_2^{t+1} \end{matrix}$$

其中，下标 1、2 表示第一和第二部类，上标表示时期。

假设 1：技术变革前后两个时期都实现均衡。根据再生产平衡条件有：

$$v_1^t + m_1^t = c_2^t \tag{3}$$

$$v_1^{t+1} + m_1^{t+1} = c_2^{t+1} \tag{4}$$

假设 2：总劳动不变。即：

$$v_1^t + m_1^t + v_2^t + m_2^t = L_1^t + L_2^t = v_1^{t+1} + m_1^{t+1} + v_2^{t+1} + m_2^{t+1} = L_1^{t+1} + L_2^{t+1} = \bar{L} \tag{5}$$

假设 3：技术变革导致有机构成提高。但是本文的分析只需要考虑第二期不变资本增加的比例：

$$c_1^{t+1} = (1 + \alpha) c_1^t \tag{6}$$

$$c_2^{t+1} = (1 + \beta) c_2^t \tag{7}$$

假设 4：实际工资不变。设定此假设是为了突出"内在约束"的作用机制，在后面的分析中会放松这个假设。令第二部类劳动生产率为 e_2，即单位时间内生产 e_2 个单位的消费品，单位产品价值则为其倒数。由工人阶级两个时期实际工资不变，得以下关系：

$$(v_1^t + v_2^t) e_2^t = (v_1^{t+1} + v_2^{t+1}) e_2^{t+1} \tag{8}$$

即

$$\frac{v_1^{t+1} + v_2^{t+1}}{v_1^t + v_2^t} = \frac{e_2^t}{e_2^{t+1}} \tag{9}$$

假设 5：第二期消费资料总产量不下降。因为实际工资不变意味着，若消费资料产量下降，资本家消费品数量绝对下降。因为是"简单再生产"，资本家获取的剩余价值全部用于消费，数量绝对减少而且单位商品又因为劳动生产率提高价值降低，那么资本家的利润总额出现绝对下降，这既不符合逻辑也不符合历史。

令资本家消费品产量为 Q_2，其劳动生产率为 e_2，消费品产出增长率为 ρ，$\rho > 0$，于是有：

$$Q_2^{t+1} = L_2^{t+1} e_2^{t+1} = (1 + \rho) L_2^t e_2^t = (1 + \rho) Q_2^t \tag{10}$$

由公式（3）、公式（4）和公式（7）得：

$$v_1^{t+1} + m_1^{t+1} = (1 + \beta)(v_1^t + m_1^t) \tag{11}$$

即

$$L_1^{t+1} = (1 + \beta) L_1^t \tag{12}$$

这是由于采用新技术后，第二部类有机构成提高，需要第一部类增加劳动量来满足其对不变资本的需求。

又由公式（5）和公式（12）得：

$$L_2^{t+1} = L_1^t + L_2^t - L_1^{t+1} = L_1^t + L_2^t - (1+\beta)L_1^t = L_2^t - \beta L_1^t \quad (13)$$

由此可得：
$$\frac{L_2^{t+1}}{L_2^t} = 1 - \beta \frac{L_1^t}{L_2^t} \quad (14)$$

上式表示由于总劳动量不变，而第一部类增加劳动量后，第二部类劳动量减少。

由于假设第二部类生产的消费资料总量增长 ρ，则第二部类劳动生产率必然提高，令其劳动生产率增长 θ，$\theta > 0$。由公式（10）可得：

$$1 + \theta = \frac{e_2^{t+1}}{e_2^t} = (1+\rho)\frac{L_2^t}{L_2^{t+1}} = \frac{(1+\rho)L_2^t}{L_2^t - \beta L_1^t} \quad (15)$$

根据定义和公式（5）可得社会平均利润率为：

$$r^t = \frac{m_1^t + m_2^t}{c_1^t + v_1^t + c_2^t + v_2^t} = \frac{(L_1^t - v_1^t) + (L_2^t - v_2^t)}{c_1^t + v_1^t + c_2^t + v_2^t} = \frac{\bar{L} - v_1^t - v_2^t}{c_1^t + v_1^t + c_2^t + v_2^t} \quad (16)$$

同理
$$r^{t+1} = \frac{\bar{L} - v_1^{t+1} - v_2^{t+1}}{c_1^{t+1} + v_1^{t+1} + c_2^{t+1} + v_2^{t+1}} \quad (17)$$

为了方便后面不等式的证明，根据现实条件提出以下假设。

假设 6：$0 < r^t < 1$ 以及 $0 < r^{t+1} < 1$。

将公式（6）、公式（7）和公式（9）代入公式（17），有：

$$r^{t+1} = \frac{\bar{L} - (v_1^t + v_2^t)\frac{e_2^t}{e_2^{t+1}}}{(1+\alpha)c_1^t + (1+\beta)c_2^t + (v_1^t + v_2^t)\frac{e_2^t}{e_2^{t+1}}} \quad (18)$$

根据公式（15）有：

$$r^{t+1} = \frac{\bar{L} - (v_1^t + v_2^t)\frac{e_2^t}{e_2^{t+1}}}{(1+\alpha)c_1^t + (1+\beta)c_2^t + (v_1^t + v_2^t)\frac{e_2^t}{e_2^{t+1}}} = \frac{\bar{L} - (v_1^t + v_2^t)\frac{1}{1+\theta}}{(1+\alpha)c_1^t + (1+\beta)c_2^t + (v_1^t + v_2^t)\frac{1}{1+\theta}}$$

$$= \frac{\bar{L} - (v_1^t + v_2^t) + (v_1^t + v_2^t)\frac{\theta}{1+\theta}}{c_1^t + c_2^t + v_1^t + v_2^t + \alpha c_1^t + \beta c_2^t - (v_1^t + v_2^t)\frac{\theta}{1+\theta}} \quad (19)$$

141

根据公式（19）对比 r^{t+1} 和 r^t，两者的区别在于 r^{t+1} 比 r^t 在分子上多出了一个 $(v_1^t + v_2^t)\dfrac{\theta}{1+\theta}$，在分母上多出了一个 $\alpha c_1^t + \beta c_2^t - (v_1^t + v_2^t)\dfrac{\theta}{1+\theta}$，因此 r^{t+1} 到底是大于还是小于 r^t 就在于这两项的关系。这也就等价于比较 $2(v_1^t + v_2^t)\dfrac{\theta}{1+\theta}$ 和 $\alpha c_1^t + \beta c_2^t$。我们可得出以下命题。

命题 1：在上述所有假设条件下，若 $2(v_1^t + v_2^t)\dfrac{\theta}{1+\theta} > \alpha c_1^t + \beta c_2^t$，则 $r^{t+1} > r^t$。[①]

上述命题就是马克思理论体系内部所隐含的对利润率下降的限制。换句话说，在马克思自己的理论中，技术变革导致利润率下降并不是没有条件的，甚至在满足一定条件的时候还会导致利润率上升。

这个条件的经济意义很明显，$2(v_1^t + v_2^t)\dfrac{\theta}{1+\theta}$ 是有机构成提高导致第二部类劳动生产率提高带来剩余价值增加的部分，前面乘以 2 是因为它对利润率的分子和分母都有影响，而 $\alpha c_1^t + \beta c_2^t$ 则是有机构成提高带来的成本的增加。

而不那么明显的是，这两项的变动也不是独立的，它们之间也有着联系。根据公式（15）我们可得：

$$\frac{\theta}{1+\theta} = \frac{\rho}{1+\rho} + \beta\frac{L_1^t}{(1+\rho)L_2^t} \tag{20}$$

由此有：

$$2(v_1^t + v_2^t)\frac{\theta}{1+\theta} = 2(v_1^t + v_2^t)\left[\frac{\rho}{1+\rho} + \beta\frac{L_1^t}{(1+\rho)L_2^t}\right]$$

---

① 命题所需不等式的证明见数学附录二。另外，这个命题反面，即若 $2(v_1^t + v_2^t)\dfrac{\theta}{1+\theta} < \alpha c_1^t + \beta c_2^t$ 则 $r^{t+1} < r^t$，并不成立。因为相关不等式并不成立，虽然在通常的数值范围内该结论可能是对的。

容易看到这和 $\alpha c_1^t + \beta c_2^t$ 有两项联系，且都是同方向变动的。一方面，都有包含 β，即第二部类不变资本增加的比例，且 β 对两项产生同方向的影响；另一方面，如果我们把长期变动看作由无数个"比较静态"组成的，则在长期中随着两部门有机构成的提高，$\alpha c_1^t + \beta c_2^t$ 中两部门的不变资本都将增加，而 $2\left(v_1^t + v_2^t\right)\left[\dfrac{\rho}{1+\rho} + \beta\dfrac{L_1^t}{(1+\rho)\,L_2^t}\right]$ 中的 $\dfrac{L_1^t}{L_2^t}$ 正是另一种表述的第二部类资本有机构成[①]，也会在长期中上升。

根据上述分析可知，决定利润率变化方向的两个式子在长期上都是同方向的变动，因此不可能根据这些因素给出一个明确的利润率变动的趋势。

而在短期的比较静态中，我们有必要分析在给定初始条件（c_1^t，v_1^t，m_1^t，c_2^t，v_2^t，m_2^t）的情况下，各技术变革参数（α，β，ρ）对新一期的利润率 r^{t+1} 的影响。

根据公式（19）易得 $\dfrac{\mathrm{d}r^{t+1}}{\mathrm{d}\alpha} < 0$ 以及 $\dfrac{\mathrm{d}r^{t+1}}{\mathrm{d}\theta} > 0$，这两个式子的经济含义也很明确，前者表示有机构成提高带来成本的增加，从而对利润率有降低的影响；后者表示有机构成提高要求第二部类劳动生产率提高，从而对利润率有提高作用。

又由公式（15）有 $\dfrac{\mathrm{d}\theta}{\mathrm{d}\rho} > 0$，则根据链式法则有 $\dfrac{\mathrm{d}r^{t+1}}{\mathrm{d}\rho} = \dfrac{\mathrm{d}r^{t+1}}{\mathrm{d}\theta}\cdot\dfrac{\mathrm{d}\theta}{\mathrm{d}\rho} > 0$，其经济含义是消费品产量增长越快，则第二部类劳动生产率提高越多，产生的提高利润率的作用也就越显著。

同样根据链式法则有 $\dfrac{\mathrm{d}r^{t+1}}{\mathrm{d}\beta} = \dfrac{\partial r^{t+1}}{\partial\beta} + \dfrac{\partial r^{t+1}}{\partial\theta}\cdot\dfrac{\mathrm{d}\theta}{\mathrm{d}\beta}$。

由公式（15）和公式（18）可知：$\dfrac{\partial r^{t+1}}{\partial\beta} < 0$，这是第二部类有机构

---

① 根据公式（3）和公式（5）有 $\dfrac{L_1^t}{L_2^t} = \dfrac{c_2^t}{v_2^t + m_2^t}$，也就是"死劳动"和"活劳动"的比，这是有机构成的另一种表述。

成提高带来成本上升的影响；$\frac{\partial r^{t+1}}{\partial \theta}>0$，$\frac{\mathrm{d}\theta}{\mathrm{d}\beta}>0$，这表明第二部类有机构成提高越多，就要求第二部类劳动生产率提高越多，从而提高利润率的影响也就越显著。然而，在这两个反方向的作用下，β 的综合影响是不确定的，其理由和前面的分析类似。同时，由于 $\frac{\mathrm{d}r^{t+1}}{\mathrm{d}\beta}$ 的具体形式非常繁杂，无法总结出明确的经济含义和趋势，其符号依不同的初始条件（c_1^t，v_1^t，m_1^t，c_2^t，v_2^t，m_2^t）而不同。由此，我们可以给出下列命题。

命题2：在上述所有假设条件下，给定初始条件（c_1^t，v_1^t，m_1^t，c_2^t，v_2^t，m_2^t），有 $\frac{\mathrm{d}r^{t+1}}{\mathrm{d}\alpha}<0$、$\frac{\mathrm{d}r^{t+1}}{\mathrm{d}\rho}>0$，而 $\frac{\mathrm{d}r^{t+1}}{\mathrm{d}\beta}$ 的符号依初始条件不同而不同。

以上，我们便分析了马克思原有理论框架下暗含的利润率下降理论的"内在约束"。资本有机构成提高要能够实现，必须要求第二部类劳动生产率提高，这不仅会对利润率产生提升的作用，甚至在一定条件下还会使得利润率上升（命题1）。通过分析与技术变革相关的参变量对利润率的影响，我们发现同样的变动幅度所导致的利润率的变动方向，依不同的初始条件，会有不同的结果（命题2）。

当然，上述分析采用了一个"置盐定理"的假定，即"实际工资不变"。这是原本马克思理论中没有的，但是这能更好地体现第二部类劳动生产率提高对降低成本、提高剩余价值率的作用。如果放松这个假定，设定一个实际工资变动率，能得到一个更复杂的表达式，但是在经济含义上并无多少增益。当然，如果假设实际工资提高，必然能使"利润率下降"更容易实现，但不能因此否定前面分析的"内在限制"；如果实际工资降低，"利润率下降"也并非不可能，虽然条件更加苛刻。

四　结论

本文澄清了"置盐定理"和马克思"一般利润率下降理论"的本

质区别，说明了前者并不能真正构成对后者的挑战。同时还依据"置盐定理"的思想，构造了一个能使利润率下降的"反例"，以说明"置盐定理"在理解资本主义竞争上的局限性。最后，根据"置盐定理"的启发，本文在马克思原有理论框架之下分析了其隐含的对"一般利润率下降"的内在约束。

基于前面的分析，我们仍有必要做以下总结性的说明。"置盐定理"是在三个基本假设前提的基础上提出来的，这三个前提是：第一，用成本原则代替劳动生产率原则，作为资本主义技术进步的条件；第二，采纳了斯拉法的均衡价格体系，并以此定义生产价格；第三，假设实际工资不变。这三个假设，尤其是前两个，和马克思的思想都相去甚远，并不符合马克思所揭示的资本主义经济制度的本质特点。首先，就第一点而论，资本主义企业推进技术进步的动机，在于追逐超额利润。在马克思那里，区分了两种技术进步的类型，即节约劳动的技术进步和节约资本的技术进步，前者既涉及劳动生产率的提高，又会带来单位产品成本的下降，而后者只涉及单位产品成本的下降。在马克思的理论中，资本主义技术进步的主导类型是节约劳动，而不是节约资本。原因是，节约劳动或提高劳动生产率的技术进步，不仅可以降低单位产品价格，而且能增加超额剩余价值的总量。① 因此，贬弃劳动生产率准则，只采纳成本准则，并不符合资本主义技术进步的特点。

其次，置盐所采纳的斯拉法的价格体系蕴含着"市场自动出清"的均衡思想，无法分析"价值实现"的困难。这个体系作为相对价格体系也不能分析总量层次的动态和矛盾。资本主义企业的技术进步必然推动总量层次上资本积累基本矛盾的展开，从而对利润率本身产生影响。国内学者根据马克思的理论概括了"资本积累的结构性矛盾"，并以此为出发点分析利润率动态。② 这也是从方法论上对"置盐定理"的

---

① 高峰：《资本积累理论与现代资本主义》，南开大学出版社，1991，第56、61页；孟捷：《技术创新与超额利润的来源》，《中国社会科学》2005年第5期，第4~15页。

② 孟捷：《马克思主义经济学的创造性转化》，经济科学出版社，2001，第82~144页。

含蓄批评。

最后，置盐假定"实际工资不变"，把实际工资作为一个独立的自变量"孤立"起来，也是不恰当的。在马克思那里，技术进步和相对剩余价值率的提高，同时可以伴随工人实际工资的增长。而实际工资的这一增长，和《资本论》第三卷所分析的利润率下降是在同一原因下出现的，是并行不悖的规律。实际工资增长只涉及剩余价值率提高的速度（这是利润率下降的抵消因素之一）。刻意假设实际工资不变，并无理论上的必要。[①]

总之，在其三个假设条件的限制下，"置盐定理"事实上回避了资本主义经济中技术进步的制度特征。"置盐定理"可以看作在给定条件下进行的"思想实验"。本来，一种合理的思想实验可以为进一步具体的理论分析奠定基础。但是，由于该定理在假设前提上的失误，堵塞了由抽象到具体、思维重建现实利润率动态的道路。

文章最后对"利润率下降理论"内在约束的分析表明，马克思的各个理论之间是具有内在联系的。而这些联系往往对某些结论的成立施加一些限制，因此，澄清这些结论的限制条件，使得马克思的各个理论部分逻辑能够一致就显得尤为重要。现实的经济体系是一个整体，劳动力市场、要素市场、商品市场、资本市场相互影响，而经典理论对每个问题的论述往往是相对独立的，在利用理论指导实践的时候有必要考虑各个部分的综合影响。

数学附录一："置盐定理"证明

证明

令 $\beta = 1/(1+r)$，公式（2）可以被重新写成：

---

① 高峰：《资本积累理论与现代资本主义》，南开大学出版社，1991，第284页。

$$\beta q_i = \sum a_{ij} q_j + \tau_i \qquad (i = 1, 2, \cdots, m) \qquad (A1)$$

$$1 = \sum b_i q_i \qquad (A2)$$

在新技术下，一般利润率由公式（A2）以及下式决定：

$$\beta q_i = \sum a_{ij} q_j + \tau_i \qquad (i = 1, \cdots, k-1, k+1, \cdots, m) \qquad (A3)$$

$$\beta q_k = \sum a'_{kj} q_j + \tau'_k \qquad (A4)$$

令公式（A1）和公式（A2）的解为 $(\beta, q_1, q_2, \cdots, q_n)$，而公式（A3）、公式（A4）和公式（A5）的解为 $(\beta', q'_1, q'_2, \cdots, q'_n)$。则由公式（A1）～公式（A4），我们可得：

$$\beta' \Delta q_i = \sum a_{ij} \Delta q_j - q_i \Delta\beta \qquad (i = 1, \cdots, k-1, k+1, \cdots, m) \qquad (A5)$$

$$\beta' \Delta q_k = \sum a'_{kj} \Delta q_j - q_k \Delta\beta + \{ \sum \Delta a_{kj} q_j + \Delta\tau_k \} \qquad (A6)$$

$$0 = \sum b_i \Delta q_i \qquad (A7)$$

其中 $\Delta q_t = q'_t - q_t$，$\Delta\beta = \beta' - \beta$，$\Delta a_{kj} = a'_{kj} - a_{kj}$ 以及 $\Delta\tau_k = \tau'_k - \tau_k$。由于对于所有 i 而言 $q'_i > 0$，因此公式（A5）和公式（A6）中 Δq 的系数满足 Hawkins – Simon 条件。同时，由公式（1）可知公式（A6）右端第三项为负。因此，如果 $\Delta\beta \geq 0$，则公式（A5）和公式（A6）中的 $\Delta q_k < 0$ 并且 $\Delta q_i \leq 0$（当 $i \neq k$ 时）。由于第 k 行业是基本品行业，那么至少有一个工资品行业的 $\Delta q_i < 0$。但是这与公式（A7）矛盾，因此，我们有 $\Delta\beta < 0$，或者说 $r' > r$。证毕。

数学附录二：不等式证明

命题：若 $a > b > 0$，且 $x > y > 0$，则 $\dfrac{b+x}{a+y} > \dfrac{b}{a}$

证明：$\dfrac{b}{a} - \dfrac{b+x}{a+y} = \dfrac{ab+by-ab-ax}{a(a+y)} = \dfrac{by-ax}{a(a+y)} < \dfrac{ay-ax}{a(a+y)} < 0$

所以 $\dfrac{b+x}{a+y} > \dfrac{b}{a}$

证毕。

参考文献

［1］ 马克思:《资本论》第 1～3 卷，人民出版社，2004。

［2］ 希法亭:《金融资本》（1910 年），福民等译，商务印书馆，1994。

［3］ 卢森堡:《资本积累理论》（1913 年），三联书店，1959。

［4］ 斯威齐:《资本主义发展论》（1970 年），商务印书馆，1997。

［5］ 高峰:《资本积累理论与现代资本主义》，南开大学出版社，1991。

［6］ 孟捷:《马克思主义经济学的创造性转化》，经济科学出版社，2001。

［7］ 孟捷:《劳动价值论与资本主义再生产中的不确定性》，《中国社会科学》2004 年第 3 期。

［8］ 孟捷:《技术创新与超额利润的来源》，《中国社会科学》2005 年第 5 期。

［9］ Alberro, J., and J. Persky, "The Simple Analytics of Falling Profit Rate, Okishio's Theorem and Fixed Capital," *Review of Radical Political Economics*, 11 (1979).

［10］ Alberro, J., and J. Persky, "The Dynamics of fixed Capital Revaluation and Scrapping," *Review of Radical Political Economics*, 13 (1981).

［11］ Bidard, C., "The Falling Rate of Profit and Joint Production," *Cambridge Journal of Economics*, 12 (1988).

［12］ Bowles, S., "Technical Change and the Profit Rate: A Simple Proof of the Okishio Theorem," *Cambridge Journal of Economics*, 5 (1981).

［13］ Bowles, S. and R. Edwards, *Understanding Capitalism: Competition, Command, and Change in the U. S. Economy* (Harper & Row, 1985).

［14］ Dickinson, H. D., "The Falling Rate of Profit in Marxian Economics," *Review of Economic Studies*, 24 (1957).

［15］ Freeman, A. and G. Carchedi, eds., *Marx and Non-Equilibrium Economics* (Edward Elgar, 1996).

［16］ Grossmann, H., *Law of the Accumulation and Breakdown* (Unknown, 1929), http://www. marxists. org/archive/grossman/1929/breakdown/index. htm.

［17］ Kliman, A. J., "The Okishio Theorem: An Obituary," *Review of Radical Political Economics*, 29 (1997).

[18] Mongiovi, G., "Vulgar Economy in Marxian Grab: A Critique of Temporal Single System Marxism," *Review of Radical Political Economics*, 34 (2002).

[19] Mandel, E., *Late Capitalism* (London: Verso, 1973).

[20] Nakatani, T. and T. Hagiwara, "Product Innovation and the Rate of Profit," *Kobe University Economic Review*, 43 (1997).

[21] Nakatani, T., "On the Definition of Values and the Rates of Profit: Simultaneous or Temporal," *Kobe University Economic Review*, 51 (2005).

[22] Okishio, N., "Technical Changes and the Rate of Profit," *Kobe University Economic Review*, 7 (1961).

[23] Roemer, J. E., "Continuing Controversy on the Falling Rate of Profit: Fixed Capital and Other Issues," *Cambridge Journal of Economics*, 3 (1979).

[24] Salvadori, N., "Falling Rate of Profit with a Constant Real Wage: An Example," *Cambridge Journal of Economics*, 5 (1981).

[25] Schoer, K., "Natalie Moszkowska and the Falling Rate of Profit", *New Left Review*, 95 (1976).

[26] Samuelson, P. A., "Wages and Interest: A Modern Dissection of Marxian Economic Models," *American Economic Review*, 47 (1957).

[27] Shaikh, A., "Political Economy and Capitalism: Notes on Dobb's Theory of Crisis," *Cambridge Journal of Economics*, 2 (1978).

[28] Von Bortkiewicz, L., "Value and Price in the Marxian System," Translated from German (1907) by Kahane, J., *International Economic Papers*, 2 (1952).

[29] Van Parijs, P., *Marxism Recycled* (Cambridge University Press, 1993).

The Critique to Okishio Theorem and It's Enlightenment: The Mechanism for Profit Rate to Fall and It's Internal Limits

Abstract: The Okishio Theorem has aroused worldwide debate, though there is lack of chinese introduction. This paper reviewed the main debate based on Okishio Theorem, clarified the essential difference between Okishio Theorem and the theory of Marx, and pointed out the misunderstanding of Okishio about Marx. Based on all above, we constructed a counterexample of Okishio Theorem to show the shallows of Okishio's view on capitalist competition. Under the enlightenment of Okishio Theorem, we derived the internal limits of the falling tendency of profit rate caused by technical change, which contributes to the logical consistency of different parts of Marx's theory.

Keywords：Technical Change；Profit Rate；Counterexample；Internal Limits

生产函数的性质和利润率的变化规律

冯金华[*]

一 引言

马克思曾经说过，在资本有机构成提高的情况下，"利润率会不管剩余价值率提高而下降"[①]。然而，20世纪60年代初，Nobuo Okishio 提出了后来以他的名字命名的关于利润率趋于上升的"定理"。[②] 在此之后，围绕这个问题的争论一直没有停止过。例如，Laibman 的数学模型支持了 Okishio 定理[③]，但 Kliman 等和 Freeman 认为，只要资本积累按某种过程进行，利润率就会下降[④]。Wolff 对美国 1947～1967 年经济所

---

[*] 冯金华，上海财经大学马克思主义学院教授，主要研究方向为政治经济学。

① 马克思：《资本论》第3卷，人民出版社，1975，第252页。

② Okishio, N., "Technical Change and the Rate of Profit," *Kobe University Economic Review*, 7 (1961); Okishio, N., "A Mathematical Note on Marxian Theorems," *Welt-wirtschaftsliches Archiv*, 91 (1963).

③ Laibman, David, "Okishio and His Critics: Historical Cost versus Replacement Cost," in Zarembka, P., ed., *Research in Political Economy: Economic Theory of Capitalism and Its Crises* (Connecticut, Stamford: JAI Press Inc., 1999).

④ Kliman, Andrew & Ted McGlone, "A Temporal Single-System Interpretation of Marx's Value Theory," *Review of Political Economy*, 11 (1999); Freeman, Alan, "Between Two World Systems: A Response to David Laibman," in Zarembka, Paul, ed., *Research in Political Economy: Economic Theory of Capitalism and Its Crises* (Connecticut, Stamford: JAI Press Inc., 1999).

做的实证分析结论是：该时期剩余价值率的提高快于资本有机构成的提高，故利润率是提高的。[1] Wolff 更进一步认为，那一时期美国资本有机构成实际上是下降的。[2] Moseley 的实证研究结果却正好相反：美国资本有机构成的提高快于剩余价值率的提高，所以利润率有明显下降。[3]

上述研究的一个共同的不足之处是：没有充分地考虑生产函数的作用和利润最大化的要求，因而，不能全面地揭示利润率的变化规律。本文所要表明的是：按照利润最大化的要求，以及给定其他一些相当宽松的条件（如产品的价格和投入要素的价格均保持不变），利润率的变化趋势将完全取决于生产函数的具体形式。换句话说，在利润最大化的假定条件下，生产函数的性质决定了利润率的变化规律。

二 利润率方程

根据定义，利润率等于利润（它在量上与剩余价值完全一致）与总资本（简称资本）的比率。用公式表示即是：

$$\pi' = \frac{\pi}{C}$$

这里，C 代表资本[4]，π 和 π' 分别代表利润和利润率。

进一步来看，利润又等于收益减去成本，而收益是产出数量与价格

---

① Wolff, Edward N., "The Rate of Surplus Value, the Organic Composition, and the General Rate of Profit in the U.S. Economy, 1947-1967," *American Economic Review*, 69 (1979).

② Wolff, Edward N., "The Recent Rise of Profit in the United States," *Review of Radical Political Economics*, 33 (2001).

③ Moseley, Fred, "The Rate of Surplus Value, the Organic Composition, and the General Rate of Profit in the U.S. Economy, 1947-1967: A Critique and Update of Wolff's Estimates," *American Economic Review*, 78 (1988).

④ 注意，在马克思主义经济学中，资本既包括不变资本，也包括可变资本。它等于购买生产资料和劳动的全部支出。

的乘积，成本就是总的资本。因此，如果用 q 和 p 分别代表产出的数量和价格，则就有：

$$\pi' = \frac{pq(C) - C}{C} = \frac{pq(C)}{C} - 1$$

这里，为简单起见，我们假定产品的价格不随资本的变化而变化，即是所谓的"常数"，q（C）则意味着产出是资本的函数（后面将看到，利润最大化的假定保证了该函数的存在）。

上式两边对资本求一阶导数后得到：

$$\frac{\mathrm{d}\pi'}{\mathrm{d}C} = \frac{p}{C}\left(\frac{\mathrm{d}q}{\mathrm{d}C} - \frac{q}{C}\right) \tag{1}$$

其中，等式右边括号中的第一项 $\mathrm{d}q/\mathrm{d}C$ 是产出对资本的一阶导数，通常可称为资本的边际产出，括号中的第二项 q/C 则是资本的平均产出。[①] 式（1）表明，在假定产品价格 p 固定不变的条件下，利润率随资本变化而变化的方向完全取决于资本的边际产出与平均产出的相对大小：如果资本的边际产出大于平均产出，则利润率将随资本的增加而上升；反之，如果资本的边际产出小于平均产出，则利润率将随资本的增加而下降；最后，如果资本的边际产出恰好等于平均产出，则利润率将不随资本的变化而变化。

式（1）还可以变换为如下更加便于计算的形式：

$$\frac{\mathrm{d}\pi'}{\mathrm{d}C} = \frac{pq}{C^2}\left(\frac{C}{q}\frac{\mathrm{d}q}{\mathrm{d}C} - 1\right) = \frac{pq}{C^2}(\eta - 1) \tag{2}$$

这里，

$$\eta = \frac{C}{q}\frac{\mathrm{d}q}{\mathrm{d}C}$$

是资本的产出弹性。根据式（2），我们又可以说，在所给的条件下，

[①] 由于马克思主义经济学中的资本概念不同于西方经济学，故这里的资本边际产出和平均产出的概念也不同于西方经济学。

利润率的变化规律完全取决于资本产出弹性的相对大小。如果资本的产出弹性大于（等于，小于）1，则利润率就随资本的增加而上升（不变，下降）。

由式（2）〔或式（1）〕可知，利润率究竟是上升还是下降关键在于产出与资本的关系，即函数 q（C）。只有在知道了该函数的具体形式之后，我们才可以求出资本的产出弹性（或者，资本的边际产出和平均产出），并根据资本的产出弹性（或资本的边际产出和平均产出），确定利润率的变化规律。然而，式（2）〔或式（1）〕本身却没有告诉我们关于该函数的任何信息。

式（2）〔和式（1）〕的另外一个缺点是，产出 q 没有经过"优化"处理，因而不一定是"最优"的，或者说，不一定是利润最大化的。因此，用它来确定的利润 π 和利润率 π' 也不一定是最优的。

为了弥补式（2）〔和式（1）〕的不足，下面根据生产函数的性质和利润最大化的要求来推导最优产出、最优利润和最优利润率，并说明最优利润率的变化规律。

三　最优利润率

首先，设整个经济的总生产函数（简称"生产函数"）为：

$$q = q(k,l)$$

其中，k 和 l 分别代表生产资料和劳动的数量。

其次，假定资本 C 全部用于购买生产资料和劳动。在这种情况下，整个经济的预算约束就是：

$$C = rk + wl \tag{3}$$

这里，r 和 w 分别代表生产资料和劳动的价格——假定它们与产品的价格一样也是固定不变的。

于是，整个经济的利润方程可以写成：

$$\pi = pq(k, l) - rk - wl \qquad (4)$$

利润方程（4）和预算约束方程（3）共同构成了完整的利润最大化模型。

利润最大化的一阶条件是：

$$\frac{\partial \pi}{\partial k} = p\frac{\partial q}{\partial k} - r = 0$$

$$\frac{\partial \pi}{\partial l} = p\frac{\partial q}{\partial l} - w = 0$$

两式相除后得到：

$$\frac{\partial q/\partial l}{\partial q/\partial k} = \frac{w}{r}$$

它与预算约束方程（3）一起决定了最优的（即能够使利润达到最大的）要素数量 k^* 和 l^*。k^* 和 l^* 显然都是资本 C 的函数，即有：

$$k^* = k^*(C)$$
$$l^* = l^*(C)$$

将最优的要素数量代入式（4）后即得到最优的利润：

$$\pi^* = pq^*[k^*(C), l^*(C)] - rk^*(C) - wl^*(C)$$

这里，π^* 和 q^* 分别表示最优利润和最优产出。

相应的，最优利润率（用 $\pi^{*'}$ 表示）为：

$$\pi^{*'} = \frac{\pi^*}{C} = \frac{pq^*(k^*, l^*)}{C} - \frac{rk^* + wl^*}{C} = \frac{pq^*(k^*, l^*)}{C} - 1$$

最后一个等式的得出是因为：

$$C = rk^* + wl^*$$

最优利润率随资本变化而变化的规律取决于 $\pi^{*'}$ 对 C 的一阶导数。它等于：

$$\frac{\mathrm{d}\pi^{*'}}{\mathrm{d}C} = \frac{p}{C}\left(\frac{\mathrm{d}q^*}{\mathrm{d}C} - \frac{q^*}{C}\right) \qquad (5)$$

换句话说，在假定产出和要素的价格均保持不变的条件下，最优利润率随资本变化而变化的规律完全取决于最优的资本边际产出和平均产出的相对大小：如果最优的资本边际产出大于（等于，小于）平均产出，则随着资本的积累，最优利润率将趋于上升（不变，下降）。与前面的式（1）相比，这里的式（5）具有完全相同的形式；唯一的区别是，后者所涉及的相关变量均已经过优化。

同样，式（5）也可以变形为：

$$\frac{\mathrm{d}\pi^*}{\mathrm{d}C} = \frac{pq^*}{C^2}\left(\frac{C}{q^*}\frac{\mathrm{d}q^*}{\mathrm{d}C} - 1\right) = \frac{pq^*}{C^2}(\eta^* - 1) \tag{6}$$

其中，

$$\eta^* = \frac{C}{q^*}\frac{\mathrm{d}q^*}{\mathrm{d}C}$$

是最优的资本产出弹性。于是，我们又可以说，在假定产出和要素的价格均固定不变的条件下，最优利润率随资本变化而变化的规律完全取决于最优的资本产出弹性：如果最优的资本产出弹性大于（等于，小于）1，则随着资本的积累，最优利润率将趋于上升（不变，下降）。

四　生产函数的类型与最优利润率的变化

现在，我们要根据式（6）来说明在某些类型的生产函数之下最优利润率是如何变化的。具体步骤是：第一，根据给定的生产函数和约束条件，确定最优的要素投入；第二，根据最优的要素投入，确定最优的产出；第三，根据最优的产出，确定最优的资本边际产出；第四，根据最优的资本边际产出，确定最优的资本产出弹性；第五，根据最优的资本产出弹性，确定最优利润率的变化规律。

（一）对数生产函数

对数生产函数形如：

$$q = \ln k + \ln l$$

相应的利润方程为：

$$\pi = p(\ln k + \ln l) - rk - wl$$

由利润最大化的一阶条件：

$$p/k - r = 0$$
$$p/l - w = 0$$

可得：

$$k/l = w/r$$

它与预算约束一起决定了最优的要素数量：

$$k^* = \frac{C}{2r}$$

$$l^* = \frac{C}{2w}$$

于是，最优产出、最优资本边际产出以及最优资本产出弹性依次为：

$$q^* = \ln \frac{C^2}{4rw}$$

$$\frac{\mathrm{d}q^*}{\mathrm{d}C} = \frac{2}{C}$$

$$\eta^* = \frac{2}{q^*}$$

由此可见，在对数生产函数条件下，如果最优产出 $q^* <$（$=$，$>$）2，则最优利润率随资本积累而上升（不变，下降）。

若把最优的资本产出弹性具体写为：

$$\eta^* = \frac{2}{\ln(C^2/4rw)}$$

则结论就是：当 $C <$（$=$，$>$）$2e\sqrt{rw}$ 时，$\eta^* >$（$=$，$<$）1。换句话说，在这种情况下，只有当资本的数量较小（小于 $2e\sqrt{rw}$）时，

最优利润率才会随资本的积累而上升，一旦超过这个界限，资本积累就会导致最优利润率下降。

这里特别需要说明的是，一般而言，即使资本的有机构成保持不变，利润率仍然会随资本的积累而变化。例如，当生产函数采取对数形式时，尽管最优的资本有机构成（用 θ^* 表示）为常数：

$$\theta^* = \frac{rk^*}{wl^*} = 1$$

但随着资本的积累，最优利润率会在资本规模较小时上升、在资本规模较大时下降。这个结果对下面的柯布－道格拉斯生产函数也成立。

（二）柯布－道格拉斯生产函数

柯布－道格拉斯生产函数形如：

$$q = \gamma k^\alpha l^\beta \qquad (\gamma, \alpha, \beta > 0)$$

其中，$\alpha + \beta >$（$=$，$<$）1 意味着规模报酬递增（不变，递减）。相应的利润方程为：

$$\pi = p\gamma k^\alpha l^\beta - rk - wl$$

由利润最大化的一阶条件：

$$p\alpha\gamma k^{\alpha-1} l^\beta - r = 0$$
$$p\beta\gamma k^\alpha l^{\beta-1} - w = 0$$

可得：

$$\frac{k}{l} = \frac{w}{r} \frac{\alpha}{\beta}$$

它与预算约束一起决定了最优的要素数量：

$$k^* = \frac{\alpha C}{(\alpha + \beta) r}$$
$$l^* = \frac{\beta C}{(\alpha + \beta) w}$$

于是，最优产出、最优资本边际产出以及最优资本产出弹性依次为：

$$q^* = \gamma \left[\frac{\alpha}{(\alpha+\beta)r} \right]^\alpha \left[\frac{\beta}{(\alpha+\beta)w} \right]^\beta C^{\alpha+\beta}$$

$$\frac{\mathrm{d}q^*}{\mathrm{d}C} = \gamma \left[\frac{\alpha}{(\alpha+\beta)r} \right]^\alpha \left[\frac{\beta}{(\alpha+\beta)w} \right]^\beta (\alpha+\beta) C^{\alpha+\beta-1}$$

$$\eta^* = \alpha + \beta$$

由此可见，在柯布－道格拉斯生产函数条件下，如果 $\alpha+\beta >$ （ $=,<$ ）1，即规模报酬递增（不变，递减），则最优利润率随资本积累而上升（不变，下降）。

（三）广义柯布－道格拉斯生产函数

前面我们看到，在柯布－道格拉斯生产函数的条件下，利润率的变化规律完全取决于生产函数中包含的参数之和 $\alpha+\beta$ 的大小，而与资本积累的规模无关。

现在来看一个不同的情况——广义柯布－道格拉斯生产函数。与柯布－道格拉斯生产函数不同，在广义柯布－道格拉斯生产函数的情况下，利润率的变化规律不仅取决于生产函数中参数的大小，而且取决于资本积累的规模。

广义柯布－道格拉斯生产函数形如：

$$q = (k-k_0)^\alpha (l-l_0)^\beta \qquad (\alpha,\beta>0)$$

其中，k_0 和 l_0 是最低要求的生产资料数量和劳动量。注意，这里的参数之和 $\alpha+\beta$ 不再决定规模报酬的性质。相应的利润方程为：

$$\pi = p(k-k_0)^\alpha (l-l_0)^\beta - rk - wl$$

由利润最大化的一阶条件：

$$p\alpha(k-k_0)^{\alpha-1}(l-l_0)^\beta - r = 0$$
$$p\beta(k-k_0)^\alpha (l-l_0)^{\beta-1} - w = 0$$

可得：

$$\frac{k - k_0}{l - l_0} = \frac{w}{r} \frac{\alpha}{\beta}$$

它与预算约束一起决定了最优的要素数量：

$$k^* = \frac{\alpha C - \alpha w l_0 + \beta r k_0}{(\alpha + \beta) r}$$

$$l^* = \frac{\beta C + \alpha w l_0 - \beta r k_0}{(\alpha + \beta) w}$$

注意，最优的资本有机构成现在不再是常数：

$$\theta^* = \frac{r k^*}{w l^*} = \frac{\alpha C - \alpha w l_0 + \beta r k_0}{\beta C + \alpha w l_0 - \beta r k_0}$$

由于

$$\frac{d\theta^*}{dC} = \frac{(\alpha + \beta) \beta w l_0}{(\beta C + \alpha w l_0 - \beta r k_0)^2} \left(\frac{\alpha}{\beta} - \frac{r k_0}{w l_0} \right)$$

故当

$$\frac{\alpha}{\beta} > \frac{r k_0}{w l_0}$$

时，$d\theta^*/dC > 0$，即当 α/β 大于"初始"的资本有机构成时，最优资本有机构成将随资本的积累而提高。

最优产出、最优资本边际产出以及最优资本产出弹性依次为：

$$q^* = \left[\frac{\alpha}{(\alpha + \beta) r} \right]^\alpha \left[\frac{\beta}{(\alpha + \beta) w} \right]^\beta (C - w l_0 - r k_0)^{\alpha + \beta}$$

$$\frac{dq^*}{dC} = \left[\frac{\alpha}{(\alpha + \beta) r} \right]^\alpha \left[\frac{\beta}{(\alpha + \beta) w} \right]^\beta (\alpha + \beta)(C - w l_0 - r k_0)^{\alpha + \beta - 1}$$

$$\eta^* = \frac{(\alpha + \beta) C}{C - w l_0 - r k_0}$$

由此可见，在广义柯布－道格拉斯生产函数的条件下，如果 $\alpha + \beta \geqslant 1$，则一定有 $\eta^* > 1$。于是，最优利润率随资本积累而上升。另外，

如果 $\alpha + \beta < 1$，则当

$$C < (\ = \ , \ >) \ \frac{wl_0 + rk_0}{1 - \alpha - \beta}$$

时，$\eta^* > (\ = \ , \ <) \ 1$，从而，最优利润率随资本积累而上升（不变，下降）。

在前面讨论对数生产函数和柯布－道格拉斯生产函数时，我们曾看到，即使资本的有机构成不变，最优的利润率仍然会变化。现在，我们又看到，在广义柯布－道格拉斯生产函数的条件下，最优利润率甚至会不顾资本有机构成的提高而上升。例如，当 α/β 大于"初始"的资本有机构成且 $\alpha + \beta \geqslant 1$ 时，结果就是如此。

参考文献

［1］马克思：《资本论》第 3 卷，人民出版社，1975。

［2］Freeman, Alan, "Between Two World Systems: A Response to David Laibman," in Zarembka, Paul, ed., *Research in Political Economy: Economic Theory of Capitalism and Its Crises* (Connecticut, Stamford: JAI Press Inc., 1999).

［3］Kliman, Andrew & Ted McGlone, "A Temporal Single – System Interpretation of Marx's Value Theory," *Review of Political Economy*, 11 (1999).

［4］Laibman, David, "Okishio and His Critics: Historical Cost versus Replacement Cost," in Zarembka, Paul, ed., *Research in Political Economy: Economic Theory of Capitalism and Its Crises* (Connecticut, Stamford: JAI Press Inc., 1999).

［5］Moseley, Fred, "The Rate of Surplus Value, the Organic Composition, and the General Rate of Profit in the U. S. Economy, 1947 – 1967: A Critique and Update of Wolff's Estimates," *American Economic Review*, 78 (1988).

［6］Okishio, N., "Technical Change and the Rate of Profit," *Kobe University Economic Review*, 7 (1961).

［7］Okishio, N., "A Mathematical Note on Marxian Theorems," *Welt – wirtschaftsliches Archiv*, 91 (1963).

［8］ Wolff, Edward N. , "The Rate of Surplus Value, the Organic Composition, and the General Rate of Profit in the U. S. Economy, 1947 – 1967," *American Economic Review*, 69（1979）.

［9］ Wolff, Edward N. , "The Recent Rise of Profit in the United States," *Review of Radical Political Economics*, 33（2001）.

下　篇

马克思主义的危机理论和战后
美国经济中的利润率[*]

托马斯·韦斯科普夫[**]

赵穗生 译

唐璞 校

我写本文的目的是分析第二次世界大战以来美国经济中利润率的状态，以便评论关于资本主义经济危机的各种马克思主义理论的现实意义。我将首先阐述和比较马克思主义危机理论的几个不同流派，然后寻求确定每个流派在多大程度上符合利润率和有关变量方面的最新经验数据。

从卡尔·马克思本人在《资本论》中开始，许多政治经济学家已根据广义的马克思主义观点寻求分析经济危机的根源，因为这种危机已经周期地折磨着资本主义经济。学界已经提出许多不同类型的理论，但是它们都把利润率作为宏观经济活力的重要决定因素而予以最大关注。的确，可以把集中研究作为危机起源的利润率下降，用作鉴别一种资本主义经济危机的马克思主义理论的限定特征。根据对利润率下降的不同解释，就可以说明马克思主义危机理论中不同流派之间的区别。

资本主义经济中平均利润率的性质是解释经济危机的关键，因为它

* 原载于《现代国外经济学论文选》（第六辑），商务印书馆，1984，第159～203页。译自英国《剑桥经济学杂志》1979年第2期。
** 托马斯·韦斯科普夫现任教于美国密执安大学经济学系。

是资本家利润预期的主要决定因素。资本家组织生产和进行投资都是为了赚取利润；平均利润率的下降和因此使新投资的预期盈利能力下降都必然或迟或早阻碍这种投资。但是，投资率无论是对于总产量与总就业的水平还是对于增长率而言都是主要的决定因素。投资率不但对作为总需求的一个重要——并且通常是最易变的——组成部分的产量（和就业）水平有影响，还对作为增加经济中生产能力的一个重要来源的产量（和就业）增长率有影响。因此，根据理论完全有理由认为，利润率下降将通过利润预期和投资率最终导致一次经济危机，使产量和就业的水平和增长率都降低。

我将考虑的马克思主义危机理论的每个流派都能推广为一种利润率短周期下降的理论（用以解释资本主义经济周期），或者推广为一种利润率长期下降的理论（用于解释下降的"长波"时期或者其至用于解释永久的停滞）。主要是由于数据的可得性，我的经验分析将限于美国自第二次世界大战以来的时期。我将检验战后连续五次经济周期中短周期意义上的利润率状态；我还将检验从一个周期到下一个周期以及战后整个时期中利润率的长期趋势。对每种情况，我都将寻求确定利润率变化的缘由，方法是把这种变化分解成为对于马克思资本主义经济危机理论至关重要的各个组成变量的变化。

在第一部分，我将首先讨论所要考虑的马克思主义危机理论的不同流派。第二部分将提供一些周期的和较长期的两方面针对各个理论流派确实性的初步经验数据。再在第三部分讨论这种初步经验数据的一些限制，并对利润率的变化进行更详尽的理论分析。在第四部分，我将提出更详细的经验数据，用以探究第三部分提出来的理论问题。最后，第五部分将概括我的研究成果并提出进一步研究的建议来结束全文。

一 马克思主义危机理论的三个流派

回顾关于资本主义经济危机的浩瀚的马克思主义文献，我发现，有必要将它们分为马克思主义危机理论的三个基本流派，主要根据它们确定平均利润率下降的起源各不相同（见韦斯科普夫于 1978 年对这种研究方法的较早阐述）。这三种流派的侧重点分别为：（1）技术变化和"资本有机构成"的状态；（2）阶级斗争和劳动与资本之间的收入分配；（3）产品全部价值的"实现"问题。为了区分这三种论点，有必要先考虑利润率 ρ 的下述表达式：

$$\rho = \frac{\Pi}{K} = \frac{\Pi}{Y} \cdot \frac{Y}{Z} \cdot \frac{Z}{K} = \sigma_\pi \varphi \zeta \tag{1}$$

这里用 Π 测量利润总量；用 K 测量资本总量；用 Y 测量实际产量（或收入）；用 Z 测量潜在产量（或生产能力）。利润率规定等于收入中利润份额 σ_π 和生产能力利用率 φ，以及生产能力/资本比率 ζ 的乘积。三种马克思主义危机理论流派中的每一种都表现为偏重于把方程（1）中的不同成分作为利润率下降的起源。

（一）资本有机构成提高

第一种流派是基于资本有机构成提高的论点，我将称之为"提高有机构成流派"（"ROC 流派"）。马克思本人最充分地发展了这种理论（见《资本论》第三卷，特别是第三篇第 13 ~ 15 章）。这种理论已经主要用于解释利润率下降的长期趋势，但是也可以用它来解释利润率的短周期波动。ROC 流派大体上是在马克思的价值理论范围内提出的。用标准的劳动价值概念（c = 不变资本；v = 可变资本；s = 剩余价值），我们的表达式是：

$$g = c/v \tag{2}$$

$$e = s/v \tag{3}$$

$$r = \frac{s}{c + v} = \frac{e}{g + 1} \tag{4}$$

这里的 g 是资本有机构成，e 是剥削率，r 是利润的价值率。资本有机构成提高论的基本假设是，资本主义积累过程或迟或早会导致资本有机构成提高。另一个假设是剥削率总不是明显变化的。因此直接根据方程（4）推论，在 e 不变的情况下，g 的上升将导致利润价值率 r 的下降。

为了便于这里的研究，我愿意把资本有机构成提高论转变成一种价格结构，以便把它作为对普通利润率 ρ 的性质所做的一种解释去检验它。使不变资本等于（固定的和运用的）资本总量 K，使可变资本等于工资总量 W（$=Y-\Pi$），并使剩余价值等于利润总量 Π，如此就不难完成这种变换。这样，资本有机构成、剥削率和利润价值率的价格类似物就变成：

$$\gamma = K/W \tag{5}$$

$$\varepsilon = \Pi/W \tag{6}$$

$$\rho = \Pi/K = \varepsilon/\gamma \tag{7}$$

以价格形式表述的资本有机构成提高论假定，在 ε 保持不变时 γ 上升，则利润率 ρ 下降。

资本有机构成提高论可按下列方式与方程（1）相联系。第一，假定常数 $\varepsilon = \Pi/W$，就意味着 $\sigma_\pi = \Pi/Y$ 和 $\sigma_w = W/Y$ 保持不变。第二，资本有机构成提高论并不依靠超额生产能力的发展而变化，因此，必然也假定生产能力利用率 $\varphi = Y/Z$ 不变。第三，假设 $\gamma = K/W$ 提高则必然引起生产能力/资本比率 ζ 的下降。这是根据下面的方程中工资相对份额和生产能力利用率的不变性得出的。

$$\gamma = \frac{K}{W} = \frac{K}{Z} \cdot \frac{Z}{Y} \cdot \frac{Y}{W} = \frac{1}{\zeta} \cdot \frac{1}{\varphi} \cdot \frac{1}{\sigma_w} \tag{8}$$

这样，根据马克思主义危机理论的资本有机构成提高论，正是方程（1）中第三项 ζ 的下降，构成了利润率下降的起源。

为什么资本有机构成——或者它的价格类似物——应该首先上升呢？资本有机构成提高论长期形式的基本假设，即其理论基础是，资本主义积累过程势必导致"资本的技术构成"的提高——或者，以价格表示，就是导致实际资本与劳动的比率提高，用 $\bar{k}$ 指上述比率，则可表示为：

$$\bar{k} = \bar{K}/L \tag{9}$$

这里的 $\bar{K}$ 是实际资本总量的量度（K 以不变价格表示），L 是按小时计劳动投入的量度。可以确信，资本主义经济的长期增长已经同 $\bar{k}$ 的长期提高（尽管在测量 $\bar{k}$ 时涉及许多困难）联系在一起。对这种长期趋势的最普遍解释是，基本要素供给的不同增长率（资本积累通常可以快于人口增长）导致有关要素价格的变化，而正是这些价格的相对变化引发节省劳动的技术革新。在 $\bar{k}$ 的框架下分析，短期扩张会导致周期增长并不很明显。但是，这种假设是可以被认为在短期内合乎道理的，因为它的理论根据是，引起 $\bar{k}$ 长期提高的那些力量很可能由于恰恰就在那时，新资本的形成率（并且因而也包括技术变化）最高，所以在周期扩张中是最强大的力量。

资本的技术构成和有机构成之间是保持这种关系的。我们可以把后者的价格类似物表述为：

$$\gamma = \frac{K}{wL} = \frac{P_k \bar{K}}{P_w \bar{w} L} = \frac{P_k \bar{k}}{P_w \bar{w}} \tag{10}$$

这里的 P_k 和 P_w 是指资本总量和工资款项中所含商品的价格指数，w 和 $\bar{w}$ 是指按小时计的名义工资和实际工资。根据方程（10），$\bar{k}$ 的上升的确能导致 γ 的上升（并因而导致 ζ 和 ρ 的下降），但是它并非一定就是这样，因为它有可能被价格或工资变量反向的变化所抵消。显然这个问题不能在事前得到解决。方程（10）也提出了另一种可能的论证去解释 γ 的上升，而不依赖于 $\bar{k}$ 的任何上升，即由于资本商品与工资商品的相对价格上升（P_k/P_w）。同高涨时期的高投资需求率联系起来，这样的论证至少在周期意义上是有道理的，并且也可以在长期意义上提出类似的论证。我将忽略实际工资 $\bar{w}$ 能引起 γ 上升的可能性，因为资本有机构成提高论假定工资相对份额不变。

（二）劳工实力增强

第二种马克思主义危机理论是以劳工实力增强的论点为基础的。这种"RSL 流派"是把重点放在工人阶级经过同资本家斗争而获得的收益上。近些年来，几位马克思主义政治经济学家遵循马克思提出的论证路线（在《资本论》第一卷第 25 章中）发展了这种理论，马克思最初是应用这种理论来解释资本主义经济中的周期经济下降趋向的。博迪和克罗蒂已经运用马克思的论证去分析战后美国经济中的经济周期；而格林和苏特克利弗则提出一种 RSL 流派的长期说法，用以分析战后英国经济中利润率明显的长期下降。这一流派的主要假设是，资本主义积累过程势必改变劳动和资本之间政治经济力量的平衡，通过这样一种方式，工人阶级得以提高国民收入中的工资份额 σ_w。由于利润份额 σ_π 可以表述为：

$$\sigma_\pi = \frac{\Pi}{Y} = \frac{Y - W}{Y} = 1 - \sigma_w \qquad (11)$$

所以这种假定的工资份额提高将减缩利润份额。因此，RSL 流派把方程（1）中第一项 σ_π 的下降认为是利润率下降的起源，并假定无论是生产能力利用率还是生产能力/资本比率事先都不会出现下降。

导致工人阶级力量增长的原因，在 RSL 流派的周期和长期说法中有些不同。周期的说法是以劳动后备军周期地耗尽的观点为依据的。当周期扩张出现时，劳动需求比供给增长得更快，劳动后备军耗尽，因而劳动市场绷紧。于是假定，劳动力日渐不足使劳动者的政治经济力量加强，并使工人同资本家进行工资谈判的地位得到提高。这种论证路线有相当牢固的理论基础。在周期扩张期间，失业率的确下降，并且可以非常有道理地认为紧缩的劳动市场能够改善工人的工资谈判地位（虽然劳动和资本之间力量的平衡肯定也受许多其他因素的影响）。

在长期意义上，工人阶级力量增长的假设不能这样容易地建立在劳动后备军长期耗尽的基础之上，因为在长期中，人们可以预期（同马克思一起），后备军可能被周期的经济下降所补充、被节省劳动的技术变化所补充，或被新的劳动供给来源所补充。因此，格林和苏特克利弗在假定第二次世界大战后英国劳工实力增强时，并未求助于后备军的性质。相反，他们只是叙述了工会力量的增长和工人阶级对政府政策的影响。他们的方法似乎是回避工人阶级力量长期增长的来源问题，在资本主义积累过程的更大的动态结构中，这个问题仍然没有充分的理论基础。

工人阶级力量的增长是怎样转变成国民收入中工资份额的提高的呢？RSL 流派无论是取周期的还是取长期的形式，都集中注意工资、生产率和价格三者相互关联的特点。有必要先列出工资份额的表达式：

$$\sigma_w = \frac{W}{Y} = \frac{W/\bar{Y}}{P_y} = \frac{u_w}{P_y} = \frac{w/\bar{y}}{P_y} \tag{12}$$

这里的 P_y 是（净）产量价格折算系数，Y 是以现行价格表示的净产量，$\bar{Y}$ 是以不变价格表示的净产量；u_w 是平均单位劳动成本，$\bar{y}$ 是平均劳动生产率（$\bar{Y}/L$）。像以前一样，w 是指货币工资（W/L）。这样，工资份额总是提高到这种程度，以致单位劳动成本上升比（净）产量价格的上升快得多，而劳动成本则提高到这种程度，以致货币工资上升比劳动生产率上升更快。

劳工实力增强论者提出了下列三个关键命题。第一，工人阶级实力的增强能使工人更成功地进行提高工资的谈判，从而提高货币工资增长率。第二，工人阶级实力的增强能使工人更成功地抵抗资本家提高劳动强度（通过提高纪律、增加速率和其他旨在提高每个工作小时劳动效率的措施）的压力，从而降低生产率增长率。第三，工资的增加和/或生产率的降低，或迟或早将导致单位劳动成本增加，而这种增加不会被产量价格的相应提高所抵消。因此工资份额将提高。上述前两个命题似乎特别合理。第三个则较有争议，特别是，它与卡莱茨基和罗索恩提出的论证相背离。为了捍卫他们上升的劳动成本将导致利润挤缩，而不仅仅导致通货膨胀的这种论点，RSL 的理论家如格林和苏特克里弗以及克罗蒂和拉宾，都已经求助于竞争的资本家势力中间的国际竞争纪律。

（三）实现的失败

马克思主义危机理论的第三个基本流派与前两个的不同在于，它集中于流通领域而不是生产领域。按照 ROC 流派的理论，对利润的威胁是由上升的资本成本所导致；而按 RSL 理论，则因增加劳动成本所致。按照第三个流派的说法，对利润的威胁是由难以按可盈利的价格售出生产出来的商品而造成的，亦即难以按包括各项成本以及预期的利润幅度的价格售卖商品。按马克思的术语，问题是需求条件是资本家不能实现生产出来的商品的全部价值。因此，这种理论是以实现的失败论点为基础的，这里称之为"RF 流派"。

凭借某些马克思在自己的著作中的观察——但不是完整的理论，许多马克思的追随者已经精心阐述了马克思主义危机理论的实现失败论。斯威齐讨论了两种分别由"消费不足"和"比例失调"所引起的实现危机；他提出一种根据消费不足的 RF 流派的说法，并由巴拉恩和自己加以修正并精心阐述为长期停滞理论。斯泰恩格尔和巴拉恩还提出了由实现问题造成的长期停滞理论；他们的理论依据，与其说是"消费不足"，不如说是"投资不足"。卡莱茨基论述资本主义经济周期的著作可以说是根据投资不足的周期实现失败论。舍尔曼已经在循环意义上，把实现失败论的消费不足形式改成他对美国经济中经济周期分析的一部分。

这种马克思主义危机论的基本假设是，资本主义积累过程势必产生商品需求落后于商品生产能力的不平衡。由此产生的需求不足迫使资本家去限制他们的生产水平，或者限制他们的产量价格，以免他们被迫增加他们未售出产品的库存。由于在当代资本主义经济的许多部门中存在限制降低价格的制度，可以预料，资本家主要靠减少生产，并因而降低整个经济中的生产能力的平均利用率来对付消费不足。因此，实现失败论挑出方程（1）中第二项 φ 的下降，作为利润率下降的起源，但并没有提出预期利润份额或者生产能力/资本比率下降的理由。

需求不足，作为马克思主义危机理论中 RF 流派的中心论点，是由什么引起的呢？大多数实现失败论者都把他们的论证建立在消费不足和/或投资不足的总体问题上。我先谈谈这种论点；然后，我将转而简单考虑一下以部门之间失调为依据的另一条推论路线。

不论是在长期还是在短期的意义上，消费不足论的逻辑都是从工资份额的下降到消费需求减少，再到相对于生产能力的总需求下降。这个论点的长期说法是把工资份额的长期下降归咎于先进资本主义经济中垄断力量的增长。短期说法把工资份额的周期下降归咎于利润相对工资的易变性。当资本主义经济从收缩中进入一个新的扩张时期时，利润总是从以前的萧条水平有力地弹跳出来，而工资变化则不会那么剧烈。工资份额的下降，无论是在长期还是在短期中，都意味着对消费需求增长的限制，因为工资收入中的消费倾向高于利润收入中的消费倾向。消费需求的降低又意味着限制总需求的增长，因为支出即投资需求的另一个主要源泉实质上是一种派生的需求，最终取决于消费的增长。应该指出，使消费下降的工资份额减少本身将导致利润份额上升。因此，必须设想，生产能力利用率出现的最终下降对于利润率的影响大于利润份额的任何持续上升的影响。

侧重投资不足而不考虑消费需求增长的任何可能下降的各种总需求不足理论，具有不同的长期和周期阐述。一般说来，长期意义上的投资不足是由竞争的资本主义企业占统治地位向垄断的资本主义企业占统治地位过渡所引起的。据论证，对垄断厂商的投资刺激小于对竞争厂商，因为，例如，垄断厂商有更多理由担心损害它们自己的市场。周期意义上的投资不足总被看成投资易变性局面的一部分，由此产生投资率特别高和特别低的各个时期。一般是用一种加速器型的机制来解释这种局面，就是说，投资率是产量增长率的正函数，又是资本总量水平的负函数。马克思主义危机理论中的周期实现失败论的这种阐述显然与萨缪尔森第一次阐述的这种类型的常用的乘数－加速数模型很相似。

这种比例失调论不同于消费不足和投资不足论的地方在于它的焦点在于需求和生产能力之间的部门不平衡，而不是总的需求不足。该论证的前提是作为资本主义经济特征的分散投资决策的无政府状态。这种无政府的状态意味着导致新资本形成和生产能力增长的部门失调格局，即某些产业将出现过剩的生产能力，而另一些产业则出现相对于需求结构的生产能力不足。在一个价格灵活性有限（下降）的世界上，这种过剩和短缺的结合将同时导致总生产能力利用率下降并引起通货膨胀率上升。

为了总结对这三种马克思主义危机理论的基本流派所做的比较性讨论，我应该慎重地反对只把它们作为竞争的选择进行评论。按照马克思本人的思想，它们是能动地相互关联的：利润率下降的一个过程可望以一种辩证的方式导致一种渐近反应，从而引起另一个下降过程。阿尔卡利已经概略地叙述了这里所讨论的三种理论中的这种动态关系，并且莱布曼在一个马克思主义危机理论的数学模型中发展了它们。可是，我相信提出这样的问题还是有趣的。这三种理论——资本有机构成提高论、劳工实力增强论和实现失败论——之中哪一种已经在利润率下降的特殊历史时期中，有力地证实了它自己呢？三种理论中有可能不止一种同时起着作用，而且相继地压低利润率。努力确定每种理论的重要意义，能够帮助理解实际下降的利润率，并因此可以为目前在马克思主义经济危机理论家们之中进行的论争提供有用的经验基础。下面就是笔者寻求经验数据的工作。

二 最初分析的经验证明

为了分析战后美国经济中的利润率特征，我需要许多关于利润率本身以及关于许多类似变量（诸如上文引用过的那些变量）的连贯的数据。有关整个美国经济的这种数据是不容易得到的；可是，其中关于非金融公司产业（NFCB）部门产值的数据是能够以相当精确的程度编制出来的。NFCB 部门产值约占美国国民生产总值的 60%；其中不包括小型的非公司产业及金融和公共服务部门。由于该部门实质上包括全部重要的私营厂商，并包含美国经济中最有生气的产业，因而这个部门很重要，并且足以代表整个经济而作为本文研究的重点。NFCB 部门的平均利润率下降，肯定影响在经济中起作用的各种力量，并同样影响整个美国经济将来的发展。

当然，有许多不同的方法来理解和测量 NFCB 部门的"平均利润率"ρ；诺德豪斯、霍兰德和迈耶斯讨论过某些可能的选择。为了本文研究的目的，我已规定 $\rho = \Pi / K$，Π 在这里是纳税前的净资本收入（包括公司利润加净利息），K 是净的资本总量（包括固定资本和库存）。我已规定，Π 同 W（雇员报酬）合计等于 Y（NFCB 部门产生的净收入）。我决定把重点放在纳税前而不是纳税后的利润上，因为在概念上前者比后者更重要，并且因为马克思的危机理论，被最经常用于解释纳税前的利润率指标。

本文研究的经验分析所包括的确切时期是参考第二次世界大战以来 NFCB 部门的总数据决定的。图 1 绘出战后大部分时期实际产量水平 $\bar{Y}$ 的季度数据（按照 1972 年不变价格测量的 $\bar{Y}$）和 NFCB 部门中的纳税前利润率。该图表明 $\bar{Y}$ 显然长期上升，ρ 则不那么明显地长期下降。这个向下的趋势说明，马克思主义对于利润率长期下降的趋势的说法可能是适合战后美国经济的。图 1 还清楚地显示每个变量变动的一种周期形式，并表明在每个周期中都是利润率领导实际产量水平。根据每个周期的时间，从 $\bar{Y}$ 低谷到后一个高峰再到下一个 $\bar{Y}$ 低谷，可以分辨出从 1949 年第四季度开始到 1975 年第一季度结束的五个完整的周期。为了规定一个最后的年份都在同一个周期阶段的长期阶段，并且为了包括尽可能多的完整周期，我决定把 1949 年第四季度到 1975 年第一季度的时期，作为下列经验分析的完整时间长度。

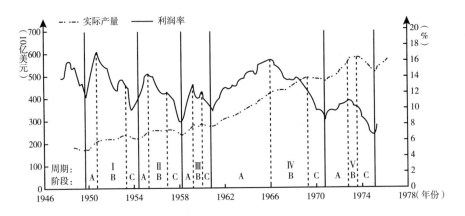

图 1　战后 NFCB 的产量和利润率

表 1 所示为选定时期里的 16 个关键季度 $\bar{Y}$ 和 ρ 的实际数值。这些关键季度包括 $\bar{Y}$ 达到其低谷的每个周期的终点季度，$\bar{Y}$ 达到其周期高峰的五个季度和 ρ 达到其周期高峰的五个季度。根据图 1 和表 1，显然这五个周期（ I ~ V ）都能被划分成三个不同的分时期。A 阶段是从周期开始（$\bar{Y}$ 低谷）到 ρ 高峰季度的分时期。B 阶段是下一个分时期，其间 $\bar{Y}$ 继续上升，但 ρ 从其周期高峰下降。最后，C 阶段是周期结束的分时期，其间 $\bar{Y}$ 从其高峰下降到下一个低谷。

每个周期都分成 A、B、C 阶段，所以整个时期就有 15 个彻底的分时期。每个周期的三个阶段都按照性质包括实际产量和利润率变量方面的不同特征。对本文研究目的最有意义的是把每个周期扩张（从 $\bar{Y}$ 低谷到 $\bar{Y}$ 高峰）都分成两个阶段，即 ρ 上升时的"扩张初期"（A 阶段）和 ρ 下降时的"扩张后期"（B 阶段）。利润率在每个周期收缩（C 阶段）开始之前下降的事实，为各种马克思主义危机理论假定的事件序列提供了某种经验上的支持，这就是平均利润率的下降导致投资产出的下降，

表 1　战后 NFCB 的产量和利润率的周期

周期	阶段	关键点	季度	实际产量 $\bar{Y}$	利润率 ρ
Ⅰ	A	$\bar{Y}$ 低谷	1949 年第四季度	164.0	11.5
		ρ 高峰	1950 年第四季度	211.3	17.4
	B	$\bar{Y}$ 高峰	1953 年第二季度	237.0	13.3
	C	$\bar{Y}$ 低谷	1954 年第二季度	218.6	11.1
Ⅱ	A	ρ 高峰	1955 年第二季度	250.5	14.7
	B	$\bar{Y}$ 高峰	1957 年第一季度	261.4	12.2
	C	$\bar{Y}$ 低谷	1958 年第二季度	232.8	8.7
Ⅲ	A	ρ 高峰	1959 年第二季度	278.7	13.4
	B	$\bar{Y}$ 高峰	1960 年第一季度	287.5	12.5
	C	$\bar{Y}$ 低谷	1960 年第四季度	273.9	10.2
Ⅳ	A	ρ 高峰	1966 年第一季度	421.7	16.3
	B	$\bar{Y}$ 高峰	1969 年第二季度	490.9	12.5
	C	$\bar{Y}$ 低谷	1970 年第四季度	466.3	8.7
Ⅴ	A	ρ 高峰	1972 年第四季度	522.5	11.1
	B	$\bar{Y}$ 高峰	1973 年第三季度	577.4	10.1
	C	$\bar{Y}$ 低谷	1975 年第一季度	504.5	6.5

注：实际产量指按 1972 年价格以 10 亿美元为单位的国内净收入；利润率指调整过的公司利润加净利息与资本存量的比率，单位为% 。

并由此最终导致实际产量下降。

为了开始分析利润率下降的根源——在长期和周期两方面意义上，我在下面的一些段落里将讨论一些有关方程（1）中四个基本变量的经验数据。这包括利润率本身和有关马克思主义危机理论三个基本流派的三个组成变量，即利润份额 σ_π 、生产能力利用率 φ 和生产能力／资本比率 ζ 。只要确定每个组成变量在多大程度上说明利润率下降的不同实例，就可以对三个流派的适用范围做出初步推论。

表 2 列出的是从 1949 年第四季度到 1975 年第一季度整个时期和五个周期的每一个中四个基本变量的平均值。在整个时期中，NFCB 的利润率平均约为 12%；这个数字是 19% 的平均利润份额、84% 的平均生

产能力利用率和75%的平均生产能力/资本比率的乘积。从长期趋势上看，利润率显然在周期Ⅱ和周期Ⅲ之间趋于下降，在周期Ⅲ和周期Ⅳ之间趋于上升，然后下降到周期Ⅴ。

表2　基本变量的数值：整个时期和周期平均

单位:%

	整个时期	周　　　期				
		Ⅰ	Ⅱ	Ⅲ	Ⅳ	Ⅴ
利润率，ρ	12.1	13.7	12.0	11.4	13.1	9.4
利润份额，σ_π	19.2	21.6	19.7	19.1	19.9	15.5
生产能力利用率，φ	83.6	85.0	83.3	79.8	84.7	82.3
生产能力/资本比率，ζ	75.5	74.7	73.0	75.0	78.0	73.2

由于本文研究的主要目的是分析利润率的变化而不是利润率水平，因而最好以长期变化率的形式提供有关数据。在时间 t 的任何变量 x 的变动指数率的上方标上一个黑点，使得 $\dot{x}(t) = \mathrm{d}x(t)/x(t)$ 就能够把基本方程（1）变成下列"增长核算方程"：

$$\dot{\rho} = \dot{\sigma}_\pi + \dot{\varphi} + \dot{\zeta} \qquad (13)$$

这个方程有助于把任何时期里 ρ 的变化分解成三个组成变量所起作用的总和。

表3所示描述了NFCB的利润率及其组成变量的长期变化趋势。在1949年第四季度到1975年第一季度的整个时期里，利润率以平均每年1.2%的速度下降；这种现象几乎完全可以归因于利润份额的下降，因为无论是生产能力利用率还是生产能力/资本比率都不存在明显的长期趋势。周期间的数字强化了利润份额造成利润率下降的意义，在 ρ 下降的三个例子中（Ⅰ～Ⅱ、Ⅱ～Ⅲ和Ⅳ～Ⅴ），σ_π 的下降约占总下降的2/3。当 ρ 实际上升时（Ⅲ～Ⅳ），这种上升的原因主要是 φ 的上升而不是 σ_π 的上升。倘若平均生产能力利用率在周期Ⅳ中不是比在周期Ⅳ中高

得多，则平均利润率就不会那么高；利润份额的长期下降趋势在周期Ⅳ中已经逆转，但是幅度不大。

表3　基本变量增长率：整个时期和周期之间（全部数字都代表年均增长率）

单位：%

	整个时期	周　　　期			
		Ⅰ～Ⅱ	Ⅱ～Ⅲ	Ⅲ～Ⅳ	Ⅳ～Ⅴ
利润率，$\dot{\rho}$	− 1.2	− 3.2	− 1.5	+ 2.2	− 4.7
利润份额，$\dot{\sigma}_\pi$	− 1.24	− 2.1	− 1.1	+ 0.7	− 3.4
生产能力利用率，$\dot{\varphi}$	+ 0.02	− 0.5	− 1.3	+ 0.9	− 0.4
生产能力/资本比率，$\dot{\zeta}$	+ 0.02	− 0.5	+ 0.9	+ 0.6	− 0.9

表4和表5提出关于NFCB利润率及其基本组成变量的周期性质的证据。四个变量的增长率都是基于周期和阶段所规定的15个分时期计算的。这些增长率在表4中是按阶段平均的，而在表5中展示的是每个周期B阶段的有关情况。表4用数字清楚地证明ρ所具特点的周期形式。在扩张初期A阶段ρ的迅速增长，是σ_π和φ迅速提高的结果。在扩张后期B阶段ρ的随后下降几乎完全可以归因于σ_π的相应下降。在收缩的C阶段，ρ的下降更快是（像在A阶段的上升一样）同σ_π和φ的明显类似趋势相关的。剩下的变量ζ——生产能力/资本比率——对于ρ的周期变化的作用是微不足道的。

在周期意义上，马克思主义危机理论最关键的任务显然是解释在扩张后期B阶段里利润率的下降，而这种下降总是出现在收缩阶段C的经济产出实际下降之前。表4中的证据指出利润份额下降的意义，而表5提供的是在每个周期的B阶段进一步探索这个命题的数字。总的来说，表4中平均数字带来的印象，是由表5中的单独数字加以证实的。在战后每一个经济周期中，大多数——如果不是全部——B阶段中ρ的下降，都能用σ_π的下降来说明。在三次周期中（Ⅱ、Ⅲ和Ⅳ），φ的下降对ρ的下降起了作用，在四次周期中

表4　基本变量增长率：阶段平均（全部数字都代表年均增长率）

单位：%

	阶　段		
	A	B	C
利润率，$\dot{\rho}$	+ 26.8	− 10.1	− 25.3
利润份额，$\dot{\sigma}_\pi$	+ 17.0	− 8.8	− 15.6
生产能力利用率，$\dot{\varphi}$	+ 10.8	+ 0.5	− 11.9
生产能力/资本比率，$\dot{\zeta}$	− 1.1	− 1.8	+ 2.1

表5　基本变量增长率：在每个周期的 B 阶段（全部数字代表年均增长率）

单位：%

	周　期				
	I	II	III	IV	V
利润率，$\dot{\rho}$	− 10.8	− 10.5	− 9.7	− 8.2	− 11.5
利润份额，$\dot{\sigma}_\pi$	− 9.6	− 7.9	− 10.1	− 6.1	− 10.3
生产能力利用率，$\dot{\varphi}$	+ 1.5	− 1.1	− 1.0	− 1.6	+ 4.5
生产能力/资本比率，$\dot{\zeta}$	− 2.7	− 1.6	+ 1.3	− 0.4	− 5.6

（Ⅰ、Ⅱ、Ⅳ和Ⅴ），ζ 的下降也起了作用。但是后者的影响比 σ_π 的影响小得多。

在此分析的这个阶段，马克思主义危机理论的劳工实力增强论好像能最好地解释战后美国经济的 NFCB 部门中所观察到的利润率长期和周期下降。在解释每一次利润率下降的事例中，利润份额下降的意义都是与劳工实力增强的假设相符合的。生产能力利用率和生产能力/资本比率下降的相对次要性，使人们对基于资本有机构成提高和实现失败的论点产生了怀疑。可是，绝不意味着至此所提出的证据是决定性的。由于下文将要讨论的诸种原因，基本组成变量 σ_π、φ 和 ζ 的变化并不足以确凿地检验马克思主义危机理论的这几种流派。为了展开一种关于利润下降根源的更有辨别力的分析，有必要建立一个较为复杂的增长核算方程的结构。

三 一种更精细的理论分析

由于下面几种原因，在第二节中叙述的几种简单的经验检验都是不充分的。第一，它们都没有面对这个事实，即三种基本组成变量的运动都不是唯一而且独特地同构成相应的马克思主义危机理论基础的各种假设相联系的。第二，即使一个给定组成变量的下降精确地反映一种相应的马克思主义危机理论的作用，这里的下降也不能区别不同的附属流派，亦即这种理论可以起作用的不同方式。而这些区别可能是有意义的，所以为了充分理解利润率下降的根源，还需要知道更多的有关在每种流派范围内起作用的机制。

（一）间接劳动和利用效果

在简单检验中的第一个重要的含糊之处是由部分劳动力的间接特征所引起的。某些种类的劳动如行政管理、监督和维持雇员等可以说具有"间接劳动"性质，因为必须按企业的生产能力成比例地雇用，而另一些劳动，如大多数生产工人，则可以按生产的实际产量成比例地雇用，所以是"直接劳动"性质的。因此，倘若生产能力利用率降低到企业最佳运转率以下时，直接劳动的总劳动小时很容易削减而与产量成比例（用减少加班或实际解雇的方式），但是间接劳动的总劳动小时则不容易改变。粗略地概括，可以把小时工资雇员归入直接劳动，而把薪金雇员纳入间接劳动。卡莱茨基已经特别强调过这样的见解，即总收入中小时工资份额在产量周期波动中是相对恒定的，而薪金份额则与周期呈反方向变化。战后美国经济中制造业的经验数据也证实了这一点。

因为间接劳动的存在，生产能力利用率 φ 的下降以及劳工实力的增强都可能引起总工资份额（小时工资加薪金）σ_w 上升和由此而产生的利润份额 σ_π 下降。这样，σ_π 的性质不但可以反映马克思主义危机理论中劳工实力增强论的作用，也可以反映实现失败论的作用。为了区

别 σ_w 上升（和 σ_π 下降）的这两种原因，必须设法把 φ 的变化对 σ_w 的"利用效果"与其他变量变化对 σ_w 的效应区分开来。

为此目的，我将引进"真正需要的"间接劳动小时的概念，以区别于实际雇用（或支付）的间接劳动小时。设 $\bar{Y}$ 为现实产量、$\bar{Z}$ 为实际生产能力，用下面的定义规定一个给定企业（或整个 NFCB 部门）：

$$\varphi = \bar{Y}/\bar{Z} \tag{14}$$

现在，让 $\widehat{\varphi}$ 表示最佳生产能力利用率，规定为适合间接劳动就业的比率。换言之，间接雇员的数量恰好使每个人在 $\varphi = \widehat{\varphi}$ 和 $\bar{Y}$ 为其相应的最佳水平时，都能够有效地全周进行工作，并定义：

$$\widehat{Y} = \widehat{\varphi} \, Z \tag{15}$$

倘若 φ 降低到 $\widehat{\varphi}$ 以下，并因而 $\bar{Y}$ 低于 $\widehat{Y}$，则间接雇员将继续工作像 $\bar{Y}$ 等于 $\widehat{Y}$（他们必须与 $\bar{Z}$ 成比例地被雇用）时一样的小时并得到同样薪金。可是，他们的真正需要的劳动小时将与实际产量 $\bar{Y}$ 成比例地下降，在此意义上，如果整个运转原先考虑的是低产量水平的话，则本来只需要下降后（低）的劳动小时数。

为了用代数方法描述这种现象，令 L、L_d 和 L_o 分别指总的、直接的和间接的劳动小时。于是我们可以写出：

$$L = L_d + L_o \tag{16}$$

$$L_d = \lambda_d \bar{Y} = \lambda_d \varphi \, \bar{Z} \tag{17}$$

$$L_o = \lambda_o \widehat{Y} = \lambda_o \widehat{\varphi} \bar{Y} \tag{18}$$

这里的 λ_d 和 λ_o 代表每单位产量雇用的每种劳动的劳动小时（最佳的）。真正需要的间接劳动可以表述为：

$$L_o^* = \lambda_o \bar{Y} = \lambda_0 \varphi \bar{Z} = (\varphi/\widehat{\varphi}) L_o \tag{19}$$

真正需要的总劳动小时可以写成:

$$L^* = L_d + L_o^* = L_d + (\varphi / \hat{\varphi}) L_o \qquad (20)$$

于是"劳动小时需要率"可以定义为:

$$\eta_l = L^* / L \qquad (21)$$

现在令 w_d 为直接劳动的平均小时工资率，w_o 为间接劳动薪金率的平均小时工资等量物，则可以把总工资额写为:

$$W = w_d L_d + w_o L_o \qquad (22)$$

为了区别于实际工资额 W，真正需要的工资额是:

$$W^* = w_d L_d + w_o L_o^* \qquad (23)$$

于是"工资额需要率"可以定义为:

$$\eta_w = W^* / W \qquad (24)$$

当 $\varphi = \hat{\varphi}$ 时，需要率 η_l 和 η_w 都等于 1，并且二者都直接随 φ 变化而变化。

现在有可能令实际工资份额区别于真正需要的工资份额:

$$\sigma_w^* = W^* / Y \qquad (25)$$

我将把这最后的变量 σ_w^* 称为"真正"工资份额；它代表所控制的生产能力利用率 φ 变动对间接劳动使用效率的影响的实际工资份额 σ_w。当且仅当 $\varphi = \hat{\varphi}$ 时，$\sigma_w^* = \sigma_w$ 才成立；当 $\varphi < \hat{\varphi}$ 时，则 $\sigma_w^* < \sigma_w$。把方程（24）和方程（25）结合起来，可以根据真正工资份额表示实际工资份额:

$$\sigma_w = \sigma_w^* / \eta_w \qquad (26)$$

方程（26）容许实际工资份额用两个组成变量来表示，其中一个（η_w）准确地传送 φ 变化的"利用效果"，而另一个则反映其他变量变化对 σ_w 的影响。为了检验马克思主义危机理论的几种流派，应该把可以归

因于 η_w 下降的 σ_w 上升与实现失败论联系起来，而把可归因于 σ_w^* 提高的 σ_w 上升同劳工实力增强论联系起来。

（二）劳工实力的攻势与守势

为了充分理解劳工实力增强论并区别这种理论中的两种很不相同的观点，变量 σ_w^* 本身必须被进一步分解。修改第一节中的方程（12），可以将实际工资份额表述为：

$$\sigma_w = \frac{W}{Y} = \frac{P_w \bar{W}}{P_y \bar{Y}} = \frac{P_w}{P_y} \cdot \frac{\bar{w}}{\bar{y}} \qquad (27)$$

这里的 P_i 代表 i 的适当价格指数，标在上方的短线表示实际值，$\bar{w}$ 是平均小时实际工资（$\bar{W}/L$），$\bar{y}$ 是平均小时劳动生产率（$\bar{Y}/L$）。与方程（27）相应的是对于真正工资份额 σ_w^* 的表达式：

$$\sigma_w^* = \frac{W^*}{Y} = \frac{P_w \bar{W}^*}{P_y \bar{Y}} = \frac{P_w}{P_y} \cdot \frac{\bar{w}^*}{\bar{y}^*} \qquad (28)$$

$\bar{w}^*$ 在这里将被定义为"真正"平均小时工资（$\bar{W}^*/L^*$），$\bar{y}^*$ 被定义为"真正"平均小时生产率（$\bar{Y}/L^*$）。正像 σ_w^* 代表控制了利用效果的 σ_w 一样，$\bar{w}^*$ 和 $\bar{y}^*$ 代表那种控制。真正平均小时实际工资率 $\bar{w}^*$ 与现实平均小时实际工资率不同，因为真正所需直接和间接劳动的比例与实际所需的比例不同（当 $\varphi = \hat{\varphi}$ 时除外），还因为间接劳动的小时工资一般总是大于直接劳动。真正生产率 $\bar{y}^*$ 与实际生产率不同（当 $\varphi = \hat{\varphi}$ 时除外），因为它代表每真正所需劳动小时 L^* 而不是每实际劳动小时 L 的实际产量。撤销方程（21），可以通过真正生产率表示实际生产率：

$$\bar{y} = \frac{\bar{Y}}{L} = \frac{\bar{Y}}{L^*} \cdot \frac{L^*}{L} = \bar{y}^* \eta_l \qquad (29)$$

这样，每当 $\eta_l < 1$ 时（亦即每当 $\varphi < \hat{\varphi}$ 时），实际生产率总是不充分地

表示真正生产率。

参阅方程（28），可以看到，真正工资份额 σ_w^* 能够提高是因为真正实际工资 $\bar{w}^*$ 提高快于真正生产率 $\bar{y}^*$，且工资商品价格 P_w 提高快于产量价格 P_y，或因为这两个过程的某种结合（包括一个比率上升抵消另一个比率下降还有余）。无论是怎样的结合，把 σ_w^* 上升看作劳工实力增强的证据是合适的，因为工人阶级正在获得较大的净收入或增加值的份额（正在控制利用效果）。但是，根据工人阶级实际上是否正在赢得比他们所保证的生产率增长速度更快的实际工资增长，把马克思主义危机理论中劳工实力增强论的两个支派区别开来似乎是有用的。

在 σ_w^* 上升可以归因于 $\bar{w}^*/\bar{y}^*$ 实际上升的意义上，可以把工人阶级描绘为在分配斗争中处于"攻势"。但是，如果 σ_w^* 的上升完全可以归因于价格比率 P_w/P_y 的上升，在 $\bar{w}^*/\bar{y}^*$ 没有上升或者可能下降的情况下，则应该把工人阶级看作处于"守势"。在这些情况下，相对的价格变化——它的起因与工人无关——已经使得靠它满足工人消费需求的产量价值下降。如果工人阶级在分配斗争中能够通过保持 $\bar{w}^*/\bar{y}^*$ 不变而维持其地位，并且如果由此而以较高的真正工资份额 σ_w^*（和较低的利润份额 σ_π）的形式，把有害的相对价格变化的负担转移给资本家阶级的话，则劳动者就是正在显示其守卫力量而不是改善其实际地位。甚至可以设想有害的相对价格变化是如此的大，以至于在 $\bar{w}^*/\bar{y}^*$ 下降的同时导致真正工资份额 σ_w^* 上升。在这种情况下，劳动者的守卫努力不是完全成功的，但也不是彻底失败的，除非 P_w/P_y 的上升完全被 $\bar{w}^*/\bar{y}^*$ 的下降所吸收，以至保持 σ_w^* 不变，而且资本家不受影响。

因此，我认为，当劳工实力增强论起作用时（像真正工资份额 σ_w^* 上升所指出的），该理论的机制特征是工人阶级的攻势力量达到 $\bar{w}^*/\bar{y}^*$ 上升的程度，而工人阶级的守势力量则达到 P_w/P_y 上升的程度。如果涉及的是守势力量，那么工人阶级就是在传递而不是在发起压低利润的力量。在这种情况的意义上，理解利用率下降的根源就必须在确证劳工守势力量之外，再进一步调查有害的相对价格变化的起因。

（三）技术构成与资本价值

像劳工实力增强论（RSL 流派）一样，马克思主义危机理论的资本有机构成提高论（ROC 流派）可以通过显然不同的机制起作用。本文第一节说过，资本有机构成提高的根源——反映为 $\gamma = K/W$，既可能是资本技术构成的提高——反映为实际资本/劳动比率 $\bar{k} = K/L$，也可能是相对价格比率 P_k/P_w 的提高。此外，已经证明，如果利润率的下降是由于资本有机构成 γ 的上升，而与剥削率（或利润份额）的任何下降无关，并且与生产能力利用率的任何下降无关，那么，γ 的上升必定同生产能力/资本比率 ζ 的下降相关。因此，为了进一步考察 ROC 流派的机制，必须更详尽地检验基本组成变量 ζ 的特性。

生产能力/资本比率可以先分解为：

$$\zeta = \frac{Z}{K} = \frac{P_y \bar{Z}}{P_k \bar{K}} = \frac{P_y \bar{z}}{P_k \bar{k}} \tag{30}$$

这里的 P_i 代表 i 的适当价格指数，标在上面的短线表示实际价值，$\bar{z}$ 是每劳动小时的平均实际生产能力，$\bar{k}$ 是实际资本/劳动比率。方程（30）分开 ζ 的实际成分和价格成分，完全像方程（27）分开 σ_w 的实际成分和价格成分一样。但是，正如方程（27）必须加以修正以便考虑同变化的生产能力利用率 φ 相关的利用效果一样，方程（30）在被用于经验检验之前也必须加以修正。这里必须首先承认，无论 $\bar{Z}$ 还是 $\bar{K}$ 一般都不被充分利用。一方面，现实的真正产量 $\bar{Y}$ 等于 φ 乘以 $\bar{Z}$。另一方面，现实利用的实际资本存量——称为 $\bar{J}$——必然相应地低于总的可得实际资本量 $\bar{K}$。关于 $\bar{J}$ 和 $\bar{K}$ 之间关系的最简单和最合理的假设是：

$$\bar{J} = \varphi K \tag{31}$$

由此可见方程（30）可以重写为：

$$\zeta = \frac{P_y}{P_k} \cdot \frac{\bar{Y}}{\bar{J}} = \frac{P_y}{P_k} \cdot \frac{\bar{y}}{\bar{j}} \tag{32}$$

进一步的修正仍然是必要的。现在方程（32）中的实际变量包括现实生产率 $\bar{y} = \bar{Y}/L$ 和现实利用的实际资本/劳动比率 $\bar{j} = \bar{J}/L$。但是，$\bar{y}$ 和 $\bar{j}$ 中的分子都未经调整以便考虑到使得真正需要的劳动小时 L^* 通常不同于现实劳动小时 L 的利用效果。撤销方程（21），可以规定一个"真正"实际资本/劳动比率：

$$\bar{j}^* = \frac{\bar{J}}{L^*} = \frac{\bar{J}}{L} \cdot \frac{L}{L^*} = \bar{j}/\eta_l \tag{33}$$

方程（32）可以重写成它的最后形式：

$$\zeta = \frac{P_y}{P_k} \cdot \frac{\bar{y}/\eta_l}{\bar{J}/\eta_l} = \frac{P_y}{P_k} \cdot \frac{\bar{y}^*}{\bar{j}^*} \tag{34}$$

参阅方程（34）可见，生产能力/资本比率 ζ 能够下降是因为真正实际资本/劳动比率 $\bar{j}$ 上升快于真正生产率 $\bar{y}^*$，且资本商品价格 P_k 的上升快于产量价格 P_y 的上升，或者因为这两种过程的某种结合（包括一种比率的上升抵消另一种比率的下降还有余）。如果 ζ（和利润率 ρ）的下降可以归因于资本有机构成的提高，显然必定有 $\bar{j}^*$ 上升的证据（这反映现实利用的实际资本存量与生产过程真正需要的劳动小时的比率，并因而为全部利用效果而受到控制）。但是 $\bar{j}^*$ 的变化也必然影响 $\bar{y}^*$，原因有二：第一，因为实际资本与劳动投入的较高比率确实可能使实际产量与劳动投入有较高的比率；第二，因为技术过程很可能在某种程度上体现在新的资本设备中，使得实际资本与劳动投入比率提高的过程很可能同时产生实际产量与总要素投入比率的提高（但也可以集合不同要素）。如果实际上确认 $\bar{j}^*$ 的提高是 ζ 和 ρ 下降的根源，那么，$\bar{j}^*$ 的上升必定快于肯定跟着它的 $\bar{y}^*$ 的上升。因此，我断定，要通过经验证明马克思主义危机理论 ROC 流派的资本技术构成提高的论点就需要有实际比率 $\bar{y}^*/\bar{j}^*$ 下降及 $\bar{j}^*$ 本身上升的证据。

ROC 流派的另一个支派集中注意的是，引起资本有机构成 γ 上升和生产能力/资本比率 ζ 下降的相对价格变化。根据方程（10），正是 P_k 与 P_w 的比率在 γ 的表达式中具有重要的地位；但是在方程（34）中，正是 P_k 与 P_y 的比率影响 ζ 的特性，而且后者是与资本有机构成提高论紧密联系的关键变量（因为不像 γ 那样，ζ 不取决于同马克思主义危机理论的其他两种论点相关的利润/工资份额和利用变量）。因此应该认为，资本有机构成提高论的第二种观点就是价格比率 P_k/P_y 的上升，正如把劳工实力增强论的第二种观点和价格比率 P_w/P_y 的上升等同起来一样。用马克思价值论的话来说，P_k/P_y 的上升就是反映不变资本要素的增殖，从而以对利润率施加向下压力的方式，提高资本的有机——而不是技术——构成。如同劳工实力增强论的第二种观点（根据工人阶级守势力量）的情况一样，资本有机构成提高论的第二种观点（根据不变资本要素的"价格高昂化"）要求进一步解决关于有害的相对价格变化起因的问题。

（四）相对价格和贸易条件

为了分析影响利润率的相对价格变化，有必要修正一下出现于某些关键方程中的一些价格变量。至此已介绍了三种不同的价格指数，但是由于它们总是出现于两个指数的一个比率中，所以可用一个（任意）选择的计值标准来消除一个。P_y 是国民净收入/产量折算价格系数；因此，它确定地等于这种经济中每单位产量的增加值（单位劳动成本和单位利润之和），并且它不包括来自该经济之外的单位投入成本。P_w 和 P_k 分别是工资和资本商品的总产量价格指数，因此，这些指数说明单位外部成本以及单位内部增加值,并且它们直接反映外部投入的价格运动以及内部投入的价格运动(合理地假设工资和资本商品的生产,需要某种数量的外部投入)。假如选择 P_w 和 P_k 的某种组合作为计值标准 P_x,那么,经过调整的国民收入/产量折算价格指数 P_y/P_x,将反映这种经济对比世界其他地方的贸易条件。为此将该计值标准定义为:

$$P_x = \sqrt{P_w P_k} \qquad (35)$$

并令每个调整过的价格指数 ψ_i 为:

$$\psi_i = \frac{P_i}{P_x} \ (i = w,k,y) \qquad (36)$$

因此根据方程(35)和方程(36)得出:

$$\psi_k = \sqrt{P_k/P_w} = \frac{1}{\psi_w} \qquad (37)$$

现在关键方程(28)和方程(34)可以写为:

$$\sigma_w^* = \frac{\psi_w}{\psi_y} \cdot \frac{\bar{w}^*}{\bar{y}^*} = \frac{1}{\psi_y \psi_k} \cdot \frac{\bar{w}^*}{\bar{y}^*} \qquad (38)$$

$$\zeta = \frac{\psi_y}{\psi_k} \cdot \frac{\bar{y}^*}{\bar{j}^*} \qquad (39)$$

这里的 ψ_y 反映贸易条件,ψ_k 反映与工资商品价格相关的资本商品价格,并且完全消去 ψ_w。

方程(38)和方程(39)使劳工实力增强论和资本有机构成提高论的第二种观点都得以用贸易条件指标和资本/工资商品价格比率进行分析。因此,贸易条件的恶化和(或)资本/工资商品比率的下降,导致相对价格的有害运动,并因而通过劳工的守势力量,引起利润份额下降。贸易条件恶化和(或)资本/工资商品价格比率上升导致相对价格的有害运动,并由此通过不变资本价值的上升,引起生产能力/资本比率下降。因为变量 ψ_k 分别通过利润份额和生产能力/资本比率对利润率起反方向作用，而变量 ψ_t 则以同方向起作用，所以我将把这一段剩下的篇幅用来讨论贸易条件 ψ_t 的特性。

为什么贸易条件会恶化并通过马克思主义危机理论中的劳工实力增强论或者资本有机构成提高论而使利润率下降呢？首先，如果存在任何贸易条件，当然必定存在所考虑的经济同其进行贸易的外部部门。于是，问题变成两个方面：通常从外部部门获得哪些商品和为什么它们的价格会比内部生产的商品价格涨得更快呢？不可能存在普遍正确的解释，因为对这两个问题的回答将取决于所考虑的经济的范围。为了继续研究这里的问题，我必须考虑作为本文侧重点的特定经济：战后美国经济中的 NFCB 部门。

工人和资本家——直接地或间接地——从 NFCB 部门之外获得的商品主要包括农业和工业原料（来自美国国内和国外）及各种劳务，如金融服务、政府服务、住房和健康护理。有关 NFCB 部门产出的原料价格上升，其可能的原因有：（1）有限自然资源的稀缺在全世界日益加剧，（2）美国能够从国外进口原料的条件趋于恶化。第一个原因实际上是李嘉图式的；第二个原因只要同美国的霸权已因战后资本家之间的竞争加剧而趋衰落的这个意义联系起来，便显得马克思主义的味道更浓（迈克埃万于 1978 年据此提出论证，见他的《世界经济中的危机发展》一文，载于《危机中的美国资本主义》，1978 年英文版）。与 NFCB 部门产出价格有关的劳务价格上升的一个可能的原因，是原本较低的劳务的劳动生产率增长率，以及 NFCB 部门的那些联系密切的工资结构（见康诺《政府的财政危机》，1973 年，英文版；他按照此方法进行了有启发性的分析）。

用本文所能获得的这些数据，将不可能区分战后美国经济的 NFCB 部门中贸易条件恶化的这些可能的根源。但是，如果可获得的数据确实证明，无论是在周期中还是在长期中，ψ_t 的下降都在压低利润率中起了重要作用，那么进一步进行经验研究的重要方向就明晰了。

（五） 实现问题的根源

像其他两种论点一样，马克思主义危机理论的实现失败论，也能通过大量不同的机制起作用。在第一节讨论这种论点时，我介绍了实现失败论的两种不同的观点，表现在实现问题归因于总需求不足还是归因于部门不平衡这个问题上。此外，总需求不足的观点可以建立在消费不足，也可以建立在投资不足的基础上（或者以两者结合为基础）。单是生产能力利用率 φ 的特性，不能用来区分不同的机制，也无助于区别马克思主义危机理论中的一个支派的总需求不足论和其他可能出现的总需求不足理论。

为了充分区别 φ 下降的一切可能的根源，人们需要关于总需求（消费、投资，等等）结构的数据以及关于所考虑的经济的部门产出和不同部门生产能力的数据。可惜无法得到战后美国经济中 NFCB 部门的这种分类数据，因此对于马克思主义危机理论中实现失败论的进一步经验调查不属于本文研究范围。

（六）小结

在本文这一节中所提出的对利润率的详尽理论分析可以总结如下。首先，利润份额的降低（$\sigma_\pi = 1 - \sigma_w$）不能只同马克思主义危机理论的劳工实力增强论相联系，因为 σ_π 既受生产能力利用率的影响，也受关于分配份额的阶级斗争的影响。可以用把工资份额 σ_w 表达为"真正"工资份额 σ_w^*（它反映工人阶级力量）和利用变量 η_w^{-1}（它反映生产能力利用率）的乘积来区分这两种影响 [见方程（26）]。

其次，根据有关的组成变量——工资的真正份额 σ_w^* 和生产能力/资本比率 ζ——变化的基本根源，人们能够而且应该区别马克思主义危机理论的劳工实力增强论和资本有机构成提高论中各自存在的两种不同观点。在劳工实力增强论中，σ_w^* 可以因为劳工的"攻势"力量，也可以因为劳工的"守势"力量而上升（σ_π 因而下降）。根据用实际比率 $\bar{w}^*/\bar{y}^*$ 上升和用价格比率 P_w/P_y 上升说明 σ_w^* 上升的程度，可以区别这两种机制 [见方程（28）]。在资本有机构成提高论中，ζ 的下降可以因为资本有机构成的提高，也可以因为不变资本各要素价值的上升。根

据用实际比率 $\bar{y}^* / \bar{j}^*$ 下降和用价格比率 P_k / P_y 下降说明 ζ 下降的程度，可以区别这两种机制［见方程（34）］。

最后，在劳工实力增强论和资本有机构成提高论各自的第二种观点中所涉及的价格比率，都可以通过方程（35）～方程（37）分解为反映贸易条件的变量 ψ_y 和反映资本/工资商品价格比率的变量 ψ_k。这种分解有助于分析贸易条件恶化作为利润率下降根源的意义。

把方程（11）、方程（26）、方程（38）和方程（39）代入最初利润率方程（1）中，可以把较详细分析利润率 ρ 所需的全部关键变量组合成一个方程：

$$
\begin{aligned}
\rho &= \sigma_\pi \varphi \zeta = (1 - \sigma_w^* / \eta_w) \varphi \zeta \\
&= \left(1 - \frac{\bar{w}^*}{\bar{y}^*} \cdot \frac{1}{\psi_y} \cdot \frac{1}{\psi_k} \cdot \frac{1}{\eta_w} \right) \varphi \left(\frac{\bar{y}^*}{\bar{j}^*} \cdot \psi_y \cdot \frac{1}{\psi_k} \right)
\end{aligned}
\tag{40}
$$

现在剩下的事情就是检验这个最后方程范围之内的，为战后美国经济的 NFCB 部门所搜集的经验数据了。

四　用于更详尽分析的经验证据

为了阐明对利润率进行更详尽分析所能获得的证据，最好用长期变动率的形式像第二节一样提供有关组成变量的数据。这样，就有必要把利润率方程（40）变成一个增长核算方程，其中每个变量都以它的变动指数率的形式 $\dot{x}$ 出现。这种变换的结果如下：

$$
\begin{aligned}
\dot{\rho} &= \dot{\sigma}_\pi + \dot{\varphi} + \dot{\zeta} = - \xi (\dot{\sigma}_w^* - \dot{\eta}_w) + \dot{\varphi} + \dot{\zeta} \\
&= - \xi (\dot{\bar{w}}^* - \dot{\bar{y}}^* - \dot{\psi}_y - \dot{\psi}_k - \dot{\eta}_w) + \dot{\varphi} + (\dot{\bar{y}}^* - \dot{\bar{j}}^* + \dot{\psi}_y - \dot{\psi}_k)
\end{aligned}
\tag{41}
$$

这里的 ξ 是把工资份额 σ_w 增长率（的绝对价值）变成利润份额 σ_π 增长率（的绝对价值）的正值乘数。容易证明的是：

$$
\xi = - \frac{\dot{\sigma}_\pi}{\dot{\sigma}_w} = \frac{W}{\Pi}
\tag{42}
$$

为了简化下面的描述和证据的讨论，我将先把方程（41）中 $\dot{\rho}$ 的组成部分分为下列三个独立组：

$$\dot{\rho} = \dot{\rho}_l + \dot{\rho}_r + \dot{\rho}_c, \tag{43}$$

$$\dot{\rho}_l = -\xi\,\dot{\sigma}_w^* = \xi(\dot{y}^* - \dot{w}^*) + \xi(\dot{\psi}_y + \dot{\psi}_k) \tag{44}$$

$$\dot{\rho}_r = \xi\,\dot{\eta}_w + \dot{\varphi} \tag{45}$$

$$\dot{\rho}_c = \dot{\zeta} = (\dot{y}^* - \dot{j}^*) + (\dot{\psi}_y - \dot{\psi}_k) \tag{46}$$

把 $\dot{\rho}$ 的组成部分划分为三方面类别的目的，是要区别出那些应该与马克思主义危机理论的三种基本观点有关的各项，$\dot{\rho}_l$ 衡量（与资本相关的）劳工实力变化对利润率的影响；$\dot{\rho}_r$ 衡量实现条件变化的影响，$\dot{\rho}_c$ 则衡量资本有机构成变化的影响。$\dot{\rho}_l$、$\dot{\rho}_r$ 或 $\dot{\rho}_c$ 的负值反映对于利润率有消极作用的变化，亦即劳工实力增强、实现条件恶化或资本有机构成提高。$\dot{\rho}_l$、$\dot{\rho}_r$ 或 $\dot{\rho}_c$ 的正值反映对利润率有积极作用的变化。按定义，这三种"基值"变量之和必须等于在给定时期里利润率的指数变动率。

一旦通过 $\dot{\rho}_l$、$\dot{\rho}_r$ 和 $\dot{\rho}_c$ 的经验估算证实了马克思主义危机理论中劳工实力增强论、实现失败论和资本有机构成提高论的意义，就可以根据列入 $\dot{\rho}_l$ 和 $\dot{\rho}_c$ 表达式中各组成变量的经验估算值，推论出劳工实力增强论和资本有机构成提高论中各自的不同观点的意义。在方程（44）和方程（46）中，基值变量 $\dot{\rho}_l$ 和 $\dot{\rho}_c$ 是作为涉及实际变量（$\dot{y}^*$、$\dot{w}^*$、$\dot{j}^*$）的项目和涉及价格变量（ψ_y、ψ_k）的项目之和来表示的。正如第三节里解释的那样，实际变量项目反映劳工实力增强论和资本有机构成提高论中攻势的和技术的观点，而价格变量项目则反映守势的和价值的观点。最后，贸易条件（和资本/工资商品价格比率）的作用可以根据出现在方程（44）和方程（46）中的 ψ_y（和 ψ_k）变量的性质推论出来。

为了把这种理论结构应用于对战后美国经济的 NFCB 部门中利润率性质的经验分析中去，人们首先需要关于 $\dot{\rho}$ 和基值变量 $\dot{\rho}_l$、$\dot{\rho}_r$ 和 $\dot{\rho}_c$ 的全部数据，表6、表7和表8提供了这些变量的数据，就像表3、表4和表5提供了基本组成变量 $\dot{\sigma}_w$、$\dot{\varphi}$ 和 ζ 数据一样。这两套数据之间唯一的区别是，在这套新数据中，$\dot{\varphi}$ 对 $\dot{\sigma}_w$（和 $\dot{\sigma}_\pi$）的利用效果已经从 $\dot{\rho}_l$ 中除去，而转移到（它所归属的）$\dot{\rho}_r$；$\dot{\rho}_c$ 则仍然等于最初的 $\dot{\zeta}$。

表6　基值变量的增长率：全部时期和周期之间（全部数字代表年均增长率）

单位：%

	整个时期	周　期			
		Ⅰ ~ Ⅱ	Ⅱ ~ Ⅲ	Ⅲ ~ Ⅳ	Ⅳ ~ Ⅴ
利润率，$\dot{\rho}$	－ 1. 2	－ 3. 2	－ 1. 5	＋ 2. 2	－ 4. 7
基值变量：					
劳工实力，$\dot{\rho}_l$	－ 1. 13	－ 1. 4	＋ 0. 9	－ 0. 5	－ 2. 6
实现条件，$\dot{\rho}_r$	－ 0. 09	－ 1. 2	－ 3. 2	＋ 2. 1	－ 1. 2
资本有机构成，$\dot{\rho}_c$	＋ 0. 02	－ 0. 5	＋ 0. 6	＋ 0. 6	－ 0. 9

表7　基值变量的增长率：阶段平均（全部数字代表年均增长率）

单位：%

	阶　段		
	A	B	C
利润率，$\dot{\rho}$	＋ 26. 8	－ 10. 1	－ 25. 3
基值变量			
劳工实力，$\dot{\rho}_l$	＋ 3. 4	－ 9. 7	＋ 4. 7
实现条件，$\dot{\rho}_r$	＋ 27. 4	＋ 1. 4	－ 32. 1
资本有机构成，$\dot{\rho}_c$	－ 1. 1	－ 1. 8	＋ 2. 1

表8　基值变量增长率：在每个周期的 B 阶段（全部数字代表年均增长率）

单位：%

	周　期				
	Ⅰ	Ⅱ	Ⅲ	Ⅳ	Ⅴ
利润率，$\dot{\rho}$	－ 10. 8	－ 10. 5	－ 9. 7	－ 8. 2	－ 11. 5
基值变量					
劳工实力，$\dot{\rho}_l$	－ 11. 1	－ 6. 5	－ 8. 6	－ 3. 8	－ 18. 7
实现条件，$\dot{\rho}_r$	＋ 3. 0	－ 2. 5	－ 2. 4	－ 3. 9	＋ 12. 9
资本有机构成，$\dot{\rho}_c$	－ 2. 7	－ 1. 6	＋ 1. 3	－ 0. 4	－ 5. 6

因为在生产能力利用率中没有明显的长期趋势，所以利用效果的转移对于分析 ρ 的战后长期下降趋势没有多少区别。表 6 中的数据像表 3 中一样，也是表明从 1949 年到 1975 年利润率的下降趋势主要是由于劳工实力增强对利润份额的压低作用。

可是，表 6 中周期间的数字与表 3 中的相应数字却有很大不同，因此它们导致对于 ρ 指标的某种不同（并且可能更为精确）的解释。这种经验数据表明，劳工实力增强足以显然促使利润率在四个周期间时期的两个时期中下降：从周期 I （1949～1954 年）到周期 II （1954～1958 年）和甚至更为严重地从周期 IV （1960～1970 年）到周期 V （1970～1975 年）。但是从周期 III （1958～1960 年）到周期 IV，劳工实力确实未变化到足以对利润率产生重要作用。从周期 II 到周期 III，劳工实力实际上似乎丧失了，并由此对利润率有积极作用。

有关证据指出，实现条件显然恶化并且促使周期 I 和周期 II、周期 II 和周期 III 和周期 IV 和周期 V 之间的整个利润率下降，同时显然改善并且促使周期 III 和周期 IV 之间的利润率有所改善而增长。这样就有可能用 $\dot{\rho}_r$ 的符号来解释利润率在每一种情况下变动的方向。可是，从周期 I 到周期 II 和从周期 IV 到周期 V，利润率的严重下降只能用 $\dot{\rho}_l$ 的性质来解释，因为在这两种情况下，相关数据显示，劳工实力的增强比实现条件的恶化对利润率下降的影响更大。第三个作用要素——资本有机构成——在每次利润率变化中都只起相当小的作用。

表 7 和表 8 提供的证据是关于 NFCB 部门利润率的周期特性和已经影响它的几种力量。表 7 显然表明，在每个周期的扩张初期（A 阶段）里 ρ 的迅速提高和在收缩期（C 阶段）里 ρ 的迅速下降，几乎都可以完全归因于实现条件的相应改善和恶化。有关数据说明，劳工实力在 A 阶段和 C 阶段里（与资本力量相比）都有些削弱，因而使 ρ 有所上升。资本有机构成对于 A 阶段和 C 阶段利润率变化的作用似乎相当小，并

且的确与 ρ 的实际运动方向相反。

总的看来，NFCB 部门利润率在战后美国周期的 B 阶段的下降似乎仍然主要可以归因于劳工实力的相应增强。表 7 中的数据表明，平均起来在 B 阶段很少出现实现条件或资本有机构成的重要变化。表 8 中的数据则表明这些要素在某些周期中的较重要变化，但是仍然没有系统的趋势。值得注意的是周期Ⅳ的 B 阶段（1966～1969 年），在这个阶段中，实现条件的恶化，同劳工实力的增强一样有力地促使利润率全面下降。在周期Ⅴ的 B 阶段（1972～1973 年），尽管实现条件大有改善，而利润率仍然下降，这是劳工实力增强和资本有机构成的剧烈上升所致。

在第一节讨论马克思主义危机理论中的劳工实力增强论时，所提解释劳工实力增强的主要论证，是以劳动后备军耗尽为基础的。虽然这个论点是在周期而不是长期的意义上明确提出的，但是考虑它与刚才提出来的全部经验结果可能的关联是有趣的。根据表 6、表 7 和表 8 中的数据可见，无论是在从 1949 年到 1975 年的整个时期中，还是在从周期Ⅰ（1949～1954 年）到周期Ⅱ（1954～1958 年）和从周期Ⅳ（1960～1970 年）到周期Ⅴ（1970～1975 年）中，抑或是在战后五个周期每一个的 B 阶段中，工人阶级力量的增强都显然促使 NFCB 部门利润率的下降。如果劳动后备军的特性在这些时期里对劳工实力增强论的效力起了任何作用，人们就应该寻求一些劳动后备军耗尽的相应数据。

在美国战后的整个时期里，按历史标准来说，失业率已经比较低。当然可以认为，劳动后备军的这种长期相对耗尽——无论其原因何在——可能已经对工人阶级从 1949 年到 1975 年在 NFCB 部门之内提高真正工资份额的能力起了作用。图 2 和表 9 提供的是战后不同分时期里劳动后备军的较详细数据。图 2 是（私营非农业工资和薪金工人的）失业率的曲线图，表 9 提供的数据是所研究的全部五个周期、单独的每个周期和每个周期每个阶段的几个劳动市场的平均指标。

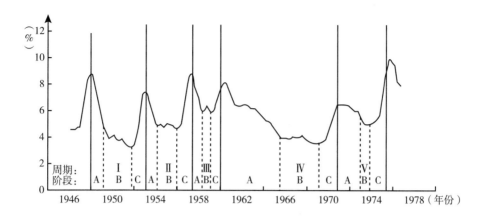

图 2　战后不同时期的失业率

表 9　劳动市场指标：关键时期的平均

	失业率（％）	平均工作周（小时）	离职率（％）
整个时期	5.3	40.3	2.0
周期 I	4.7	40.4	2.5
周期 II	5.6	40.0	1.6
周期 III	6.7	39.8	1.3
周期 IV	5.0	40.5	1.9
周期 V	5.8	40.2	2.2
阶段 A	6.4	40.1	1.7
阶段 B	4.6	40.8	2.3
阶段 C	5.4	39.8	1.9

　　注：失业率的统计对象为私营非农业工资和薪金工人，平均工作周的统计对象为制造业中的雇佣工人，离职率的统计对象为制造业中的全部雇员。

　　图 2 和表 9 的数据用许多指标显示，周期 I 和周期 IV 是以极其紧缩的劳动市场为特征的，然后是周期 II、周期 III 和周期 V。周期 I 和周期 IV 恰巧包括了朝鲜战争和越南战争达到顶峰的时期。然而，最重要的现实意义在于劳动后备军相对说来最耗竭的这两个周期，确实也正是工人阶级在周期之间使工资的真正份额有了最大提高的两个周期。表 9 的周

期内数字毫不奇怪地表明，后备军是在 B 阶段被大部分耗尽的。劳动市场从 A 阶段到 B 阶段相当紧缩和在 B 阶段内最为紧缩这个事实，与工人阶级力量在 B 阶段由于后备军耗尽而得以提高真正工资份额的假设是完全一致的。总之，关于劳动市场和美国经济的 NFCB 部门里工资份额的可获得的数据，是基本上符合马克思主义危机理论中基于劳动后备军的劳工实力增强论的。无论是在短经济周期的意义上还是在利润率长期波动的意义上，都是如此。

在完成了对马克思主义危机理论中三种基本论点的经验比较之后，现在我将调查劳工实力增强论和资本有机构成提高论中几种不同的支派观点的经验意义。这个任务需要更详细的组成变量数据，以便通过它们在方程（44）和方程（46）中表现出两个基值变量——$\dot{\rho}_l$和$\dot{\rho}_c$。根据表 10～表 12 提供的所需数据依次分析这两种理论。

表 10　组成变量的增长率：整个时期和周期之间（全部数字代表年均增长率）

单位：%

	整个时期	周期			
		Ⅰ～Ⅱ	Ⅱ～Ⅲ	Ⅲ～Ⅳ	Ⅳ～Ⅴ
对$\dot{\rho}$的作用：					
攻势劳工实力，$\xi(\dot{y}^* - \dot{w}^*)$	+ 1.09	− 4.2	+ 0.5	+ 3.2	+ 1.3
守势劳工实力，$\xi(\dot{\psi}_y + \dot{\psi}_k)$	− 2.22	+ 2.8	+ 0.4	− 2.7	− 3.9
资本技术构成，$\dot{y}^* - \dot{j}^*$	+ 0.62	+ 0.2	+ 1.1	+ 1.0	+ 0.2
资本要素价值，$\dot{\psi}_y - \dot{\psi}_k$	− 0.60	− 0.7	− 0.3	− 0.3	− 1.1
组成变量：					
真正生产率，$\dot{y}^*$	+ 3.15	+ 3.0	+ 4.0	+ 3.4	+ 2.4
真正实际工资，$\dot{w}^*$	+ 2.90	+ 4.1	+ 3.8	+ 2.5	+ 2.1
真正实际资本/劳动比率，$\dot{j}^*$	+ 2.53	+ 2.8	+ 2.9	+ 2.4	+ 2.2
贸易条件，$\dot{\psi}_y$	− 0.55	+ 0.0	− 0.1	− 0.7	− 1.0
资本/工资商品价格比率，$\dot{\psi}_k$	+ 0.05	+ 0.7	+ 0.2	− 0.3	+ 0.1

表 11　组成变量的增长率：阶段平均（全部数字代表年均增长率）

单位：%

	阶　段		
	A	B	C
对 $\dot{\rho}$ 的作用：			
攻势劳工实力 $,\xi(\dot{y}^* - \dot{w}^*)$	+ 5. 0	− 6. 1	+ 3. 3
守势劳工实力 $,\xi(\dot{\psi}_y + \dot{\psi}_k)$	− 1. 5	− 3. 6	+ 1. 4
资本技术构成 $,\dot{y}^* - \dot{j}^*$	+ 0. 6	− 0. 6	+ 1. 7
资本要素价值 $,\dot{\psi}_y - \dot{\psi}_k$	− 1. 7	− 1. 2	+ 0. 4
组成变量：			
真正生产率 $,\dot{y}^*$	+ 5. 4	+ 1. 5	+ 1. 8
真正实际工资 $,\dot{w}^*$	+ 4. 4	+ 3. 1	+ 1. 1
真正实际资本 / 劳动比率 $,\dot{j}^*$	+ 5. 1	+ 2. 1	+ 0. 2
贸易条件 $,\dot{\psi}_y$	− 1. 1	− 1. 0	+ 0. 3
资本 / 工资商品价格比率 $,\dot{\psi}_k$	+ 0. 6	+ 0. 2	− 0. 1

表 12　组成变量的增长率：每个周期的 B 阶段（全部数字代表年均增长率）

单位：%

	周　期				
	Ⅰ	Ⅱ	Ⅲ	Ⅳ	Ⅴ
对 $\dot{\rho}$ 的作用：					
攻势劳工实力 $,\xi(\dot{y}^* - \dot{w}^*)$	− 7. 4	− 13. 0	− 2. 0	+ 0. 2	− 8. 6
守势劳工实力 $,\xi(\dot{\psi}_y + \dot{\psi}_k)$	− 3. 6	+ 6. 5	− 6. 7	− 4. 0	− 10. 1
资本技术构成 $,\dot{y}^* - \dot{j}^*$	− 1. 5	− 0. 7	+ 2. 1	+ 0. 4	− 3. 1
资本要素价值 $,\dot{\psi}_y - \dot{\psi}_k$	− 1. 2	− 1. 7	− 0. 8	− 0. 9	− 2. 6
组成变量：					
真正生产率 $,\dot{y}^*$	+ 1. 6	+ 1. 1	+ 2. 2	+ 2. 7	+ 0. 2
真正实际工资 $,\dot{w}^*$	+ 3. 8	+ 4. 5	+ 2. 7	+ 2. 6	+ 2. 0
真正实际资本 / 劳动比率 $,\dot{j}^*$	+ 3. 1	+ 1. 8	+ 0. 1	+ 2. 2	+ 3. 3
贸易条件 $,\dot{\psi}_y$	− 1. 1	+ 0. 4	− 1. 3	− 1. 0	− 2. 3
资本 / 工资商品价格比率 $,\dot{\psi}_k$	− 0. 1	+ 1. 3	− 0. 5	− 0. 1	+ 0. 3

表 10 ~ 表 12 的前两行分开说明劳工实力对利润率 $\dot{\rho}_l$ 变化的作用归因于劳工攻势力量（用实际变量 $\bar{y}^*$ 和 $\bar{w}^*$ 结合的作用衡量）和归因于劳工守势力量（用价格变量 ψ_y 和 ψ_k 的结合作用衡量）的不同程度。表 10 中的数据表明，工人阶级在分配斗争中得到的长期收益和对利润率的合成消极压力，大部分归因于劳工的守势实力，真正生产率 $\bar{y}^*$ 和真正实际工资 $\bar{w}^*$ 的联合特性，实际上对利润率起了积极的作用，因为在从 1949 年到 1975 年的整个时期里，真正实际工资未能与真正生产率保持一致。这样，真正工资份额的全面提高及其后来对利润率的消极作用，完全可以归因于反映贸易条件的 ψ_y 和反映资本/工资商品价格比率的 ψ_k 的特性。的确，单单 ψ_y 和 ψ_k 的数字便能证明，这种价格变量的影响完全由贸易条件恶化所致。因此，真正工资份额的长期上升可以归因于 NFCB 部门贸易条件的恶化，加上劳动者把那种恶化的部分负担转移给资本的（守势）能力。

表 10 中周期之间的数据支持了周期 Ⅳ 和周期 Ⅴ 间真正的工资份额上升的相同结论，但表明另一种情况，即从周期 Ⅰ 到周期 Ⅱ 劳工实力增强论显然起作用的情况，也就是劳工攻势实力最突出的情况。的确，这是唯一的真正实际工资增长超过真正生产率增长的周期间时期。

表 11 和表 12 中提出的短周期波动的数据表明，真正实际工资增长一般在周期的 B 阶段（扩张后期）快于真正生产率；除了周期 Ⅳ（当时这两个增长率实际上是相等的）以外，在每个周期的 B 阶段都是如此。这就表明，工人阶级的攻势力量在促使真正工资份额的周期提高，因此，在助长利润率的周期下降中起了重要作用。这种证据表明，除了周期 Ⅱ 以外，守势的劳工实力也在每个周期的 B 阶段起作用。在其他四个周期中，贸易条件在 B 阶段恶化，并且工人不以降低实际工资来承担这种恶化的冲击，而是将其传递给资本家作为提高真正工资份额的第二个根源（除了真正实际工资/生产率的增长差别以外）。

我对马克思主义危机理论中资本有机构成提高论的经验分析已经证

明，资本有机构成的变化对于 NFCB 部门利润率指标的变化影响甚微，无论是在周期还是在长期意义上都是如此（见表 6 ～表 8）。可是，或许仍有必要把资本有机构成提高论中两种不同观点有关的资本技术构成和不变资本要素价值的两种作用分离开。表 10 ～表 12 的第三和第四行已经分开了资本有机构成 $\dot{\rho}_c$ 对利润率变化起着作用的"技术"和"价值"组成部分。

表 10 中的数据是显然同整个时期的趋势和从一个周期到下一个周期的变化相一致的。在所有这些例子中，资本技术构成变化对利润率的作用都是正数，而不变资本要素价值变化的作用则都是负数。在整个时期中，两种影响几乎完全相互抵消，这说明资本有机构成对于利润率没有什么重要的全面影响。价值要素的长期下降趋势几乎完全由于贸易条件的恶化；这大概直接有助于资本有机构成在利润不景气下的提高，只是真正生产率 $\bar{y}^*$ 增长稍微快于真正实际资本/劳动比率 $\bar{j}^*$。$\bar{j}^*$ 本身的趋势（最接近马克思的资本技术构成）总是上升的；但是 $\bar{y}^*$ 的趋势也总是上升的，并且多少更加迅速地上升。

表 11 和表 12 中关于资本有机构成提高论中不同观点的周期数据不如长期数据那么引人注目，因为它不是那么始终一致。平均说来，在周期的 B 阶段（不像在 A 和 C 阶段以及在长期中），存在真正实际资本/劳动比率 $\bar{j}^*$ 的增长超过真正生产率 $\bar{y}^*$ 增长的趋势。可是，对于利润率有影响的技术构成的这种下降趋势的冲击，只是在五个周期中三个的 B 阶段起了作用，而且总不是很明显。因为贸易条件恶化的总趋势，要素价值对于利润率的影响比技术构成的影响常常更有向下的趋势。在每个周期的 B 阶段，要素价值影响都对资本有机构成产生积极作用——因而对利润率产生消极作用；而且，它的作用远不如劳工实力增强的作用那样明显。平均说来，只是在 C 阶段，要素价值影响才趋向于变得有利于利润率，这主要是因为在周期的收缩期中贸易条件有所改善。

小结。上面提出的最有趣的一些经验结果可以小结如下。从 1949

年到 1975 年利润率的长期下降几乎完全可以归因于工资的真正份额的上升，这表明了劳工实力的增强。可是，这种增强主要是守势性质的。工人阶级并未成功地使真正的实际工资收益与生产率的增长相一致；它只是比资本家更为成功一些地以自我防卫抵御了贸易条件的长期恶化。

利润率的长期下降从来不是稳定的。利润率从周期Ⅰ到周期Ⅱ和从周期Ⅱ到周期Ⅲ下降，从周期Ⅲ到周期Ⅳ上升，而从周期Ⅳ到周期Ⅴ则再次下降。实现条件的恶化在每个周期之间的下降中起作用，但是劳工实力的增强则几乎是其中最重要的一个因素。从 50 年代直到 70 年代，贸易条件的长期不利趋势日益加剧；它是导致利润率从周期Ⅳ到周期Ⅴ下降的主要因素（不仅通过劳工守势实力，而且通过不变资本要素的价值）。资本有机构成在战后未出现明显的长期趋势，它对利润率在周期间的波动也没多大作用。这是因为不变资本要素价值变化（由于贸易条件恶化）对于利润率的总的消极作用大体上被资本技术构成变化的相应的积极作用抵消了。

利润率的周期下降（在战后五个周期中每一个的 B 阶段）主要也可以归因于劳工实力的增强。周期和较长期结果的主要区别是，从周期意义上说，工人阶级实力增强的性质既像守势一样也常常是攻势。换言之，工人在周期扩张后期通常得益于超过实际生产率增长的真正实际工资收益，而真正工资份额的周期提高只是部分地由于劳工方面转移了有害的相对价格变化的负担。

最后，关于劳动市场条件的数据——无论是从周期还是从较长期意义来说——完全符合这种观点，即当劳动后备军相对耗尽时，相对于资本的劳工实力上升。

五 结论

本文已经根据来自国民收入核算的数据采用经验测试的方式，阐述了马克思主义危机理论的不同论点，并已对这些不同的理论论点在战后美国经济的 NFCB 部门里的适用性加以经验测试。

我首先说明马克思主义危机理论的三种不同论点——分别基于资本有机构成提高、劳工实力增强和实现失败——是怎样把被认为造成经济危机的利润率下降归因于不同缘由的。我还区别了这三种基本理论用以解释利润率下降的不同机制。经过这样鉴别的每一种理论流派及其支派,都有不同的含意去说明用以表达利润率的各关键变量的特性。因此,通过检验在利润率下降的任何时期里这些关键变量的实际性质,人们就能够确定每个流派和支派在什么程度上对那种下降提出了合理的解释。我的经验研究所侧重的几个时期是:(1)从1949年到1975年的长时期,它包括五个完整的经济周期;(2)从每一个完整的周期到下一个完整周期的四个短时期;(3)每个周期内对应于扩张初期和后期阶段以及整个收缩期的三个阶段。我的经验测试结果可以总结如下。

美国经济的 NFCB 部门中(纳税前的)利润率从1949到1975年呈现长期下降的趋势:它从周期Ⅰ(1949～1954年)到周期Ⅱ(1954～1958年)和从周期Ⅱ到周期Ⅲ(1958～1960年)都是下降,又从周期Ⅲ到周期Ⅳ(1960～1970年)变为上升,而从周期Ⅳ到周期Ⅴ(1970～1975年)则再次下降。在每个周期之内,利润率都在扩张初期阶段上升,然后在扩张后期阶段以及收缩期中下降。为了检验马克思主义危机理论的不同论点,最适当的经验任务是对战后整个时期中四个周期间的三次和战后五个周期里每一个关键性的扩张后期阶段中所观察到的利润率下降加以解释。

简言之,在解释所有这些关键时期里利润率下降中,劳工实力增强论得到的经验支持比资本有机构成提高论或实现失败论多得多。劳工实力相对于资本实力的增长——反映在经过适当调整的工资份额中——完全说明利润率的长期下降、部分地说明其周期下降,并大体上说明周期扩张后期的下降。此外,在所有这些例证中,都有数据支持这一假设,即劳工实力是劳动后备军规模的一个负函数。资本有机构成的变化——就这些变化与劳工实力或实现条件的变化无关而言——相对说来对利润率没有多少影响。实现失败——反映在平均生产能力利用率下降中——对出现在周期间和几个周期扩张后期阶段里的利润率下降作用不大。实现条件的变化只是解释了扩张初期阶段和收缩阶段里利润率的剧烈变化。

在分析劳工实力增强之所以能够对利润率下降起作用的各种可能机制时，我发现有必要对分别基于"攻势"和"守势"劳工实力的两个劳工实力增强论的支派，加以区别，前者指的是工人阶级获得比生产率提高更迅速的实际工资收入的能力，而后者指的是工人把有害的价格变化（诸如所考虑的经济的贸易条件恶化）导致的实际收入损失的不匀称份额转移给资本家的能力。至于战后美国经济中的 NFCB 部门，经验数据表明，劳工实力增强论的重要解释力量是以两个支派在周期和长期意义上的不同结合为依据的。在战后每个周期的扩张后期阶段对利润率下降起作用的劳工实力不仅包括攻势劳工实力，而且涉及守势劳工实力：工人实际工资增长比生产率更迅速，于是资本家不得不承担有害价格变化导致的不匀称份额。但是，劳工实力长期和周期间的增强主要是守势性质的。从 1949 年到 1975 年利润率下降趋势的主要原因是 NFCB 部门贸易条件日益严重地恶化，它对实际部门收入的消极作用已经大部分由利润而不是由工资承担了。在战后整个时期里，工人阶级成功地提高了 NFCB 部门收入中的工资份额，但是平均工资的实际价值并未同平均劳动生产率的增长保持一致。

本文研究的理论和经验分析能够而且应该扩大到几个重要方面。首先，对马克思主义危机理论中不同论点在周期意义上的经验测试，可以通过考虑利润率趋于下降时关键的扩张后期阶段内更短的时期而更有力量。在本文研究中，我已经把我对于利润率周期下降的经验调查放在整个周期中 B 阶段——从利润率达到高峰的扩张中期点到实际产量达到高峰时的扩张终结点——里的各关键变量增长率的基础上。但是，在 B 阶段长到足以使最初的利润率下降趋势影响对投资的刺激，并——由于一段时延——引起生产能力利用率降低而不论利润率趋于下降的起始原因何在的场合下，使用整个 B 阶段的增长率也许会使这种测试过分偏向于基于实现条件变化（实现失败论）的一种解释。此外，仔细看看战后美国经济中 NFCB 部门的季度时间序列的数据（见图 1）可以发现，在每个 B 阶段开始时利润率总是剧烈的下降，有时在 B 阶段的后期里利润率却暂时转而上升（达不到它早先的高峰）。为了缓和这两种利害关系，应该把我已经对整个 B 阶段所做的同种类型的测试，改为只对包括 B 阶段开始时头几个季度的时期进行测试。

其次，贸易条件在解释美国 NFCB 部门利润率长期下降中的重要作用表明，需要更详尽地对贸易条件的变化进行经验分析。在第三节里，我讨论 NFCB 部门价格对世界其他地区价格比率恶化的几个可能的原因，包括（NFCB 部门进口的）有限资源日益稀缺，世界资本主义体系内美国霸权的衰落以及相对于美国经济劳务部门工资的生产率的增长缓慢。但是，我还没有提出一种方法，用于经验测试这些不同解释的正确性，我也没有考虑到其他可能的解释。在这个领域里进行更多理论的和经验的工作，对于研究利润率下降的根源是极其重要的。

在区别各种可选择的理论的方法中，我还没有充分提出的另一个领域是对实现失败原因的分析。虽然在解释 1949～1975 年美国 NFCB 部门利润率下降时未曾证明马克思主义危机理论中实现失败论是非常重要的，但是它在别的经济中或在其他时期里可能是较有意义的。那时，实现问题是否产生于消费不足或投资不足或比例失调——我在第一部分讨论过的各种不同理论——或者来自我这里没有考虑到的一些其他可能的原因，一定会成为更引人关注的问题。为了做出这种区别，人们需要关于总需求和供给结构的更加全面的理论分析，还需要比我为本文搜集的资料更加广泛的数据。

最重要的是必须超越对纳税前利润率的分析，去考虑政府的作用和纳税后的利润率。我不仅衡量过收入中的工资份额，而且衡量过其中的利润份额，这两者都是本文提出分析中所利用的关键变量；并且衡量过直接税总额，且未考虑政府转让和政府购买的作用。但是，政府收入和支出显然对工人和资本家的实际收入状况有极大的影响，所以，对为分配进行阶级斗争的完整分析——及由此出现的马克思主义危机理论中的劳工实力增强论——应该直接提出国家对分配的作用。此外，在现代资本主义经济中，政府对实现条件也有极大的影响，所以对实现失败论的完整分析需要注意政府的宏观经济作用。而且就资本家的行为而言，例如，计划投资是受纳税后而不是纳税前利润率影响的，因而任何限于后者的分析都必然是不完全的。所以我的研究必然是初步的，因为缺乏对政府作用的考虑。

最后，理想的方法是调查不同历史时期和其他资本主义经济中利润率的特点，以便在上述扩大范围内，继续进行本文所进行过的这种分析。

符号一览

本文正文和表格中所用全部符号及其定义如下，不包括前面已定义的那些符号附加上标后的形式。这些上标的意思，附在符号一览后面。

符号

c　不变资本

e　剥削率（以价值表示）

g　资本有机构成（以价值表示）

J　实际利用的资本存量（按现行价格计算）

$\bar{j}$　现实利用的实际资本/劳动比率

K　资本存量（按现行价格计算）

$\bar{k}$　实际资本/劳动比率

L　总劳动小时（直接的和间接的）

L_d　直接劳动小时

L_o　间接劳动小时

P_k　资本商品价格指数

P_w 工资商品价格指数

P_x 价格指标计值标准

P_y 净产量折算价格指数

r 价值利润率

s 剩余价值

u_w 平均单位劳动成本

W 工资数量（劳动的完全收入，按现行价格计算）

w 平均小时货币工资率（全部雇员）

w_d 直接雇员平均小时货币工资率

w_o 间接雇员平均小时货币工资率（等价物）

Y 实际净产量/收入（按现行价格计算）

$\bar{Y}$ 平均劳动生产率（每劳动小时实际产量）

Z 潜在净产量或生产能力（按现行价格计算）

$\bar{z}$ 每劳动小时实际生产能力

γ 资本有机构成（以价格表示）

ε 剥削率（以价格表示）

η_l 劳动小时需要率

η_w 工资总额需要率

ζ 生产能力/资本比率

λ_d 每单位产量所用直接劳动小时

λ_o 每单位产量所用间接劳动小时（最佳的）

$\varPi$ 利润量（财产的全部收入，以现行价格计算）

ρ 利润率

ρ_c 资本有机构成对利润率变动的作用分量

ρ_l 劳工实力对利润率变动的作用分量

ρ_r 实现条件对利润率变动的作用分量

σ_w 工资份额（净收入中的）

σ_π 利润份额（净收入中的）

φ 生产能力利用率

ψ_k 调整过的资本商品价格指数（相对于工资商品的）

ψ_w 调整过的工资商品价格指数（相对于资本商品的）

ψ_y 调整过的净产量价格指数（反映贸易条件）

上标

$\bar{x}$ 表示实际 x（以不变价格表示的 x）

x^* 表示"真正需要的"或"真正的" x

$\hat{x}$ 表示 x 的最佳水平

$\dot{x}$ 表示 x 的指数变动率。

韦斯科普夫对利润率动态的
研究及其局限[*]

孟　捷　李亚伟[**]

在 20 世纪 70 年代，马克思主义经济学关于利润率下降和危机的研究产生了三个流派。第一个流派主张，利润率下降和危机的爆发可归因于资本有机构成的提高。该流派的主要代表是曼德尔和谢克（也译赛克）。第二个流派则把利润率下降和危机归于实现困难，该流派的主要代表是以斯威齐为首的"《每月评论》派"。第三个流派的观点往往被称作"利润挤压论"，认为工资成本上涨侵蚀利润份额，是造成利润率下降和危机的主要原因。这一派的人数在三派中最多。调节学派、社会积累结构学派、日本宇野学派的主要人物都隶属于这一派。

1979 年，美国学者韦斯科普夫提出了一个分析利润率变动的框架，试图整合上述三种理论，并利用相关数据对三种理论进行实证检验。[①] 他的研究结论维护了"利润挤压论"的观点，即工资成本上升是造成

---

　* 本文系中国人民大学科学研究基金（中央高校基本科研业务费专项资金资助）项目（13XNH094）的成果。

** 孟捷，复旦大学经济学院教授，主要研究方向为政治经济学；李亚伟，四川大学经济学院副教授，主要研究方向为政治经济学。

① Weisskopf, T., "Marxian Crisis Theory and the Rate of Profit in the Postwar US Economy," *Cambridge Journal of Economics*, 3（1979）：342.

利润份额下降和利润率下降的主要原因。韦斯科普夫的研究产生了一定
影响，赢得了一些追随者，如 Hahnel 和 Sherman、Henley、Michl、Bakir
和 Campbell、谢富胜等以及 Cámara[①]。但也因方法的局限引发了一些学
者的争论。本文试图梳理围绕韦斯科普夫的研究所产生的争论，探究其
研究进路的长处和局限性。全文由以下四部分组成：第一部分介绍韦斯
科普夫的基本观点；第二部分讨论芒利对韦斯科普夫的质疑，以及韦斯
科普夫对自己之前分析所做的修正；第三部分评述莫斯里和韦斯科普夫
围绕生产性劳动问题的争论；第四部分是一个批判的总结。

一 韦斯科普夫对利润率变动原因的研究

按照韦斯科普夫的观点，利润率可定义为利润量和资本存量的比
率。该比率又可进一步分解为以下公式中三项不同的因素，即利润份
额、产能利用率和产能资本比率。

$$\rho = \frac{\Pi}{K} = \frac{\Pi}{Y} \cdot \frac{Y}{Z} \cdot \frac{Z}{K} = \sigma_\pi \varphi \zeta \tag{1}$$

其中 Π 是利润量，K 是资本存量，Y 是实际产出（或收入），Z 是
潜在产出（或产能）。这样一来，利润率 ρ 就等于利润份额 σ_π、产能利
用率 φ 和产能资本比率 ζ 这三者的乘积。

等式（1）通过将利润率分解为三项不同因素，概括了前述三种马

---

① 这些学者的相关著作为：Hahnel, R. & H. Sherman, "The Rate of Profit over the Business
Cycle," *Cambridge Journal of Economics*, 6 (1982): 185 – 194; Henley, A., "Labour's
Shares and Profitability Crisis in the US: Recent Experience and Post – war Trends,"
Cambridge Journal of Economics, 11 (1987): 315 – 330; Michl, T., "The Two – Stage
Decline in US Nonfinancial Corporate Profitability, 1948 – 1986," *Review of Radical Political
Economics*, 4 (1988): 1 – 22; Bakir, E. & Campbell, A., "The Effect of Neoliberalism on
the Fall in the Rate of Profit in Business Cycles," *Review of Radical Political Economics*, 38
(2006): 365 – 373; 谢富胜、李安、朱安东：《马克思主义危机理论和 1975—2008 年
美国经济的利润率》，《中国社会科学》2010 年第 5 期，第 65 ~ 82 页；Cámara,
Sergio, "The Cyclical Decline of the Profit Rate as the Cause of Crises in the United States
(1947 – 2011)," *Review of Radical Political Economics*, 4 (2013): 463 – 471。

克思主义危机理论。诞生于 20 世纪 70 年代的"利润挤压论"认为，长期高速的资本积累会增加劳工的谈判力量，打破劳动与资本之间的力量平衡，增加工资在国民收入中的份额 σ_w。工资份额的提高将挤压利润份额，在产能利用率和产能资本比率不变时将导致利润率下降。实际产出 Y 可以看作利润量 Π 和工资总额 W 之和，利润份额可以表述为：

$$\sigma_\pi = \frac{\Pi}{Y} = \frac{Y-W}{Y} = 1 - \sigma_w \tag{2}$$

把利润率下降和危机归于实现困难的"实现失败论"假定，长期持续的资本积累将导致对商品的需求落后于对商品的生产，由此产生的需求不足将迫使资本家限制产出水平或者降低产品价格，以减少未售出产品的库存。由于在当代资本主义经济的许多部门中都有限制降价的制度，所以资本家主要依靠减少生产，降低产能利用率以应对需求不足。产能利用率 φ 的下降带来了利润率的下降。

韦斯科普夫指出，把利润率下降和危机归于资本有机构成提高的理论有两个基本假设，一是资本积累或迟或早会导致资本有机构成提高；二是剥削率在这一过程中并无显著变动。他将资本有机构成 γ 定义为 $\gamma = K/W$，其中 K 为净资本存量，W（$=Y-\Pi$）为工资总额，Π 为利润量。与方程式（1）相联系，资本有机构成 γ 可以分解为

$$\gamma = \frac{K}{W} = \frac{K}{Z} \cdot \frac{Z}{Y} \cdot \frac{Y}{W} = \frac{1}{\zeta} \cdot \frac{1}{\varphi} \cdot \frac{1}{\sigma_w} \tag{3}$$

按照韦斯科普夫的理解，上述"资本有机构成提高论"事实上假定剥削率 $\varepsilon = \Pi/W$ 为常数，这意味着利润份额 $\sigma_\pi = \Pi/Y$ 以及工资份额 $\sigma_w = W/Y$ 保持不变。同时，这一理论也不依赖于对剩余生产能力的利用，即假定产能利用率 $\varphi = Y/Z$ 也保持不变。这样一来，资本有机构成 γ（$=K/W$）的提高，只是引起产能资本比率 ζ 的下降。换言之，方程（1）中的第三项即产能资本比率 ζ 的下降构成了利润率下降的根源。

根据上述分析，通过对利润率进行分解而得到的方程（1）就囊括了三种马克思主义危机理论在解释利润率下降时所依赖的主要因素。可

以设想，这三个因素各自的变化对利润率下降所造成的影响，分别反映了三种不同理论的解释力。为了验证这一点，韦斯科普夫把方程（1）转变为一个增长核算方程：

$$\dot{\rho} = \dot{\sigma}_\pi + \dot{\varphi} + \dot{\zeta} \tag{4}$$

在利用这一方程时，韦斯科普夫选取了美国非金融类公司（NFCB）部门作为考察对象，考察期为1949年第四季度到1975年第一季度。这一期间正好涵盖五个完整的经济周期。几个主要变量的具体指标是：利润率 $\rho = \Pi/K$，Π 是税前净资本收入（包括公司利润和净利息），K 是净资本存量总额（包括固定资本和库存）；W 是全部雇员报酬，Π 与 W 合计等于 Y（即 NFCB 部门的净收入）；Z 为潜在净产出（或产能）。

韦斯科普夫在分析中使用了三组数据：第一组是在整个时期和各周期之间基本变量的增长率，第二组是在周期的每个阶段①的基本变量增长率的平均值，第三组是在各周期 B 阶段的基本变量增长率。表1展示的是第一组数据，从中可以明显地看出三个不同变量对利润率变化的各自影响，其中利润份额的变动对利润率的变化起着主要作用。在韦斯科普夫看来，与"实现失败论"和"有机构成提高论"相比，"利润挤压论"更有效地解释了战后美国 NFCB 部门的利润率下降。

表1 基本变量增长率：整个时期和周期之间（全部数字均代表年均增长率）

单位：%

	整个时期	周　　期			
		I ~ II	II ~ III	III ~ IV	IV ~ V
利润率 $\dot{\rho}$	− 1.20	− 3.2	− 1.5	+ 2.2	− 4.7
利润份额 $\dot{\sigma}_\pi$	− 1.24	− 2.1	− 1.1	+ 0.7	− 3.4
产能利用率 $\dot{\varphi}$	+ 0.02	− 0.5	− 1.3	+ 0.9	− 0.4
产能资本比率 $\dot{\zeta}$	+ 0.02	− 0.5	+ 0.9	+ 0.6	− 0.9

资料来源：韦斯科普夫《马克思主义的危机理论和战后美国经济中的利润率》，赵穗生译，唐璞校，载外国经济学说研究会编《现代国外经济学论文选》（第六辑），商务印书馆，1984，第173页。

---

① 韦斯科普夫把每个周期分为三个阶段，A 阶段是从 $\dot{Y}$ 波谷到 ρ 波峰，B 阶段是从 ρ 波峰到 $\dot{Y}$ 波峰，C 阶段是从 $\dot{Y}$ 波峰到 $\dot{Y}$ 波谷。

上述分析虽能解释利润率下降的原因，但在韦斯科普夫看来仍有缺陷。他指出，第一，利润率 ρ 的三个基本构成变量，即利润份额 σ_π、产能利用率 φ 和产能资本比率 ζ，并非是以唯一的或排他的方式与某一种危机理论的假设联系在一起的。譬如，利润份额的变化并不只与劳工实力增强有关，它也可能反映产品实现的困难程度。第二，即使某一个构成变量的变化可以精确反映某派理论的假设，却未必能区分这一派理论下属的各种不同的解释。比如，因劳工实力增强而导致的利润份额下降，究竟是由于实际工资的增速高于生产率增速，还是由于工资品价格的提高快于产出价格，在上述分析中就无从了解。为了弥补这些不足，韦斯科普夫还提出了以下更为精细的分析。

韦斯科普夫认为，某些工作如行政管理、监督和维持雇员等，雇佣量是由企业的生产能力或潜在产出所决定的，可以称之为"间接劳动"；而另一些劳动的雇佣量则由企业的实际产量来决定，可以称之为"直接劳动"。当产品实现遇到困难，产能利用率下降时，直接劳动可以被削减到与实际产量成比例的程度，而间接劳动却一时难以被削减。由于间接劳动的存在，产能利用率的下降也和劳工实力的增强一样，可能引起工资份额的上升或利润份额的下降。[①]

为了进一步区分产能利用率和劳工实力对工资份额的影响，韦斯科普夫把工资份额分解为"真正需要的工资份额"和"产能利用效应"两部分：$\sigma_w = \sigma_w^* / \eta_w$。其中 $\eta_w = W^*/W$，W^* 被定义为真正需要的工资

---

① 在一篇未发表的论文中，芒利开创性地分析了产能利用率如何影响工资份额的特殊机制。他发现，在美国制造业者年度统计中，雇员报酬分为工资和薪金，薪金与增加值之比和周期性变动的产能利用率高度（反向）相关，而工资与增加值的比率则并不呈现周期性变动。与之相对应，芒利把雇员划分为生产工人和支薪雇员，生产工人获得工资，支薪雇员获得薪金，他发现产能利用率的降低会带来对生产工人的解雇，却很少会带来对支薪雇员的解雇，因而会导致工资份额提高。在芒利的启发之下，韦斯科普夫注意到把雇员报酬区分为薪金和工资的美国制造业者年度统计，并对间接劳动引致的产能利用效应展开了分析。参见 Hahnel, R. & H. Sherman, "The Rate of Profit over the Business Cycle," *Cambridge Journal of Economics*, 6 (1982): 185 – 194; Weisskopf, T., "Marxian Crisis Theory and the Rate of Profit in the Postwar US Economy," *Cambridge Journal of Economics*, 3 (1979): 354。

（等于直接劳动的工资加上真正需要的间接劳动的工资），W 是总工资，η_w 表示产能利用效应，即产能利用率的变化对工资份额的影响。因为 W 受到产能利用率的影响，所以 η_w 与产能利用率有关。σ_w^* 被定义为真正需要的工资份额，它与产能利用率无关，只取决于劳工实力。

关于工资份额变动的原因，韦斯科普夫认为"利润挤压论"给出了两种解释，一是实际工资份额的变动，二是工资品和产出价格的相对变动。为了检验这两种观点，韦斯科普夫把真正需要的名义工资份额 σ_w^* 进一步分解为两部分：

$$\sigma_w^* = \frac{W^*}{Y} = \frac{P_w \bar{W}^*}{P_y \bar{Y}} = \frac{P_w}{P_y} \cdot \frac{\bar{w}^*}{\bar{y}^*} \tag{5}$$

其中 P_w 是工资品的价格指数，P_y 是 NFCB 部门产出的价格指数，P_w/P_y 表示工资品和产出价格的相对变化，韦斯科普夫认为这个比率代表的是"处于守势的劳工实力"。$\bar{w}^*$ 是真正需要的实际工资率，$\bar{y}^*$ 是真正需要的实际劳动生产率，$\bar{w}^*/\bar{y}^*$ 是真正需要的实际工资份额 $(\bar{W}^*/\bar{Y})$ 的转化形式，韦斯科普夫认为它代表的是"处于攻势的劳工实力"。

在做了这些区分之后，韦斯科普夫对增长核算方程（4）进行了修改，从利润份额的变动中剔除产能利用率的变动，并把利润份额的变动分解为两部分，一部分表示攻势劳工实力的变动，一部分表示守势劳工实力的变动。这样就有了：

$$\dot{\rho} = \dot{\rho}_l + \dot{\rho}_r + \dot{\rho}_c \tag{6}$$

利用式（6）① 进行计量运算，韦斯科普夫发现，劳工实力的变动

---

① 其中 $\dot{\rho}_l$ 衡量劳工实力变动对利润率的影响，$\dot{\rho}_r$ 衡量实现条件变动的影响，$\dot{\rho}_c$ 衡量资本有机构成变动的影响。$\dot{\rho}_l$ 包括两部分，一部分衡量攻势劳工实力变动的影响，另一部分衡量守势劳工实力变动的影响。

依然是利润率变动的主要影响因素,"利润挤压论"对美国战后 NFCB 部门的利润率下降仍然更具解释力。韦斯科普夫同时还发现,在劳工实力的变动中,对利润率下降发挥主要作用的是守势劳工实力的增强,即工资品价格相对于产出价格的提升。

二 劳工实力的衡量指标及其修正

韦斯科普夫的论文发表后,一位学者芒利针对韦斯科普夫采用的劳工实力概念及其衡量指标提出了三点意见。[①] 第一,芒利认为,韦斯科普夫以名义工资份额 σ_w^* [②]衡量劳工实力是不准确的。在芒利看来,劳工实力是一个多元化概念,既包括取得更高的工资、更高的实际消费以及更好的工作条件的能力,又包括对政府和公众的影响力。考虑到劳工实力的复杂性质,任何对它的单一定义都可能在某些方面存在缺陷,仅用名义变量来定义就更是如此。在通货膨胀期间,工人的名义工资可能增加,但实际购买力可能不变甚至下降,所以有必要以实际变量来衡量劳工实力。

第二,芒利认为,韦斯科普夫用来衡量攻势劳工实力的指标即实际工资份额 $\bar{\sigma}_w^* = \bar{w}^* / \bar{y}^*$,看起来与劳工的福利状况联系最为密切,但代表生产率的 $\bar{y}^*$ 不是一个衡量劳工实力的显而易见的指标。在韦斯科普夫界定的经济周期 B 阶段(即从 ρ 波峰到 $\bar{Y}$ 波峰),可能会出现追加雇佣缺乏足够培训的新工人、囤积劳动力和工人抗争等现象。在这三种现象中,前两者都与劳工实力无关。缺乏培训、劳动力囤积以及工人抗争都有可能阻碍生产率增长,但三者带来的影响难以彼此区分。此外,在

---

① Munley, F., "Wages, Salaries, and the Profit Share: A Reassessment of the Evidence," *Cambridge Journal of Economics*, 5 (1981): 159 – 173.

② 在韦斯科普夫那里,加 "∗" 的变量均表示 "真正需要的……",为了表述的方便,下文均省去 "真正需要的" 这几个字。比如 σ_w^* 表示真正需要的名义工资份额,此处及下文均直接表述为名义工资份额 σ_w^*。

工作场所推行民主化也是劳工实力增强的标志，但这一民主化有助于提高而不是降低生产率，因而也有利于资本。在芒利看来，只有实际工资率$\bar{w}^*$才是一个衡量劳工实力的显而易见的指标。

第三，芒利认为，韦斯科普夫所定义的守势劳工实力及其衡量指标P_w/P_y，所代表的仅仅是名义工资份额和实际工资份额之间的差别而已，并不能构成一种特殊类型的劳工实力。值得强调的是，鉴于韦斯科普夫的研究最终把利润率下降主要归因于守势劳工实力的增强，芒利对守势劳工实力概念的这一点批评在理论上就显得尤为重要（后文还将涉及这一点）。

韦斯科普夫承认，名义工资份额不是一个好的指标，但他也不认同实际工资率$\bar{w}^*$是一个好的指标。[1] 在他看来，劳工实力是一个相对概念，表示的是两个阶级在就分配进行斗争时，相对于资本实力而言劳工实力的变化。对这一概念的衡量，应采用表示相对比率的工资份额，而不是表示绝对值的实际工资。实际工资衡量的是工人真正带回家的福利，但它并不能表示相对于资本而言的劳工福利或权力。韦斯科普夫所寻找的劳工实力增强的证据并不是生产率自身的变动，而是实际工资增速与生产率增速之比的变动。因而，他认为应当以实际工资份额即$\bar{\sigma}_w^*$ $= \bar{w}^*/\bar{y}^*$作为衡量劳工实力的指标。

面对芒利的第二点批评，韦斯科普夫还做出了下列回应。（1）芒利关于工作场所民主化导致生产率上升的例子，并不与韦斯科普夫对劳工实力的解释相矛盾。如果工作场所民主化导致生产率的提高超过实际工资的提高，劳工实力就被减弱。只有当工作场所民主化导致实际工资增速超过生产率增速时，才意味着劳工实力的增强。（2）在经济周期B阶段，伴随实际产出的增长，会追加雇佣新的工人。韦斯科普夫承认，这些新工人缺乏必要的培训和技能，的确会导致劳动生产率的增长减

---

① Weisskopf, T., "Wages, Salaries, and the Profit Share: A Rejoinder," *Cambridge Journal of Economics*, 5 (1981): 175 – 182.

速。但与此同时，这些新雇员的工资也比原有的工人要低。综合来看，
即从新增雇员对实际工资份额（$\bar{\sigma}_w^*$）的影响来看，新增雇员给生产率增
长带来的负面影响可能因其低工资而被大致抵消。（3）韦斯科普夫承
认，在 B 阶段囤积熟练工人的现象不能用劳工实力增强来解释，也承
认在 B 阶段对生产工人和支薪雇员的囤积都比 A 阶段和 C 阶段更为普
遍，囤积的生产工人不能由被解雇的支薪雇员所抵消。韦斯科普夫认为
他在 B 阶段低估了产能利用效应（即真正需要的工资所占的比率 η_w），
在 A 阶段和 C 阶段高估了这一效应。

面对芒利对劳工实力概念所做的批评，韦斯科普夫最终做出了让
步。他将衡量整体劳工实力的指标由名义工资份额改为实际工资份额，
并对攻势劳工实力和守势劳工实力做了重新界定。在式（7）中，实际
工资份额被分解为两个部分。

$$\bar{\sigma}_w^* = \frac{\bar{W}^*}{\bar{Y}^*} = \frac{\bar{W}^*}{\bar{Q}^*} \cdot \frac{\bar{Q}^*}{\bar{Y}^*} = \frac{\bar{w}^*}{\bar{q}^*} \cdot \frac{P_y}{P_q} \tag{7}$$

韦斯科普夫以 Q^* 表示产出的名义价值，Y^* 表示所对应收入的名义
价值，二者相等，即有 $Q^* = Y^*$。P_q 是产出平减指数，以美国 NFCB 部
门所生产商品的不变价格为基础，$\bar{Q}^* = Q^*/P_q$。P_y 是收入平减指数，
以收入（包括工资和利润）所购买的商品的不变价格为基础，$\bar{Y}^* =$
Y^*/P_y。由于 $Q^* = Y^*$，所以 $\bar{Q}^*/\bar{Y}^* = P_y/P_q$。$\bar{w}^*$ 表示实际工资率，$\bar{q}^*$
表示实际生产率（以前用 $\bar{y}^*$ 表示，现在用 $\bar{q}^*$ 来表示，以强调它是由产
出平减指数 P_q 平减后的产出来衡量，而不是由收入平减指数 P_y 平减后
的收入来衡量），$\bar{W}^*/\bar{Q}^* = \bar{w}^*/\bar{q}^*$。

韦斯科普夫用 $\bar{w}^*/\bar{q}^*$ 衡量攻势劳工实力，用 P_y/P_q 衡量守势劳工实
力。计算 P_q 所涉及的商品是 NFCB 部门的产品，可以近似地由美国
国内生产的产品来代表。计算 P_y 所涉及的商品既包括国内生产的产品，
又包括进口的产品。因此，P_y/P_q 的变动也与贸易条件有关。

在韦斯科普夫看来，即便以收入平减指数代替产出平减指数，名义工资份额的变动与实际工资份额的变动也是大体一致的。在运用收入平减指数时，名义工资份额可以写为

$$\sigma_w^* = \frac{W^*}{Y^*} = \frac{P_w \bar{W}^*}{P_y \bar{Y}^*} = \frac{P_w}{P_y} \cdot \bar{\sigma}_w^* \tag{8}$$

在数学上，收入平减指数 P_y 近似地等于 $P_w^{\sigma_w} P_\pi^{\sigma_\pi}$，其中 P_w 表示以工资购买的商品的价格指数，P_π 表示以利润购买的商品的价格指数。韦斯科普夫收集到的经验数据表明，σ_w 平均接近 80%，σ_π 平均接近 20%。利用 P_k（资本品价格指数）作为 P_π 的近似指标①，P_y 就可以粗略地估算为 $P_w^{4/5} P_k^{1/5}$，P_w/P_y 就等于 $(P_w/P_k)^{1/5}$。同时，经验数据还表明，P_w 与 P_k 的基本时间序列密切相关，从而 $(P_w/P_k)^{1/5}$ 就近似地等于一个接近 1 的常数。换言之，实际工资份额的变动就大体等于名义工资份额的变动。这样一来，韦斯科普夫就认为不必再把平减指数的改换应用到他的经验分析当中，因为这一改换不会给经验结果带来较大影响。

韦斯科普夫舍弃了先前采用的守势劳工势力的衡量指标 P_w/P_y，改以 P_y/P_q 来衡量。但韦斯科普夫所做的这一改变，在我们看来并没有使得芒利的批评失效。P_y/P_q 所表示的依然只是实际工资份额 $\bar{\sigma}_w^*$ 与 $\bar{w}^*/\bar{q}^*$ 之间的差别而已。P_y/P_q 本身是一个受到贸易条件影响的价格比率，其变动有诸多复杂的原因，与劳工实力并无直接的联系。只是因为在数学表达式上 P_y/P_q 是实际工资份额 $\bar{\sigma}_w^*$ 的一个组成部分，韦斯科普夫就宣布 P_y/P_q 代表守势劳工实力，这是十分牵强的。在现实中若以 P_y/P_q 表达某种特殊类型的劳工实力，很容易得出荒谬的结论。譬如，美国从中国进口廉价的日用品会使 P_q 下降，美国劳工阶层的生活质量也会因此得到一定程度的提升。然而，如果 P_q 没有同时发生明显的变化，与中国的这种

① P_π 与 P_k 的区别在于，资本家以利润购买的商品既包括资本品又包括生活用品。

贸易就会降低P_y/P_q。在韦斯科普夫那里，该比率的下降就直接代表着美国劳工实力的减弱。这显然是难以让人信服的。

三　区分生产劳动和非生产劳动对估算利润率的影响

韦斯科普夫在估算利润份额时未区分生产劳动和非生产劳动，莫斯里对此提出了一个批评。[①] 莫斯里认为，韦斯科普夫把利润份额作为衡量马克思剩余价值率的指标，但韦斯科普夫估算的利润份额在 1949～1975 年下降了 28%，这与马克思的预期（剩余价值率将在长期中上升）相矛盾。按照马克思的论述，在资本主义条件下劳动生产率呈上升趋势，而劳动后备军的增长却会给工资增长带来下行的压力，因此劳动生产率的增速会超过实际工资的增速，剩余价值率在长期中会上升。在莫斯里看来，韦斯科普夫的估算之所以与马克思的预期相矛盾，是因为他没有考虑到马克思对于生产劳动和非生产劳动的区分。为此，莫斯里回顾了马克思对生产劳动和非生产劳动的定义，并在区分这两者的前提下对剩余价值率进行了估算，结果发现美国经济的剩余价值率在 1949～1975 年增长了 15%。

基于马克思对生产劳动和非生产劳动的区分，莫斯里试图构造一种对战后美国经济利润份额下降的替代性解释。他所关注的是利润－工资比率 Π/W，而不是利润份额 Π/Y。Π/W 和 Π/Y 的变动方向和变动原因显然是一致的，但 Π/W 的变动更大一些。

引入生产劳动和非生产劳动的区别后，工资（W）等于可变资本（V）与非生产劳动的薪金（U）之和；利润（Π）等于剩余价值（S）与非生产劳动的薪金（U）之差。利润－工资比率可以表示为：

$$\Pi/W = (S - U)/(V + U) = (S/V - U/V)/(1 + U/V) \tag{9}$$

---

① Moseley, F., "The Rate of Surplus Value in the Postwar US Economy: A Critique of Weisskopf's Estimates," *Cambridge Journal of Economics*, 9 (1985): 57 - 79.

等式（9）表明，利润－工资比率 Π/W 和剩余价值率 S/V 成正比，和非生产劳动的薪金与可变资本的比率 U/V 成反比。利润－工资比率 Π/W 的下降可能有两个原因，分别是剩余价值率的下降和 U/V 的上升。在 1949～1975 年，剩余价值率不仅没有下降，反而增长了 15%；而非生产劳动薪金与可变资本的比率 U/V 则增长了 65%，从 1949 年的 0.57 增长到了 1975 年的 0.94。因此可以得出结论：利润－工资比率下降的原因是非生产劳动薪金与可变资本的比率 U/V 的大幅度上升。

非生产劳动薪金与可变资本的比率 U/V 等于：

$$U/V = (L_u/L_p)(U_a/V_a) \tag{10}$$

其中 L_u 表示非生产雇员的数量，L_p 表示生产工人的数量，U_a 表示非生产雇员的平均工资，V_a 表示生产工人的平均工资。根据等式（10），U/V 的上升有两个原因，即 L_u/L_p 的上升或者 U_a/V_a 的上升。在 1949～1975 年，U_a/V_a 不仅没有上升，反而下降了 2%，而 L_u/L_p 则上升了 68%。非生产雇员的数量在这一时期里增长了一倍还多，而生产工人则只增长了 30%，故 L_u/L_p 大幅度上升。所以，在莫斯里看来，利润－工资比率下降（和利润份额的下降）的深层次原因是 L_u/L_p 的大幅度上升。

韦斯科普夫对莫斯里的批评做了如下回应。[①] 他首先申明，自己并未以利润份额作为衡量马克思剩余价值率的指标，他分析利润份额的目的并不是为了严格地以马克思的方式来测量剩余价值率，而是为了分析美国经济中利润率的变动。和难以观测的剩余价值率相比，利润份额这一变量对经济行为有着更加直接的影响。关于利润份额下降的原因，韦斯科普夫认为莫斯里的证据仅仅是核算方程中相关变量的时间序列数据，但核算方程并不能表明变量之间的因果关系。莫斯里的数据虽然与他的结论（L_u/L_p 是利润份额下降的根本原因）相一致，但利润份额的

---

① Weisskopf, T., "The Rate of Surplus Value in the Postwar US Economy: A Response to Moseley's Critique," *Cambridge Journal of Economics*, 9 (1985): 81–84.

下降仍然可能有其他的原因。

韦斯科普夫同时认为，应该更细致地分析引发 L_u/L_p 上升的原因。一种可能性是，非生产劳动对生产劳动的替代，是因为生产工人的工资相对于其他成本和价格趋于上升。另一种可能性是，这种替代是为了回应生产工人在生产过程中对管理和控制的挑战，这种挑战使非生产雇员对生产工人的更高程度的监督和控制成为必要。无论是哪种可能性，L_u/L_p 的上升都不能被看作"根本原因"，需要寻找生产工人工资上涨或其斗争性提高背后的原因。一个非常可信的原因在于，生产工人的权力相对于管理层而言增强了，这种权力的增强是由产业后备军的耗尽所带来的。这样，韦斯科普夫就捍卫了他所隶属的"利润挤压论"的观点。

韦斯科普夫的回应有两点值得肯定。第一，L_u/L_p 的上升是和利润份额的下降相伴随的，但还不足以作为对后者的因果解释；第二，L_u/L_p 上升的原因也需要有进一步的解释。尽管如此，引入生产劳动和非生产劳动的区别在估算利润份额和利润率时却是必要的。考虑到韦斯科普夫不仅是要计算利润率，而且是要验证马克思主义关于利润率下降的理论，他所采用的指标在多大程度上符合马克思对利润率的界定，就是一个不容回避的问题。

在评价韦斯科普夫和莫斯里的争论时，高峰教授指出，韦斯科普夫把作为剩余价值转化形态的利润等同于资产阶级纳税前的财产收入，把作为可变资本的工资等同于企业的全部雇员报酬，把上述二者之和等同于企业的净收入。这就从两方面低估了作为剩余价值转化形态的利润量以及利润量的增长程度。一方面，企业生产的净产值在转化为雇员报酬和雇主收入之前，有一部分要用于与销售有关的开支上，它们属于非生产性的"不变"费用，只能从剩余价值中补偿；另一方面，企业雇员中有一部分人从事与纯购销职能和监督职能有关的活动，他们的薪金报酬属于非生产性的"可变"费用，也只能从剩余价值中得到补偿。这两部分非生产费用实际上属于剩余价值和与其相当的利润范畴，韦斯科普夫却把他们排除在利润量之外，这就低估了利润量。[1] 由于这两部分非生产费用会随着资本主义的发展趋于增大，韦斯科普夫的计算方法也必然低估了利润量的增长程度。由于大大低估了利润量，尽管用不变资本代替全部资本作为分母，韦斯科普夫的计算仍然缩小了利润率的实际水平。由于缩小了剩余价值量和利润量，并夸大了可变资本量，所以他的计算也不能反映利润份额以及剩余价值率的变动趋势。

四　韦斯科普夫研究进路的局限性

韦斯科普夫的研究代表了马克思主义经济学对利润率动态进行理论和实证相结合的分析的重大尝试。他的研究进路具有一些明显的优势，第一，他力图在一个统计的架构里概括三种不同的马克思主义危机理论流派的观点，并对各种观点的有效性分别进行实证检验。第二，这一研究所涉及的各种变量，可以较为容易地在官方统计中取得相应的数据，便于进行计量运算。基于这些原因，韦斯科普夫的论文引起了较大的反响，赢得了不少追随者。最近几年来，还有一些学者利用他的方法研究了 2008 年危机之前美国的利润率长期动态。在此意义上，完全可以认为形成了一个关于利润率研究的韦斯科普夫学派。[2]

巴基尔和坎贝尔[3]、谢富胜等[4]和卡玛拉[5]延续了韦斯科普夫的研究，他们按照与韦斯科普夫相同的方法计算利润率并将其分解为利润份

---

① 高峰：《资本积累理论与现代资本主义》，南开大学出版社，1991，第 348～350 页。

② 追随韦斯科普夫的早期学者有 Hahnel & Sherman，Henley，Michl。近年来，把韦斯科普夫的分析方法运用于新自由主义时代利润率动态研究的学者，则有 Bakir & Campbell，谢富胜等，Cámara。

③ Bakir, E., & A. Campbell, "The Effect of Neoliberalism on the Fall in the Rate of Profit in Business Cycles," *Review of Radical Political Economics*, 38 (2006): 365–373.

④ 谢富胜、李安、朱安东：《马克思主义危机理论和 1975—2008 年美国经济的利润率》，《中国社会科学》2010 年第 5 期，第 65～82 页。

⑤ Cámara, Sergio, "The Cyclical Decline of the Profit Rate as the Cause of Crises in the United States (1947–2011)," *Review of Radical Political Economics*, 4 (2013): 463–471.

额、产能利用率和产能资本比率。在进一步分解工资份额时，他们与韦斯科普夫的方法略有区别。韦斯科普夫因为考虑了间接劳动的存在所导致的产能利用率对工资份额的影响，故在进一步分解工资份额之前，先从中分离出了产能利用率所带来的影响。他们则直接把工资份额分解为两部分，一部分是实际工资率与实际劳动生产率之比，另一部分是工资品价格指数与产出价格指数之比。他们发现，在新自由主义时期①里，利润率的变动依然主要归因于利润份额或工资份额的变动，而工资份额的变动也仍然主要取决于工资品价格指数与产出价格指数之比的变动，也就是取决于韦斯科普夫所定义的守势劳工实力。

　　与此同时，韦斯科普夫的研究进路也存在一些局限性。在理论上，韦斯科普夫的观点隶属于 70 年代形成的"利润挤压论"。该理论认为，60 年代末美国制造业部门的利润率下降，是由劳工实力增强、工资成本上升过快造成的。这种单纯以劳资关系的变化来解释利润率下降的理论，受到了许多马克思主义者的批评。在其最初发表于 90 年代末的著作中，美国学者布伦纳就全面批判了"利润挤压论"②，这在学术界产生了广泛影响。与此同时，和利润挤压论有竞争关系的其他理论流派，也在发展自己的理论。其中最为突出的大概是"《每月评论》派"，它把利润率下降的危机归因于剩余价值生产和剩余价值实现的矛盾。另外，所谓"资本有机构成提高论"也发展了自己的实证研究。最近克莱曼就提出，在 1947～2007 年，美国公司部门的雇员报酬和利润在公司收入中所占的份额并没有发生明显的变化，而利润率却出现了大幅度的下降，此下降几乎全部归因于资本有机构成的提高。③

　　在实证方法上，韦斯科普夫的研究也存在一些缺陷。首先，韦斯科

---

①　不仅包括完全的新自由主义时期（20 世纪 80 年代初期以来），而且包括向新自由主义转型的时期（20 世纪 70 年代中后期）。

②　Brenner，R.，*The Economics of Global Turbulence*（London and New York：Verso，2006），pp. 13－26.

③　Kliman，A.，*The Failure of Capitalist Production*（London：Pluto Press，2012），p. 128.

普夫在概念界定和有关指标的选择上并未严格遵从马克思的概念，这大致体现在：（1）他以产能资本比率的变动来代表资本有机构成；（2）他没有区分生产劳动和非生产劳动；（3）他所计算的是以现行成本（重置成本）衡量的利润率，而不是以历史成本衡量的利润率。由于上文已经讨论过第（2）点，这里只就其他各点略作讨论。

关于第（1）点。高峰教授曾指出，只有在劳动生产率（即产量/劳动比率）不变时，产量/资本比率的上升才意味着资本/劳动比率的下降，在 1949～1975 年，美国的劳动生产率增长迅速，韦斯科普夫所计算的产能资本比率的相对稳定，只能表明资本/劳动比率存在提高的趋势。① 所以，韦斯科普夫利用产能资本比率的变动来代表资本有机构成的变动，是不合适的。

关于第（3）点。克莱曼对这种做法提出了质疑。② 他认为以现行成本衡量的利润率，所测算的并不是利润与预付资本之比，因为以现行成本衡量的固定资本净存量，是对预付固定资本的重新估算，而不是预付固定资本本身。以现行成本衡量的利润率既不能准确地测算企业和投资者的实际收益率（即利润与初始投资量之比），也不能准确地测算企业和投资者的未来期望收益率，严格地说，它并不是通常所说的利润率中的任何一种。而以历史成本来衡量利润率则既与通常所说的利润率概念一致，又符合马克思对利润率的定义。克莱曼测算了以历史成本衡量的利润率，发现以历史成本衡量的利润率和以现行成本衡量的利润率自20 世纪 80 年代以来具有明显不同的变动趋势，以它们作为实证基础将得出截然不同的结论，所以必须对二者进行取舍。克莱曼③还指出，利用存货替代预付不变流动资本也是有问题的，因为在国民收入账户中，存货不仅包括原材料、半成品和在制品的存量，还包括尚未出售的产

---

① 高峰：《资本积累理论与现代资本主义》，南开大学出版社，1991，第 350 页。
② Kliman，A.，*The Failure of Capitalist Production*（London：Pluto Press，2012），pp. 110 - 122.
③ Kliman，A.，*The Failure of Capitalist Production*（London：Pluto Press，2012），p. 81.

品，后者显然不属于马克思所说的预付资本。

在笔者看来，韦斯科普夫在其实证分析中最为失败的，莫过于他对两种劳工实力的区分。正如上文已经指出的，所谓守势劳工实力，不管在定义上如何改变，事实上都是不成功的。这个问题不解决，即便其他分析环节都是正确的，也将使工资或利润份额变动的原因在相当大的程度上处在黑箱之中。如何打开这个黑箱，还有待于在理论和实证研究中探寻新的出路。

参考文献

［1］ 高峰：《资本积累理论与现代资本主义》，南开大学出版社，1991。

［2］ 韦斯科普夫：《马克思主义的危机理论和战后美国经济中的利润率》，赵穗生译，唐璞校，载外国经济学说研究会编《现代国外经济学论文选》（第六辑），商务印书馆，1984，第 159～203 页。

［3］ 谢富胜、李安、朱安东：《马克思主义危机理论和 1975～2008 年美国经济的利润率》，《中国社会科学》2010 年第 5 期，第 65～82 页。

［4］ Bakir, E. & A. Campbell, "The Effect of Neoliberalism on the Fall in the Rate of Profit in Business Cycles," *Review of Radical Political Economics*, 38 (2006): 365–373.

［5］ Brenner, R., *The Economics of Global Turbulence* (London and New York: Verso, 2006), pp. 13–26.

［6］ Cámara, Sergio, "The Cyclical Decline of the Profit Rate as the Cause of Crises in the United States (1947–2011)," *Review of Radical Political Economics*, 45 (2013): 463–471.

［7］ Hahnel, R. and H. Sherman, "Income Distribution and the Business Cycle: Three Conflicting Hypotheses," *Journal of Economic Issues*, 16 (1982): 56.

［8］ Henley, A., "Labour's Shares and Profitability Crisis in the US: Recent Experience and Post-war Trends," *Cambridge Journal of Economics*, 11 (1987): 315–330.

［9］ Kliman, A., *The Failure of Capitalist Production* (London: Pluto Press, 2012).

［10］ Michl, T., "The Two-Stage Decline in US Nonfinancial Corporate Profitability, 1948–1986," *Review of Radical Political Economics*, 20 (1988): 1–22.

[11] Moseley, F. , "The Rate of Surplus Value in the Postwar US Economy: A Critique of Weisskopf's Estimates," *Cambridge Journal of Economics*, 9 (1985): 57 – 79.

[12] Munley, F. , "Wages, Salaries, and the Profit Share: A Reassessment of the Evidence," *Cambridge Journal of Economics*, 5 (1981): 159 – 173.

[13] Weisskopf, T. , "Marxian Crisis Theory and the Rate of Profit in the Postwar US Economy," *Cambridge Journal of Economics*, 3 (1979).

[14] Weisskopf, T. , "The Rate of Surplus Value in the Postwar US Economy: A Response to Moseley's Critique," *Cambridge Journal of Economics*, 9 (1985): 81 – 84.

[15] Weisskopf, T. , "Wages, Salaries, and the Profit Share: A Rejoinder," *Cambridge Journal of Economics*, 5 (1981): 175 – 182.

竞争和产业收益率[*]

安瓦尔·谢克

李亚伟 译[**]

引 言

我 1978 年初次见到阿吉特，当时我在剑桥经济学系访学。那是经济学界一个令人兴奋的时期，我很荣幸见到琼·罗宾逊、尼古拉斯·卡尔多、理查德·卡恩、理查德·古德温、杰弗里·哈考特和路易吉·帕西内蒂等人，以及阿吉特、弗朗西斯·克里普斯和约翰·伊特维尔等少壮派。卡尔·马克思再次作为一名经济学家被重新发现，像周期性发生的那样，皮耶罗·斯拉法著名的小册子[①]帮助激发了对竞争进行古典分析的兴趣。

分析竞争一直在阿吉特的著作中扮演着重要角色。从 1968 年开始直到 2005 年，他主页所列文章的 1/3 都指向此主题。在此主题内，利润率分析始终是他的中心关注点之一。这也是我自己为本文所做贡献的话题，希望能帮助阿吉特正在进行的项目更进一步。

---

[*] 译自菲利普·阿斯蒂斯、约翰·伊特维尔编《金融与产业问题——纪念阿吉特·辛格论文集》，帕尔格雷夫·麦克米兰出版社，2008，第 167～194 页。

[**] 李亚伟，四川大学经济学院副教授，主要研究方向为政治经济学。

① Sraffa, Piero, *Production of Commodities by Means of Commodities* (Cambridge: Cambridge University Press, 1963).

一 古典－马克思主义竞争理论中的利润率平均化

古典竞争理论把利润率平均化视为一个动态的和混乱的过程。流入一个产业的投资，由代表着最优生产条件的潜在新投资的预期收益率所驱动。[①] 我称之为调整资本的预期收益率，其中"调整"指在通常可再生的条件下成本最低的操作方法。成本较高的方法被排除在外，这些方法通常表现为较旧的技术，它们虽然是可再生的，但不具有竞争力。另外，依赖于特殊位置等独特状况的生产条件也被排除，因为它们是不可再生的。

对潜在利润率的评估，由各式各样的投资者来做出。在任何一个给定的产业中，预期收益率都不是唯一的，而是多种多样的，并且会根据实际结果而不断调整。[②] 因而古典经济学特别关注于实际结果，而不是可能诱发了这些结果的多种多样的预期。在一个成长的经济中，新的资本流动通常是正向的。但如果一个给定产业中的调整利润率高于整体经济的平均水平，这一产业中的生产就会加速，直到此产业的供给比需求增长得更快。不断增加的过多供给会反过来拉低这一产业的相对价格，故而降低其调整利润率。后者甚至可能下降到低于一般水平，这将导致供给的增加慢于需求，以此类推。应当指出的是，驱动这一过程的生产增加率变动，首先是由已有产能的利用率的变动所引起的，接下来，如果可能的话，才是由产能自身的增长率的变动所引起的。[③] 最后的结

[①] Cohen, Jerome B. , Edward D. Zinbarg and Arthur Zeikel, *Investment Analysis and Portfolio Management* (Homewood, Ill. : Irwin, 1987), p. 387.

[②] 在传统金融理论中，关注点集中于唯一的期望收益率，它被定义为任何预期未来现金流中所包含的持续不变的内在收益率（Internal Rate of Return, IRR）。但是对于任何一个给定的项目，各式各样的投资者会有不同的评估。这样就没有唯一的预期收益率。见 Lutz, Frledich A. , *The Theory of Interest* (Chicago: Aldine, 1968), p. 218。最终，在不同投资之间套利的假设——利润率平均化的假设——必须指向事后过程。

[③] 感谢 Adrian Wood 指引我关注产能利用在利润率衡量中的作用，感谢 Randall Wray 建议我审视利润率、风险和增长之间的关系。

果，是新投资的实际利润率在某一段"丰收和贫瘠年份"（其准确长度依赖于所研究的产业）里的混乱的平均化①。正如马克思所强调的，永远不会有那样一个时刻，所有的利润率融合为某种整齐划一的利润率。与之相反，事实上：

> 所有这一切是一个非常复杂的运动，这里要考察的，不仅有每个特殊领域的市场价格、不同商品的比较费用价格、每个领域的供求状况，而且有不同领域的资本家的竞争；此外，平均化的快慢在这里取决于资本的特殊有机构成（例如，固定资本多还是流动资本多）和它们的商品的特殊性质，就是说，要看商品作为使用价值的性质是否易于允许按照市场价格的状况把它们较快地撤出市场、减少或增加它们的供给……这就是为什么一般利润率同固定的利息率相比，表现为模糊不清的景象的一些理由……②

非调整资本不直接参与这种平均化过程：对于新资本而言，单位成本较高的生产方法是不具有吸引力的，而特权资本的非再生条件则是不可获取的。竞争持续地淘汰高成本的资本，而作为竞争的一种核心武器的技术变革，又会持续地促使新资本投入这种竞争之中。③ 这样就永远不会有那种时刻，一个产业中的所有资本都在相同的生产条件下运行。

产业内的竞争倾向于强制形成一个共同的销售价格。假定存在一系

---

① Botwinick, H., *Persistent Inequalities: Wage Disparities under Capitalist Competition* (Princeton, N. J.: Princeton University Press, 1993), ch. 5; Mueller, Dennis C. (ed.), *The Dynamics of Company Profits: An International Comparison* (Cambridge: Cambridge University Press, 1990), pp. 1 – 3; Mueller, Dennis C., *Profits in the Long Run* (Cambridge: CambridgeUniversity Press, 1986), p. 8; Shaikh, Anwar, " The Stock Market and the Corporate Sector: A Profit – Based Approach," in Sawyer Malcolm, Philip Arestis and Gabriel Palma, *Festschrift for Geoffrey Harcourt* (London: Routledge & Kegan Paul, 1998).

② 马克思：《剩余价值理论》，《马克思恩格斯全集》第 26 卷第 3 册，第 514~515 页。

③ Shaikh, Anwar, "Political Economy and Capitalism: Notes on Dobb's Theory of Crisis," *Cambridge Journal of Economics*, 2 (1978): 240 – 241.

列不同的生产条件，这意味着在一个给定的产业中，利润率通常不相同。同时，产业间的竞争导致资本的进入和退出，以寻求更高的利润率。这是利润率在部门间平均化的基础。但既然竞争在一个产业内部使利润率"非平均化"，它又如何能在产业间使利润率平均化呢？这个明显的矛盾被"调整资本"的概念所解决：新投资感兴趣的是调整资本的收益率，正是这种调整收益率被产业间的竞争所平均化。[①]

从这种分析路径可以得到两个重要的推论。第一，因为产业销售价格将被调整企业的生产价格（长期中具有竞争力的价格）所调节，所以这些企业会成为每个产业中起支配作用的、设定价格的企业。第二，竞争在产业内使利润率非平均化，在产业间也是混乱地使调整利润率平均化，因而在任何给定时刻，利润率总是不同。只有在足够长的时期内追踪调整资本的运动，才能评估这些（被风险调整后的）利润率是否在实际中被平均化。

二　新古典的、奥地利学派的、熊彼特主义的和寡头垄断的竞争理论

新古典理论在一个静态的和完美主义的框架内运行。[②]　自由进入和退出被作为假设，以确保在给定产业内所有企业都在相同的（最有效

---

① "调整资本"的概念与斯坦德尔（Steindl）的边际资本思想很不相同。他的边际资本是具有最高成本的资本，而且他假设边际资本获得的净利润为零，也就是说"它们仅仅能够支付成本"，见 Steindl, Josef, *Maturity and Stagnation in American Capitalism*（New York：Monthly Review Press，1976）。但是调整资本总是能够获得一定的利润，而且在长期中它获得一般利润率。此外，在工业中，它包含着最低的一般地可再生的成本。在农业和采矿业中，就更好的生产条件是不可再生的而言，调整资本可能具有最高的成本，就像李嘉图的在边际土地上的生产者一样，见 Ricardo, David, *Principles of Political Economy and Taxation*（Cambridge：Cambridge University Press，1951）。但是，即使在这里，在边际土地上也可能有不同的技术在被使用，在这种情况下，边际土地上具有最低成本的生产者是调整资本。

② Mueller, Dennis C.（ed.），*The Dynamics of Company Profits：An International Comparison*（Cambridge：Cambridge University Press，1990）：4.

率的）生产方法下运行，而且都生产相同的（同质的）产品。一方面，在任何产业内，短期中，竞争导致单一的共同价格，并且因为这些企业是相同的，所以竞争也同时造成每个企业都具有一个相同的利润率。另一方面，在长期（它也像短期一样是奇怪地永恒的）中，产业间的竞争导致每个产业的相同的单一利润率。因为产业内的所有企业都有相同的利润率，而且所有产业都有相同的利润率，所以所有的企业都必然有相同的利润率。这是关于竞争的基本新古典假设。

斯拉法理论在这一方面同样是令人失望的，因为它通常做出三个关键假设。第一，假设所有利润率都完全相同，这排除了不同产业间的任何利润率区别。第二，假设在任何一个给定的产业中，只存在唯一的生产条件，因而调整条件同时也是一般条件。① 这排除了产业内的任何利润率差别。唯一的例外出现于地租理论，在那里只有零地租的生产条件是调整条件，它才参与利润率的平均化。② 更多类别的特权资本的存在，因而可以被视为地租理论的一般化。第三，假设分配给旧年份的资本价值的利润率，与分配给新年份的资本价值的利润率完全相同。在多数国民收入账户中，这被视为对净资本存量的理想衡量方法。③ 接着，在这种情况下，全部资本都有相同的利润率，所以在一个产业中全部资本的平均利润率等于新资本的利润率。就像在新古典理论中那样，我们没有必要区分企业和产业以评估利润率的差别。

通过强调竞争是一个过程而不是某种永恒的状态，奥地利学派的理论前进了一大步。一个竞争过程被视为这样一个过程，"其中进入的力

---

① 或者，如果同一种商品的两种生产方法在一定的实际工资下并存，那么就假设它们只有在具有相同的利润率时，才可能在竞争性均衡中呈现出这种状况。见 Sraffa, Piero, *Production of Commodities by Means of Commodities* (Cambridge: Cambridge University Press, 1963), pp. 38 – 39.

② Ricardo, David, *Principles of Political Economy and Taxation* (Cambridge: Cambridge University Press, 1951), ch. 2; Sraffa, Piero, *Production of Commodities by Means of Commodities* (Cambridge: Cambridge University Press, 1963), ch. 11.

③ Gordon, Robert J., "Reply: The Concept of Capital," *Review of Income and Wealth*, 39 (1993): 103.

量会被超额利润所强烈和迅速地吸引……他们迅速地争走了这些理论"。① 隐含的意思是这种过程是稳定的。因此，对新古典模型的检验是看在任意给定的时刻利润率是否或多或少地相等，而对奥地利学派的竞争理论的检验则是"市场是否稳定和快速"。② 熊彼特经济学强调对技术的持续创造、采用和替换，很像以前马克思所做的那样。但与马克思理论不同的是，熊彼特路径倾向于忽视跨期利润率差别。同样强调创新和适应的演化经济学，也因类似地缺少特异性而受损。米勒将二者纳入一个一般的奥地利学派路径③，其中经验分析包括估算实际利润率的长期重心，检验它们调整风险后的等同性，以及估算它们的调整速度。

一般化奥地利学派竞争模型与古典－马克思主义竞争理论有许多相同的特征，除了它没有区分调整资本和非调整资本。因而，在奥地利学派理论中，无效的假设是"所有的个别公司利润率都趋同于一个单一的、有竞争力的水平"。④ 结果，经验观察到的企业水平的利润率的持续不同，被视为不具有竞争力的条件的表面证据。⑤ 这有别于古典－马克思主义论断，其中一直预期在任何给定的时点都存在不同的利润率，只有调整利润率才被预期为会在足够长的时期内混乱地平均化。

在实际中，产业间的利润率不同，在任何一个给定的产业内多种生产方法也同时存在，也很少以"理想的"水平对不同的年份进行价值衡量。事实上，对资本存量的直接衡量常常是不可实现的，所以它们被

① Mueller, Dennis C., *Profits in the Long Run* (Cambridge: Cambridge University Press, 1986), p. 4.
② Geroski, Paul A., "Modeling Persistent Profitability," in Mueller, Dennis C. (ed.), *The Dynamics of Company Profits: An International Comparison* (Cambridge: Cambridge University Press, 1990), p. 28.
③ Mueller, Dennis C. (ed.), *The Dynamics of Company Profits: An International Comparison* (Cambridge: Cambridge University Press, 1990), pp. 3–4.
④ Mueller, Dennis C., *Profits in the Long Run* (Cambridge: Cambridge University Press, 1986), p. 13.
⑤ Mueller, Dennis C., *Profits in the Long Run* (Cambridge: Cambridge University Press, 1986), pp. 9–12, 31–33, 130.

构造自"观测到的总投资流",基于关于服务寿命和退出模式的高度简化的假设①。这在对利润率长期水平的估算中,引入了一个未知的和可能很大的错误。因此,如果我们要从一个古典的视角考虑利润率平均化问题,就必须找到对调整资本收益率的衡量方式。

三　平均利润率和调整利润率的定义式度量

即使在一个企业内,也有必要区分总资本的利润率和近期投资的利润率。较早和较新的资本在成本上的差异,意味着它们可能有不同的利润边际;初始预付资本就是国民账户中的总资本存量概念②,如果我们以初始预付资本来评估各类资本③的利润率(适当地调整通货膨胀),这些利润率也一般不相同。这意味着在一个企业中不能用平均利润率来代表调整利润率。类似的问题也存在于产业层面。④ 在企业和产业两个层面中,都只有近期投资的利润率才与产业间的竞争相关。

总资本的利润率是总利润与资本存量的当前成本价值之间的比率。采用资本的当前成本价值,使这一比率成为一个实际的、调整通货膨胀的度量方法,因为分子和分母都采用当前美元的形式。如果分子和分母同时除以一个相同的价格指数,显然:

$$r_{K_t} = \frac{P_t}{K_t} \qquad \text{[平均利润率]} \tag{1}$$

---

① 虽然这些假设的合理性被广泛地质疑,但在多数国家中,因为计算便利性,它们依然被采用。见 OECD, *OECD Manual: Measurement of Capital Stock, Consumption of Fixed Capital and Capital Services*, Paris, 2001, pp. 75–81。

② OECD, *OECD Manual: Measurement of Capital Stock, Consumption of Fixed Capital and Capital Services*, Paris, 2001, p. 31.

③ 年份和类型是两个不同的问题。每种类型的资本都可能存在于不同的年份,这取决于它已经运转了多长时间。

④ 此外,一个产业自身可能是全球化的,在给定产业中,调整利润率的国际平均化,与平均利润率的持续国别差异,是不矛盾的(见下一节)。

但总资本的利润率本身就是总资本存量中不同类型资本的当前成本利润率的平均值，包括最新类型资本的利润率，即调整资本的利润率。从这点出发，发挥重要影响的是后者，因为它代表近期投资的当前收益率（r_{lt}）。在任何给定时点，一个企业获得的当前利润 P_t 是最新投资的当前利润（P_{lt}）和先前投资的当前利润（$P_t{}'$）之和，后者是在没有近期投资 I_{t-1} 的情况下本应该增加的利润，有：

$$P_t = P_{lt} + P_t{}' \qquad (2)$$

在等式（2）两边同时减去前一期的利润并整理，可以把新增投资的利润表示为总利润的增量和一个"调整项"之和，其中"调整项"包括价格、工资、效率、规模和产能利用的变动对先前资本（即当前的旧资本）的留存因素的影响，见：

$$P_{lt} = (P_t - P_{t-1}) + (P_{t-1} - P_t{}') = \Delta P_t + P_{t-1}\left(1 - \frac{P_t{}'}{P_{t-1}}\right) \qquad (3)$$

新增资本的利润的估算问题，就转变为估算原有资本的当前利润与它在前一期的利润的相对值。令 p_t、w_t、wr_t 和 t_t 分别代表产出价格、名义工资、实际工资和间接企业税率，令 Yr_t、L_t 和 yr_t 分别代表实际产出、就业和原有资本的生产率。像以前一样，有关原有资本的变量标注为 $wr_t{}'$、$Yr_t{}'$ 等。将经济产能及与之对应的就业和生产率标注为 Ycr_t、Lc_t、ycr_t 等，其中产能指在一个竞争性长期中经济上可取的生产点。[1] 最后，令 $u_t = Yr_t/Ycr_t =$ 产能利用率。如果产能利用率变动时，就业和产出一起变动，那么同样 $L_t/Lc_t = u_t$。因为利润是减去间接企业税后的产出的货币价值，与货币工资之差，所以我们可以将原有资本的相对利润写作四个子项的乘积，其中各项上面的正负号表现它通常对整体值的影响，具体如：

---

[1] Kurz, Heinz, "Normal Positions and Capital Utilization," *Political Economy: Studies in the Surplus Approach*, 2 (1986): 37 - 54.

$$\frac{P_t{}'}{P_{t-1}} = \frac{p_t Yr_t{}'(1-t_t) - w_t{}'L_t{}'}{p_{t-1}Yr_{t-1}(1-t_{t-1}) - w_{t-1}L_{t-1}}$$

$$= \left(\frac{p_t}{p_{t-1}}{}^+\right)\left(\frac{Ycr_t{}'}{Ycr_{t-1}}{}^-\right)\left(\frac{u_t{}'}{u_{t-1}}{}^\pm\right)\left(\frac{m_t{}'}{m_{t-1}}{}^\pm\right)$$

$$m_t{}' = \left(1 - t_t - \frac{wr_t{}'}{yr_t{}'}\right) = 原有资本的当前利润边际$$

$$m_{t-1} = \left(1 - t_{t-1} - \frac{wr_{t-1}}{yr_{t-1}}\right) = 全部资本在前一期的利润边际$$

等式右侧的第一项是总价格变动率，在一个通常通货膨胀的环境里，它很可能对利润比率产生正向的影响，即它倾向于使利润比率大于1。第二项是原有资本的当前产能与总资本在前一期的产能之比，它倾向于小于1，因为一些资本的退出。第三项是原有资本和前一期的总资本的产能利用率之比，如果原有资本和新增资本在给定年份里有大致相似的产能利用率，这一比率就等于产能利用的总变动率（u_t/u_{t-1}），在任何一个足够使产能利用率被吸引回其正常水平的时期内，它都很可能对利润比率产生中性的效应。最后，如果特定工厂里工人的实际产品 - 工资（$wr = w/p$）与利润率进而与这些工厂的劳动生产率相关联[①]，那么因为税率在这一时期内倾向于保持稳定，最后一项就很可能接近于1，可以被放心地忽略。

因此，第一项倾向于提升利润比率，使之超过1，第二项倾向于降低利润比率，使之小于1，其余两项则倾向于使利润比率围绕着1波动。例如，对于1987～2005年的私有部门整体，估算的平均利润比率（$P_t{}'/P_{t-1}$）= 1.003，而且年度利润比率几乎都是在这一数值的正负5% 之间变动。因而假设这一比率大致等于1，是一个很好的初步估计。

---

① 实际工资和生产率之间的总体联系在许多不同的传统中都是一个常见的主题。见 Shaikh, Anwar, "Labor Market Dynamics within Rival Macroeconomic Frameworks," in Argyrous, George, Gary Mongiovi and Mathew Forstater, *Growth, Distribution and Effective Demand: Alternatives to Economic Orthodoxy* (Armonk, NY: M. E. Sharpe, 2003), pp. 127 - 143。Botwinick 给出了关于工资设定的微观经济学的一个经典研究。见 Botwinick, H., *Persistent Inequalities: Wage Disparities under Capitalist Competition* (Princeton, N. J.: Princeton University Press, 1993), ch. 6 - 7。

在这种情况下，从等式（3）我们可以直接把新增资本的当前利润估算为整体总利润的变动，把新增资本的利润率估算为这一利润与前一期总投资之比，即增量利润率[①]：

$$P_{lt} \approx \Delta P_t \qquad\qquad (5)$$

$$r_{lt} \approx \frac{\Delta P_t}{I_{t-1}} \qquad [增量利润率] \qquad (6)$$

在我关于这一主题的最早成果中，我使用这一近似值来估算新增非金融企业资本的收益率，结果表明这种衡量紧密地追踪了资本市场收益率，并且基本上有相同的平均差和标准差。[②] 这种使用增量收益来代表调整比率中的收益的做法，依次被 Christodoulopoulos 应用于 OECD 国家[③]（我们在下文中讨论），被 Schroeder 应用于 20 世纪 90 年代的亚洲危机[④]，被 Tsoulfidis 和 Tsaliki 应用于希腊的制造业[⑤]。

增量利润率有两个主要的优点。第一，它容易估算，因为它的两个组成部分，总利润和总投资，在不同国家和不同时期都广泛存在：总利润被定义为总操作剩余（见下文），总投资则可以被直接观测到，不像测算平均利润率所必需的资本存量那样，需要采用被艰难构建的方法来衡量。第二，增量利润率可以被直接解释为资本的

---

① Elton，Edwin J. and Martin J. Gruber，*Modem Portfolio Theory and Investment Analysis*（New York：John Wiley，1991），p. 454；在增量利润率的定义中，分子 ΔP_t 表示当前利润（P_{new}），上一期投资 I_{t-1} 表示新增资本的当前成本（K_{new}）。就像当前成本平均利润率一样，当前成本增量利润率同时也是一个实际比率。

② Shaikh，Anwar，"The Stock Market and the Corporate Sector：A Profit-Based Approach," in Sawyer，Malcolm，Philip Arestis and Gabriel Palma，*Festschrift for Geoffrey Harcourt*（London：Routledge & Kegan Paul，1998），p. 397.

③ Christodoulopoulos，George，"International Competition and Industrial Rates of Return," Department of Economics，New School for Social Research，New York，1995.

④ Schroeder，Susan K.，"Political Economic Forecasting of Financial Crises," Department of Economics，New York：New School for Social Research，2004.

⑤ Tsoulfidis，Lefteris and Persefoni Tsaliki，"Marxian Theory of Competition and the Concept of Regulating Capital：Evidence from Greek Manufacturing," *Review of Radical Political Economics*，37（2005）：5 – 22.

"边际"收益[1]，像所有真正的"边际"一样，它是混乱的、不均衡的和不连续的。

四　OECD国家的经验证据

1994年国际部门数据库（ISDB）[2] 包含年度数据（现在已中断），从中可以获得多个OECD国家的总利润［总操作剩余，即GDP减去间接企业税（扣除补贴）再减去雇员报酬］、总资本存量和总投资的数据。这些数据被Christodoulopoulos用以衡量世界产业的平均和增量利润率。我感谢他提供了这些数据和涉及的具体步骤，像附录1里列出来的那样。为了保证不同国家和产业之间的可比较性和一致性，本文的分析限于1970~1990年这段时间，关注在八个国家（美国、日本、加拿大、德国、法国、意大利、比利时和挪威）里的八个制造业产业（食品、纺织、造纸、化工、矿产、金属、机械设备、其他制造业）的利润率。测算了每个产业的世界总利润、总资本存量和总投资，使用购买力平价汇率将其转化为美元。这些数据接着被用于测算（发达）世界层次的每个产业的平均利润率和增量利润率。

图1展现了世界制造业产业在1970~1990年的平均利润率，表示为3年期居中移动平均值，以平滑数据。像平均利润率经常呈现的那样，它们大部分集聚在平均水平周围，但仍然持续地高于或低于平均水平。考虑到衡量资本存量所牵涉的众多问题，很难区分实际的差别和统计上人为制造的差别。图2展现了相应的增量利润率的3年期居中移动平均值。我们现在看到一个非常不同的模式，增量利润率以经典的利润率平均化理论所预期的方式来回交叉。

---

①　Damodaran, Aswath, *Corporate Finance: Theory and Practice* (New York: John Wiley, 2001), p. 695; Elton, Edwin J. and Martin J. Gruber, *Modern Portfolio Theory and Investment Analysis* (New York: John Wiley, 1991), p. 454.

②　OECD, *The International Sectoral Database*, Paris, 1994.

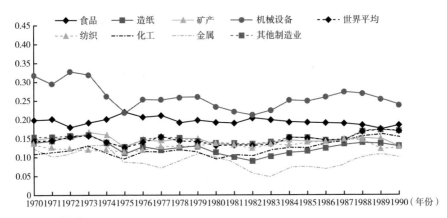

图 1　1970～1990 年世界制造业的平均利润率（3 年期居中移动平均值）

数据来源：OECD 1994 年国际部门数据库。

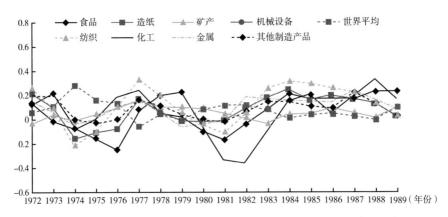

图 2　1972～1989 年世界制造业的增量利润率（3 年期居中移动平均值）

数据来源：OECD 1994 年国际部门数据库。

　　图 3 和图 4[①] 描绘了美国制造业 1960～1990 年的年度平均利润率和 1962～1989 年增量利润率，但这次没有平滑化。像前面的情况那样，总资本的利润率在层次上呈现一定的持续差异，而增量利润率则呈现相当多的交叉。

---

　　① 由于无法获取较为清晰的图片，所以图中无法区别各条线具体指代对象，但线段的位置及其交叉情况足以支撑文中从产业整体角度的分析；下文的图 5 和图 7 亦如此——译者注。

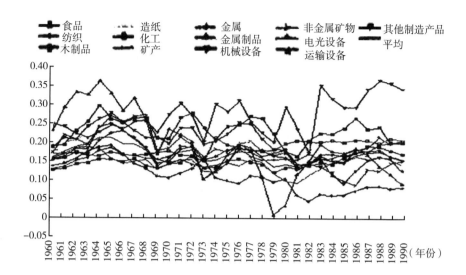

图3 1960~1990年美国制造业的平均利润率

数据来源：OECD 1994年国际部门数据库。

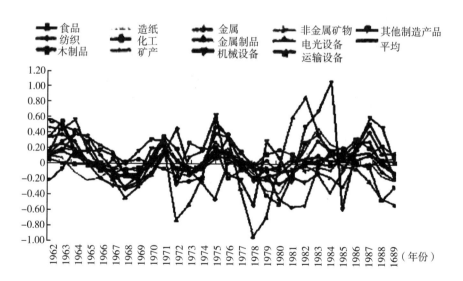

图4 1962~1989年美国制造业的增量利润率

数据来源：OECD 1994年国际部门数据库。

五　美国产业的近期数据

较近时期的数据取自美国 1987～2005 年的国民收入与产品账户
（NIPA）。本节引入了五个重要的创新。第一，因为总操作剩余把业主
和合伙人的全部收入都计作利润，所以对总利润的一个更好的衡量是减
去业主和合伙人的估计相应工资（WEQ）。[1] 这种调整减小了所有部门
的长期利润率测量值，在包括大量自我雇佣人员的产业中效果最为明
显。例如，在建筑业中，它将利润率测量值由 90.5% 减小到 20.7%。
第二，去除了由于 NIPA 把房产拥有者视为自己租赁自己的房屋而嵌入
的对总利润、总投资和总资本存量的虚拟衡量。[2] 在 1988～2005 年的
房地产行业，这构成了产业总操作剩余的 55.5%，以及总资本存量的
76%。第三，在可能的情况下，将一般存货估算值加入对固定资本存量
的衡量，将一般存货投资估算值加入固定资本流量。这些基于 NIPA 的
制造业和批零贸易数据，建筑业的部门统计数据，以及保险和银行业的
用于说明一般储备金的资金流数据。[3] 第四，计入储备金使银行业和金
融业的资本存量增加了大概 50%，这与相应工资调整的效应结合在一
起，使产业利润率衡量值从 41.8% 降至 17.7%。第五，主要由利润驱

[1]　Shaikh 和 Tonak 在其文章中使用了这种操作。见 Shaikh, Anwar and Ertugrul Ahmet Tonak, *Measuring the Wealth of Nations*: *The Political Economy of National Accounts* (Cambridge: Cambridge University Press, 1994), pp. 110 - 113。WEQ 近来被纳入欧盟委员会经济和金融事务理事会的年度宏观经济数据库（AMECO），见 http://europa. eu. int/comm/economy_ finance/indicators/annual_ macro_ economic_ database/ameco_ contents. htm。

[2]　Mayerhauser, Nicole and Marshall Reinsdorf, "Housing Services in the National Income Accounts," Bureau of Economic Analysis, U. S. Department of Commerce, 2007, pp. 1 - 4; Shaikh, Anwar and Ertugrul Ahmet Tonak, *Measuring the Wealth of Nations*: *The Political Economy of National Accounts* (Cambridge: Cambridge University Press, 1994), pp. 253 - 254.

[3]　Panico, Carlo, *Marx's Analysis of the Relationship between the Rate of Interest and the Rate of Profits* (New York: Duckworth, 1983), p. 182.

动的企业构成的且被认为具有国际竞争力的产业，被给予了特别的关注。这排除了原有的61个私营产业中的31个，基于三种原因：因为它们由非盈利企业所支配，比如艺术、博物馆、教育服务和社会服务部门；因为我们缺少能够充分衡量业主和合伙人工资的足够数据，比如法律、医药和计算机领域的服务部门；或者因为所研究的产业不具有国际竞争力，因此它们的投资收益率不能够作为潜在的调整率，比如纺织业、采矿业和国内石油生产部门。具体细节参见附录2。

图5展示了美国30个产业在1987～2005年的平均利润率。显然再现了上文提及的模式：总资本的利润率集聚在一定的中心趋势附近，但是许多依然持续地高于或低于平均值（被定义为所包括的全部私营部门的总体利润率）。

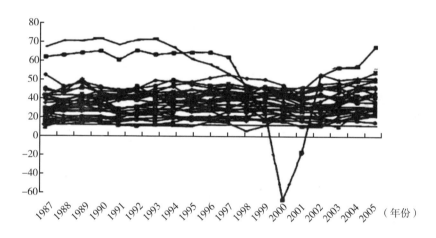

图5 1987～2005年美国产业的利润率

数据来源：附录2。

这种模式在图6[①]中更为明显，它展现了单个部门利润率和平均利润率的离差。其利润率与平均利润率交叉的产业，有改变正负号的离差，表现为在相应的图形中它们的离差与零度线相交叉。在30个产业

---

① 能获取的图片过于模糊，本译文不做呈现，图8亦如此——译者注。

中，18 个呈现这种趋势，12 个没有（7 个持续高于、5 个持续低于）。值得注意的是，在其离差高度趋势化的产业中，比如非金属矿产、机械、打印和租赁等，它们的期内平均离差是对于它们的计量经济学估测长期值的坏的代表，虽然它们的离差确实与零度线交叉了至少一次。

图 7 和图 8 以同样的方式审查了增量利润率。图 7 表明，与平均利润率不同，增量利润率大量地"交叉"。在图 8 中最为明显，它展现了单个产业增量利润率与总体平均值的离差。在所有产业中，单个产业增量利润率都与平均增量利润率来回交叉：最少的交叉次数是 4 次（金属制品业），最多的是 12 次（传播业）。这是一幅与相同样本下平均利润率展示的状况截然不同的画面。

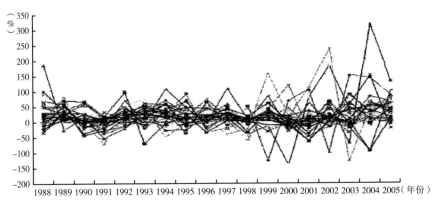

图 7　1988～2005 年美国产业的增量利润率

数据来源：附录 2。

仍然存在的有趣问题是，收益率如何与风险相关联，资本的增长率反过来如何与收益率相关联。从图 8 中的各个图形，我们已经看到，一个产业的收益率的期内平均值可能不是其长期均衡水平的好的代表。尽管如此，因为计量经济学研究超出了本文的范围，所以依然有趣的是看到在图 9 中，产业增量收益率的期内平均值正向相关于它们的标准差。最后，我在本文第一部分指出，对于新投资的持续增长的收益率的第一个回应，将是已有产能的利用率提高造成的产出加速，紧接着，如果有的话，才是产能自身增速的变化带来的产出加速。但是如果一个特定产业中的新投资，比任何较长时期内的平均新投资更有利可图，那么这会逐渐地提升此产业的平均利润率。同时，任何由此产生的实际投资加速，都将逐渐地提升此产业的实际资本增速。因此，我们预期产业平均利润率的期内平均值与相应的实际资本增速正相关。图 10 显示了这样的一个相关关系确实存在。

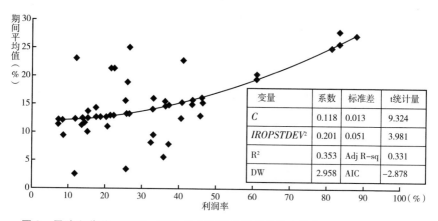

图 9　风险和收益：1988 ~ 2005 年美国产业增量利润率的期间平均值与标准差

数据来源：附录 2。

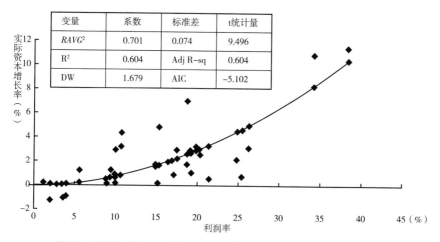

图 10　增长与收益：1988 ~ 2005 年美国产业的实际资本增长率和利润率（期间平均值）

数据来源：附件 2。

六 总结和结论

利润率平均化是所有竞争理论的核心概念。本文概述了关于产业竞争的一个经典视角，其中利润率平均化被视为一个动态的和混乱的过程，包括围绕着一个移动的重心的无休止的波动。新资本不断地加入竞争，较旧的资本不断退出。这种永久的争斗提升了在不同资本间一般不相同的利润率。但与竞争相关的是新增投资的利润率，它与较旧的资本的利润率不同。

总资本的利润率只是利润与资本存量之比。我发展了一种衡量近期投资的利润率的方法，并在理论和实证的基础上，认为这能够由增量利润率很好地近似，增量利润率在此处定义为总利润的变动与前一期总投资流量之比。在实证层面，平均利润率和增量利润率的衡量都需要衡量总利润，它的数据如今在不同的产业和国家里普遍存在。但总资本的利润率还需要首先估算资本存量，这被视作更有疑问的，因为这样的衡量声名狼藉地依赖于一组被广泛批评的简化假设，它们的使用给平均利润率的估算带来了一个未知程度的误差。相比之下，增量利润率则相当容易衡量，因为它需要的唯一额外数据是总投资，而总投资可以被直接观测而且广泛存在。

本文的实证部分首先审查了合计八个 OECD 国家（美国、日本、加拿大、德国、法国、意大利、比利时和挪威）的八个发达世界制造业产业（食品、纺织、造纸、化工、采矿、金属、机械设备、其他制造业）的平均和增量利润率。美国制造业 1979～1990 年的类似数据被单独展示出来，接着展示了美国 30 个产业在 1987～2005 年的类似数据。一方面，尽管大多数总资本利润率在一个平均水平周围聚集，一些仍然持续地高于或者低于那一水平。而另一方面，增量利润率则是持续地来回交叉，正如关于混乱的利润率平均化的古典理论所预期的那样。尽管每个产业的期内平均增量收益率一般是理论上的长期比率的较差的代表，但令人鼓舞的是，它们看起来与风险（由增量收益率的标准差来衡量）正相关。对于利润率平均化过程的一个分析审查，也引导我们预期期内平均产业利润率和相应的实际资本增速之间的一个正相关关系，这也被数据所证实。随后的工作将关注对于调整过程的经济计量说明，以及对于总资本和新增投资的长期利润率预测值的性能检验。迄今为止，至少，衡量结果是支持古典竞争理论的。

附录1　OECD数据，1970～1990年，图1～图4

图1～图4的数据来自1994年OECD国际部门数据库（ISDB）。它包含14个OECD国家的几个类别的年度数据。为了细致地分析产品和服务的生产和使用，根据在OECD的国民账户出版物中使用的国际标准产业分类（ISIC），经济体被划分为大约30个分支。[①]为了保证国家和产业之间可比性和一致性，我们只能将我们的样本限制于八个国家（美国、日本、加拿大、德国、法国、意大利、比利时和挪威）的八个制造业产业（食品、纺织、造纸、化工、采矿、金属、机械设备、其他制造业）。[②]

对于每个国家，每个产业的名义总操作剩余（Nominal Gross Operating Surplus，GOS）被计算为名义GDP减去雇员薪酬再减去间接企业税，而名义总资本存量则通过采用投资紧缩指数（它被计算为名义与实际总投资之比）通胀化实际资本存量来计算。对于世界产业，任何给定产业的以地方货币表示的总操作剩余都被转换为美元形式，利用年度GDP购买力平价比率（Annual GDP PPP-ratios），而相应的名义

---

①　分支被定义为一组同类的生产单位，每个分支都从事单一的行为。此处使用的"分支"一词等同于产业。

②　在ISDB数据库中，没有1970年以前的雇员薪酬数据，同时也只有一些国家中的一些产业的资本存量和总固定资本构成数据。

资本存量和总投资则使用年度总投资购买力平价比率（Annual Gross Investment PPP-ratios）来转换。每个产业的世界平均利润率被计算为全部世界总操作剩余与全部世界总资本存量之比，增量利润率被计算为名义世界总操作剩余的变动与前一期总投资之比。衡量美国指标时，直接采用美国的名义变量。进一步的细节参见 George Christodoulopoulos 的 International Competition and Industrial Rates of Return（Department of Economics，New School for Social Research，New York，1995）一文的附录 A。

附录 2　美国的数据，1987～2005 年，图 5～图 10

因为美国经济分析局（BEA）现在只计算净资本存量，所以总资本的利润率在此处被定义为名义净利润（总利润减去折旧）与当前成本净资本存量之比。另外，因为总投资数据广泛存在而且独立于估算资本存量所必需的有争议的假设，所以增量利润率被定义为名义总利润的变动与前一期名义总投资之比。这些以及其他相关变量的获取和使用的进一步细节如下文所列。

（1）基本的流量变量取自美国经济分析局（BEA）国内生产总值（GDP）的产业表 1947～97GDPbylnd_VA_NAICS 和 1998～2005GDPbylnd_VA_NAICS，见 http：//www. bea. gov/industry/gdpbyind _data. htm。从中计算了当前总增加值（GVA）、雇员薪酬（EC）、总操作剩余（GOS）①、用于计算实际 GVA（GVAR）的 GVA 价格指数（VAPI）、全职和兼职雇员的就业数据（FTPE）、自我雇佣的人员（SEP）以及等同全职的雇员（FEE）。除了 SEP 和 FEE 只有 1998～2005 年的数据以外，其他变量都有 1987～2005 年的数据。

---

① 总操作剩余 = 总增加值 – 雇员薪酬 – 生产和进口税。

（2）在每个部门中，通过将每个工人的平均全职工资（Average Full-time Wage per Worker，w≡EC/FEE）应用于自我雇佣人员（SEP），来计算工资当量（Wage Equivalent，WEQ），并从总操作剩余（GOS）中将其扣除，以得到总利润（Gross Profits，PG）。这样做是因为 NIPA 对于总操作剩余（GOS）的计算内在地将业主和合伙人（即自我雇佣人员）的全部收入视为利润形式的收入。因为自我雇佣人员（SEP）和等同全职雇员（FEE）只有 1998～2005 年的数据，1987 年的 FEE/FTPE 和 SEP/FTPE 两个比率被用于 1987～1997 年的全职和兼职雇员的就业数据（FTPE）以填充这些早期年份中的 SEP 和 FEE 数据。

（3）每个部门的当前成本资本存量（K）、总投资（Gross Investment，GI）和当前成本折旧（Current Cost Depreciation，DEP），以及净资本存量的数量指数（Quantity Index for Net Capital Stock，KQI）取自下列 BEA 财富表格：Table 3.1ES. Current-Cost Net Stock of Private Fixed Assets by Industry，Table 3.4ES. Current-Cost Depreciation of Private Fixed Assets by Industry，Table 3.7ES. Historical-Cost Investment in Private Fixed Assets by Industry 和 Table 3.8ES. Chain-Type Quantity Indexes for Investment in Private Fixed Assets by Industry。均在 2007 年 8 月 11 日下载，最后一次修订于 2007 年 8 月 8 日。财富表格中的产业被匹配到 NIPA 账户中的产业，后者需要在先前的表格中加总部门 50～51 和部门 69～70。实际资本存量（Real Capital Stocks，KR）被构建，通过使用当前成本存量的基期（2000 年）价值来扩展数量指数。

（4）业主自用住房（Owner-Occupied-Housing，OOH）的赋予价值，使用经济分析局国民收入和产品账户（NIPA）中的表 7.12 Imputations（下载于 2007 年 8 月 11 日，最后一次修订于 2007 年 8 月 1 日），它被从下列变量中移除：房地产业总增加值 GVA（即 space rent 行 134 减去 intermediate input 行 135），总操作剩余 GOS（即 GVA 减去除去补贴后的税，行 134 减去行 135 再减去行 136），和当前成本折旧 DEP（行 140）。雇员薪酬 EC 中没有赋予价值部分。尽管 BEA NIPA 账户现在把

247

OOH 的全部赋予价值都分配给了房地产部门，它仍然在农场和房地产之间分裂了 OOH 赋予价值的财富存量组成部分，它们分别需要使用表 5.1Current – Cost Net Stock of Residential Fixed Assets by Type of Owner, Legal Form of Organization, Industry, and Tenure Group, line 15 和 line 16 来移除。对总投资 GI 也做出类似的调整，使用表 5.7 Historical-Cost Investment in Residential Fixed Assets by Type of Owner, Legal Form of Organization, Industry, and Tenure Group, lines 15 – 16。

（5）存货被加入制造业和批零贸易产业的资本存量之中，使用 NIPA 表 1BU. Real Manufacturing and Trade Inventories（http://www.bea.gov/national/nipawebjnipa _ underlying/SelectTable.asp）和表 2AUI. Implicit Price Deflators for Manufacturing and Trade Sales，均下载于 2007 年 8 月 11 日，最后修订于 2004 年 2 月 3 日。每个部门 1987～2005 年实际存货与实际资本存量之间的平均比率被作为它的通常比率，这被用于与年度实际资本存量一起来得到每个部门的年度通常存货。这些接着被转化为当前成本存货，使用制造业和贸易销售行业的内在价格平减指数。

就建筑业而言，原材料和供给的存货数据可以从 1992 年、1997 年和 2002 年建筑业经济普查的表 3 中获得。在报告存货、报告零存货和不报告存货的机构中，建筑工作的价值都是可以获得的。前两组的存货销售比率被用来把最后一组分为次级组成部分，有存货的和无存货的，第一组的存货销售比率被应用于最后一组的首个次级组成部分，以计算其存货水平，这被加入已报告存货来获得总量。1992 年、1997 年和 2002 年（它稳定在 4% 附近）存货与总增加值比率的平均值接着被用于定义一个通常比率，这被用于估算建筑业的年度平均存货存量。同样的比率也被应用于该部门的固定投资以估算通常的存货投资。总资本和投资被定义为它们的固定投资和存货部分的总和。

在保险及相关行为产业，总储备金被计为支票存款与货币、货币市场基金以及证券回购协议之和，这些数据取自美国基金流表

L. 116. Property-Casualty Insurance Companies（lines 2 – 3）and L. 117. Life Insurance Companies（lines 2 – 3），下载于 2008 年 8 月 1 日。因为储备金与净当前成本资本之比不断下降，而且在不同年份之间波动，所以它的通常水平通过它的指数趋势来定义。这种趋势价值接着被应用于年度资本存量以获得通常的储备金存量，并被应用于年度投资流量以获得对于储备金的通常投资，这两个结果被加入固定资本存量和投资，来获取总资本存量和总投资。一个类似的过程接下来被用于银行和金融业，包括商业银行、储蓄银行和信贷中心，储备金被定义为金库的现金与货币，在美联储中的储备金，银行自有的支票存款、定期存款和货币（不是他们的客户的），以及联邦基金和回购协议的总和。这些数据取自美国基金流表 L. 109（lines 2 – 4），L. 114（lines 2 – 5），and L. 115（lines 2 – 4），下载于 2008 年 8 月 1 日。

〖此部分的意思是说，大部分行业的固定资本可以被作为资本存量，而有些行业却不适合，因而需要对它们做出调整。在制造业、批零贸易行业和建筑业中的固定资本中加入存货，在保险、银行和金融业的固定资本中加入储备金。〗

（6）北美产业分类体系（North American Industry Classification System，NAICS）包括 61 个个别私营产业，加上一个总计（全部私营产业），以及几个次级综合比如总体、耐用品和非耐用品制造业。在网上可以查到对每个产业的详细描述。① 由利润驱动的企业主导并具有国际竞争力的产业被给予特别关注。这导致从原有的 61 个产业中排除 31 个，伴随着对平均利润率和增量利润率的重新定义。第一组产业被排除，因为它们为非盈利企业所支配（比如艺术、博物馆、教育服务、社会服务），或者因为雇员工资的可获得数据明显地低估了业主和合伙人的工资当量（在法律公司或者医药办公室中）。②这些考虑被应用于

---

① StatCanada，"North American Industry Classification（NAICS）1997，" 1997.
② 感谢经济分析局的 George Smith 和 Denise McBride 帮助我们识别潜在部门。然而，最终决定是我们做出的。

Administrative and Support Services, Ambulatory Health Care Services, Educational Services; Funds and Other Financial Vehicles, Hospitals and Nursing and Residential Care Facilities; Other Service Except Government (which include Religion, Grant Making, Civic, Professional and Similar Organizations); Performing Arts, Spectator Sports, Museums, and Related Activities; Legal Services, Computer Systems Design and Related Services, and Miscellaneous Professional, Scientific, and Technical Services; Publishing Industries; and Social Assistance。这些部门明显有着非常低甚至是负的"利润率"（比如教育服务），或者非常高的利润率（比如行政和支援服务，以及多种多样的专业、科学和技术服务子部门）。最后，另外的 18 个产业被排除，因为它们的平均或者增量利润率的期内均值低于 5%（一些产业甚至有着负的或者接近于零的平均值）。①它们被视为不具有国际竞争力。

参考文献

[1] Botwinick, H., *Persistent Inequalities: Wage Disparities under Capitalist Competition* (Princeton, N. J.: Princeton University Press, 1993).

[2] Christodoulopoulos, George, "International Competition and Industrial Rates of Return," Department of Economics, New School for Social Research, New York, 1995.

[3] Cohen, Jerome B., Edward D. Zinbarg and Arthur Zeikel, *Investment Analysis and Portfolio Management* (Homewood, Ill.: Irwin, 1987).

[4] Damodaran, Aswath, *Corporate Finance: Theory and Practice* (New York: John

---

① 迪梅尼尔和列维认为，在这些产业中的两个即管道运输和铁路运输产业里，衡量出来的极低的利润率主要是由于 BEA 赋予了管道和铁轨非常长的服务寿命，从而过高地估计了这两个产业中资本存量的价值。见 Duménil, Gerard and Dominique Lévy, "The Real and Financial Components of Profitability (United States, 1952–2000)," *Review of Radical Political Economics*, 36 (2004): 84–85。

Wiley, 2001).

[5] Duménil, Gerard and Dominique Lévy, "The Real and Financial Components of Profitability (United States, 1952 – 2000)," *Review of Radical Political Economics*, 36 (2004): 82 – 110.

[6] Elton, Edwin J. and Martin J. Gruber, *Modem Portfolio Theory and Investment Analysis* (New York: John Wiley, 1991).

[7] Geroski, Paul A., "Modeling Persistent Profitability," in Mueller, Dennis C. (ed.), *The Dynamics of Company Profits: An International Comparison* (Cambridge: Cambridge University Press, 1990), pp. 15 – 34.

[8] Gordon, Robert J., "Reply: The Concept of Capital," *Review of Income and Wealth*, 39 (1993): 103 – 110.

[9] Kurz, Heinz, "Normal Positions and Capital Utilization," *Political Economy: Studies in the Surplus Approach*, 2 (1986): 37 – 54.

[10] Lutz, Frledich A., *The Theory of Interest* (Chicago: Aldine, 1968).

[11] Marx, Karl, *Theories of Surplus Value*, Part 3 (Moscow: Progress, 1971).

[12] Mayerhauser, Nicole and Marshall Reinsdorf, "Housing Services in the National Income Accounts," Bureau of Economic Analysis, U. S. Department of Commerce, 2007, pp. 1 – 4.

[13] Mueller, Dennis C., *Profits in the Long Run* (Cambridge: Cambridge University Press, 1986).

[14] Mueller, Dennis C. (ed.), *The Dynamics of Company Profits: An International Comparison* (Cambridge: Cambridge University Press, 1990).

[15] OECD, *OECD Manual: Measurement of Capital Stock, Consumption of Fixed Capital and Capital Services*, Paris, 2001.

[16] OECD, *The International Sectoral Database*, Paris, 1994.

[17] Panico, Carlo, *Marx's Analysis of the Relationship between the Rate of Interest and the Rate of Profits* (New York: Duckworth, 1983), pp. 167 – 186.

[18] Ricardo, David, *Principles of Political Economy and Taxation*, ed. by Sraffa, Piero (Cambridge: Cambridge University Press, 1951).

[19] Schroeder, Susan K., "Political Economic Forecasting of Financial Crises," Department of Economics, New York: New School for Social Research, 2004.

[20] Shaikh, Anwar, "Political Economy and Capitalism: Notes on Dobb's Theory of Crisis," *Cambridge Journal of Economics*, 2 (1978): 233 – 51.

[21] Shaikh, Anwar, "The Stock Market and the Corporate Sector: A Profit – Based Approach," in Sawyer, Malcolm, Philip Arestis and Gabriel Palma, *Festschrift for Geoffrey Harcourt* (London: Routledge & Kegan Paul, 1998).

[22] Shaikh, Anwar, "Labor Market Dynamics within Rival Macroeconomic Frameworks," in Argyrous, George, Gary Mongiovi and Mathew Forstater, *Growth, Distribution and Effective Demand: Alternatives to Economic Orthodoxy* (Armonk, NY: M. E. Sharpe, 2003), pp. 127 – 143.

[23] Shaikh, Anwar and Ertugrul Ahmet Tonak, *Measuring the Wealth of Nations: The Political Economy of National Accounts* (Cambridge: Cambridge University Press, 1994).

[24] Sraffa, Piero, *Production of Commodities by Means of Commodities* (Cambridge: Cambridge University Press, 1963).

[25] StatCanada, "North American Industry Classification (NAICS) 1997," 1997.

[26] Steindl, Josef, *Maturity and Stagnation in American Capitalism* (New York: Monthly Review Press, 1976).

[27] Tsoulfidis, Lefteris and Persefoni Tsaliki, "Marxian Theory of Competition and the Concept of Regulating Capital: Evidence from Greek Manufacturing," *Review of Radical Political Economics*, 37 (2005): 5 – 22.

"调整利润率"平均化进路：
量度模型与经验考察[*]

李亚伟[**]

利润率趋向于平均化的理论是生产价格和一般利润率等概念及相关理论的基础。然而，一系列经验研究的结果却似乎使这一基础产生了动摇。比如穆勒（Mueller）分析了美国制造业中 600 个企业在 1950 ~ 1972 年的利润率状况，发现利润率差异在企业层面上持续存在。[①] 谢克（Shaikh）[②]、萨里奇与赫克特（Sarich & Hecht）[③] 分别研究了美国制造业和世界范围内领头企业及其所处行业的利润率状况，发现在产业之间也存在持续的利润率差异。

利润率是否会平均化、如何平均化，因而成为亟待解决的问题。一些学者对此进行了研究。迪梅尼尔和列维（Duménil & Lévy）讨论了资

---

* 本文系国家社会科学基金资助项目（16CJL002）的成果。

** 李亚伟，四川大学经济学院副教授，主要研究方向为政治经济学。

① Mueller, D. , *Profits in the Long Run* (Cambridge：Cambridge University Press, 1986), pp. 8 - 32.

② Shaikh, A. , " Competition and Industrial Rates of Return," in Arestis, P. , J. Eatwell, *Issues in Finance and Industry：Essays in Honour of Ajit Singh* (New York：Palgrave, 2008), pp. 167 - 194.

③ Sarich, J. , J. Hecht, " Are Mega - corps Competitive? —Some Empirical Tests of Business Competition," in Moudud, J. K. , C. Bina, P. L. Mason, *Alternative Theories of Competition：Challenges to Orthodoxy* (New York：Routledge, 2014), pp. 298 - 324.

本流动和利润率平均化的发生领域。① 谢克对直接参与利润率平均化过程的资本本身进行分析，提出"调整资本"的概念，认为"趋向于平均化的，并不是总资本的利润率，而是调整资本的利润率"，并采用增量利润率作为调整资本利润率的度量指标。② 他的这种分析进路和度量方法，为苏欧菲迪斯与查立基（Tsoulfidis & Tsaliki）③、巴希与伊尔斯（Bahçe & Eres）④、维欧纳（Vaona）⑤、泰斯卡里与维欧纳（Tescari & Vaona）⑥、萨里奇与赫克特（Sarich & Hecht）⑦ 等学者所认可和应用。但是，增量利润率这一度量方式虽然简便易用，却不够准确，并且其测

① Duménil, G., D. Lévy, "The Field of Capital Mobility and the Gravitation of Profit Rates (USA 1948–2000)," *Review of Radical Political Economics*, 34 (2002): 417–436.

② Shaikh, A., "Competition and Industrial Rates of Return," in Arestis, P., J. Eatwell, *Issues in Finance and Industry: Essays in Honour of Ajit Singh* (New York: Palgrave, 2008), pp. 167–194.

③ Tsoulfidis, L., P. Tsaliki, "Marxian Theory of Competition and the Concept of Regulating Capital: Evidence from Greek Manufacturing," *Review of Radical Political Economics*, 37 (2005): 5–22; Tsoulfidis, L., P. Tsaliki, "Classical Competition and Regulating Capital: Theory and Empirical Evidence," in Moudud, J. K., C. Bina, P. L. Mason, *Alternative Theories of Competition: Challenges to Orthodoxy* (New York: Routledge, 2014), pp. 267–297.

④ Bahçe, S., B. Eres, "Competing Paradigms of Competition: Evidence from the Turkish Manufacturing Industry," *Review of Radical Political Economics*, 45 (2013): 201–224; Bahçe, S., B. Eres, "Components of Differential Profitability in a Classical/Marxian Theory of Competition: A Case Study of Turkish Manufacturing," in Moudud, J. K., C. Bina, P. L. Mason, *Alternative Theories of Competition: Challenges to Orthodoxy* (New York: Routledge, 2014), pp. 229–266.

⑤ Vaona, A., "An Empirical Investigation into the Gravitation and Convergence of Industry Return Rates in OECD Countries," *International Review of Applied Economics*, 25 (2011): 465–502; Vaona, A., "Further Econometric Evidence on the Gravitation and Convergence of Industrial Rates of Return on Regulating Capital," *Journal of Post Keynesian Economics*, 35 (2012): 113–36; Vaona, A., "Twenty-two Econometric Tests on the Gravitation and Convergence of Industrial Rates of Return in New Zealand and Taiwan," *International Review of Applied Economics*, 27 (2013): 597–611.

⑥ Tescari, S., A. Vaona, "Regulating Rates of Return do Gravitate in US Manufacturing!" *Metroeconomica*, 65 (2014): 377–396.

⑦ Sarich, J., J. Hecht, "Are Mega-corps Competitive? —Some Empirical Tests of Business Competition," in Moudud, J. K., C. Bina, P. L. Mason, *Alternative Theories of Competition: Challenges to Orthodoxy* (New York: Routledge, 2014), pp. 298–324.

算结果与对调整资本利润率的理论分析不尽相符。

本文尝试在已有研究的基础上探讨此问题。首先，考察马克思对部门内和部门之间竞争的理论分析，审视谢克等学者发展出的"调整利润率"平均化进路；然后，分析关于调整利润率度量模型的争论，提出一种更为准确的调整利润率度量方式；接着，以美国制造业为案例，检验调整利润率的平均化状况，并将其与平均利润率的经验事实相比较；最后，给出一个总结。

一 利润率在部门之间的平均化和部门内的"非平均化"

马克思区分了部门内和部门之间的竞争，认为部门内的竞争倾向于使商品形成统一的市场价格，部门之间的竞争才会使利润率平均化。他论述到"竞争首先在一个部门内实现的，是使商品的不同的个别价值形成一个相同的市场价值和市场价格。但只有不同部门的资本的竞争，才能形成那种使不同部门之间的利润率平均化的生产价格。这后一过程同前一过程相比，要求资本主义生产方式有更高的发展。"[①]

部门之间的竞争，导致的是一种动态的和混乱的利润率平均化过程。随着资本的流动，不同部门的利润率，并不会像新古典经济学所分析的那样收敛于平均利润率。围绕着整体平均利润率而不断波动，才是各部门利润率的常态。马克思写道：

> 竞争使不同生产部门的利润率平均化为平均利润率，并由此使这些不同部门的产品的价值转化为生产价格。而这是通过资本从一个部门不断地转移到利润暂时高于平均利润的另一个部门来实现的；可是，这里还要考虑到一定产业部门在一定时期内同收益少的

---

① 马克思：《资本论》第 3 卷，人民出版社，2004，第 201 页。

年份和收益多的年份的更替结合在一起的利润波动。资本在不同生产部门之间这样不断地流出和流入，引起利润率上升和下降的运动，这种运动会或多或少地互相平衡，因此有一种使利润率到处都化为同一个共同的和一般的水平的趋势。[1]

关于部门之间的利润率平均化过程，值得注意的是，交通、通信、电力和燃气等资本高度密集型部门并不直接参与这一过程。迪梅尼尔和列维从实证研究中发现了这种现象，但没有给出明确的解释。[2] 苏欧菲迪斯与查立基提供了对此现象的理论分析。他们认为，对于资本高度密集型产业而言，进入和退出的成本非常高，需求的变动将更多地反映为产能利用率的变动，而不是（像其他产业那样由资本的进入和退出所导致的）价格的变动。换言之，当需求变动时，资本高度密集型产业倾向于通过调整产能利用率和就业来应对，较少地依赖调整价格。所以，对于任何给定的销售额变动而言，资本高度密集型产业的利润边际（利润与总销售额之比）变动较小，从而利润率的变动也比较小。[3]

在部门内，企业为了追求更多的利润和更大的市场份额而斗争。[4] 马克思将部门内竞争假设为同质化商品之间的价格竞争。[5] 企业竞争的

---

[1] 马克思：《资本论》第3卷，人民出版社，2004，第230页。

[2] Duménil, G, D. Lévy, "The Field of Capital Mobility and the Gravitation of Profit Rates (USA 1948－2000)," *Review of Radical Political Economics*, 34 (2002): 417－36.

[3] Tsoulfidis, L., P. Tsaliki, "Marxian Theory of Competition and the Concept of Regulating Capital: Evidence from Greek Manufacturing," *Review of Radical Political Economics*, 37 (2005): 5－22.

[4] 谢克将马克思的竞争描述为战争，它是一种对抗性的和毁灭性的过程，各个部门是不同的战场，技术是战斗的武器，企业之间的对抗正是战役本身。见 Shaikh, A., "Neo-Ricardian Economics: A Wealth of Algebra, A Poverty of Theory," *Review of Radical Political Economics*, 14 (1982): 67－83; Shaikh, A., *Capitalism: Competition, Conflict, Crises* (New York: Oxford University Press, 2016), pp. 259－272。

[5] 马克思所描绘的部门内竞争格局，可被称为"部门内竞争的动态平面结构"，孟捷和冯金华纳入演化经济学的视角对其进行发展，构建了一个"部门内竞争的动态层级结构"。见孟捷、冯金华《部门内企业的代谢竞争与价值规律的实现形式》，《经济研究》2015年第1期，第23~37页。

手段是通过采用新技术来提高劳动生产率和降低成本，进而降低商品的价格，抢占更多的市场份额。他写道："竞争斗争是通过使商品便宜来进行的。在其他条件不变时，商品的便宜取决于劳动生产率，而劳动生产率又取决于生产规模。"[1]

采用新技术的企业降低了商品的价格，迫使其他企业也只能降低价格以售出商品。最终，部门内的所有企业都只能以大致相同的价格出售同质化的商品。这就是马克思所论述的"一价定律"，他说："竞争只能使同一个生产部门内的生产者以相等的价格出售他们的商品"。[2] 不同的企业有着多种生产条件，同一的市场价格意味着企业之间的利润率并不相同。也就是说，在部门内，企业之间的竞争会导致利润率的"非平均化"。

竞争在部门之间促使利润率平均化，而在给定部门内却造成利润率"非平均化"，这看起来是矛盾的。谢克认为，此矛盾能被"调整资本"概念所解决。[3] 依据马克思的相关分析，他把"调整资本"定义为采用"在通常可再生产的条件下成本最低的操作方法"的资本，从而将产业内的资本划分为调整资本和非调整资本。采用成本较高的方法或者独特的生产条件的资本，被归入非调整资本。成本较高的方法通常表现为较旧的技术，它们虽然是可再生产的，但不具有竞争力。特殊位置等独特的生产条件，则是不可再生产的。

谢克指出，在某个时点，可以用于新投资的资本，面临着选择。对于它而言，单位成本较高的生产方法是不具有吸引力的，而特权资本的非再生产条件则是不可获取的。它感兴趣的是各个部门中的调整利润率（即调整资本的利润率）。如果一个给定部门的调整利润率高于整体经

---

① 马克思：《资本论》第 1 卷，人民出版社，2004，第 722 页。
② 马克思：《资本论》第 3 卷，人民出版社，2004，第 979 页。
③ Shaikh, A., "Competition and Industrial Rates of Return," in Arestis, P., J. Eatwell, *Issues in Finance and Industry*: *Essays in Honour of Ajit Singh* (New York: Palgrave, 2008), pp. 167 – 194; Shaikh, A., "Neo – Ricardian Economics: A Wealth of Algebra, a Poverty of Theory," *Review of Radical Political Economics*, 14 (1982): 67 – 83.

济的平均水平，这一部门的生产就因而会加速，直至其供给比需求增长得更快；不断增加的过多供给会反过来拉低这一部门的相对价格，故而降低其调整利润率；相反，如果给定部门的调整利润率低于平均水平，其生产就会减速，直至供给小于需求，相对价格升高，调整利润率回升。部门之间的竞争所平均化的只是调整资本的利润率，非调整资本不直接参与这种利润率平均化过程。

调整资本概念和调整利润率平均化进路，面临着三个问题：（1）将部门内的资本划分为调整资本和非调整资本以后，商品的生产价格该如何确定；（2）调整利润率和马克思所说的一般利润率是否矛盾，如何看待二者的关系；（3）调整资本如何界定，调整利润率如何度量。

第一个问题复杂且涉及面广，可以暂且通过对比调整资本和非调整资本进行一定程度的解释。商品的生产价格由调整资本来决定。调整资本的商品成本加上调整利润率，构成商品的生产价格。非调整资本是这种生产价格的接受者，生产价格扣除其商品成本以后，剩余的部分是非调整资本从单个商品中获得的利润。如果非调整资本采用的是成本较高的落后技术，那么其利润率就可能会低于调整利润率。如果非调整资本采用的是依赖于特殊生产条件的成本较低的技术，那么其利润率就可能会高于调整利润率。

第二个问题表面看来似乎是个新问题，其实不然。马克思曾论述到："不同生产部门中占统治地位的利润率，本来是极不相同的。这些不同的利润率，通过竞争而平均化为一般利润率，而一般利润率就是所有这些不同利润率的平均数。"[①] 调整利润率就是在部门内占统治地位的利润率，一般利润率就是所有的调整利润率的平均数，二者在理论上是统一的。平均利润率的意义在于能够反映资本总体的盈利情况，实证研究中通常采用平均利润率作为一般利润率，是对问题的简化。将调整利润率和平均利润率对比，可以讨论调整资本的收益状况和总资本的收

---

① 马克思：《资本论》第 3 卷，人民出版社，2004，第 177 页。

益状况之间的关系。

第三个问题是这种分析进路的难点。可再生产的成本最低的生产条件，是一个相对概念。这也就意味着，调整资本和非调整资本的界限，是不断变动的和难以确定的。难以界定调整资本，也就难以度量调整利润率。一种办法是用新增投资的利润率作为调整利润率，但如何在总利润中将新增投资的利润分离出来，是这种办法需要首先解决的难题。接下来我们通过考察谢克衡量调整利润率的方法及其受到的质疑，探讨如何度量调整利润率。

二　调整利润率的度量

谢克利用增量利润率来估算调整利润率，迪梅尼尔和列维则对他的做法提出质疑。[①] 本节分析他们之间的争论，并试图发展出一种更为准确的调整利润率度量模型。

谢克将总资本的利润率（r_t），定义为总利润（P_t）与资本存量的当前成本（K_t）之比，即：

$$r_t = \frac{P_t}{K_t} \tag{1}$$

其中下标 t 表示第 t 期。总利润包括新增投资的当前利润（P_t^I）和原有资本在当前的利润（P_t^O）：

$$P_t = P_t^I + P_t^O \tag{2}$$

由此，可以将新增投资的利润，表示为总利润的增量和一个"调整项"之和：

---

① Duménil, G., D. Lévy, "Is the IROR a Plausible Approximation of the Profit Rate on Regulating Capital?", http://www.jourdan.ens.fr/levy/dle2012m.pdf, 2012 - 01 - 01 (2014 - 03 - 10).

$$P_t^I = (P_t - P_{t-1}) + (P_{t-1} - P_t^O) = \Delta P_t + P_{t-1}\left(1 - \frac{P_t^O}{P_{t-1}}\right) \qquad (3)$$

谢克令 p_t、w_t、wr_t 和 T_t 分别表示产出价格指数、名义工资、实际工资和间接企业税率；令 Y_t、L_t 和 y_t 分别表示实际产出、就业量和劳动生产率；令 Y_t^O、w_t^O 等表示与原有资本相对应的实际产出、名义工资等；令 Y_t^*、L_t^* 和 y_t^* 表示经济产能及与之相对应的就业量和劳动生产率；最后，令 $u_t = Y_t/Y_t^*$ = 产能利用率，如果当产能利用率变化时，就业和产出的变动一致，那么 $L_t/L_t^* = u_t$。因为利润等于产出的货币值减去间接税和工资，所以谢克将原有资本在当前的利润与前一期总利润之比，分解为四项，各项上面的正负号表示它对整体值的影响：

$$\frac{P_t^O}{P_{t-1}} = \frac{p_t\,Y_t^O(1-T_t) - w_t^O\,L_t^O}{p_{t-1}\,Y_{t-1}(1-T_{t-1}) - w_{t-1}\,L_{t-1}} = \left(\frac{p_t}{p_{t-1}}\right)^+\left(\frac{Y_t^{O*\,-}}{Y_{t-1}^*}\right)\left(\frac{u_t^O}{u_{t-1}}\right)^{\pm}\left(\frac{m_t^O}{m_{t-1}}\right)^{\pm} \qquad (4)$$

$$m_t^O = \left(1 - T_t - \frac{wr_t^O}{y_t^O}\right) = 原有资本的当前利润边际$$

$$m_{t-1} = \left(1 - T_{t-1} - \frac{wr_{t-1}}{y_{t-1}}\right) = 全部资本在前一期的利润边际$$

第一项是总价格的变动率，在一个常出现通货膨胀的环境里，它很可能大于 1。第二项是原有资本的当前产能与总资本在前一期的产能之比，由于一些资本的折旧和耗费，它倾向于小于 1。第三项是原有资本和前一期总资本的产能利用率之比，如果原有资本和新增投资在给定年份里有大致相似的产能利用率，此比率就等于产能利用率的总变动率（u_t/u_{t-1}），在一个足够使产能利用率被吸引回其正常水平的时期内，它将围绕着 1 波动。第四项是两个利润边际之比，如果工人的实际工资与利润率进而与劳动生产率相关联，而且税率倾向于保持稳定，此项就可能接近于 1。

因此，第一项倾向于提升利润比率，使之超过 1；第二项倾向于降低利润率比率，使之小于 1；其余两项则倾向于使利润比率围绕着 1 波动。谢克列举了一个例子，对于 1987～2005 年的整个私营经济部门而言，估算的利润比率（P_t^0 / P_{t-1}）的平均值等于 1.003，而且在各年份里此比率均在这一数值的 ±5% 之间变动。所以他认为，假设这一比率大致等于 1，是一个很好的初步估计。在此情形下，新增投资的利润就可以估算为总利润的变动量，新增投资的利润率（即调整利润率，r_t^I），也因而被估算为总利润的变动量与新增投资之比（即增量利润率，$IROR_t$）：

$$P_t^I \approx \Delta P_t \tag{5}$$

$$r_t^I \approx \frac{\Delta P_t}{I_{t-1}} = IROR_t \tag{6}$$

增量利润率有一些优点：第一，它容易估算，总利润和总投资两项数据在不同的国家和不同的时期里都广泛存在，总利润通常采用"总操作剩余"指标，总投资则可以被直接观测到，不像测算平均利润率所必需的资本存量那样，需要采用被艰难构建的方法来衡量；第二，它可以被直接解释为资本的"边际"收益，像所有真正的"边际"一样，它是混乱的、不均衡和不连续的；第三，在一项较早的研究中，谢克比较了非金融类企业部门的增量利润率和股票市场收益率，发现二者的水平很接近，而且相互围绕着波动，它们的均值和标准差也基本上相同。[1]

基于上述优点，这种使用增量利润率来代表调整利润率的做法，为许多学者所接纳和采用：苏欧菲迪斯与查立基将其应用于希腊的制造业[2]；

---

[1] Shaikh, A., "The Stock Market and the Corporate Sector: A Profit – based Approach," in Arestis, P., G. Palma, M. Sawyer, *Markets, Unemployment and Economic Policy: Essays in Honour of Geoff Harcourt*, Volume Two (London: Routledge, 1997), pp. 389 – 404.

[2] Tsoulfidis, L., P. Tsaliki, "Marxian Theory of Competition and the Concept of Regulating Capital: Evidence from Greek Manufacturing," *Review of Radical Political Economics*, 37 (2005): 5 – 22; Tsoulfidis, L., P. Tsaliki, "Classical Competition and Regulating Capital: Theory and Empirical Evidence," in Moudud, J. K., C. Bina, P. L. Mason, *Alternative Theories of Competition: Challenges to Orthodoxy* (New York: Routledge, 2014), pp. 267 – 297.

巴希与伊尔斯将其应用于土耳其制造业①；萨里奇与赫克特将其应用于世界范围的领头企业②。

迪梅尼尔和列维对"采用增量利润率来代表调整利润率"的做法提出质疑，认为总利润的变动不仅依赖于新增投资产生的额外利润，还依赖于总资本的产能利用率水平、原有资本的折旧状况以及产能利用率和相应的工资水平的变动情况。他们采用一个数学模型来比较调整利润率和增量利润率，发现增量利润率的表达式中包含调整利润率和上述四个因素，而且这四个因素的变动会给增量利润率带来较大影响，不能被忽略。③ 泰斯卡里与维欧纳基于迪梅尼尔和列维的模型，提出了另一种衡量调整利润率的方法，即利用考虑产能利用率、资本折旧和工资变动的数学模型表示调整利润率。④

在迪梅尼尔和列维看来，技术由两个参数来定义，即劳动生产率（Y_t^* / L_t^*）和产能资本比率（Y_t^* / K_t），等价地也就是由 $a_t = Y_t^* / K_t$ 和 $b_t = L_t^* / K_t$ 这两个参数来定义，其中 Y_t^* 表示产能。⑤ 考虑产能利用率，并假设就业量可变而且与产出成比例，则总资本的利润率为：

---

① Bahçe, S., B. Eres, "Competing Paradigms of Competition: Evidence from the Turkish Manufacturing Industry," *Review of Radical Political Economics*, 45 (2013): 201 – 224; Bahçe, S., B. Eres, "Components of Differential Profitability in a Classical/Marxian Theory of Competition: A Case Study of Turkish Manufacturing," in Moudud, J. K., C. Bina, P. L. Mason, *Alternative Theories of Competition: Challenges to Orthodoxy* (New York: Routledge, 2014), pp. 229 – 266.

② Sarich, J., J. Hecht, "Are Mega-corps Competitive? —Some Empirical Tests of Business Competition," in Moudud, J. K., C. Bina, P. L. Mason, *Alternative Theories of Competition: Challenges to Orthodoxy* (New York: Routledge, 2014), pp. 298 – 324.

③ Duménil, G., D. Lévy, "Is the IROR a Plausible Approximation of the Profit Rate on Regulating Capital?", http://www.jourdan.ens.fr/levy/dle2012m.pdf, 2012 – 01 – 01 (2014 – 03 – 10).

④ Tescari, S., A. Vaona, "Regulating Rates of Return do Gravitate in US Manufacturing!" *Metroeconomica*, 65 (2014): 377 – 396.

⑤ 迪梅尼尔和列维在其论文中，只是用符号 Y_t 表示产出，并没有讨论产能和价格问题，但他们的推导只有在 Y_t 表示实际产能（即不变价格下的产能）时才成立。其他与价格有关的变量，也需要采用不变价格进行衡量。

$$r_t = \frac{u_t(Y_t^* - w_t L_t^*)}{K_t} = u_t(a_t - w_t b_t) \tag{7}$$

迪梅尼尔和列维认为可以假设新增投资的产能利用率等于 1，因而他们将新增投资的利润率（即调整利润率）表示为：

$$r_t^I = a_t - w_t b_t \tag{8}$$

在此处，迪梅尼尔和列维实际上做出了一个很强的假设，即新增投资的技术参数与总资本的技术参数相同，也就是说，新增投资的劳动生产率和产能资本比率，与原有投资的相关比率等同。这是一个明显不合理的假设，下文中将对此进行分析。

在表示出调整利润率以后，迪梅尼尔和列维接着表示增量利润率。他们用 δ 表示折旧率：

$$Y_t^* = (1 - \delta)^t A_t \tag{9}$$

$$L_t^* = (1 - \delta)^t B_t \tag{10}$$

其中：

$$A_t = \sum_{n=0}^{\infty} \frac{I_{t-n}}{(1-\delta)^{t-n}} a_{t-n}, \quad B_t = \sum_{n=0}^{\infty} \frac{I_{t-n}}{(1-\delta)^{t-n}} b_{t-n}。$$

因而，他们将利润表示为：

$$P_t = u_t(Y_t^* - w_t L_t^*) = u_t(1 - \delta)^t (A_t - w_t B_t) \tag{11}$$

在讨论利润的变动时，可使用下列两个由 A_t 和 B_t 的表达式得到的方程式：

$$A_t = A_{t-1} + \frac{I_t}{(1-\delta)^t} a_t \tag{12}$$

$$B_t = B_{t-1} + \frac{I_t}{(1-\delta)^t} b_t \tag{13}$$

泰斯卡里与维欧纳以迪梅尼尔和列维的上述模型为基础，在推导增量利润率的过程中，得出了调整利润率的表达式。将利润的表达式代入增量利润率的表达式，得到：

$$IROR_t = \frac{P_t - P_{t-1}}{I_{t-1}} = \frac{u_t (1 - \delta)^t (A_t - w_t B_t)}{I_{t-1}} - \frac{P_{t-1}}{I_{t-1}} \quad (14)$$

将 A_t 和 B_t 的表达式代入式（14）得到：

$$\frac{P_t - P_{t-1}}{I_{t-1}} = \frac{u_t (1 - \delta)^t \left\{ A_{t-1} + \frac{I_t}{(1 - \delta)^t} a_t - w_t \left[B_{t-1} + \frac{I_t}{(1 - \delta)^t} b_t \right] \right\}}{I_{t-1}} - \frac{P_{t-1}}{I_{t-1}}$$

$$= \frac{u_t I_t (a_t - w_t b_t) + u_t (1 - \delta)^t (A_{t-1} - w_t B_{t-1})}{I_{t-1}} - \frac{P_{t-1}}{I_{t-1}} \quad (15)$$

然后，考虑 $r_t^I = a_t - w_t b_t$，$Y_t^* = (1 - \delta)^t A_t$，$L_t^* = (1 - \delta)^t B_t$，得到：

$$\frac{P_t - P_{t-1}}{I_{t-1}} = \frac{u_t I_t}{I_{t-1}} \cdot r_t^I + \frac{u_t (1 - \delta)}{I_{t-1}} \cdot (Y_{t-1}^* - w_t L_{t-1}^*) - \frac{P_{t-1}}{I_{t-1}} \quad (16)$$

等式两边同时约去 $\frac{P_{t-1}}{I_{t-1}}$，并移项得到：

$$r_t^I = \frac{P_t}{u_t I_t} - \frac{(1 - \delta)}{I_t} \cdot (Y_{t-1}^* - w_t L_{t-1}^*) \quad (17)$$

泰斯卡里与维欧纳的上述推导较为烦琐。实际上，基于迪梅尼尔和列维的模型可以直接推导出调整利润率的表达式，不需要借助推导增量利润率。根据利润的表达式：

$$P_t = u_t (1 - \delta)^t (A_t - w_t B_t)$$

$$= u_t (1 - \delta)^t \left\{ A_{t-1} + \frac{I_t}{(1 - \delta)^t} a_t - w_t \left[B_{t-1} + \frac{I_t}{(1 - \delta)^t} b_t \right] \right\} \quad (18)$$

$$= u_t I_t (a_t - w_t b_t) + u_t (1 - \delta)^t (A_{t-1} - w_t B_{t-1})$$

$$= u_t I_t r_t^I + u_t (1 - \delta)(Y_{t-1}^* - w_t L_{t-1}^*)$$

由此可得：

$$r_t^I = \frac{P_t}{u_t I_t} - \frac{(1 - \delta)}{I_t} \cdot (Y_{t-1}^* - w_t L_{t-1}^*) \quad (19)$$

上述表达式中的利润、产能利用率、投资、折旧率、产能、工资和与产能相对应的就业量等指标，可以直接采用国民收入核算中的数据，或者通过对已有数据进行一些运算而得到。因此，利用上述表达式能够测算调整利润率。从表面上看来，这种衡量方式考虑了产能利用率、折旧率和工资的变动，似乎比第一种衡量方式更为准确。

然而，它的问题在于，其调整利润率的基本表达式所依赖的假设不合理。前文中曾提到，迪梅尼尔和列维将调整利润率表示为 $r_t^I = a_t - w_t b_t$，实际上是假设新增投资的技术参数与总资本的技术参数相同。这也就意味着，假设新增投资的劳动生产率和产能资本比率，等于原有资本的相应比率。新增投资往往代表着可再生产的最优生产条件，假设它的技术参数与原有投资的技术参数相同，显然不合理。

本文提出调整利润率的第三种衡量方式，即基于原有资本的技术参数推导调整利润率的表达式。采纳迪梅尼尔和列维的技术参数，利用参数 $a_t = Y_t^* / K_t$ 和 $b_t = L_t^* / K_t$ 可表示出劳动生产率（Y_t^* / L_t^*）和产能资本比率（Y_t^* / K_t）。[①]

同样利用 P_t、I_t、L_t 和 Y_t 分别表示利润、投资、就业和实际产出[②]；p_t、w_t、pt_t、u_t 和 δ_t 分别表示产出价格指数、名义工资、生产税税率、产能利用率和折旧率；Y_t^I 和 L_t^I 表示与新增投资对应的产出和就业；Y_t^O 和 L_t^O 表示与原有资本对应的实际产出和就业。

调整利润率即新增投资的利润率，指的是第 $t-1$ 期的投资与它在第 t 期所对应的利润之间的关系。考虑通货膨胀和通货紧缩带来的影响，需要将第 $t-1$ 期的投资也采用第 t 期的价格指数来表示，以使利润率的分子和分母都采用同一期的水平，从而抵消价格指数的变动。这

---

① 依旧假设就业量可变，而且与产出成比例。

② 在美国的国民收入和产品账户（NIPA）中，总操作剩余 = 增加值 -（生产和进口税减去补贴）- 雇员薪酬，将"生产和进口税减去补贴"简称为生产税，并以"总操作剩余"作为利润，则与利润的表达式 $P_t = p_t Y_t (1 - pt_t) - w_t L_t$ 相对应的实际产出 Y_t，指的是第 t 期的实际增加值。

样，利润率可以表示为：

$$r_t^I = \frac{p_t \, Y_t^I \, (1 - pt_t) \, - \, w_t \, L_t^I}{\dfrac{p_t}{p_{t-1}} \cdot I_{t-1}} \tag{20}$$

其中 $Y_t^I = Y_t - Y_t^O$，$L_t^I = L_t - L_t^O$。

第 t 期的原有资本，即为第 $t-1$ 期的总资本。假设它的技术参数保持不变。也就是说，第 t 期的原有资本的产能－资本比率和就业－资本比率，等于第 $t-1$ 期总资本的这两项技术参数：

$$\frac{Y_t^O / u_t}{K_{t-1}(1 - \delta_t)} = \frac{Y_{t-1} / u_{t-1}}{K_{t-1}} \quad \text{即} \quad Y_t^O = \frac{u_t}{u_{t-1}} \cdot (1 - \delta_t) \cdot Y_{t-1} \tag{21}$$

$$\frac{L_t^O / u_t}{K_{t-1}(1 - \delta_t)} = \frac{L_{t-1} / u_{t-1}}{K_{t-1}} \quad \text{即} \quad L_t^O = \frac{u_t}{u_{t-1}} \cdot (1 - \delta_t) \cdot L_{t-1} \tag{22}$$

将它们代入调整利润率的表达式（20）中，得到：

$$
\begin{aligned}
r_t^I &= \frac{p_t \left[Y_t - \dfrac{u_t}{u_{t-1}} \cdot (1 - \delta_t) \cdot Y_{t-1} \right](1 - pt_t) \, - \, w_t \left[L_t - \dfrac{u_t}{u_{t-1}} \cdot (1 - \delta_t) \cdot L_{t-1} \right]}{\dfrac{p_t}{p_{t-1}} \cdot I_{t-1}} \\[2ex]
&= \frac{p_t \, Y_t (1 - pt_t) - w_t \, L_t - \dfrac{u_t}{u_{t-1}} \cdot (1 - \delta_t) \cdot [\, p_t \, Y_{t-1}(1 - pt_t) - w_t \, L_{t-1}\,]}{\dfrac{p_t}{p_{t-1}} \cdot I_{t-1}} \\[2ex]
&= \frac{P_t - \dfrac{u_t}{u_{t-1}} \cdot (1 - \delta_t) \cdot [\, p_t \, Y_{t-1}(1 - pt_t) - w_t \, L_{t-1}\,]}{\dfrac{p_t}{p_{t-1}} \cdot I_{t-1}}
\end{aligned}
\tag{23}
$$

这样就得到了一个考虑产能利用率、折旧、税收、工资和物价指数的调整利润率衡量方式。比较本节所述的三种衡量方式，第二种所依赖的假设不合理，因而不可取；第一种衡量方式较为简便，但不够准确；第三种衡量方式更为准确，也更为复杂。如果能够获得相关的数据，采用第三种衡量方式是更好的选择。

三 以美国制造业为案例的经验考察

关于调整利润率的已有实证研究，大多采用增量利润率来估算调整利润率，事实上检验的是增量利润率的平均化情况。泰斯卡里与维欧纳采用上节所述的第二种模型度量了调整利润率，并检验了其平均化情况。[①] 本节试图采用上节所述的第三种衡量方式，即一个考虑产能利用率、折旧、税收、工资和价格指数的调整利润率度量模型，来对调整利润率进行经验分析。

本节的经验考察包括三个方面的内容：第一，调整利润率和平均利润率在产业部门之间是否平均化；第二，利润率平均化的模式，是收敛还是围绕着中心波动；第三，调整利润率和平均利润率之间的关系如何。

考虑到各项数据的可获得性和一贯性，我们以 1999～2015 年美国制造业为案例。[②] 涉及 19 个产业部门，分别为木制品，非金属矿物制品，初级金属，金属制品，机械，计算机和电子产品，电气设备、家电及零部件，机动车辆、车身结构和拖车及零件，其他运输设备，家具及相关产品，杂项制造业，食品饮料及烟草制品，纺织和纺织品，服装和皮革及相关制品，纸制品，印刷业及相关支持活动，石油和煤炭产品，化工产品，塑料和橡胶制品。

数据来源主要为美国经济分析局的部门 GDP 数据以及国民收入和产品账户（NIPA）。产能利用率的数据，取自美国联邦储备委员会网站上公布的经济数据。采用上节中得到的调整利润率表达式：

---

① Tescari, S., A. Vaona, "Regulating Rates of Return do Gravitate in US Manufacturing!" *Metroeconomica*, 65 (2014): 377–396.

② 美国经济分析局在 1997 年前后对数据统计口径进行了调整。本文采用 1997 年至今的现有可用数据进行整理和运算，得到了 1999～2015 年的相关数据。

$$r_t^l = \frac{P_t - \dfrac{u_t}{u_{t-1}} \cdot (1 - \delta_t) \cdot \left[p_t \, Y_{t-1}(1 - pt_t) - w_t \, L_{t-1} \right]}{\dfrac{p_t}{p_{t-1}} \cdot I_{t-1}}$$

各变量采用的具体衡量指标为：P_t 为总操作剩余（GOS_t）；u_t 为产能利用率（$CAPUTL_t$）；δ_t 为私营固定资产的当前成本折旧（DEP_t）与总资本存量（GCS_t）之比，总资本存量为净资本存量（NCS_t，即私营固定资产的当前成本净存量）与当前成本折旧（DEP_t）之和；p_t 为部门增加值的价格指数（PI_t）；第 $t-1$ 期的实际产出 Y_{t-1}，为第 $t-1$ 期的增加值（VA_{t-1}）与价格指数（PI_{t-1}）之比；生产税率 pt_t 为"生产和进口税减去补贴"（本文将其简称为生产税，PT_t）与增加值（VA_t）之比；工资率 w_t 为雇员薪酬（CE_t）与全部生产人员（PEP_t）之比；L_{t-1} 为第 $t-1$ 期的全部生产人员（PEP_{t-1}）；第 $t-1$ 期的总投资 I_{t-1}，为私营固定资产投资（I_{t-1}）。[①]

这样，调整利润率的实际度量表达式为：

$$r_t^l = \frac{GOS_t - \dfrac{CAPUTL_t}{CAPUTL_{t-1}} \cdot \left(1 - \dfrac{DEP_t}{NCS_t + DEP_t} \right) \cdot \left[\dfrac{PI_t}{PI_{t-1}} \cdot VA_{t-1} \cdot \left(1 - \dfrac{PT_t}{VA_t} \right) - CE_t \cdot \dfrac{PEP_{t-1}}{PEP_t} \right]}{\dfrac{PI_t}{PI_{t-1}} \cdot I_{t-1}}$$

$$(24)$$

---

① 增加值（VA_t）、雇员薪酬（CE_t）、总操作剩余（GOS_t）、生产和进口税减去补贴（PT_t）取自美国经济分析局的部门 GDP 数据中的 "Components of Value Added by Industry"，部门增加值的价格指数（PI_t）取自 "Chain-Type Price Indexes for Value Added by Industry"；当前成本折旧（DEP_t）取自国民收入和产品账户（NIPA）Table 3.4ESI. Current-Cost Depreciation of Private Fixed Assets by Industry，净资本存量（NCS_t）取自 Table 3.1ESI. Current-Cost Net Stock of Private Fixed Assets by Industry，全部生产人员（PEP_t）取自 Table 6.8D. Persons Engaged in Production by Industry，私营固定资产投资（I_{t-1}）取自 Table 3.7ESI. Investment in Private Fixed Assets by Industry；产能利用率（$CAPUTL_t$）取自美国联邦储备委员会网站数据中的 Industrial Production and Capacity Utilization – G.17。

参考谢克的做法①，平均利润率被定义为净操作剩余与净资本存量之比。其中净操作剩余为总操作剩余（GOS_t）与当前成本折旧（DEP_t）之差，净资本存量为私营固定资产的当前成本净存量（NCS_t）。

图 1 展现了美国制造业各部门的平均利润率。石油和煤炭产品、食品饮料及烟草制品等部门的平均利润率一直高于整体的平均利润率。纺织和纺织品、初级金属、计算机和电子产品、木制品、印刷业及相关支持活动、机械等部门的平均利润率持续低于整体的平均利润率。其他的部门平均利润率曲线与整体平均利润率曲线交叉一次或两次的较多，交叉三次以上的较少。由此可见，制造业各部门的平均利润率之间没有呈现平均化的趋势。

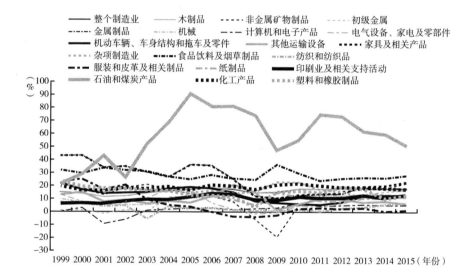

图 1   1999～2015 年美国制造业各部门的平均利润率

调整利润率的平均化状况，则呈现另外一番景象。图 2 描绘了美国制造业各部门的调整利润率。从中可以看出，各部门的调整利润

---

① Shaikh, A., "Competition and Industrial Rates of Return," in Arestis, P., J. Eatwell, *Issues in Finance and Industry*: *Essays in Honour of Ajit Singh* (New York: Palgrave, 2008), pp. 167 – 194.

率曲线与整个制造业的调整利润率曲线大量地、混乱地交叉。各部门的调整利润率不断地波动，有些部门的调整利润率甚至是大幅度地波动，但均围绕整体的调整利润率，表现出对于整体利润率的向心趋势。

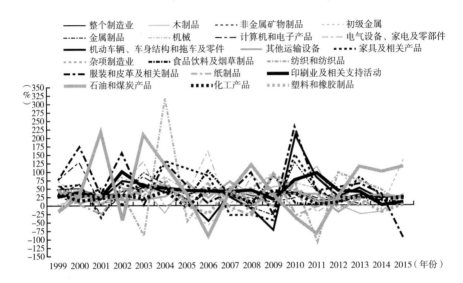

图 2　1999～2015 年美国制造业各部门的调整利润率

利润率的平均化有两种模式，一种是各个利润率呈现向平均值的收敛趋势，另一种是各个利润率呈现对于平均值的向心趋势。从调整利润率的图形中可以看出，各部门的调整利润率并没有表现出向一个平均值收敛的趋势，而是表现为围绕整体调整利润率而混乱地波动。因此，根据图 2，调整利润率表现出了平均化的趋势，但平均化的模式不是收敛于均值，而是各部门的调整利润率围绕整体的调整利润率不断地、混乱地波动，呈现对于均值的向心趋势。

以上是经验考察的前两个方面，第三个方面是调整利润率和平均利润率之间的关系。图 3 展现了美国整个制造业的调整利润率和平均利润率。从中可以看出以下几点。（1）平均利润率在 1999～2001 年下降，2001～2006 年上升，在 2006～2008 年下降，在 2008 年以来先上升而后

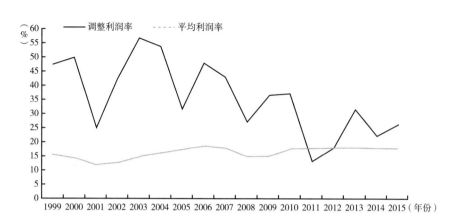

图 3　1999～2015 年美国制造业整体的平均利润率和调整利润率

保持平稳。（2）调整利润率在 1999～2008 年，呈现较为明显的下降趋势；2008～2011 年，出现回升后又进一步下降；2011 年以后，呈现缓慢回升的态势。（3）平均利润率的波动幅度较小，调整利润率的波动幅度较大，二者在整体趋势和波动方向上存在区别，却也有着一定程度的一致性，不同的阶段（1999～2001 年、2001～2006 年、2006～2008年、2008～2010 年、2010～2015 年）里，调整利润率的变动在一定程度上引领平均利润率的变动。

对美国制造业的经验考察表明，制造业各部门的平均利润率没有表现出平均化的迹象，各部门的调整利润率却呈现平均化的趋势；调整利润率平均化的方式，不是收敛于均值，而是围绕均值不断地混乱地波动，呈现对于均值的向心趋势。调整利润率与平均利润率有着明显的区别，但也有着一致性，在多个阶段里，调整利润率对平均利润率有着引领作用。

四　总结

由竞争带来的利润率平均化，是生产价格和一般利润率等理论的基础。马克思明确区分了部门内竞争和部门之间的竞争。部门之间的竞争促使利润率平均化，平均化的模式不是收敛于一个平均值，而是围绕平均值而混乱地波动。部门内的竞争，则倾向于形成同一的商品价格，由于不同企业有着不同的生产条件，相同的价格意味着不同的利润率。利润率在部门内部"非平均化"，却在部门之间平均化，这看起来是矛盾的。谢克等学者给出的调整资本概念和调整利润率平均化路径，尝试解决这一矛盾。竞争在不同部门之间平均化地，只是调整资本的利润率，而不是部门内所有资本的利润率。

调整利润率平均化进路的难点，在于调整利润率的度量。谢克以增量利润率来近似衡量调整利润率。迪梅尼尔和列维对他的做法提出质疑，认为增量利润率没有考虑产能利用率、折旧和工资水平变动，不是调整利润率的合理近似指标。然而，由迪梅尼尔和列维的数学形式而得到的调整利润率度量方式，却有着明显不符合实际的假设。本文在分析相关争论的基础上，发展出了一种考虑产能利用率、折旧、税收、工资和价格指数的调整利润率度量方式。

采用这种度量方式，并以美国制造业为案例，本文考察了调整利润率的平均化状况，并将其与平均利润率相对比。从中发现，制造业各部门的平均利润率没有表现出平均化的迹象，各部门的调整利润率却呈现平均化的趋势。调整利润率平均化的方式，不是收敛于均值，而是围绕均值不断地混乱地波动。这些经验事实，验证了马克思的利润率平均化模式和谢克等学者的调整利润率平均化进路。

本文还考察了调整利润率和平均利润率之间的关系，发现调整利润率和平均利润率在利润率水平和变动幅度上明显不同，但二者在整体趋势和波动方向上又呈现一定程度的一致性。此现象一方面反映出调整资本的利润率与总资本的利润率之间的差别，另一方面则表现出调整资本的利润率对整体利润率的影响力。分析调整资本和非调整资本相互作用的过程，以及调整利润率影响平均利润率的机制，是进一步研究的方向。

参考文献

[1] 马克思：《资本论》第 1 卷，人民出版社，2004。

[2] 马克思：《资本论》第 3 卷，人民出版社，2004。

[3] 孟捷、冯金华：《部门内企业的代谢竞争与价值规律的实现形式》，《经济研究》2015 年第 1 期，第 23 ~ 37 页。

[4] Bahçe, S., B. Eres, "Competing Paradigms of Competition: Evidence from the Turkish Manufacturing Industry," *Review of Radical Political Economics*, 45 (2013): 201 – 224.

[5] Bahçe, S., B. Eres, "Components of Differential Profitability in a Classical/Marxian Theory of Competition: A Case Study of Turkish Manufacturing," in Moudud, J. K., C. Bina, P. L. Mason, *Alternative Theories of Competition: Challenges to Orthodoxy* (New York: Routledge, 2014), pp. 229 – 266.

[6] Duménil, G., D. Lévy, "Is the IROR a Plausible Approximation of the Profit Rate on Regulating Capital?", http://www. jourdan. ens. fr/levy/dle2012m. pdf, 2012 – 01 – 01 (2014 – 03 – 10).

[7] Duménil, G., D. Lévy, "The Field of Capital Mobility and the Gravitation of Profit Rates (USA 1948 – 2000)," *Review of Radical Political Economics*, 34 (2002): 417 – 436.

[8] Mueller, D., *Profits in the Long Run* (Cambridge: Cambridge University Press, 1986), pp. 8 – 32.

[9] Sarich, J., J. Hecht, "Are Mega – corps Competitive? —Some Empirical Tests of Business Competition," in Moudud, J. K., C. Bina, P. L. Mason, *Alternative Theories of Competition: Challenges to Orthodoxy* (New York: Routledge, 2014), pp. 298 – 324.

[10] Shaikh, A., *Capitalism: Competition, Conflict, Crises* (New York: Oxford University Press, 2016), pp. 259 – 272.

[11] Shaikh, A., "Competition and Industrial Rates of Return," in Arestis, P., J. Eatwell, *Issues in Finance and Industry: Essays in Honour of Ajit Singh* (New York: Palgrave, 2008), pp. 167 – 194.

[12] Shaikh, A., "Neo – Ricardian Economics: A Wealth of Algebra, a Poverty of Theory," *Review of Radical Political Economics*, 14 (1982): 67 – 83.

[13] Shaikh, A., "The Stock Market and the Corporate Sector: A Profit – based Approach," in Arestis, P., G. Palma, M. Sawyer, *Markets, Unemployment and Economic Policy: Essays in Honour of Geoff Harcourt*, Volume Two (London:

Routledge, 1997), pp. 389 – 404.

[14] Tescari, S., A. Vaona, "Regulating Rates of Return do Gravitate in US Manufacturing!" *Metroeconomica*, 65 (2014): 377 – 396.

[15] Tsoulfidis, L., P. Tsaliki, "Classical Competition and Regulating Capital: Theory and Empirical Evidence," in Moudud, J. K., C. Bina, P. L. Mason, *Alternative Theories of Competition: Challenges to Orthodoxy* (New York: Routledge, 2014), pp. 267 – 297.

[16] Tsoulfidis, L., P. Tsaliki, "Marxian Theory of Competition and the Concept of Regulating Capital: Evidence from Greek Manufacturing," *Review of Radical Political Economics*, 37 (2005): 5 – 22.

[17] Vaona, A., "An Empirical Investigation into the Gravitation and Convergence of Industry Return Rates in OECD Countries," *International Review of Applied Economics*, 25 (2011): 465 – 502.

[18] Vaona, A., "Further Econometric Evidence on the Gravitation and Convergence of Industrial Rates of Return on Regulating Capital," *Journal of Post Keynesian Economics*, 35 (2010): 113 – 136.

[19] Vaona, A., "Twenty – two Econometric Tests on the Gravitation and Convergence of Industrial Rates of Return in New Zealand and Taiwan," *International Review of Applied Economics*, 27 (2013): 597 – 611.

出现金融市场以后的利润率：
一个必要的修正

阿兰·弗里曼

李亚伟 译*

孟　捷 校**

在过去的 20 年里，可交易金融工具尤其是证券化工具，在数量、多样性和货币价值上均有几个数量级的增长。这是许多学者（多数是马克思主义者）所说的"金融化"①的最重要的进展。然而，它却揭露了他们衡量利润率的方法的反常之处。他们的方法没有考虑到金融工具所占用的资本。

本文表明，当这个疏漏被更正时，英国和美国的利润率呈现长期的持续下降趋势，自 1968 年以来，二者几乎都在单调递减，与马克思主义者所广泛使用的趋势图恰好相反。

为什么这一点是重要的呢？首先，从马克思的著作中可以看出，利润率在他的理论中占据重要位置。它是《资本论》第 3 卷前 15 章的明

---

* 李亚伟，四川大学经济学院副教授，主要研究方向为政治经济学。
** 孟捷，复旦大学经济学院教授，主要研究方向为政治经济学。
① Duménil, G. and D. Lévy, *Capital Resurgent* (Harvard University Press, 2004); Duménil, G. and D. Lévy , *The Crisis of Neoliberalism* (Harvard University Press, 2011); Lapavitsas, C. , "Financialisation and Capitalist Accumulation: Structural Accounts of the Crisis of 2007 – 9," *Research on Money and Finance Discussion Papers*, London: SOAS, 2010; Fine, B. , " Neo-Liberalism in Retrospect? —It's Financialisation, Stupid!" Paper Presented to Conference on "Developmental Politics in the Neo-Liberal Era and Beyond", 22 – 24 October 2009.

确主题，并主导了接下来的分析。其次，利润率变动趋势的不同衡量结果集中体现了当前有关 2007 年金融危机成因的争论。一大批学者认为此次危机是近期的状况所导致的[1]，它发生在由新自由主义在 20 世纪80 年代所带来的复苏之后，而与在 20 世纪 70 年代烦扰西方经济的严重困境无关。哈森论述到：

> 经历了 1974～1975 年和 1980～1982 年的普遍衰退之后，资本主义进入了一个新的阶段，方便起见，可以称之为新自由主义阶段。20 世纪 80 年代初期是一个实际的转折点。剥削率趋于提高，导致利润率持续上升。[2]

这种论断的核心是利润率（至少美国的利润率）在 20 世纪 80 年代的上升：

> 利润率在 20 世纪 80 年代初到达一个低点，此后逐渐上升。[3]

然而，大部分其他经济指标却并不支持 20 世纪 70 年代以后出现复苏的观点。[4] 在过去的 30～40 年里，美国的经济表现比 20 世纪 30 年代的任何时期都差。从波谷到波谷取平均值，1939～1970 年的平均增速为 4.61%；1970～2009 年的平均增速却只有 2.8%。从 1939 年到 1970年的这 31 年里，有 15 年的增速高于平均值 4.6%；而在从 1970 年到2009 年的 39 年里，却只有 6 年的增速高于这一水平。利润率在当前的

---

[1] Choonara, J., "Once More (with Feeling) on Marxist Accounts of the Crisis," *International Socialist Review*, 132 (2011), isj. org. uk/? id = 762。

[2] Husson, M., "A Systemic Crisis, both Global and Long-lasting," Workers' Liberty Website, July 24, 2008 (Available at www. tinyurl. com/Cbk2c29).

[3] Duménil, G. and D. Lévy, *Capital Resurgent* (Harvard University Press, 2004), pp. 1, 28.

[4] Freeman, A., "Crisis and 'Law of Motion' in Economics: A Critique of Positivist Marxism," *Research in Political Economy*, 26 (2010): 211 – 250; Kliman, A., *The Failure of Capitalist Production: Underlying Causes of the Great Recession* (Pluto Press, 2011).

争论中扮演着特别重要的角色，因为它几乎是复苏的唯一证据。因而，对它的准确衡量值得重视。

在只有少数马克思主义学者针对其做过研究的英国，对比更加明显。自 20 世纪 70 年代中期以来，英国的经济表现比美国更差。然而以马克思主义者的传统方法所衡量的利润率，却从 20 世纪 70 年代早期开始或多或少地不断上升，我在下文中将展示这一变化。它因而是经济运行状况的唯一的积极指标。在这两个国家里，我们需要认真对待利润率被错误衡量的可能性。

英国和美国有一个共同的重要特征：它们是世界上两个最大的金融市场的所在地。因此，我认为需要对传统的利润率衡量方法进行修正。在修正之后，这两个国家的利润率自 20 世纪 70 年代危机以来呈现单调递减的趋势。

需要提前说明两点。第一，在对利润率进行研究的非马克思主义理论①中，这些结果依然是重要的。不过，我关注的是马克思的利润率概念，因为它在马克思的理论中处于核心地位，并使马克思对于利润率的研究比其他人更为深入。我使用了马克思的理论中的一个特殊规定，即价值量表现的是劳动时间。在非马克思主义学者比如卡莱斯基看来，它们仅是当前货币价格的大小②；而后斯拉法主义者则认为它们是实体量或者使用价值的大小③。这些区别同时影响着对利润率的衡量和解释。

第二，在需要查阅经典的分析④时，我假定读者大致熟悉马克思主义者关于利润率的讨论的一些基本内容，或者试图去熟悉。在提及具体问题的地方，我会引用相关文献。

---

① Toporowski, T., "Kalecki and the Declining Rate of Profits," *Review of Political Economy*, 11 (1999): 355 – 371.

② Toporowski, T., "Kalecki and the Declining Rate of Profits," *Review of Political Economy*, 11 (1999): 355 – 371.

③ Pasinetti, L., *Lectures on the Theory of Production* (Palgrave Macmillan, 1979).

④ Howard, M. C. and J. E. King, *A History of Marxian Economics*, Volumes 1 and 2 (London: Macmillan, 1989); Kliman, A., Reclaiming Marx's Capital: A Refutation of the Myth of Inconsistency (Lanham: MD, 2007).

一　利润率和收益率：不同的概念和衡量方法

我们从概念开始。既然我们打算对马克思主义者的一般共识进行修正，那么首先让我们来看一下他们的共识是什么。马克思自己把"一般"或"平均"利润率定义为，任何给定时期内的总剩余价值，除以这一时期开始时的总社会预付资本：

> 一般利润率是由每 100 预付资本在一定期间比如说一年内的不同利润率的平均数形成的……①

> 他们不是得到了本部门生产这些商品时所生产的剩余价值从而利润，而只是得到了社会总资本在所有生产部门在一定时间内生产的总剩余价值或总利润均衡分配时归于总资本的每个相应部分的剩余价值从而利润。②

当使用官方的国民账户时，几乎所有的马克思主义者都用企业剩余和固定资本存量作为剩余价值和预付资本的代理指标，尽管他们对分子和分母的如何具体量化有所分歧。就分子而言，莫斯里③和莫亨④等学者认为应采用的数据是非金融部门的企业剩余，从而对传统的衡量方法进行了调整。传统方法包括所有部门的所有企业剩余，这样一来，就会引

---

① 马克思：《资本论》第 3 卷，人民出版社，2004，第 181 页（原文对《资本论》英文版的引用，在翻译时均改为对《资本论》中文版相应部分的引用——译者注）。
② 马克思：《资本论》第 3 卷，人民出版社，2004，第 177 页。
③ Moseley, F., *The Falling Rate of Profit in the Postwar United States Economy* (St Martins Press, 1992).
④ Mohun, S., "Productive and Unproductive Labor in the Labor Theory of Value," *Review of Radical Political Economics*, 28 (1996): 30 – 54; Mohun, S., "Unproductive Labor and the Rate of Profit in Australia 1966/67 – 1991/92," in Bellofiore, R. (ed.), *Marxian Economics: A Reappraisal*, Vol. II (Basingstoke: Macmillan, 1998), Chapter 16, pp. 252 – 269.

入由非生产性的金融和商业部门所导致的可以想象的歪曲。谢克则认为
"企业利润"——产业投资收益率（其分子是剩余价值减去所有分割剩余
价值的其他项目）——是与资本家投资决策最相关的量。[①] 关于分子的分
歧还包括是使用净剩余还是总剩余，或者说税前利润和税后利润哪个更合
适等。影响分母的重要分歧则更多：马克思价值理论的历时单一体系解释
（TSSI, Temporal Single System Interpretation）的追随者令人信服地强调，对
固定资产的衡量，应当使用历史成本，而不是其他学者所使用的当前成本。

本文的目标并不是评估或呈现这些争论。我讨论的是所有马克思主
义者在存在许多其他分歧的情况之下达成的共识，即对预付资本——利
润率的分母——的衡量只应当包括固定资产。[②]

问题的关键在于：资本家预付的资本束缚在资本循环的各个阶段，不
只是机器、厂房、原材料和存货，还包括货币余额、货币贮藏和金融投资。
即使在相关的资本被闲置时也是如此；货币在这一方面与存货或者未售商
品存量没有区别。事实上，这正是马克思反对萨伊定律的主要原因，也是
他做出"资本主义经常性地过度生产并难以实现它的产品"这一论断的基础。

当货币以吸纳小额收入的闲置余额的形式存在时，经济体中的货币
资本量，除投机性持有以外，都由流通的一般需要所调节，任何对一般
利润率的抑制效应都可能受到约束。这一点也为下文中提供的结果所证
实，在最近的 30 年以前，修正之后的利润率和未修正的利润率并没有
大的分歧。但正是在这 30 年里，货币成为可交易资产，资本主义企业
对它们的持有大量增加。如果把这些可交易资产计入总预付资本，利润
率会变得如何呢？

① Shaikh, A., "The First Great Depression of the 21st Century" in Panitch, L., B. Albo and V. Chibber, *The Crisis This Time* (Socialist Register, 2011), p.46.
② 法因是一个重要的例外，见 Fine, B., "Banking Capital and the Theory of Interest," *Science and Society*, 40 (1985): 387 - 413。诺菲尔德颇有见地地讨论了对利润率进行一些调整的理论必要性，他对相关文献进行了全面的回顾，但并没有给出调整后的经验衡量方法。参见 Norfield, T., *Finance, the Rate of Profit and Imperialism* (Presented to the AHE/FAPE/IIPPE Conference in Paris, 5 - 7 July, 2012)。

这种修正使利润率发生重大变化，它的趋势变得与 20 世纪 70 年代以后美国和英国的经济表现的持续低迷相一致。因而，这种修正在理论上合理而且在实证上必要：它使利润率数据变得有意义，并且它与马克思的价值理论，以及《资本论》第 3 卷中的货币和信用理论相一致。它阐明了马克思的备受争议的"虚拟资本"范畴的理论精确性，并且使马克思在《资本论》第 3 卷中分析的四种剩余价值衍生形式相互协调：商业利润、利息、企业主收入和地租。这正是本文的目的所在。

二 关于英国利润率的一个令人不愉快的事实

如图 1 所示，以传统方式衡量的英国利润率在 1974 年转变了自战后以来的下降趋势，此后开始上升，而且势头非常强劲。除非把货币资产列入利润率的分母，否则总会呈现这种势头，无论利润率被如何衡量或者构造。和美国不同，英国利润率自 1976 年以来呈现无可争议地系统性上升趋势。

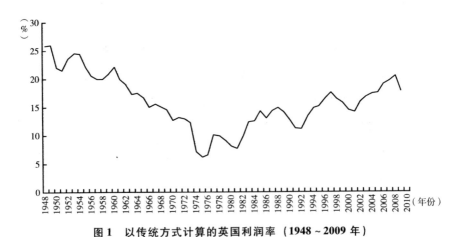

图 1 以传统方式计算的英国利润率（1948～2009 年）

注：所有图表的数据来源都在本文最后的数据附录中给出。

然而几乎所有的其他经济指标都表明，自 20 世纪 70 年代以来，英国经济或多或少地在持续（或者说在只有一些轻微中断地）下滑。失业人数在 20 世纪 70 年代以前很少超过 100 万人，但此后一直在 100 万人以上。图 2 中显示的净投资占比，在 1969～1981 年持续下降，并在 1981 年下降到自二战以来的首个负值。此后，它两次下降到接近零。英国的 GDP 增速在 1973 年之前从未低于零，而在接下来的三次衰退中却都降至负值，并且很少超过 1949～1973 年的平均值 3%（见图 3）。这些怎能和一个持续上升的利润率相一致呢？

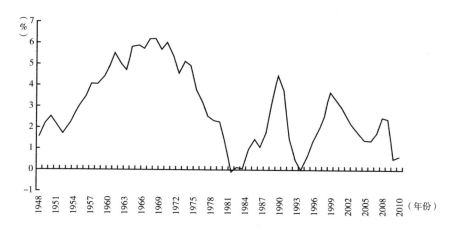

图 2　英国的净投资占 GDP 的份额（1948～2010 年）

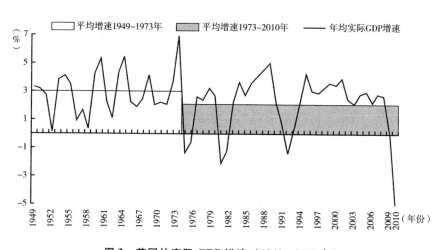

图 3　英国的实际 GDP 增速（1949～2010 年）

三 商品资本、固定资本和货币资本

为了解决这种反常问题，我们关注英国金融部门，但目的是得出全面适用的结论。如图 4 所示，马克思主义学者按常规方法计算的金融部门利润率，从 1980 年开始急剧上升，而此前的 30 年里都在 10% 左右波动，远低于（私营）非金融部门的利润率。到 1986 年，它赶上非金融部门的利润率，在 1999 年衰退的转折点以后，它跃升到一个较高的水平，到 2008 年达到 80% 。

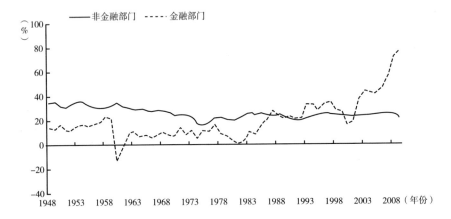

图 4　英国金融部门和非金融部门的利润率（1948～2010 年）

如何解释英国金融部门和非金融部门利润率变动的不一致？大多数评论者都认同一点：金融企业不创造价值但占有在其他地方创造的价值。[①] 它们在一定意义上不是"普通的资本家"。这是对的，但它们不

---

① Moseley, F., *The Falling Rate of Profit in the Postwar United States Economy* (St Martins Press, 1992); Mohun, S., "Productive and Unproductive Labor in the Labor Theory of Value," *Review of Radical Political Economics*, 28 (1996): 30 - 54; Mohun, S., "Unproductive Labor and the Rate of Profit in Australia 1966/67 - 1991/92," in Bellofiore, R. (ed.), *Marxian Economics: A Reappraisal*, Vol. II (Basingstoke: Macmillan, 1998), Chapter 16, pp. 252 - 269; Shaikh, A. M. and E. A. Tonak, *Measuring the Wealth of Nations: The Political Economy of National Accounts* (Cambridge University Press, 1996).

能离开资本而发挥作用。尚未解决的问题是：金融企业的资本是由什么组成的？答案是：货币资本。

一旦这一点被确认，金融部门出现虚幻的高利润率的原因就变得清晰了。任何一个银行，无论是商业银行还是其他银行，都需要一定的资产——建筑物、电脑、运钞车等——来开展业务；它们在物理意义上构成"资本"，这些资本由劳动所创造，并且在劳动作用其上时被消耗。它们中的一些甚至是不明确的——比如软件，现在被看作一种资本支出，正当的会计学理由是它在一定时间（通常是几年）内提供服务。[1]

但一个银行最重要的资产是大量的货币，或者可以兑换成货币的可交易金融工具，它们在银行开展业务的过程中不断被积累。它们可能是准备金、贵金属或者货币；也可能是低风险的债券如长期国库券，或者在奔向 2008 年股灾过程中大量增加的高风险股票。关键点在于银行利用它们来增加可支配的价值。它们是银行的资本。因此，它们应当被包括在利润率的分母当中，事实上，银行的会计师们正是这样做的。

而且，这完全是一个一般原则。假设一种货币资产在银行的手中构成资本，而在一个石油公司的手中则不构成资本，是不合逻辑和不一致的。[2] 因此，我们转向整个企业部门对金融资产的购置和持有。

英国的国民账户只提供了 1987 年以后的货币资产连贯数据。但已经足以支撑下列观点：英国企业部门整体以一个不断加快的速度购买和持有这些货币资产。它在 1987 年购置了 430 亿英镑金融资

---

[1] 参见 Corrado, C., C. Hulten and S. Sichel, "Intangible Capital and US Economy Growth," *Review of Income and Wealth*, 55 (2009): 661 – 685; Gil, V. and J. Haskel, "Industry – level Expenditure on Intangible Assets in the UK," 2007.

[2] 在私人信件里，有的评论人认为本文提供了一个银行利润理论。事实并非如此。本文的目的在于研究货币资产，它们通常被所有的资本家所持有。我们先研究银行是因为，按照威利·萨顿（Willie Sutton）的不朽名言，"那里是货币所在地"，并不是为了理解银行，而是为了理解当银行让货币流动时，货币会发生什么。

产，800 亿英镑固定资产（见图 5）。但是 1998 年以后，在除了其中两年以外的其他年份里，它购置的金融资产量都超过固定资产。从 1987 年到 2008 年，企业部门净金融资产购置量比净固定资产购置量高 20%。

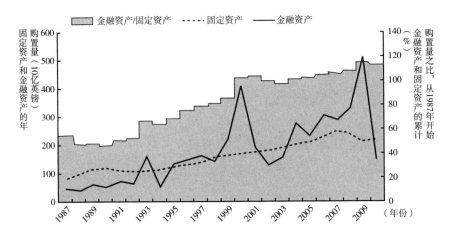

图 5　英国企业部门的金融资产和固定资产购置量（1987～2010 年）

这些金融资产在非银行机构手中和在银行手中一样构成资本。事实上，正如安然公司（Enron）所展示的那样，当金融资产被以如此大的规模购买时，许多所谓的以生产为基础的企业实际上都变成了纯粹的金融控股公司。为保持一致，应当把所有的货币金融资产都看作资本，只要它们在资本家的手中。①

图 6 展现了这种修正对利润率的影响。较长的线段，从 1970 年到 2010 年，展示了只使用固定资产的传统利润率。较短的线段，以一个不同的比例，从首次可获得连贯数据的 1987 年开始。在较短的线段中，利润率的分母包括中期和长期的可交易金融资产。

国家统计局（ONS）没有提供英国金融资产的连贯长期数据，因而

---

① 在私人信件里，评论者正确地指出，家庭持有的金融资产不像资本那样发挥作用。我们仅指企业部门拥有的资本。

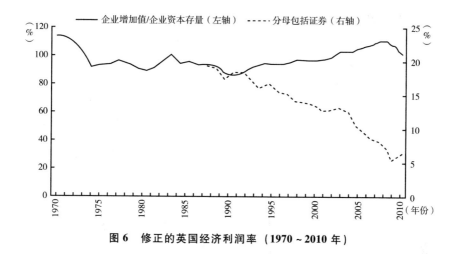

图6 修正的英国经济利润率（1970～2010年）

我们不能核实修正的利润率在1987年以前如何变动；不过，它在1987年以后呈现明显和急剧的下降趋势，与传统的衡量结果恰恰相反，与我们引用的其他经济指标则相一致。接下来我们研究美国经济，它的长期利润率数据从1954年开始可以获得。

四 两点说明

在把同样的分析应用于美国经济之前，有两个过渡性问题需要处理。

第一，利润率长期下降的经验证据，能否使我们得出这种趋势性下降从来不会被减弱的结论？完全不能。在历史上的特定时期里，这种趋势被急剧扭转，最近的是在1939～1948年，加入战争使美国完全恢复了利润率，并开启了战后的"黄金年代"。有利的数据[1]表明首次大萧条时期（1873～1893年）也出现了类似的利润率恢复。

问题在于资本主义的"正常"运行不能产生这样的恢复；它们是

---

[1] Freeman, C., "Schumpeter's 'Business Cycles' Revisited," Schumpeter Lectures 1998, Facoltà di Economia, Università della Tuscia, Italy.

国家和阶级的暴力和破坏性行动的产物，这些行动暂停了资本主义的正常运行。[1] 这反驳了熊彼特使之盛行的一个观点[2]，即通过与商业周期的调节机制相类似的准自动化机制，资本主义能够从深度危机比如大萧条或者 2007 年危机中复苏。不过，资本主义自行调节的失败并不排除一些明显的经验事实，即它能够通过其他方式比如战争、侵略或者法西斯主义来恢复利润率。

第二，如果没有金融化，利润率是否已经恢复，金融化在一定程度上是不是利润率下降的原因？逻辑表明情况恰恰相反：如果资本家不积累金融资产，他们必须积累生产性资产，或者他们不再做资本家。当他们购买的是机器而不是"忍者"（NINJA）贷款时，利润率的分母会同样高。如果他们选择了金融工具，那只是因为已经下降的利润率扼制了有利可图的生产性投资的范围。如果他们没有选择金融工具，那么也没有理由相信利润率能够由此而恢复。

五　美国经济的利润率

现在转向美国，可以从美联储提供的美国资金流量图中获得数据，而且数据能够追溯到 20 世纪 50 年代早期，所以能够较容易地得到长期图形。

图 7 展示了按传统方法估计的利润率，以及把企业部门手中的长期和中期金融资产计入利润率的分母之后得到的修正利润率。这是一个值得注意的图形。当传统利润率在 1982 年开始上升时，修正后的利润率依然在下降，而且下降的节奏与传统利润率在 1982 年以前下降的节奏相同，二者由此开始偏离。修正后的利润率密切地跟随 1982 年以前的传统利润率，这强烈表明，到 1982 年为止，它与传统利润率衡量的是

---

① Freeman, A., "Crisis and 'Law of Motion' in Economics: A Critique of Positivist Marxism," *Research in Political Economy*, 26 (2010): 211–250.

② Schumpeter, J., *Business Cycles* (McGraw-Hill, 1939).

一个非常相似的东西①。它平滑了 1982 年以前的传统利润率的一些波动。最后，它展现了从 1946 年高点开始的一个几乎不间断的下降趋势。对于重视统计相关关系的学者而言，指数趋势 $r = 0.1235\mathrm{e}^{-0.014t}$ 能够预测修正利润率，决定系数 R^2 为 0.9559。

图 7 美国的利润率（1946～2007 年）

我们现在转向这种不同的理解利润率方法的理论基础。

六 信用货币和信用货币资本

首先假设一个资本家已经把自己的 1000000 美元投入工厂中，每年赚取 200000 美元。他的利润率是 20%。

现在假设下一年里这个资本家发行了一种本金为 1000000 美元、利率为 10% 的债券给食利者。这个制造商仍然拥有这个价值为 1000000 美元的工厂，食利者拥有的一个货币工具——债券——也价值 1000000

---

① 比如，如果它衡量的是与传统利润率完全不同的东西，我们不会看到二者在 1946～1982 年的密切相关关系。

美元。每年：

- 食利者从制造商手中得到 100000 美元，凭借着他所投资的 1000000 美元；

- 制造商保留 100000 美元，凭借着价值为 1000000 美元的固定资产。

就当前涉及的两种资本而言，利润率是多少？马克思主义学者把利息看作法律允许食利者索取的一种税：

- 经济体中有 1000000 美元"实际"资本，像以前一样产生 20% 的利润率；

- 制造商从 1000000 美元的固定资本所产生的"实际利润" 200000 美元中扣除 100000 美元；

- 制造商给食利者 100000 美元，债券面值的 10%。

利润率仍然是 20%。只要实业家与食利者有着纯粹的私人和个人关系，这看起来就没有问题。然而，当信用货币市场存在时会发生什么呢？债券变成了一个可议价的工具，像所有其他商品一样被买卖。它作为货币发挥作用，正像马克思在《资本论》第 3 卷第 5 部分用很大的篇幅所讨论的那样。

但它接下来也变成一种商品。它获得一个价格；任何拥有一定数量货币的人都可以选择是把他的货币投入生产，还是购买计息资产。随着利润率的下降，可盈利的生产性投资机会同样减少：对于越来越多的资本家而言，购买计息资产成为最为盈利的替代性手段。

购买计息资产的货币被闲置下来；在早期，它可能凝结为贵金属贮藏，但是随着信用市场的发展，它凝结为可议价证券贮藏，从而创造了一种对可议价证券的需求。哪里有需求，哪里就会有供给。信用能够不受强加在物质生产上的任何限制的约束，投资银行家在近几十年里的巧妙设计已经证实了这一点。除了束缚在固定资产之上的生产性资本以外，一堆有毒的以收入为基础的金融工具冒了出来。

否认计息资产构成资本（信用货币资本）的观点既不合理也不充实。计息资产是一种特殊的资本，它的数量不受任何自然限制的约束。

只要银行家能够把它卖出去，他们就可以宣布它的存在。一个替代性描述如下：

- 经济体中有2000000美元的资本，产生10%的利润；
- 制造商凭借着凭借1000000美元固定资产获得100000美元；
- 债券所有者凭借1000000美元货币资产获得100000美元。

为了理解这种表述的意义，需要知道信用货币资本与商品资本有何不同。以上我们假设食利者的货币来自实业家，但是事实并不一定非要如此。在近来的金融资产风暴过程中，所有的债务都被资本化，不仅包括声名狼藉的忍者贷款，而且包括政府债务，衍生品和直接的欺诈已经创造了各种各样的工具，它们不再依赖于对实业家收入的直接占有。我的要点是这种收入的来源与它（在被资本化以后）是否作为资本发挥作用并不是相关的。标准很简单：资本家是否购买并持有它，他们的资本是否因此而增加。

我认为第二种表述为这种新形式提供了更真实的解释。与第一种表述不同，当某种债券不是源自实业家，而是源自一些其他债务工具时，第二种表述依然有效。事实上，可以推广到任何吸引收益流的工具，无论它是不是债务工具、地契或者股票。

这里强调，利用由不动产购置造成的收入转移，来解释美国和英国的困境，可能是徒劳无功的。这正是我对学者们比如谢克所提供的解释[1]提出的质疑，他强调金融部门给实业家带来的成本负担，既包括显性负担（利息支付），又包括隐性负担（非生产劳动造成的隐性负担）。

第二种表述也解释了克莱曼的发现[2]，即资本投资与利润率密切相关，这一发现与金融部门把收入从投资转向其他用途的观点相矛盾。首先，金融部门并不是问题所在。问题出在金融上，所有的资本家都把金

---

[1] Shaikh, A., "The First Great Depression of the 21st Century," in Panitch, L., B. Albo and V. Chibber, *The Crisis This Time* (Socialist Register, 2011), p. 46.

[2] Kliman, A., *The Failure of Capitalist Production: Underlying Causes of the Great Recession* (Pluto Press, 2011).

融作为对生产性投资的替代。第二，金融并不转移收入：它转移的是资本。在第二种表述中，金融工具仅仅是闲置货币的一种形式：越来越多的社会资本不是投入生产行为，而是作为一种寄生性所有权贮藏而积累。

问题不是投资者没有足够的货币去投资，而是货币市场为他们的货币提供了其他用途。这带来了，比如，安然（Enron）现象：实业家不是被要价过高的银行家拖累至灭亡，而是他们自己比银行家更积极地用投机替代生产。一般来说，资本——不是收入——从实业流向金融。

在信用资本的创造中，没有成本与之直接相关，因为它不是一个被生产出来的商品。真正的问题出在其他地方。社会终会进行最后的报复。信用工具只能从收入池——新价值——中获得报酬，收入池不是由银行家的想象所确定，而是由在社会的安排之下的劳动时间所确定。这直接表现在所有社会资本平均报酬的减少，以及最终的崩溃，在崩溃中所有不以价值为基础的资产的价格都暴跌，因为大家逐渐发现打劫空房子能够获得的收入是多么地少。

一个难题依然存在。确实正如马克思所指出的那样，这些虚拟资本仅仅是一个内在价值的重复计算表示："这种证券的资本价值也纯粹是幻想的"①。金融家所创造的额外的资本并不构成额外的价值，只构成额外的货币。因此，资本怎么会普遍"沉迷于"这些工具呢？亚历杭德罗·拉莫斯对马克思的货币理论的精彩解释②，已经被 TSSI 学者们普遍接受，它提供了解决这个问题的办法。对于马克思而言，货币表现着价值，是因为它在交换中表现价值。如果一国的资本家拥有 10000000 美元固定资产，它们是由一百万小时的劳动所创造的，同时如果他们还储存了 10000000 美元货币，那么这一百万小时劳动就应当由这 20000000 美元所代表。每小时劳动的货币表现（MELT）应该是 20 美

① 马克思：《资本论》第 3 卷，人民出版社，2004，第 529 页。
② Ramos, A., "Labour, Money, Labour-Saving Innovation and the Falling Rate of Profit," in Freeman, A., A. Kliman and J. Wells (eds.), *The New Value Controversy and the Foundations of Economics* (Edward Elgar, 2004), pp. 67 – 84.

元。因此，当我们考虑社会中的资本的购买能力或者生产其他商品的能力时，社会中的资本可以分成两个部分：一部分由固定资产的价格表示，另一部分则由货币来表示。既然总价值没有变，闲置货币的出现就会使固定资产贬值到这种程度。

TSSI 学者们已经认可，当不变流动资本在生产中被消耗时，它转移到产品中的价值是它在交换中表现出来的价值，而不是内含在产品中的价值。在解决所谓的（实际上并不存在的）马克思的转形过程的"不一致性"问题方面，这一认识很关键。一种充分一致的处理方式要求固定资本（只是另一种形式的不变资本，在较长的时期内被消耗）被完全同样地看待。所以，应当被计入利润率的分母的是，社会的资本资产（包括货币资产）在交易中表现出来的价值。

在"正常"情况下，货币只是社会资本的一个小的组成部分；把固定资产的资本价值简单地等同于创造它们的劳动，并不会出现大的经验错误。但是金融资产的巨大增长——在第二种表述中仅是闲置货币的大量贮藏——使情况发生了改变，它使作为投资的目标而被更新的固定资产大幅度贬值。

这种状况出现在全面通货膨胀的背景之下。同等数量的价值被表现为越来越多的货币。表面看来，信贷支撑起的高山是收入的聚宝盆，收入与高山以同样的速率增长，但是当支付的承诺不能被兑现时，这种高山轰然倒塌，结果便是崩溃。

总之，这些现象不能被看成与利润率普遍下降无关的事物，因为这些现象是它的产物，实际上是它的一种病态形式。它们都是同一个进程的组成部分，这个进程开始于 20 世纪 70 年代末期，正如德赛阐释的那样①，它造成美国和英国经济的系统性下滑，拖累了全球经济，直至中国的崛起和崩溃的冲击。

---

① Desai, R., *Geopolitical Economy*: *After US Hegemony*, *Globalization and Empire* (Pluto, 2012 forthcoming).

当做出这种修正时，许多以前看起来没有意义的事情，重新变得有意义。传统马克思主义理论如今陷入的绝境，在于它的核心悖论即宣称高利润是危机的首要原因。这就是我认为上述修正是一个出色的理论创新的原因所在。不过，一个创新不能成为一种理论。为了完成我们的论证，我们转向这种思想栖身的理论知识机体，即马克思的货币理论。

七 货币资本

《资本论》第 3 卷第 5 篇讨论生息资本，马克思在此篇的开头部分写道：

> 在最初考察一般利润率或平均利润率时（本册第 2 篇），这个利润率还不是在它的完成形态上出现在我们面前，因为平均化还只表现为投在不同部门的产业资本之间的平均化。这种情况已经在上一篇得到补充。在那里，我们说明了商业资本如何参加这个平均化，并且说明了商业利润……在阐述的过程中，以后凡是说到一般利润率或平均利润时，要注意我们总是就后一种意义而言，即只是就平均利润率的完成形态而言……不管资本是作为产业资本投在生产领域内，还是作为商业资本投在流通领域内，它都会按照它的数量比例，提供相同的年平均利润。① （我的重点——阿兰·弗里曼注）

虽然这段话开启了第 3 卷中最长的一部分，但它尚未受到足够的重视。利润率的"完成形态"并不排除商业、金融和土地资本，如果我们只关注生产性行业，我们理解的利润率概念就可能是不完善的。

因为一般利润率并不局限于产业资本，商业资本产生利润却不创造任何新增价值：它占有在其他地方创造的价值。它通过缩短周转时间来

---

① 马克思：《资本论》第 3 卷，人民出版社，2004，第 377～378 页。

为资本发挥一种必要的特定功能。随着资本的流入和流出，它的盈利进而利润也相应地下降或上升。

同样的推理过程产生马克思的绝对地租范畴。与李嘉图不同，马克思认为即便最坏的土地也能在平均利润率的基础上取得地租（其他优质的土地取得的地租则会更多——译者注）：

> 如果土地产品（例如谷物）的市场价格所达到的高度能使投在 A 级（最坏的——阿兰·弗里曼注）土地上的追加的预付资本达到普通的生产价格，也就是说，为资本提供普通的平均利润，那么，这个条件就足以使追加资本投到 A 级土地上。①

商人和土地所有者能够占有在其他地方创造的价值，简而言之，是因为他们的资本参与了利润率的平均化。他们获得收入进而构成独特的社会阶层，因为他们拥有一种特殊的资本，这种资本为其他资本家执行特殊的和必要的职能。结果是他们为资本提供了替代性用途，任意数量的货币都可以被投入贸易企业而不是工厂。任何一本新古典的教材都告诉我们，用途的选择取决于对最大收益的追求。马克思的更为精细的推理，接近凯恩斯的资本边际效率概念，产生了同样的结论：每当利润率差别存在时，资本就会从产生较低利润率的用途转移到产生较高利润率的用途。于是，利润率高的地方供给增加，价格下降，利润率低的地方则恰恰相反：价格起反作用，减少了这些收益率的差别。

"资本家之间的竞争——这种竞争本身就是这种平均化的运动——就在于，他们逐渐把资本从利润长期低于平均水平的部门抽出，并逐渐把资本投入利润高于平均水平的部门"②。

一旦其他形式的资本——商业、银行和土地——进入平均化过程，

---

① 马克思：《资本论》第 3 卷，人民出版社，2004，第 848 页。
② 马克思：《资本论》第 3 卷，人民出版社，2004，第 411 页。

它们就成为这些资本"逐渐"投入的替代性选择,并降低全体社会资本的平均收益率。

八 难以捉摸的幻觉:虚拟资本、现实资本和货币资本

为了阐明这一点,我们转向"虚拟资本",它可以说是在马克思众多被歪曲的范畴之中最被滥用的一个。虚拟资本既不是不存在的,也不是欺骗性的。它甚至不是无用的。马克思在开始讨论货币资本时,首先就坚持认为,当它作为资本发挥作用时,它拥有使用价值:

> 货币……在资本主义生产的基础上……使资本家能够从工人那里榨出一定量的无酬劳动,剩余产品和剩余价值,并把它据为己有。这样,货币除了作为货币具有的使用价值以外,又取得一种追加的使用价值,即作为资本来执行职能的使用价值……就它作为可能的资本,作为生产利润的手段的这种属性来说,它变成了商品,不过是一种特别的商品。[1]

它不是专门的欺诈。提及"铁路、采矿、轮船等公司"的股票,马克思指出:

> 这里决不排除股票也只是一种欺诈的东西。但是,这个资本不能有双重存在:一次是作为所有权证书即股票的资本价值,另一次是作为在这些企业中实际已经投入或将要投入的资本。它只存在于后一种形式,股票不过是对这个资本所实现的剩余价值的一个相应部分的所有权证书。[2]

---

[1] 马克思:《资本论》第 3 卷,人民出版社,2004,第 378 页。
[2] 马克思:《资本论》第 3 卷,人民出版社,2004,第 529 页。

虽然欺诈"决不能被排除"，但它不是本质。马克思使用术语"虚拟"（有时可以与"幻想"互换）的目的不在于此，而是为了描述一种资本，这种资本看上去似乎创造价值，但它实际上只是索取在其他地方创造的价值。它的价格不依赖于它的价值——大部分虚拟资本甚至没有价值——而是由它对未来收入的索取机制所确定：

> 人们把虚拟资本的形成叫作资本化。人们把每一个有规则的会反复取得的收入按平均利息率来计算，把它算作是按这个利息率贷出的一个资本会提供的收益……因此，和资本的现实增殖过程的一切联系就彻底消灭干净了……
>
> 即使在债券——有价证券——不像国债那样代表纯粹幻想的资本的地方，这种证券的资本价值也纯粹是幻想的。[1]

术语"虚拟"因而适用于多种多样的金融工具，从地契到股票，再到债券甚至账单。它们有一个内在的一致性：虚拟资产的价值不是它的价格的基础。这并不意味着它不存在，或者毫无价值。它可以用来换取钞票，也可以用来购买确定有价值的物品。虚拟资本是对他人价值的一种索取，这种索取的本质依赖于价值的来源。地契是对地租的索取，政府债券是对税收的索取，股票是对直接生产的剩余价值的索取，等等。证券化过程抓住了这种一致性，而不是不同点，把所有对收入的索取转化为它们共同的分母：信用。因而，信用资本是虚拟资本的特殊形式，而且是一种最发达、最自然的形式。为了理解它如何进入利润率的一般化过程，我们需要研究这种特殊的属性。

货币资本是一种货币形式。它是一种贷款，一种利用货币来赚取剩余价值的权利。它转让了货币的特定使用价值（用它来购买的权利），却没有转让货币本身，贷款者仍然持有对货币的所有权：

---

[1] 马克思：《资本论》第 3 卷，人民出版社，2004，第 528～529 页。

价值额，货币，在没有等价物的情况下付出去，经过一定时间以后交回来。贷出者总是同一价值的所有者，即使在这个价值已经从他手中转到借入者手中，也是这样。①

它进入一般化过程的方式不同于商业资本和土地资本，因为它没有被利用任何物品交换。它的价格——利息——的决定因而与生产过程无关，而是决定于"供给和需求"：

如果供求平衡，商品的市场价格就和它的生产价格相一致，也就是说，这时它的价格就表现为由资本主义生产的内部规律来调节，而不是以竞争为转移……但货币资本的利息却不是这样。在这里，竞争并不是决定对规律的偏离，而是除了由竞争强加的分割规律之外，不存在别的分割规律，因为我们以后会看到，并不存在"自然"利息率。相反，我们把自然利息率理解为由自由竞争决定的比率。利息率没有"自然"界限。②

这是货币资本的独特之处：贷款的收益率不显示任何被平均化的趋势。在财政紧缩时，它可能升至远高于利润率，在繁荣的初期，也可能降至远低于利润率。除了总（净）利息总是要小于剩余价值以外，利息与利润没有必然联系。总（净）利息是经过循环过程以后最终回到食利者手中的收入。正如马克思所说，剩余价值是利息的"上限"。除此以外，"并不存在'自然'利息率"。

九　结论

现在让我们把这些线索串起来。马克思通过讨论"平均利润率的

---

① 马克思：《资本论》第 3 卷，人民出版社，2004，第 395 页。
② 马克思：《资本论》第 3 卷，人民出版社，2004，第 398～399 页。

完成形态"深化了他对商业资本和土地所有权的分析。这种完成形态的决定性特征是，非产业资本通过竞争来取得产生于生产中的总剩余价值的一定份额。因此，它（指平均利润率的完成形态——译者注）显然包括非产业资本；剩下来仍不清楚的问题是，货币资本的收益是否以及在何种程度上应与商业资本和绝对地租被置于相同的地位。存在多种形式的货币资本，此处讨论的货币资本的具体形式是信用货币，即在债务的证券化过程中产生的货币或准货币。

　　同等对待信用货币资本和商业资本、土地资本，有许多正当的理论依据。最正当的依据是一个简单的事实，即任何权利一旦是可转让的并且能够在市场上买卖，它实际上就为货币提供了一种替代性的用途。信用货币资本和商业资本、土地资本，有两点理论区别。第一，很少或者没有商品资本以信用货币的形式出现。对于土地而言，至少在被用于农作物生产时，收益被固定在资本的整个循环之中。例如，如果农作物没有被售出，地租就不能被缴纳，在不存在其他因素时，农民将破产。商业资本也类似地被束缚在从它们手中经过的价值之中。由于这个原因，这两种形式的资本都不能"不受限制地"（即不受由它们处置的价值是否实现所影响）扩张。信用货币却并非如此。虽然它的扩张有最终的限制，并且这种限制会在大崩溃时显现，但在此之前，大量的货币会进入，长期的泡沫会存在。

　　第二，与商业资本收益或小块土地的收益不同，信用货币资本的收益不依赖于内在的价值。债权人并没有利用他的货币的使用价值换来任何东西，事实上甚至从来没有与他的货币相分离，他只是提供了暂时使用他的货币的权利以获取一定的收入。[①] 实业家依然是利用信用购买的生产性资产的拥有者，确保这一价值得到实现的负担落在了他的肩上，而且只落在他的肩上。债权人仅仅索要他的"一磅肉"："我依旧要我

---

① "价值额，货币，在没有等价物的情况下付出去，经过一定时间以后交回来。贷出者总是同一价值的所有者，即使在这个价值已经从他手中转到借入者手中，也是这样。"见《资本论》第3卷，人民出版社，2004，第395页。

的赔偿"在现代债务关系中不受任何个人因素的影响,即使需要使整个国家陷入饥饿和毁灭,它也不会拒绝债券所有者,而且没有现代的鲍西娅给予前资本主义式的仁慈。当然,"这磅肉"最终不能被给予,因为实业家一无所有、无从给起,但这一刻被推迟到危机来临之时。

这两个原因在我看来并不能推翻本文的基本观点,让我们回到 21 世纪早期的金融化经济体中:一旦信用成为一种可交易的金融工具,它就会与资本的其他用途竞争剩余价值份额,因而与商业、土地所有权或工业生产一样,对利润率施加压力。不同点仅仅告诉我们,这是一种非常奇怪的和特殊的对剩余价值的索取,市场对于它的贪婪没有任何限制。由于这个原因,这种修正完全是合理的,与马克思的论述一致,值得马克思主义者或其他人给予更多的关注。

最后需要说明一点。在我的这篇文章还是草稿时,许多学者进行了评论,质疑我所建议的修正的一些方面:比如我将股票包括了进来,或者忽略了非信用货币。毫无疑问,我的研究仍然有改进的空间。但是考虑到理论问题的严肃性,以及实证结果的巨大差异,忽视修正的必要性是不合理的。因而,不接受我的做法的学者,有义务提出他们自己的替代性分析。如果这篇文章能够促使他们这样做,那么它就已经成功了。

阿兰·弗里曼任职于英国的伦敦都市大学。

邮箱:afreeman@ iwgvt. org。

作者感谢拉迪卡·德赛(Radhika Desai)和安德鲁·克莱曼(Andrew Kliman)提供的详尽讨论和帮助,以及迈克尔·伯克(Michael Burke)、艾尔·坎贝尔(Al Campbell)、维多利亚·奇克(Victoria Chick)、本·法因(Ben Fine)、巴里·芬格(Barry Finger)、邓肯·弗里(Duncan Foley)、弗雷德·莫斯里(Fred Moseley)和西蒙·莫亨(Simon Mohun)给出的有用意见,同时声明所有的错误都是他自己的。

数据附录

所有的变量值都采用当前的国家货币价格，另有说明除外。英国的数据来自英国的蓝皮书；美国的数据来自国民收入和产品账户（NIPA）和资金流量表。

图 1

利润率（Profit Rate）=（NQBE + NQNV）/（CIXH + CIXI）

NQBE = 非金融企业的总经营剩余（Gross Operating Surplus of the Non-Financial Corporations）

NQNV = 金融企业的总经营剩余（Gross Operating Surplus of the Financial corporations）

CIXH = 非金融企业的固定资产（Fixed Assets of the Nonfinancial Corporations）

CIXI = 金融企业的固定资产（Fixed Assets of the Financial Corporations）

图 2

非住宅投资占 GDP 的份额（Non-residential Investment as a Share of GDP）=（NPQX – NQAE – DFDK）/YBHA

NQPX = 固定资本形成总额（Gross Fixed Capital Formation）

DFDK = 新住宅（New Housing）

YBHA = 国内生产总值（GDP）

图 3

实际 GDP（Real GDP）= YBMA

图 4

金融部门利润率（Financial Sector Profit Rate）= NQNV/CIXI

非金融部门利润率（Non-Financial Sector Profit Rate）= NQBE/CIXH

图 5

金融资产（Financial Assets）＝NQAP＋NQAL

NQAP＝英国的股票净收购量（Net Acquisition of Equities in the UK）

NQAL＝英国除股票外的其他证券的净收购量（Net Acquisition of Securities other than Equities，in the UK）

固定资产（Fixed Assets）＝NPQX

NPQX＝英国的固定资本形成总额（Gross Fixed Capital Formation in the UK）

图 6

未修正的比率（Uncorrected Rate）＝（QTOP＋QTPK＋QTPL＋QTPZ）／（CIXH＋CIXI）

修正后的比率（Corrected Rate）＝（YBHA－QTPS）／（CIXH＋CIXI＋NLIZ）

QTPS＝增加值，除服务以外（Value Added，Letting Services）

NLIZ＝所有部门的金融衍生品、投资头寸（Financial Derivatives，Investment Position，All Sectors）

图 7

固定资产（Fixed Assets）＝私营企业的非住房资本存量（Non-Residential Capital Stock of Private Enterprises），取自经济分析局（BEA）资本存量表 1.1 的第 15 行；经营剩余（Operating Surplus）＝私营企业的经营剩余（Operating Surplus of Private enterprises），取自 NIPA 表 1.10 的第 12 行；可交易金融证券（Marketable Financial Securities）＝美联储的资金流项目 FL894104005（年末）"所有部门：信贷市场工具"（Federal Reserve Flow of Funds Item FL894104005（year end）"All Sectors：Credit Market Instruments"）。

参考文献

［1］ Choonara, J. , "Once More (with Feeling) on Marxist Accounts of the Crisis," *International Socialist Review*, 132 (2011), Available at isj. org. uk/？ id = 762.

［2］ Corrado, C. , C. Hulten and S. Sichel, "Intangible Capital and US Economy Growth," *Review of Income and Wealth*, 55 (2009)：661 – 685 (Available at conference – board. org/pdf_ free/IntangibleCapital_ USEconomy. pdf).

［3］ Desai, R. , *Geopolitical Economy*：*After US Hegemony*, *Globalization and Empire* (Pluto, 2012 forthcoming).

［4］ Duménil, G. and D. Lévy, *Capital Resurgent* (Harvard University Press, 2004).

［5］ Duménil, G. and D. Lévy, *The Crisis of Neoliberalism* (Harvard University Press, 2011).

［6］ Fine, B. , "Banking Capital and the Theory of Interest," *Science and Society*, 40 (1985)：387 – 413.

［7］ Fine, B. , "Neo – Liberalism in Retrospect? —It's Financialisation, Stupid!" Paper Presented to Conference on "Developmental Politics in the Neo – Liberal Era and Beyond", 22 – 24 October 2009.

［8］ Freeman, A. , "How Much Is Enough?" MPRA Paper NO. 13262, University Library of Munich, Germany , 2009 (Available at ideas. repec. org/p/pra/mprapa/13262. html).

［9］ Freeman, A. and G. Carchedi, *Marx and Non – Equilibrium Economics* (Edward Elgar, 1996).

［10］ Freeman, A. , "Crisis and 'Law of Motion' in Economics：A Critique of Positivist Marxism," *Research in Political Economy*, 26 (2010)：211 – 250.

［11］ Freeman, A. , "What Makes the US Profit Rate Fall?" MPRA Paper No. 14147, the University of Manitoba, 2009 (Available at mpra. ub. uni – muenchen. de/14147/1/MPRA_ paper_ 14147. pdf).

［12］ Freeman, C. , "Schumpeter's 'Business Cycles' Revisited," Schumpeter Lectures 1998, Facoltà di Economia, Università della Tuscia, Italy.

［13］ Gil, V. , and J. Haskel, "Industry – level Expenditure on Intangible Assets in the UK," 2007 (Available at www. coinvest. org. uk/pub/CoInvest/CoinvestGilHaspaper/GilHaskel_ Nov_ 08. pdf).

［14］ Howard, M. C. and J. E. King, *A History of Marxian Economics*, Volumes 1 and 2 (London：Macmillan, 1989).

［15］ Husson, M. , "A Systemic Crisis, both Global and Long – lasting," Workers'

Liberty Website, July 24 2008 (Available at www. tinyurl. com/Cbk2c29).

[16] Kliman, A., *Reclaiming Marx's Capital: A Refutation of the Myth of Inconsistency* (Lanham: MD, 2007).

[17] Kliman, A., *The Failure of Capitalist Production: Underlying Causes of the Great Recession* (Pluto Press, 2011).

[18] Lapavitsas, C., "Financialisation and Capitalist Accumulation: Structural Accounts of the Crisis of 2007 – 9," *Research on Money and Finance Discussion Papers*, Paper No. 16. London: SOAS, 2010.

[19] Marx, Karl, *Capital: A Critique of Political Economy*, Volume III (Penguin, 1981).

[20] McNally, D., *Global Slump: The Economics and Politics of Crisis and Resistance* (Spectre, 2011).

[21] Mohun, S., "Unproductive Labor and the Rate of Profit in Australia 1966/67 – 1991/92," in Bellofiore, R. (ed.), *Marxian Economics: A Reappraisal*, Vol. II (Basingstoke: Macmillan, 1998), Chapter 16, pp. 252 – 269.

[22] Mohun, S., "The Australian Rate of Profit 1985 – 2001," *Journal of Australian Political Economy*, 52 (2003): 88.

[23] Mohun, S., "Productive and Unproductive Labor in the Labor Theory of Value," *Review of Radical Political Economics*, 28 (1996): 30 – 54.

[24] Moseley, F., *The Falling Rate of Profit in the Postwar United States Economy* (St Martins Press, 1992).

[25] Norfield, T., *Finance, the Rate of Profit and Imperialism* (Presented to the AHE/FAPE/IIPPE Conference in Paris, 5 – 7 July, 2012).

[26] Pasinetti, L., *Lectures on the Theory of Production* (Palgrave Macmillan, 1979).

[27] Ramos, A., "Labour, Money, Labour – Saving Innovation and the Falling Rate of Profit," in Freeman, A., A. Kliman and J. Wells (eds.), *The New Value Controversy and the Foundations of Economics* (Edward Elgar, 2004), pp. 67 – 84.

[28] Ross, J., "Evidence from Chinese Growth," Key Trends in Globalization, 2011 (Available at ablog. typepad. com/keytrendsinglobalisation/2012/02/chinas – achievement. html).

[29] Schumpeter, J., *Business Cycles* (McGraw – Hill, 1939).

[30] Shaikh, A., "The First Great Depression of the 21st Century," in Panitch, L., B. Albo and V. Chibber, *The Crisis This Time* (Socialist Register, 2011).

[31] Shaikh, A. M. and E. A. Tonak, *Measuring the Wealth of Nations: The Political Economy of National Accounts* (Cambridge University Press, 1996).

[32] Toporowski, T., "Kalecki and the Declining Rate of Profits," *Review of Political Economy*, 11 (1999): 355 – 371.

金融化与利润率的政治经济学研究[*]

孟　捷　李亚伟　唐毅南[**]

一　引言

在新自由主义时代，金融资本的崛起和资本积累的金融化成为发达资本主义经济中引人注目的现象。[①]在现有文献中对金融化并没有达成一个普遍认同的定义。美国学者爱泼斯坦的定义是最为宽泛的，根据他的界定，"金融化是指金融动机、金融市场、金融当事人和金融机构在国内外经济运行中的作用不断上升。"[②]在以美国为代表的发达资本主义

---

[*]　在本文竣稿前，徐建康先生曾寄来长达数千字的长篇评论，令笔者得益匪浅。在此谨致谢忱。

[**]　孟捷，复旦大学经济学院教授，主要研究方向为政治经济学；李亚伟，四川大学经济学院副教授，主要研究方向为政治经济学；唐毅南，复旦大学中国研究院中国新政治经济学研究中心研究员，主要研究方向为复杂经济学、演化经济学、政治经济学等。

[①]　根据美国学者福斯特等人的意见，"金融化"一词的使用在很大程度上要归功于美国学者凯文·菲利普斯（Kevin Phillips），他在 1993 年出版的《沸点》（*Boiling Point*）一书中首次使用了这一术语。一年后，菲利普斯在《傲慢的资本》（*Arrogant Capital*）一书中专辟一章讨论"美国的金融化"（Financialization of America）中，并将"金融化"定义为"彼此相异的实际经济与金融经济的持久分离"。参见 Foster, John Bellamy and Fred Magdoff, "The Financialization of Capitalism," in *The Great Financial Crisis* (New York: Monthly Review Press, 2009), p. 148。

[②]　Epstein, G. A., "Introduction," in Epstein, G. A., ed., *Fina ncialization and the World Economy* (Edward Elgar, 2005).

国家，经济重心在过往数十年间出现了由生产向金融的长期结构性转向。1980～2007年，以2007年美元价值计算的全球金融资产存量（含以下四类构成：股本、公共债券、私人债券、银行储蓄）增加了8倍，即从26.6万亿美元增加到241万亿美元。结果造成全球金融资产占世界GDP的比率从1.2上升至4.4。20世纪70年代，美国未偿还债务总额是GDP的1.5倍，而在2005年，几乎达到同年GDP的3.5倍，接近于世界GDP 44万亿美元的总额。1957年，美国制造业部门在GDP中的比重是27%，金融、保险和房地产业占13%；而到2008年，形势发生了逆转，制造业部门的比重跌至12%，金融、保险和房地产业的比重升至20%。[①]

在国外马克思主义者中间，以哈里·马格多夫、斯威齐等人为代表的"垄断资本学派"较早注意到了金融化这一新现象，并从20世纪70年代起对此开展了一系列分析。垄断资本学派对金融化的分析是从其基本理论出发的。依照他们的理论，垄断资本主义阶段的核心问题是如何吸收由垄断大企业生产出来的大量剩余。在斯威齐等人看来，技术革命、军备经济等，都是吸收这一剩余的重要途径。在步入新自由主义阶段后，金融化转而成为吸收上述剩余的一种新途径。在一篇写于1994年的文章中，斯威齐回顾了自70年代以来美国资本主义的发展，他指出，从资本家的意愿来看，所有利润都应用于投资；但是，发达资本主义经济内在的需求约束以及产能过剩的趋势，使资本家对于在实际经济中进行投资望而却步。那么，他们究竟该如何使用堆积如山的利润呢？"回头来看，答案似乎是明显的：他们应该投资于金融，而非实际的生产性资产。我认为，这正是1970年代的危机使经济再度陷于停滞后，他们开始以日益增长的规模所从事的活动。而在供给方面，变化的形势也成熟了。金融活动（其中大多数尚属于传统类型）曾经为1950和1960年代的战后繁荣所刺激，却因停滞的再现蒙受了失望。为此金融

---

① 以上数据均转引自孟捷《新自由主义积累体制的矛盾与2008年经济－金融危机》，《学术月刊》2012年第9期。

家正在寻求新的生意。从实际经济中游离出来的资本被金融部门兴高采烈地接纳了。如此一来就开启了下述过程，即在接下来的二十年间，带来了金融资本的胜利。"①

金融资本在新自由主义时代的崛起和资本积累的金融化，改变了以往袭用的资本积累概念。在传统政治经济学中，资本积累是指"增加既有资本品的存量"。斯威齐对此提出了批评，认为这一概念是"片面且不完备的"。他提出：资本积累不仅仅是"增加既有资本品的存量"，"也是增加金融资产的存量，这两个方面肯定是相互联系的，但这一联系的性质还完全不明确。传统上处理这个问题的方式事实上是假设问题不存在：例如，购买股票和债券（两种较为简单的金融资产形式）据假设仅仅是以间接方式购买了实际资本品。这肯定是不正确的，全然误导性的"。有鉴于此，他还提出，只有在一个注重实际资产和金融资产的相互关系的更为完备的资本积累理论的基础上，才可能理解当代垄断资本主义。②斯威齐的这种观点，今天已普遍为马克思主义者所接受。金融化问题已成为目前马克思主义资本积累理论研究的焦点。③

与资本积累概念的上述微妙变化相联系的，是如何理解利润率与金融化以及金融资本的关系。在国外马克思主义经济学研究中，一些学者最近开始从以下两个方面探讨了这个问题。第一，金融资本是否参加利润率的平均化？第二，既然金融资产的增长也是资本积累的重要维度，如何重新界定并测量利润率以反映这一过程？在以下两节中，我们就将依次介绍和评介近年来围绕这两个问题而形成的理论观点。

① Sweezy, P. M., "The Triumph of Financial Capital," *Monthly Review*, 46 (1994). 转引自孟捷《新自由主义积累体制的矛盾与2008年经济–金融危机》，《学术月刊》2012年第9期。
② 参见 Sweezy, P. M., "Monopoly Capital after Twenty-five Years," *Monthly Review*, 43 (1991)：56–57。
③ 如弗里曼《出现金融市场以后的利润率：一个必要的修正》，《清华政治经济学报》2013年第1卷，社会科学文献出版社，第50~52页；Bakir, E. & A. Campbell, "The Financial Rate of Profit: What Is It, and How Has It Behaved in the United States?" *Review of Radical Political Economics*, 45 (2013)：296–297。

二　金融资本与利润率平均化

　　在讨论金融资本参与利润的分配问题时，需要明确金融资本在本文中是如何定义的。希法亭和列宁结合 19 世纪末 20 世纪初的资本主义界定了金融资本的概念。在他们那里，金融资本的概念有两方面的含义。第一，这个概念强调了资本主义向垄断阶段的过渡，是与金融（其人格化为金融寡头）的统治地位联系在一起的。垄断资本与金融权力的结合，在股份公司中间得到了鲜明的体现。第二，在希法亭和列宁那里，金融资本的概念较多地反映了德国当时的历史经验。金融的统治具体表现为银行资本和工业资本的融合，以及银行资本在这种融合中的优势地位。一些学者曾批评希法亭－列宁的概念，认为这一概念过度强调了德国的历史经验。但为这类批评所忽略的是，金融资本概念还有超越特殊历史语境的一般化含义。

　　近年来，围绕金融资本的概念界定问题又出现了不少讨论。在这些讨论中，希法亭和列宁的金融资本概念所包含的一般化含义开始得到更多的承认，并被运用于有关金融化的研究中去。资本主义向垄断阶段的转变，是与股份公司的崛起相伴随的，后者同时带来了资本所有权的二重化和职能资本的商品化。资本所有权的二重化意味着，现实资本或职能资本的所有权控制在公司手里，公司的所有权则控制在股票所有者即股东手里。股票不仅是对一部分利润的索取权凭证，还是现实资本的所有权凭证。因此，股票的交易是职能资本作为一种商品的交易，也就是职能资本的商品化。①

　　希法亭指出，股东通过出卖股票，随时可以收回他的资本，从而处

---

　　① 将股份公司纳入马克思经济学概念体系的尝试，可参见希法亭《金融资本》一书的第二篇（福民等译，商务印书馆，1994）。另可参见伊藤诚在下述著作中的评论：Itoh, M., *The Basic Theory of Capitalism* (London: Macmillan, 1988), pp. 278-288。

于同货币资本家相同的地位。[①]在这里，股票像其他可议价证券一样具有信用货币资本的特点。以股票为代表的信用货币资本或虚拟资本的发展一方面可以使自身脱离现实职能资本的循环，另一方面——借助于资本市场对公司治理结构的影响——又能在凌驾于现实职能资本循环之上的同时，将职能资本作为一种金融资产，纳入金融资本的循环中去。在笔者看来，后一点构成了当代金融化的核心面向之一。而这种不仅有能力将自身商品化，而且将包含生产性企业在内的职能资本也转化为金融资产以谋取金融收益的资本，就是金融资本。[②]

在马克思主义经济学中，围绕银行资本或金融资本是否参与利润率平均化，传统上就有两种对立的观点。一种观点认为金融资本参与利润率的平均化，另一种观点则认为金融资本不参与利润率的平均化，仅作为借贷资本取得利息。自20世纪80年代以来，发达资本主义经济经历了重要的结构性变化，金融化便是其中最为突出的新现象之一。在此前提下，一些新出现的理由强化了金融资本参加利润率平均化的观点。譬如，第一，在金融化条件下，资本积累采取了两种形式，即一方面投资于实体经济，另一方面投资于金融资产。第二，银行等金融机构的业务已逾出了存贷中介的范围，转而从事各种以收费为主的业务，以及证券发行和转销。第三，非金融类公司也日益通过金融投资来获取利润，从而淡化了非金融类公司和金融类公司的区别。[③] 考虑到上述这些变化，那种认为金融部门只取得利息的观点显然是不符合现实的；金融部门变

---

① 见希法亭《金融资本》，福民等译，商务印书馆，1994，第105～106页。

② 学者霍科最近建议，可将金融资本界定为商品化的资本。他写道："金融资本是商品化的资本，它在金融市场上流通，并为金融资本家阶级主要通过金融机构所控制；金融资本通过在产业资本中构成了很大且不断增长的一部分而垄断了产业资本，尤其是在危机之后。" 见 Hoca, B., "A Suggestion for a New Definition of the Concept of Finance Capital Using Marx's Notion of 'Capital as Commodity'," *Cambridge Journal of Economics*, 36 (2012): 428。霍科的缺点是没有强调包括产业资本在内的职能资本在金融化条件下已在相当程度上成为金融资产，从而隶属于金融资本的统治。

③ Stockhammer, E., "Financialisation and the Slowdown of Accumulation," *Cambridge Journal of Economics*, 28 (2004): 719–741.

得和实体部门一样，都要取得利润。

一个进一步的问题是，设若金融资本也要取得利润，其所取得的利润究竟是垄断利润还是平均利润？如果是前者，马克思原初的利润率平均化模型似乎就不再适用了。笔者认为，在这个问题上，我们可以参考曼德尔的观点，即在垄断资本主义阶段，存在以下两种平均利润率，一个是在垄断部门内通行的平均利润率，另一个是在非垄断部门内通行的平均利润率。[①] 这个观点启发我们，利润率平均化或各种不同形式的资本都要参与利润分配的观点，经过某种修正后仍可适用于垄断资本主义经济。在本文第三节，我们还将就此问题略有评论，但在紧接下来的讨论中，我们暂不考虑垄断结构的存在所引发的问题，并与后文介绍的几位学者一样，假设经济中只存在一个通行的利润率。我们将从马克思的利润率公式出发，然后讨论商业资本如何参与利润率平均化，最后讨论金融资本参与利润率平均化。

依照马克思的定义，利润率等于生产出来的总剩余价值与全部预付资本的比率，即有：

$$r = \frac{S}{C + V} \tag{1}$$

马克思的这个利润率公式针对的主要是产业资本。为了进一步反映商业资本和金融资本对利润率平均化带来的影响，需对这一利润率公式做些拓展或修改。我们首先介绍英国学者本·法因的观点。[②] 他的研究基于马克思的下述分析：商业资本家从产业资本家手中以低于价值的价格购买商品资本，然后再按照等于价值的价格销售商品。在这一过程中，商业资本家要预付一部分资本来购买商品，同时还要预付一部分资本以支付场地、设备、商业工人等各项的费用。

---

① 见高峰《发达资本主义经济中的垄断与竞争》，南开大学出版社，1996，第 288 ~ 300 页；Mandel, E., *Late Capitalism* (London: Verso, 1999): 531 – 550。

② Fine, B., "Banking Capital and the Theory of Interest," *Science and Society*, 49 (1985 – 86): 387 – 413.

假设产业资本家以下列价格出售商品：

$$(C + V)(1 + r) \tag{2}$$

商业资本家按该价格购买商品，再按价值出售商品，他所出售的商品总价格等于商品总价值。依照法因的记号，假设 B 是用来购买商品的商业货币资本，K 是用于楼宇、商业工人等项开支的商业资本，则有：

$$(C + V)(1 + r) + Br + K(1 + r) = C + V + S \tag{3}$$

在式（3）中，法因提出了一个独特的观点。在他看来，一方面，预付商业货币资本 B 虽不加入商品的销售价格，却应获得平均利润率。换言之，在式（3）中，商品销售价格当中虽然不包含 B，却包含 Br。另一方面，商业资本家的预付资本 K，则被认为是实际消耗了的，并与其获得的利润 $K(1 + r)$ 加入销售价格之中。

重新排列方程（3），法因得出了将产业资本和商业资本都包含在内的利润率公式：

$$r = \frac{S - K}{C + V + B + K} \tag{4}$$

从定义上看，法因得出的这个新利润率要小于马克思所定义的利润率，因为它从剩余价值中扣除了流通成本 K，同时在作为预付资本的分母中增添了商业资本（即 B 和 K）。

最近，一位学者诺菲尔德试图将法因的方法进一步扩展以纳入金融资本。他将银行或金融部门定义为其活动局限于借入（或吸纳存款）和贷出（或投资于金融资产，包括公司债券或股票）的公司。诺菲尔德申明，他在分析时抽象了金融部门与家庭之间的业务，也不考察银行或金融部门内部各公司之间的关系。他试图将金融部门作为一个整体，考察其与产业资本和商业资本之间的关系。诺菲尔德自己认为，这样做虽然会遗漏金融活动的某些面向，但可涵盖与资本积累过程直接相关的那部分金融交易。①

采纳他的记号，令 E 表示银行的股本，它等于银行开办时认购的原始股，加上其他进一步发行的股票，再加上留存收益，最后减去库存股。

令 D 表示存款以及来自非银行部门的借款净额的价值。值得指出的是，在存款中不仅包括非银行部门的剩余现金资源，而且包括因银行部门自身的货币创造而增加的存款。后者仍然被计入 D 之中，是因为它们还是银行系统的存款，并构成银行的负债。

D 和 E 的价值相加等于银行的总负债，它们被用于给银行的总资产 A 提供资金。为简单起见，诺菲尔德假设总资产等于总负债，从而有：

$$A = D + E \tag{5}$$

诺菲尔德进一步假设，一个相当于 E 的价值支付了银行的固定资本和流动资本（用于楼宇、技术、管理和劳动的成本），并包含银行的资本公积。另一个相当于 D 的价值则被贷给了产业和商业资本（家庭信贷在此被抽象了）。

在这里，D 代表了产业资本和商业资本向银行部门借入的资金。这一资金被用于预付不变资本、可变资本、商业货币资本和其他固定或流动商业资本。这样一来，全社会不变资本 C 就可分为两部分，一部分由产业资本家直接预付，记为 C_1；另一部分借自银行部门，记为 C_2。因此可有：

$$C = C_1 + C_2 \tag{6}$$

同理可得：

$$V = V_1 + V_2 \tag{7}$$

$$B = B_1 + B_2 \tag{8}$$

① Norfield, T., "Value Theory and Finance," in Ierembra, P. (ed.), *Research in Political Economy*, Vol. 28 (Emerald Group Publishing Limited, 2013).

$$K = K_1 + K_2 \tag{9}$$

根据假设，产业资本和商业资本借入的所有资金等于银行的总存款，故有：

$$D = C_2 + V_2 + B_2 + K_2 \tag{10}$$

诺菲尔德认为，在金融资本参与利润分配的过程中，总剩余价值仍然是 S，但是剩余价值不再只是由产业和商业资本分享，金融部门也要凭借其预付的资本以平均利润的形式瓜分一部分剩余价值。对于商业部门和金融部门而言，它们用于建筑物、技术、人员等的成本（即 K 和 E），并不会转移到商品价值之中，而要从总的剩余价值中补偿。因此，三个部门的总利润可以被表示为：

$$S - K - E \tag{14}$$

三个部门的总预付资本包括下述三者：产业和商业资本家的自有资本，产业和商业资本家从金融部门借入的资金，以及金融部门的自有股本。诺菲尔德把包含全部三类资本的利润率写成：

$$r = \frac{S - K - E}{C_1 + V_1 + B_1 + K_1 + D + E} \tag{15}$$

诺菲尔德的理论尝试是有益的。但是，在他的理论中，有一些假设并不完全符合 20 世纪 80 年代以来发达资本主义经济的金融化现实。例如，依照诺菲尔德的假设，银行将资金贷给产业资本和商业资本，却不向以往那样索取利息，而是直接要求取得平均利润。这一点是有疑问的。银行资本或金融资本有能力取得平均利润的前提不在于提供贷款，而在于它们开展了其他类型的价值增殖业务（比如通过金融服务取得的费用、利用市场价格的变动获取的投机收入等）。

银行资本在利息之外还要取得利润，早在希法亭那里就已被认识到了（诺菲尔德也提到这一点）。在希法亭－列宁的理论中，银行资本透过股份公司的形式实质性地参与到工业组织中，并与工业资本融合生长，由此也为银行资本取得利润奠定了现实基础。① 然而，希法亭和列宁对"金融资本"的这种分析，包含着特殊性和一般性两面。其特殊性的一面植根于德国资本主义的历史经验，并不切合于今天的金融化。这是因为，一方面，今天的银行资本并不像希法亭-列宁时代那样与工业资本融合生长并服务于生产性投资；另一方面，实体部门的资本也在相当程度上脱离了生产性投资，转而在金融市场上从事非生产性增殖活动。在这种条件下，金融市场的收益率的确存在某种平均化的可能，但这种平均化是发生在与生产性投资相对独立的金融市场内部，而不是将生产性资本和金融资本结合在一起，以取得一个共同的利润率。希法亭和列宁主张金融资本要取得利润，而不只是利息，这无疑是正确的。但今天的金融资本要取得利润的前提，却并非如他们解释的，在于工业资本和银行资本的融合生长，而是更为直接的金融资产的积累。

诺菲尔德在其模型中不考虑金融企业之间的交易，也不考虑金融资本与家庭的关系，这些假设也与 20 世纪 80 年代以来的金融化相去甚远。在发达资本主义经济 70 年代危机期间，企业和家庭都曾积累了大量债务。但在进入 80 年代以后，大企业逐步摆脱了债务负担，开始通过发行自己的股票或债券进行直接融资。结果使得银行渐渐失去了大企业这一重要客户。在这种情形下，面向家庭的各种抵押信贷就在银行业务中占据了非常重要的地位。金融化的另一个核心面向，便是创造条件使劳动力再生产（养老、医疗、教育等）依赖于金融，并以工资收入为对象展开二次剥削。这一点已经为一些当代马克思主义者着力分析过。②

在诺菲尔德的利润率定义中，分母是由金融部门的总资产构成的。这个做法与即将在后文介绍的弗里曼的做法相一致，我们也赞成这个做

---

① 希法亭：《金融资本》，福民等译，商务印书馆，1994。

② 譬如可参见 Bellofiore, R. & J. Halevi, "Magdoff-Sweezy and Minsky on the Real Subsumption of Labour to Finance," in Tavasci, D. & J. Toporowski (eds.), *Minsky, Financial Development and Crises* (Palgrave, 2010), pp. 77 – 89.

法（详见下一节里的讨论）。现在要讨论的问题是其利润率定义里的分子。在这个分子中，是否应计入金融企业取得的利息呢？诺菲尔德是计入利息的。而在我们看来，这样做似乎是个错误。

在马克思那里，银行资本（或生息资本）只满足于取得利息。换言之，在金融化还未出现的古典前提下，并没有必要把马克思的利润范畴用于分析银行资本的经营活动。只有在前提发生变化时，利润范畴对于考察金融资本才变得重要起来。此时金融资本的收益里将包含利润和利息这两个截然不同的范畴。最先体认到这一点的，仍然是希法亭。他第一个承认，银行业和其他行业一样，都是资本的投资领域，在竞争的条件下，银行资本也应该取得利润。为此，希法亭还试图确定与利润相对应的那部分银行资本的规模。依照他的观点，银行自有的资本应该等于所取得的平均利润的资本化。用他的例子来说，如果社会通行的平均利润率是20%，则对于两百万马克的银行净利润而言，就对应着一千万马克的银行资本。如果假设银行此时共掌握着一亿马克的可贷资本，那么剩下的九千万马克即可视为其顾客的存款。① 诺菲尔德在引证这个例子时，指摘希法亭弄混了逻辑顺序。在诺菲尔德看来，对银行而言，存款是给定的，而不是事后反推出来的，并且与银行的利润水平也没有关系。笔者认为，诺菲尔德在这里可能没有读懂希法亭的用意。在提出这个例子之后，希法亭又再度论及这个问题。他指出，和产业资本不同，银行资本并不生产利润。对银行资本而言，利润是给定的。对于一个接受了银行提供的投资信用的企业来说，"如果利润提高，那么，银行将增加它的自有资本，因为增加了的资本使它能够在不使自己的安全遭到威胁的情况下，以更大的规模把它的银行资本转化为产业资本。促使银行自有资本扩大的因素，主要是产业信用的提供，通过占有股票参与产业企业以及发行活动。这一点为下述事实所证明：英国单纯的储蓄银行，虽然交易额有极大提高，但却没有增加自己的资本，从而分配很

---

① 希法亭：《金融资本》，福民等译，商务印书馆，1994，第186～187页。

高的股息。"①

在这里，通过与传统储蓄银行的比较，希法亭指出了一个现代金融资本的重要面向。由于银行此时从事了与传统存贷中介业务截然不同的新业务，银行资本和利润的关系改变了。随着产业部门利润的增加，银行可以修改资产负债表，增加其自有资产的比重。而这种改变，与银行负债的来源及其结构并无关系。在以上摘引的他的论述中（以及在包含这些论述的整整一章里），希法亭都明显地表达出如下意图——不是所有银行资产都与利润有关，为此应该区别利润和利息，并把与这两种收入相对应的金融资产也区分开来。尽管希法亭在这一章里的表述不乏晦涩之处，但所表达的这一意图无疑是合理的。

一旦承认利息和利润分别构成了两种不同性质的金融活动的收入，以下问题就出现了。在定义金融资本的利润率时，是否应该分辨利息和利润，并将纯粹通过借贷而取得的利息从构成分子的利润中予以扣除？笔者是主张扣除的，至少在对利润率进行理论界定时应该扣除，因为只有这样来定义利润率才能反映金融资本纯粹因从事金融资产的积累而实现的价值增殖，并与通过存贷中介活动而产生的收益区分开来。如果这里的意见能够成立，即在分子中扣除利息，那么对分母也要有相应的减除。与取得利息的活动相对应的那部分生息资本（在诺菲尔德的公式中就是分母的 D 项）也要相应地扣除掉。

不过，上述这种意见虽然在理论上是可设想的，但在实际操作中面临着以下困难。第一，在马克思的时代，利息仅仅来自对剩余价值的扣除。而在今日金融化的前提下，由于那些面向家庭的信用关系的发展，利息还来自包括工资在内的各种收入。这些来自各种收入的利息，显然不应从利润中扣除掉，因为这部分利息所反映的恰恰是在金融化前提下金融资本积累的新途径。应该予以扣除的，只是传统的因向产业资本和商业资本贷款而产生的利息。第二，更为重要也更麻烦的是，在金融化

① 希法亭：《金融资本》，福民等译，商务印书馆，1994，第191页。

的前提下，借贷资本并不能离开其他金融资产而单独存在，它也是其他形态的金融资本（尤其是金融衍生品）赖以存在的基石。在各类金融资产深度融合的前提下，利息并非仅因借贷资本而产生，而是由所有金融资产共同造成的，因而难以和利润分辨开来。以上这些困难的存在似乎使得扣除利息的想法变得不切实际。①

需要强调的是，尽管我们主张金融资本也能取得利润，这并不意味着，金融资本与职能资本乃至生产性资本之间的区别就消失了。在马克思那里，职能资本包括产业资本、商业资本和货币经营资本，后者又发展为借贷资本和银行资本。在定义金融资本的利润率时，不可忽略的一点是，金融资本并不都属于职能资本，甚至大部分不是职能资本。从社会生产的角度看，金融资本的增加并不必然意味着剩余价值或利润的增加。金融资本所取得的利润在很大程度上是对全社会创造的新价值（不只是剩余价值，还包括一部分劳动力价值）的扣除。在本文结语里，我们将就这一问题再做进一步的评论。

三　如何在利润率的经验量度中反映金融化

在马克思主义经济学中，衡量利润率的最常见方法是将其定义为利润与固定资本的比率。1982 年以后，按这种传统方法衡量的美国非金融部门的利润率从 70 年代以来的谷底得到了一定程度的恢复。为了再现这个过程，法国学者迪梅尼尔和列维计算了美国非金融类企业部门的五种利润率指标。他们计算的第一个指标被称为马克思意义上的利润

---

① 可以举两个例子说明这个问题。第一个是金融衍生品的出现，比如可转股债券，其利率可以比同等条件的纯债券要低，因为它复合了转成股票的权利，这时债权就变成了在一定条件下增发股票的基础。另外，债权资产可以通过资产证券化复合其他资产（比如应收账款、保险资产甚或实物资产）而变成一个新的产品。为此，不应把收益中的利息单独分离出来。说到底这些资产带有一些债权资产的性质，但其本身并不是债权资产。第二个例子就是由此而来的可交易性，比如利率互换交易（SWAP）。既然利息本身就是可交易的，那利息本身也就同时具有了创造利润的能力。

率，其分子即利润被定义为企业部门的全部收入减去工资成本，分母为固定资本存量；第二个指标则在上述方法得到的利润中扣除了企业的生产税；第三个指标在分子中进一步扣除了企业的直接税；第四个指标在分子中又扣除了利息支付，分母也改为以企业净资产代替了固定资本存量；第五个指标从利润中又扣除了派作红利的部分，并被称为企业的自留利润率。

由图1可以看到，除了第五个指标外，其他所有指标都表明，美国非金融部门的利润率在20世纪80年代以来得到了一定程度的恢复，这一点在第三个指标上体现得更为明显，反映出减税对于恢复利润率所起的重要作用。

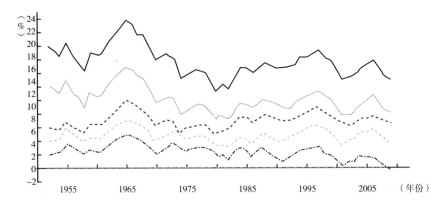

图1 1952～2008年美国非金融类企业部门的五种利润率（百分比，年度数据）

注：从上至下五条曲线分别为马克思意义上的利润率；扣除生产税后的利润率；扣除全部税收的利润率；进一步扣除了利息支付，并以净资产为分母的利润率；支付完红利之后的利润率（自留利润率）。

资料来源：Duménil, G., et al., "The Crisis of the Early 21st Century: A Critical Review of Alternative Interpretations", 2011, unpublished manuscript, Fig. 12。

与前四个指标不同的是，企业自留利润率这个指标呈现持续下降的趋势。这种变化源于利润份额的构成在新自由主义时代发生了重要变化。一方面，生产性企业的自有利润的比重从20世纪50～60年代的约6.3%，下降到新自由主义时代的3.5%左右。另一方面，利息和红利等资本收入则实现了显著增长。①

美国非金融类企业部门自留利润率的下降，和新自由主义时代生产性积累的低迷是对应的。巴基尔和坎贝尔计算了美国非金融类企业部门的积累率在税后利润率中所占的份额，用以表示有多少利润被用于（或未被用于）积累。1948～1979年，该比率为0.61；1980～2007年，则降为0.43。在他们看来，那些没有用于积累即生产性投资的利润，在新自由主义时期加入了金融资本的循环。②

图2描绘了美国金融类公司的利润在公司税后利润里的份额的变化。在20世纪80～90年代，美国金融类公司利润在公司税后利润总额中的比重出现了显著上升，进入新千年后，更出现了异乎寻常的增长。金融部门的利润在全部利润中份额的提高，体现出金融活动已经成为资本积累的一种重要的替代性途径。但是，金融部门所占据的利润份额的变化，并不一定等同于金融部门利润率的变化。鉴于利润率才是反映资本积累动态的关键指标，如果我们想要考察投资于金融资产的积累活动，就有必要在利润率的分析中纳入对金融变量的考量。在晚近政治经济学文献中，出现了两种处理该问题的进路，一种进路是单独计算金融部门的利润率，并与传统积累方式下的利润率进行比较，其代表者是迪梅尼尔和列维，以及巴基尔和坎贝尔。另一种进路则是把传统积累和投资于金融资产的积累合并起来考察，通过纳入金融变量，对传统的利润率定义进行修正，其代表者为弗里曼。

迪梅尼尔和列维在2004年发表了一篇论文，计算了美国金融类企业部门自战后到2004年的利润率，并将其称为"拓展的利润率"（Augmented Profit Rate）。2013年，巴基尔和坎贝尔接续了迪梅尼尔

① Duménil, G. & D. Lévy, *The Crisis of Neoliberalism* (Harvard University Press, 2011), p. 50.
② Bakir, E. & A. Campbell, "Neoliberalism, the Rate of Profit and the Rate of Accumulation," *Science and Society*, 74 (2010): 328 – 329.

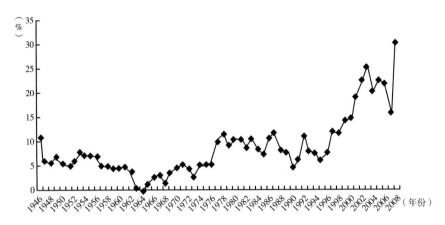

图 2　1946 ~ 2008 年美国金融类公司利润在公司税后利润中的份额

资料来源：Bakir, E. and A. Campbell, "Neoliberalism, the Rate of Profit and the Rate of Accumulation," *Science and Society*, 74（2010）: 338, Figure 11.

和列维的进路，进一步计算了 1947 ~ 2011 年的利润率。在美国经济分析局提供的 NIPA 数据里，税后利润率 = "毛增加值 - 折旧 - 劳动力的报酬 - 税收" 与固定资本存量之比。而按照迪梅尼尔等人的方法，在计算 "拓展的利润率" 时，要为上述税后利润率里的分子增添如下金融变量：第一，收到的红利；第二，持有资产的收益；第三，净负债因通货膨胀而发生的贬值；第四，在海外留存的利润。与此同时，在分母里也要做如下变动，即增加金融净资产这一项，或从固定资本里扣除净负债。①图 3 是巴基尔和坎贝尔按照这种方法计算的美国金融类企业部门的拓展利润率。在这篇文章中，他们还计算了美国非金融类企业部门的拓展利润率，并将两者的不同做了比较。

　　首先，由图 3 可以看出，在 80 年代之后，即在新自由主义时代，金融类企业部门的拓展利润率得到了充分的恢复。巴基尔和坎贝尔指出，这与通常计算的美国非金融类企业部门（NFCB）的利润率相比有

---

① Bakir, E. & A. Campbell, "The Financial Rate of Profit: What Is It, and How Has It Behaved in the United States?" *Review of Radical Political Economics*, 45（2013）: 297.

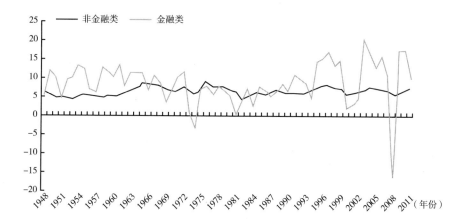

图 3　美国金融类企业和非金融类企业部门的拓展利润率

资料来源：Bakir, E. & A. Campbell, "The Financial Rate of Profit: What Is It, and How Has It Behaved in the United States?" *Review of Radical Political Economics*, 45（2013）: 299 Figure 2.

所不同，后者虽然也有恢复，但恢复的程度没有金融类企业部门利润率来得这么显著。其次，金融类企业部门的拓展利润率在 1997 年后波动幅度也变得明显加大了。[①]

与上述进路不同的是，英国学者弗里曼提出了另一种定义。其特点是，第一，弗里曼没有单独计算金融部门的利润率，而是把金融部门和实体部门合并来考察。第二，弗里曼在分母里添加的是全社会的金融总资产，而不是净资产。[②]

下述公式（16）是弗里曼采用的利润率公式，其分子中的利润沿用了 NIPA 对利润的定义，即等于 "毛增加值 - 劳动力薪酬 - 税收 - 补贴 - 固定资产折旧"；分母则在固定资本存量以外增加了金融资产这一项。

---

① Bakir, E. & A. Campbell, "The Financial Rate of Profit: What Is It, and How Has It Behaved in the United States?" *Review of Radical Political Economics*, 45（2013）: 299 - 300.

② 弗里曼：《出现金融市场以后的利润率》，《清华政治经济学报》，社会科学文献出版社，2013。

$$利润率 = \frac{利润}{固定资本存量 + 金融资产} \tag{16}$$

弗里曼的定义相当于在整个经济里通行的一般利润率的定义。提出这个定义的理由不仅在于金融活动已成为资本积累的一种替代途径，而且在于下面一点，即金融资本也要参加利润率的平均分配。在进一步评论弗里曼定义的理论基础之前，让我们先看看采纳这个定义后得到的经验结果及其意义。

弗里曼指出，在新自由主义阶段的英国和美国，除了按照马克思主义者传统采纳的方法计算的利润率以外，大部分其他经济指标都乏善可陈。以美国为例，在过去的30～40年里，美国的经济表现比20世纪30年代的任何时期都差。从波谷到波谷取平均值，1939～1970年的平均增速为4.61%；1970～2009年的平均增速却只有2.8%。在英国，这种对比更加明显。自20世纪70年代中期以来，英国经济的表现比美国更差。这意味着，利润率在新自由主义阶段得到某种恢复这一在马克思主义经济学中相当流行的观点，得不到其他经验指标的支持。而且，即便在2007年危机爆发之前，美国经济的利润率也没有出现明显下降。在弗里曼看来，这一事实使马克思主义经济学在解释这场危机时显得十分尴尬，因为危机的产生与马克思主义者倚重的利润率下降没有关联。①

然而，一旦采用弗里曼推荐的利润率定义，这个矛盾就不存在了。图4和图5是弗里曼计算的英美两国的利润率。从中可以看到，以80年代为界，以传统方法计算的利润率和弗里曼的利润率运动轨迹在此之前大致是一致的，而在此之后，以弗里曼方法计算的利润率并没有跟随传统利润率出现恢复的趋势，而是继续下降。从整体上看，被弗里曼修正后的利润率展现了从1946年开始的一个几乎不间断的下降趋势。

① 弗里曼：《出现金融市场以后的利润率》，李亚伟译，孟捷校，《清华政治经济学报》第1卷，社会科学文献出版社，2013，第52～53页。

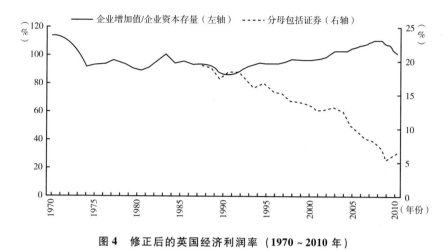

图 4　修正后的英国经济利润率（1970～2010 年）

　　资料来源：弗里曼《出现金融市场以后的利润率》，李亚伟译，孟捷校，《清华政治经济学报》第 1 卷，社会科学文献出版社，2013，第 48 页图 6。

图 5　美国的利润率（1946～2007 年）

　　资料来源：弗里曼《出现金融市场以后的利润率》，李亚伟译，孟捷校，《清华政治经济学报》第 1 卷，社会科学文献出版社，2013，第 49 页图 7。

　　弗里曼对利润率分母所做的修正，即在固定资本之外还要添加金融资产，首先面临着是否有重复计算的质疑。在《资本论》里，马克思曾指出，作为虚拟资本的股票仅仅是对未来收入的索取权证书，其本身并不是资本。他写道:"即使在债券——有价证券——不像国债那样代表纯粹幻想的资本的地方,这种证券的资本价值也纯粹是幻想的……铁路、采矿、轮船等公司的股票代表现实资本,也就是代表在这些企业中投入的并执行职能的资本,或者说,代表股东预付的、以便在这些企业中作为资本来用的货币额……但是,这个资本不能有双重存在:一次是作为所有权证书即股票的资本价值,另一次是作为在这些企业中实际已经投入或将要投入的资本。它只存在于后一种形式,股票不过是对这个资本所实现的剩余价值的一个相应部分的所有权证书。A 可以把这个证书卖给 B,B 可以把它卖给 C。这样的交易并不会改变事物的性质。这时,A 或 B 把他的证书转化为资本,而 C 把他的资本转化为一张对股份资本预期可得的剩余价值的单纯所有权证书。"① 按照马克思这里的分析,股票和债券等金融资产只是资本所有权证书,并不是企业中实际投入或将要投入的资本。在这个意义上,计算利润率时将金融资产列入预付资本,似乎难免重复计算之嫌。

在看待这个问题时,关键是要认识到,股票的功能在金融化时代已经发生了不同于以往的变化。正如一些学者注意到,在新自由主义时代,存在大企业过度资本化的情况。这意味着,大企业在发行自己的股票,并通过回购股票拉升股票价格时,更关注的不是利用股权融资来购买新的固定资产,而是追求资本市场的收益。换言之,股票只在其产生时与固定资产有关联,而在股票回购的场合,已与其对应的固定资产全然无关。在这种情况下,股票价格的膨胀或过度资本化,就与马克思所说的重复计算无涉。即便存在重复计算,也只涉及与固定资产的重置成本相对应的那部分股票价值。股票价格超出重置成本的部分,似乎都无关所谓重复计算。不过,即便我们承认这一点,也意味着弗里曼的方法还存在进一步改进的空间。

在当代国外劳动价值论研究中,弗里曼是所谓跨期单一体系

① 马克思:《资本论》第3卷,人民出版社,2004,第529页。

（TSSI）的代表人物。在为自己修正利润率的分母进行解释时，弗里曼还提出了以下观点。在价值形成过程里，不变资本转移到产品中的价值并不是内含在产品中的价值，而是在交换中表现出来的价值。换言之，这种转移过来的价值是与货币本身的价值变动相关的。后者决定了相同的价值会有不同的货币表现。在股票价格脱离固定资产的历史成本而增长的前提下，固定资本价值的货币表现也在增加。依照弗里曼的观点，金融资产的不断增长起着两重作用，一方面，金融资产作为信用货币或准货币，也反过来表现着固定资产的价值，并使固定资产的货币价格所代表的劳动价值量下降。另一方面，金融资产作为一种替代性选择，成为资本家阶级积累的新途径和新目标。在弗里曼那里，这一考虑为在利润率的分母中增添包括股票在内的企业金融资产提供了另一个理由。

迪梅尼尔、巴基尔等人在定义利润率时以企业的净资产为分母，与此不同，弗里曼在定义利润率时以企业的金融总资产作为分母。两种做法哪一个更为合理呢？我们倾向于接受弗里曼的做法。为了说明的方便，不妨举一个例子来作参照。对一个从事生产性积累的企业而言，假设它用来购买固定资本的预付资本是向银行借来的。在这种情况下，这笔借来的资本仍然构成这个企业的预付资本，即企业实现价值增殖的基础。在计算该企业的利润率时，这笔资本自然也构成了分母。类似的，就金融资本而言，企业也是以总的金融资产为前提进行增殖活动并取得利润的，而不管这一资产究竟是通过何种具体方式形成的（比如是通过股权融资还是债务融资）。换言之，金融总资产也应构成利润率的分母。巴基尔和坎贝尔其实在方法论上也是这样看问题的，他们说："利润率的最宽泛概念，是将取得的全部利润除以被束缚在取得利润的过程中的资本。对于决策要在何处投钱，并因而决定着整个体系动态的资本家来说，他并不在乎利润是否在产出的价值减去成本的意义上是'真实的'，抑或作为资本收益、作为将钱贷出去而取得的收入等是'金融的'。类似的，鉴于其资本是被束缚的，他也不在乎该资本是固定资本还是与取得利润相关的金融资产。"① 若以在这段话里提出的标准来考量，即预付资本是"被束缚在取得利润的过程中的"，在计算金融活动产生的利润率时，似乎也没有理由仅以净金融资产为分母。

反对以总金融资产为分母的一个较为技术性的理由是，一个企业的金融资产，往往构成了另一个企业的负债。如果将各个企业的资产负债表合并，资产和负债可能彼此对冲而消失。但问题在于，毕竟只有金融资产才是和取得利润的活动相关的。负债只是表明了融资的过程、属性和相应义务，其本身与企业取得利润的活动并没有直接关系。就像那个生产性企业一样，不管它向哪家银行借钱，这笔钱作为一个价值额最终构成了该企业实现价值增殖即取得利润的基础。另外，当纯粹博彩性的金融交易大行其道时，金融资产和负债作为博彩和金融创新的工具，在其负担的风险上有着极为不同的属性，对冲后就不能反映过度资本化的问题。这也可以支持为何以总资产为分母要比以净资产为分母更为合理的观点。

接下来再看分子。弗里曼直接采用了 NIPA 对利润的定义，即利润＝毛增加值－劳动力薪酬－税收－补贴－固定资产折旧。而在迪梅尼尔、巴基尔等人那里，作为分子的金融部门利润＝毛增加值－折旧－劳动力的报酬－税收－净利息－净转移支付；此外还加上了以下几项：收到的红利、持有资产的收益、净负债因通货膨胀而发生的贬值、在海外留存的利润。与弗里曼相比，这个定义似乎更为全面，而且和笔者主张的从金融资本的利润中扣除利息的观点相一致。

与巴基尔等人不同，弗里曼没有把金融部门和非金融部门的利润率分开计算，而是设计了一个包含金融变量的一般利润率。这样做虽然对于分析整个宏观经济是有意义的，但从弗里曼的说明来看，他似乎不愿考虑经济中的垄断因素对利润率平均化的影响。如果要引入垄断的问

---

① Bakir, E. & A. Campbell, "The Financial Rate of Profit: What Is It, and How Has It Behaved in the United States?" *Review of Radical Political Economics*, 45 (2013): 296 – 297.

题，或者就像前文里曾提到的，把垄断和利润率平均化结合起来，就有必要像巴基尔等人那样将金融部门的利润率和非金融部门分开来考察。而且，如若考虑在金融化条件下许多非金融企业也在从事金融投资活动，在金融部门和非金融部门之间并不存在清晰的界限，那最理想的办法就是破除严格的部门界限，只将全社会的资本积累分为生产性积累和纯粹的金融活动，并分别计算其利润率。这或许可以成为今后发展的方向之一。

四　结语

金融化是新自由主义时代出现的最为重要的结构性现象之一。如何理解金融化与资本积累的关系，是当代政治经济学面临的最具挑战性的理论问题。在那些金融化的发展最为典型的国家，即美国和英国，传统的资本积累方式逐步让位于新的积累方式。以弗里曼等人为代表的学者力图在马克思经济学的架构内把握这一现象。在他们看来，金融化可以通过"利润率平均化的完成形态"来理解。这种完成形态的利润率平均化意味着，不仅产业资本和商业资本，甚至投资于土地的资本和信用货币资本都加入了争夺利润的竞争。弗里曼写道："一旦信用成为一种可交易的工具，它就与资本的其他用途竞争剩余价值份额，因而与商业、土地所有权或工业生产一样，对利润率施加压力。"[1]

随之而来的是利润率概念的变化。弗里曼认为，从这种完成形态的利润率平均化机制出发，马克思原来使用的利润率概念，现在"接近凯恩斯的资本边际效率概念"。"一旦其他形式的资本——商业的、银行的和投入土地的——进入这一平均化过程，它们就成为这些资本

---

[1]　弗里曼：《出现金融市场以后的利润率》，李亚伟译，孟捷校，《清华政治经济学报》第 1 卷，社会科学文献出版社，2013，第 57 页。需要指出的是，弗里曼这里涉及的"土地资本"，其含义是通过投资于土地以实现价值增殖的资本。这一定义不同于马克思当初使用时的含义——作为嵌入土地的固定资本。

'逐渐'投入的替代性领域，并降低全体社会资本的平均收益率。"①

可以指出的一点是，以弗里曼为代表的这些分析与另一位马克思主义者哈维对金融化的分析颇有可比之处。② 与弗里曼等人不同的是，哈维没有采用利润率平均化模型来展开他的分析，而是把整个经济分为两个部门，即他所谓资本的初级循环和次级循环。资本的初级循环指的是产业资本在生产性部门所经历的循环；资本的次级循环则可以扩大到所有虚拟资本所经历的循环。哈维主张，在下述两种条件下，资本会有从初级循环流向次级循环的趋势。这两种条件分别是，第一，在初级循环中出现过度积累和利润率下降；第二，在次级循环中形成所谓阶级 - 垄断地租。前一个条件是推力，后一个条件是拉力，两股力量共同作用，造成资本由初级循环向次级循环转移。哈维对两种循环的区分，揭示了垄断结构（其标志是阶级 - 垄断地租在次级循环的普遍形成）对于积累和资本盈利率的影响。这一分析不同于弗里曼等人所采用的利润率平均化进路，在笔者看来更贴近于当代金融化的现实。

撇开上述分歧不谈，哈维的以下观点则对弗里曼构成了重要补充。哈维以土地为例指出，在现代资本主义经济中，土地是一项金融资产，而不仅仅是生产资料或生产的条件。与此相应，地租的源泉也不再是对剩余价值的直接榨取，而是来自利润和工资这样的收入。这样一来，正如弗里曼也察觉到的，独立意义的"土地资本"就不存在了，因为一切都只是金融资本的表现形态。事实上，在金融化条件下，就连生产性企业也日益成为金融资产，成为金融资本的特殊表现形态。这种可以随时化身为生产性资本、商业资本、地产资本以及种种信用货币资本的资本，在我们看来就是金融资本。它们是当代金融资本主义的灵魂和主宰。

---

① 参见弗里曼《出现金融市场以后的利润率》，李亚伟译，孟捷校，《清华政治经济学报》第 1 卷，社会科学文献出版社，2013，第 53 ~ 54 页（此处引文对《清华政治经济学报》的中译文略有修正）。

② 在一篇尚未正式发表的文章中，我们全面分析和评价了哈维的金融化理论。参见孟捷、龚剑《从阶级 - 垄断地租到金融化——哈维马克思主义城市地租理论研究》，清华大学《资本论》与当代问题研究中心工作论文，2013 年 12 月。

　　在定义利润率时考虑金融变量，归根结底是因为资本积累方式因金融化而发生了重大变化。在个别资本看来，生产性积累和金融资产的积累作为两种彼此可替代的活动是没有区别的。但从马克思习惯采用的社会生产的角度看，这两种积累活动之间还是有根本区别的，并会因这种区别派生出积累过程的新矛盾。在本文当中，我们讨论了接纳金融变量的利润率概念。这一拓展了的利润率定义似乎适用于不同形态的资本。但是，若从社会生产的立场来看，金融资本的利润率相对于生产性资本乃至职能资本的利润率还是有所不同。对生产性资本而言，其利润来自生产中创造的剩余价值。对更为广义的职能资本而言（除了产业资本，还包括商业资本和货币经营资本，后者在马克思那里又发展为借贷资本和银行资本），虽然它们有的并不直接生产剩余价值，但对剩余价值的生产还是有帮助的。至于金融资本，情形就比较复杂了，它涵盖两个不同的部分，其中一部分属于帮助剩余价值生产的职能资本，但另一部分则属于弗里曼强调的信用货币资本或虚拟资本。目前在文献中常见的这个概念，往往指的是后一种含义。关于虚拟资本和价值形成的关系，希法亭曾结合银行资本这样说："银行资本的最大部分是虚拟资本，仅仅是真正在生产中充当执行职能的资本的货币表现，或者仅仅是资本化的剩余价值证书。因此，银行资本的增加，不像在产业中那样，是利润增加的前提。"[①] 这意味着，对金融资本而言，利润的增加只意味着金融资本对全社会既有的剩余价值蓄水池的支配权在扩大。

　　最近，美国新学院大学的马克思主义经济学家邓肯·弗利在一篇文章中深刻地批评了现行的国民收入核算方法，指出为金融部门计算增加值与马克思的劳动价值论相矛盾。[②] 从劳动价值论的视角来看，金融部门的活动不创造价值，而只是转移生产性部门创造的价值以供自己支配。这意味着，金融资产的积累或迟或早会面临限制。从长远来看，若

---

① 希法亭：《金融资本》，福民等译，商务印书馆，1994，第 191 页。
② Foley, D. K. , "Rethinking Financial Capitalism and the 'Information' Economy," *Review of Radical Political Economics* , 45 （2013）：257 – 268.

要确保金融资产的积累不至于崩溃，就要保证全社会剩余价值乃至新价值蓄水池的渐次扩大，与金融资产对收入的索取权在时间批次上互相匹配。如果某一国度有能力支配他国的储蓄，并借此汲取后者的剩余价值或新价值，这种匹配就还面临一个空间的维度。然而，一旦剩余价值和新价值的蓄水池不再扩大，或明显地慢于金融资产的扩张，这种匹配也就越来越困难，并会倾向于证实弗里曼的以下论断，即可交易金融资产越庞大，利润率的分母相对于分子也就越大，利润率也就越是趋于下降。这种下降过程终将诱发一场金融资产积累的崩溃。未来的研究若是能把以上过程的细节交代清楚，我们就会拥有一个金融化条件下利润率下降理论的新版本，作为对马克思的旧版理论的发展。

参考文献

［1］高峰：《发达资本主义经济中的垄断与竞争》，南开大学出版社，1996。

［2］马克思：《资本论》第3卷，人民出版社，2004。

［3］孟捷、龚剑：《从阶级-垄断地租到金融化——哈维马克思主义城市地租理论研究》，清华大学《资本论》与当代问题研究中心工作论文，2013年12月。

［4］孟捷：《新自由主义积累体制的矛盾与2008年经济-金融危机》，《学术月刊》2012年第9期。

［5］希法亭：《金融资本》，福民等译，商务印书馆，1994。

［6］Bakir, E. & A. Campbell, "Neoliberalism, the Rate of Profit and the Rate of Accumulation," *Science and Society*, 74 (2010): 323 – 342.

［7］Bakir, E. & A. Campbell, "The Financial Rate of Profit: What Is It, and How Has It Behaved in the United States?" *Review of Radical Political Economics*, 45 (2013): 295 – 304.

［8］Bellofiore, R. & J. Halevi, "Magdoff – Sweezy and Minsky on the Real Subsumption of Labour to Finance," in Tavasci, D. & J. Toporowski (eds.), *Minsky, Financial Development and Crises* (Palgrave, 2010), pp. 77 – 89.

［9］Duménil, G. & D. Lévy, "The Real and Financial Components of Profitability (United States, 1952-2000)," *Review of Radical Political Economics*, 36 (2004):

82 – 110.

[10] Fine, B. , "Banking Capital and the Theory of Interest," *Science & Society*, 49 (1985– 86): 387 –413.

[11] Foley, D. K. , "Rethinking Financial Capitalism and the 'Information' Economy," *Review of Radical Political Economics*, 45 (2013): 257 –268.

[12] Foster, J. B. & F. Magdoff, "The Monopoly-Finance Capital," in *The Great Financial Crisis* (Monthly Review Press, 2009).

[13] Foster, J. B. & F. Magdoff, "The Financialization of Capitalism," in *The Great Financial Crisis* (Monthly Review Press, 2009).

[14] Freeman, A. , "The Profit Rate in the Presence of Financial Markets: A Necessary Correction," *Journal of Australian Political Economy*, 70 (2012): 167 – 192.

[15] Harvey, D. , *Limits to Capital* (London: Verso, 1999).

[16] Hoca, B. , "A Suggestion for a New Definition of the Concept of Finance Capital Using Marx's Notion of 'Capital as Commodity'," *Cambridge Journal of Economics*, 36 (2012): 419 –434.

[17] Itoh, M. , *The Basic Theory of Capitalism* (London: Macmillan, 1988).

[18] Magdoff, H. & Paul M. Sweezy, "Production and Finance," in *Stagnation and Financial Explosion* (Monthly Review Press, 1987).

[19] Norfield, T. , "Value theory and Finance," in Zerembka, P. (ed.), *Research in Political Economy*, vol. 28 (Emerald Group Publishing Limited, 2013).

[20] Shaikh, A. , "The First Great Depression of the 21th Century," in *Socialist Register* (London: The Merlin Press, 2010).

[21] Sweezy, Paul M. , "Monopoly Capital after Twenty – five Years," *Monthly Review*, 43 (1991).

如何在经验研究中界定利润率

——基于现代马克思主义文献的分析[*]

李亚伟　孟　捷[**]

利润率是衡量资本积累的核心指标，利润率趋向下降规律是马克思资本积累理论的重要组成部分。2008年经济－金融危机发生以后，利润率的长期动态尤其是新自由主义时期的利润率动态，一直是学者们关注的热点。学者们采取不同方法度量了美国经济自20世纪80年代初期以来的利润率，得出了不同的结果：迪梅尼尔和列维测算了五种利润率，其中四种指标呈现不同幅度的上升，在20世纪80~90年代上升尤为明显[①]；谢克根据他的方法度量的利润率，则表现出平稳的趋势[②]；而克莱曼[③]以及巴基尔[④]等人分别测算的利润率却在波动中呈现下降的趋势。

　本文曾发表于《中国人民大学学报》2015年第6期。曲阜师范大学刘刚副教授在本文最后成稿过程中提出了宝贵意见，特致谢忱！

** 李亚伟，四川大学经济学院副教授，主要研究方向为政治经济学；孟捷，复旦大学经济学院教授，主要研究方向为政治经济学。

① Dumenil, G. and D. Levy, "The Crisis of the Early 21st Century: A Critical Review of Alternative Interpretations," Preliminary Draft, 2011: 25.

② 安瓦尔·谢克：《21世纪的第一次大萧条》，赵准译，《当代经济研究》2014年第1期，第24~31页。

③ Kliman, A., *The Failure of Capitalist Production* (London: Pluto Press, 2012), pp. 94 - 101.

④ Bakir, E., "Capital Accumulation, Profitability, and Crisis: Neoliberalism in the United States," *Review of Radical Political Economics*, Published Online 21 August 2014: 1 - 23.

利润率的经验测算，是对其进行理论分析的前提。当代马克思主义经济学家在度量利润率时得出的不同结果，为利润率的理论分析造成困难。在这种情况下，如何在经验研究中合理地界定利润率，就显得格外迫切，并具有重要的意义。

本文由以下各节组成：第一节回顾了马克思研究利润率的进路，并评述了沃尔夫对马克思的批评。第二节从思想史的角度评价了吉尔曼的开拓性贡献，以及其他学者在吉尔曼之后陆续展开的经验研究。这些研究成果之间的差异和由此产生的争论，在第三节中得到了较为深入的分析。根据我们的梳理，当代马克思主义经济学家在利润率定义上的分歧涉及以下四个维度①：（1）应该衡量价值利润率，还是价格利润率；（2）在度量资本存量时，应该采用历史成本还是当前成本；（3）是否应该区分以及如何区分生产性劳动和非生产性劳动；（4）是否应该与资本家的主观意识形式相对应。本文在逐一考察上述争论的基础上，对利润率的经验界定最终给出了一个方向性的意见。

一　马克思的分析进路和沃尔夫的批评

在《资本论》第3卷，马克思在成本价格概念的基础上进一步讨论了剩余价值率向利润率的转化。他指出，在资本家的心目中，不变资本和可变资本是等量齐观的，在此基础上就出现了所谓成本价格的概念。资本家获利的程度不取决于利润和可变资本的比率，而取决于利润和成本价格（或总资本）的比率。②"用可变资本来计算的剩余价值的比率，叫作剩余价值率；用总资本来计算的剩余价值的比率，叫作利润率。这是同一个量的两种不同的计算法，由于计算的标准不同，它们表

---

① 本文暂不考虑金融化对利润率的影响，关于二者之间关系的论述，参见孟捷、李亚伟、唐毅南《金融化与利润率的政治经济学研究》，《经济学动态》2014年第6期，第50~59页。

② 马克思：《资本论》第3卷，人民出版社，2004，第50页。

示的是同一个量的不同的比率或关系。"①用 S 表示剩余价值，C 表示预付不变资本，V 表示预付可变资本，则利润率可以被表示为 $r = \dfrac{S}{C + V}$。

在马克思看来，利润率是与剩余价值率相对应的表面现象；进入个别资本家主观意识形式的只是利润率，而不是剩余价值率。马克思的这个看法在方法论上提出了一个重要的问题，既然只有利润率进入资本家的主观意识形式，在经验研究中定义利润率时就应当以进入资本家主观意识形式的价格范畴来衡量，而不是以处于资本家主观意识形式之外的价值范畴来度量。然而，在马克思的文本中虽然自在地包含了这个问题，马克思本人却从未予以明确。

上述问题在鲍特基维茨所开启的围绕价值转形问题的争论中，进一步凸显出来。在鲍特基维茨的转形方案中，经由价值转形而形成的利润率是一个以生产价格定义的利润率。这个利润率和马克思的转形方案中以价值定义的利润率是不同的。在马克思看来，生产价格是一种进入资本家主观意识形式的价格形态，在此意义上，像鲍特基维茨那样主张严格以生产价格来定义利润率就有理论上的合理性。

在 20 世纪 70 年代的一篇文献里，美国学者沃尔夫进一步讨论了价值利润率和生产价格利润率的差别，并对马克思的观点提出了批评。② 他假设每个部门的周转期都是 1 年，并令 $a =$ 产业间系数矩阵，$l =$ 劳动系数行向量，$N =$ 总就业，$m =$ 每个工人的平均消费列向量，$X =$ 部门总产出列向量，$k =$ 资本系数矩阵，则劳动价值向量 λ 为：

$$\lambda = l (I - a)^{-1}$$

其中 I 是单位向量，λ_i 应释为部门 i 的（当前价格下）每美元产出所需的直接和间接劳动之和。劳动力的价值，即每个工人的预付可变资

---

① 马克思：《资本论》第 3 卷，人民出版社，2004，第 51 页。

② Wolff, E. N., "The Rate of Surplus Value, the Organic Composition, and the General Rate of Profit in the U.S. Economy, 1947 - 67," *The American Economic Review*, 69 (1979): 329 - 341.

本，等于 λm 。故剩余价值率等于：

$$\epsilon = \frac{1 - \lambda m}{\lambda m}$$

它可被看作未补偿的（剩余的）劳动时间与得到补偿的（必要的）劳动时间之比。总可变资本 V 和总剩余价值 S 分别为：

$$V = N\lambda m$$
$$S = N\lambda m \epsilon = N(1 - \lambda m)$$

资本有机构成或价值构成 σ 是：

$$\sigma = \frac{\lambda(k + a)X}{N\lambda m}$$

所以，沃尔夫将价值利润率 π_v 表示成：

$$\pi_v = \frac{S}{C + V} = \frac{\epsilon}{\sigma + 1} = \frac{N(1 - \lambda m)}{\lambda(k + a)X + N\lambda m}$$

然后，他利用联立方程组求解生产价格利润率（即其文中的一般利润率）。他以产业间系数矩阵 a 、资本系数矩阵 k 、劳动系数行向量 l 和实际工资 ω 来求解生产价格行向量 ρ 和生产价格利润率 π ，方程式如下：

$$(\rho a + \rho k + \omega l)(1 + \pi) = \rho$$

其中 ω 是生产价格形式的货币工资①，它等于 ρm ，因此上述方程式可以转变为：

$$\rho(a + k + ml) = \left(\frac{1}{1 + \pi}\right)\rho$$

据此方程可解出生产价格行向量 ρ 和生产价格利润率 π 。基于价值利润率 π_v 和生产价格利润率 π 的不同表达式，沃尔夫采用美国的投入产出表数据对二者进行了测算，测算结果显示它们在量值上也有着明显

---

① 此处假设所有工人都是同质的，因而实际工资相同。

的区别。由此，沃尔夫对马克思不区分二者的做法提出批评。[1]他认为，马克思相信当劳动价值转形为生产价格时，总剩余价值、总可变资本和总不变资本都保持不变，生产价格利润率 π 会等于价值利润率 π_v；但是，这种不变性实际上只有在非常严格的条件下才可能成立。

沃尔夫的上述研究具有积极的意义。在马克思的文本中，正如我们已经指出的，事实上存在价值利润率和价格利润率的潜在差异。在鲍特基维茨那里，这种差异明确体现为以价值定义的平均利润率和以生产价格定义的平均利润率的差异。沃尔夫的贡献在于，他利用美国的投入产出表数据，在数量上度量了这两种利润率。由于这两种利润率在数量上存在明显的差异，这就迫使研究者在利润率的经验研究中必须对二者进行取舍。

二　吉尔曼的开拓性贡献及其他学者的研究

在马克思主义经济分析史上，美国学者吉尔曼第一次对利润率的长期动态开展了经验研究。[2]

为了清晰地界定马克思主义范畴和获得长期连贯数据，吉尔曼选取美国制造业作为考察对象。他首先考察了流量利润率，认为它并不符合利润率的定义，利润率的分母应当是投资的资本即资本存量，而不是耗费的资本。随着机械化程度和原材料利用效率的提高，不变资本存量中的固定资本部分将相对增多，原材料部分相对减少，甚至可能绝对减少。由于固定资本存量的周转速度明显低于原材料存货的周

---

① 沃尔夫对利润率趋向下降规律还提出了另两点质疑。第一，资本有机构成并不一定随着技术构成的提高而上升；第二，不能独立于剩余价值率的变动而讨论有机构成的变动，二者是正相关的。本文专注于对利润率定义的讨论，暂不评论沃尔夫的这两点质疑。

② 吉尔曼的著作发表以后，美国的《科学与社会》杂志开辟专栏，刊发了罗宾逊、多布、马蒂克等学者对其所做的评论，其中多布将吉尔曼的著作视作一个具有挑战性的开拓性研究，并希望人们以类似的方法做进一步的探讨，参见 Dobb, M., "The Falling Rate of Profit," *Science& Society*, 23 (1959): 97–103。

转速度，所以不变资本总存量的增多，反而可能表现为耗费的总不变资本量的减少。采用流量指标测算的利润率，可能会掩盖不变资本存量的增多。

资本存量包括不变资本存量和可变资本存量，但吉尔曼决定不考虑后者。他给出了两条理由：一方面，可变资本的周转难以准确测算，因而难以构造现实的可衡量的工资资本存量；另一方面，可变资本存量相对于不变资本存量而言，几乎是可以忽略的。

吉尔曼利用厂房和设备在当前价格下的再生产成本扣除折旧，作为固定资本存量。他给出的理由是，利润和工资都是以当前价格来衡量的，因而不变资本也应当以当前价格来衡量。他采用存货作为不变流动资本存量。虽然知道存货的一部分由尚未出售的制成品构成，但他认为除了危机时期以外，这部分在存货中所占的比重在不同时间里不会大范围地变化，它们的存在并不会严重扭曲度量结果的变动趋势。分别采用固定资本和固定资本加存货作为分母，并利用"扣除生产工人工资和折旧以后的增加值"作为分子，吉尔曼测算了 1880～1952 年美国制造业的两种存量形式的利润率，测算公式分别为：

$$固定资本存量利润率 = \frac{增加值 - 生产工人工资 - 折旧}{固定资本}$$

$$计入存货的存量利润率 = \frac{增加值 - 生产工人工资 - 折旧}{固定资本 + 存货}$$

图 1 展示了上述两种存量利润率的测算结果，二者的变动均可被划分为两个阶段。1880～1919 年的利润率变动趋势，支持马克思的利润率趋向下降规律，而 1919～1952 年的变动趋势则与之相背离。吉尔曼提出了两种可能性，一是在大规模的机械化完成以后，利润率趋向下降规律不再适用；另一种可能性，则是利润率度量公式不再适用于这一时期的资本主义生产状况。吉尔曼倾向于后者。他指出，在第一次世界大战以后，随着垄断资本的兴起，美国的资本主义生产总过程出现了新特点。（1）仪表化以及电力对蒸汽动力的替代等技术变革，提升了劳动

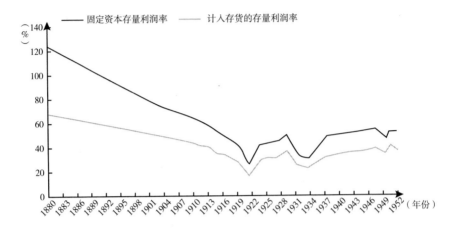

图1 吉尔曼测算的两种存量利润率（美国制造业，1880～1952年）

数据来源：Gillman, J. M., *The Falling Rate of Profit*（London：Dennis Dobson，1957），Table D &E。

生产率，却没有带来不变资本的大规模相对增加。（2）产业合并和垄断，一方面增加了企业的规模和复杂性，提高了企业的监管费用；另一方面，促使企业之间进行垄断竞争，包括互相之间抢夺顾客和一起抢夺顾客的美元等，造成销售、广告和促销等流通费用提高。

扣除折旧和生产工人工资以后的增加值，包含监管费用和流通费用，然而它们却不属于资本家的收益。在马克思时代的英国和1880～1919年的美国，这两部分费用相对较小，将它们计为资本家的利润，不会对利润率带来大的影响。但当它们明显提高时，通过计入它们而得到的利润和资本家的实际收益大不相同。显然，资本家所唯一关心的和指导资本家进行商业决策的，是资本家的实际收益。因此，吉尔曼认为，对于1919～1952年的美国制造业，应当度量与资本家的实际收益相对应的利润率。

吉尔曼以使用工具和机械的工人作为生产性工人，对应统计数据中的"生产工人"，相应地将其他雇员作为非生产性工人。他用符号 u 表示非生产性支出，包括非生产性工人的薪酬、其他的监管支出以及销售和广告等支出。采用吉尔曼的符号，用 s 表示扣除生产工人工资和折旧的增加值，用 C 表示不变资本存量即固定资本加上存货，他的这种利润率为：

$$存量净利润率\ r = \frac{s-u}{C} = \frac{增加值 - 生产工人工资 - 折旧 - 非生产性支出}{固定资本 + 存货}$$

吉尔曼测算的美国制造业在 1919～1939 年的存量净利润率，如图 2 所示。从中可以看出，存量净利润率呈现下降趋势。吉尔曼开启了关于利润率的实证研究，他在利润率定义方面的贡献在于：第一，将对生产性支出和非生产性支出的区分，引入利润率度量公式；第二，提出在大规模机械化过程完成以后，利润率的度量应当同时考虑剩余价值的生产和实现；第三，结合经验数据比较了流量利润率和存量利润率，说明了采用存量利润率作为一般利润率具体定义的合理性。

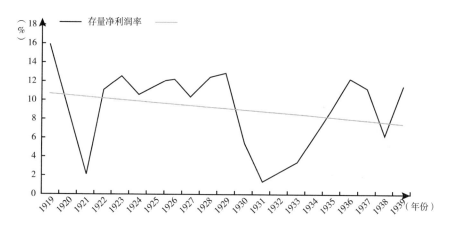

图 2　吉尔曼测算的存量净利润率（美国制造业，1919～1939 年）

数据来源：Gillman, J. M. , *The Falling Rate of Profit*（London：Dennis Dobson, 1957），Table H。

在吉尔曼对利润率的定义中，是否区分生产性劳动和非生产性劳动占据重要地位。在吉尔曼以后，一些学者接受了吉尔曼的这一观点，如美国学者梅基和国内学者高峰。但是，不同学者在具体处理方法上，也存在微妙的差别（对此问题的详细讨论，见本文第三节）。

梅基将对利润率的实证研究扩展到 1900～1960 年的美国非农业私

营企业部门。[1] 他也像吉尔曼一样，采用当前成本下的不变资本存量作为利润率的分母，即生产者耐用品、构筑物、存货以及燃料和矿物储备等的总和。对于利润率的分子，梅基采用扣除直接税以后的净财产性收入，包括企业账面利润、高管薪酬、存货估值调整、净利息和净租金等。在计算时，他排除了金融、保险和房地产部门，以避免重复计算，因为这些部门的净利润已被包含于其他私营企业部门的净利息和净地租之中。与吉尔曼的存量净利润率的分子相比，税后净财产性收入也去除了非生产性雇员工资等非生产性支出，但它包括高管薪酬，梅基认为马克思将企业高管也视作资本家。他的测算方法可以用公式表示为：

$$非农业私营企业部门利润率 = \frac{税后净财产性收入}{全部资本存量}$$

图 3 比较了梅基的利润率和吉尔曼的存量净利润率，发现二者的变动趋势较为一致，在波动幅度上有所区别。梅基的利润率定义是对吉尔曼的存量净利润率的扩展，二者度量的都是经验形式的价格利润率，均采用当前成本来测算不变资本存量，均区分生产性支出和非生产性支出，并考虑资本家的实际收益。二者的区别在于，吉尔曼认为非生产性支出是剩余价值的一部分，而梅基则将其归入不变资本，本文下一节将对此进行详细论述。

国内学者高峰认为，吉尔曼采用固定资本与存货之和作为利润率的分母，是相对合理的，但利润率是利润与预付总资本之比，而不仅仅是与不变资本之比。因此，他在计算 1929～1984 年美国制造业的利润率时，将预付可变资本也纳入利润率的分母。[2]

首先，他用增加值减去折旧作为制造业活劳动所创造的新价值，用

---

[1] Mage, S., "The 'Law of the Falling Tendency of the Rate of Profit': Its Place in the Marxian Theoretical System and Relevance to the U. S. Economy," New York: Columbia University, 1963.

[2] 高峰：《资本积累理论与现代资本主义》第 2 版，社会科学文献出版社，2014，第 279～304 页。

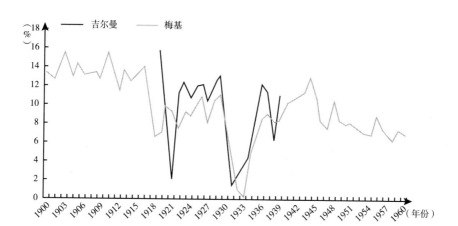

图3　梅基的利润率和吉尔曼的存量净利润率

数据来源：Mage, S. , "The 'Law of the Falling Tendency of the Rate of Profit': Its Place in the Marxian Theoretical System and Relevance to the U. S. Economy," New York：Columbia University, 1963：174 – 175, Table VI – 1；Gillman, J. M. , *The Falling Rate of Profit* (London：Dennis Dobson, 1957), Table H。

生产工人工资加上 50% 的非生产雇员薪金作为生产性雇员工薪收入即可变资本，然后从新价值中减去生产性雇员工薪收入得到剩余价值；其次，他取制造业各年的固定资本净存量和存货之和作为预付不变资本，用制造业各年的产品价值减去制造业增加值得到年不变流动资本，接着用年不变流动资本除以存货得到流动资本的年周转次数，再用生产性雇员工薪收入除以流动资本的年周转次数得到预付可变资本，然后用预付不变资本加上预付可变资本得到预付总资本；最后，他利用剩余价值与预付总资本之比得到利润率。高峰对利润率的定义可以表示为：

$$考虑预付可变资本的存量利润率 = \frac{增加值 - 折旧 - 生产性雇员工薪收入}{固定资本净存量 + 存货 + 预付可变资本}$$

物质生产部门中不直接从事生产的雇员的一部分，属于整体生产工人，也是生产劳动者。高峰把他们的薪金计入可变资本，是合理的。但是，选取 50% 作为比例值，存在一定的随意性，有待进一步研究。谢克和托纳克建立起了马克思主义指标与投入产出表指标的对应关系，对剩余价值和可变资本等马克思主义指标进行了严格的度量。[1]谢克还强调，必须区分利润率的长期趋势和短期波动，因为它们有不同的决定因素和含义，古典经济学和马克思主义理论通常关注长期因素，要合理地检验这些理论，就必须区分"一般产能"利润率和观测到的利润率。[2]

自吉尔曼以来，大多数学者均采用当前成本测算资本存量。但在近年来的研究中，美国学者克莱曼对此做法提出了质疑，转而主张以历史成本衡量固定资本存量。[3] 克莱曼认为，无论是按照公众的普遍看法，还是按照马克思的概念，利润率都是利润与资产的账面价值之比，其中账面价值是在购置资产时实际预付（投资）的货币（即资产的历史成本）减去折旧以及类似的费用。因此，他将利润率定义为年利润与以历史成本计价的年初固定资本存量之比，并用这一定义测算了美国企业部门在 1929~2009 年的利润率。

其利润率定义式的分母，是以历史成本计价的固定资产，等于"初始年份"的（以历史成本计价的）固定资产，加上在特定年份之前每年增加的（以历史成本计价的）固定资产净投资之和。克莱曼利用价格指数和 MELT（劳动时间的货币表现）对它们进行调整。对于利润率的分子，克莱曼采用了多种指标。财产性收入，是新增总价值减去雇员报酬和以历史成本计价的固定资产折旧。公司的净营业剩余，是财产性收入减去"生产和进口税减去补贴"。税前利润，是净营业剩余减去"净利息和杂项付款"和"目前的转移支付"。税后利润，是税前利润减去"公司所得税"。其中，财产性收入最接近马克思的剩余价值概念，利用财产性收入测算的利润率，可以表示为：

---

① Shaikh, A. M. and E. A. Tonak, *Measuring the Wealth of Nations* (New York: Cambridge University Press, 1994), pp. 1 – 151.

② Shaikh, A., "Explaining the Global Economic Crisis," *Historical Materialism*, 5 (1999): 105 – 108.

③ Kliman, A., *The Failure of Capitalist Production* (London: Pluto Press, 2012), pp. 74 – 122.

$$历史成本利润率(财产性收入) = \frac{财产性收入}{以历史成本衡量的固定资产}$$

通过比较美国企业部门的历史成本利润率（财产性收入）和积累率（净投资与历史成本固定资产之比），克莱曼发现自20世纪70年代以来，二者均呈现下降趋势，利润率的变动几乎总是比积累率的变动早一年或几年；计量分析结果显示，利润率的变动解释了（随后一年的）积累率变动的83%。

迪梅尼尔和列维则对克莱曼的定义提出质疑，本文下一节将详细探讨他们之间的争论。迪梅尼尔和列维分析了利润率影响资本积累和经济运行的两种主要机制[1]，一种是刺激积累意愿，另一种是为积累提供资金。并认为，合适的利润率定义，需要使其能够直接通过上述机制来影响资本积累。他们测算了五种利润率，如图4所示，自上而下的五条曲线依次为：（1）马克思意义上的利润率，分子是总收入减去劳动报酬，分母是以当前成本测算的固定资本存量；（2）扣除生产税的利润率，分子是总收入减去劳动报酬和生产税，分母是以当前成本测算的固定资本存量；（3）扣除全部税收的利润率，分子是总收入减去劳动报酬和全部税收，但仍然包括净利息支付，分母是以当前成本测算的固定资本存量；（4）扣除全部税收以及利息的利润率，分子是总收入减去劳动报酬、全部税收以及净利息支付，分母是企业净资产，即总资产减去债务；（5）企业自留利润率，分子是总收入减去劳动报酬、全部税收、净利息支付以及股息，分母是企业净资产。

自20世纪80年代初期以来，美国非金融类企业部门的前四种利润率均表现出一定程度的上升，而企业自留利润率则呈现出下降的趋势。在同一时期里，美国非金融类企业的资本积累率，即当前成本下的净投资与固定资本存量之比，是趋向下降的。迪梅尼尔和列维发现马克思意义上的利润率和资本积累率差别明显，前者比后者大约高五倍，而企业

① Duménil, G. and D. Lévy, "The Crisis of the Early 21st Century: A Critical Review of Alternative Interpretations," Preliminary Draft, 2011: 21-39.

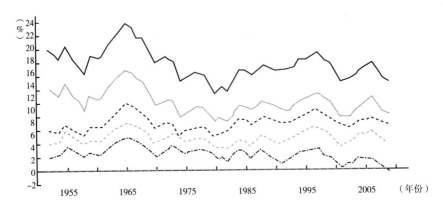

图4　1952～2008年美国非金融类企业部门的五种利润率（百分比，年度数据）

资料来源：Duménil, G. and D. Lévy, "The Crisis of the Early 21st Century: A Critical Review of Alternative Interpretations," Preliminary Draft, 2011: 25, Figure 12。

自留利润率和资本积累率则在量值和波动上紧密相关。从刺激积累意愿的视角，他们认为决定投资行为的是扣除全部税收以后的利润。从为积累提供资金的视角，他们发现自留利润与总税后利润之间的差距（即利息和股息之和）呈增大的态势，新自由主义的公司治理制度致使税后利润更多地成为股息，从而不利于投资。所以，他们认为企业自留利润率才是衡量资本积累的合适指标。①

　　关于利润率的分母，大多数学者都以固定资本存量定义它，这样做的理由在于，不变流动资本和可变资本的周转次数难以度量。吉尔曼试图用存货作为不变流动资本的代理指标，这种做法有其相对合理和便利之处，并为梅基和高峰等学者所沿用。在可变资本存量较小的经济体中，比如大多数工人都支取周薪，则只使用不变资本存量作为利润率的分母，不会对利润率带来较大的影响。但是，如果可变资本存量较大（比如大多数工人都按月支薪）而且变动显著时，这种影响就较为明显。正是基于这种考虑，高峰主张将可变资本存量纳入利润率的分母。

①　迪梅尼尔和列维的企业自留利润率与谢克的企业利润率不同，后者指的是利润率与利息率的差额，参见安瓦尔·谢克《21世纪的第一次大萧条》，赵准译，《当代经济研究》2014年第1期，第24～31页。

关于利润率的分子，迪梅尼尔和列维的企业自留利润率、吉尔曼的存量净利润率、梅基测算的利润率以及克莱曼的历史成本利润率，都试图度量资本家的实际收益。与他们不同，高峰、谢克和托纳克等学者则主张在利润率的分子中包含非生产性支出。本文下一节将对此进一步考察。

三　对利润率分子和分母定义的进一步讨论

利润率定义差异的第二个维度，是在衡量资本存量时采用历史成本还是当前成本。对于以固定资产和折旧的当前成本（重置成本）来测算利润率的做法，克莱曼提出了四点批评。（1）当前成本比率不能准确地衡量企业和投资者的未来期望收益率，它不是企业和投资者试图去最大化的比率。当前成本"利润率"的测算，利用今天的价格计算当前的投资支出和未来的收益，但未来期望收益率的测算，则是利用今天的价格计算当前的投资支出，利用预期的未来价格计算未来收益。（2）当前成本"利润率"不能准确地衡量企业和投资者的实际收益率，即利润与初始投资量之比。（3）当前成本"利润率"与资本积累率没有明显的关系。（4）当前成本"利润率"似乎与股票市场收益率没有关系。克莱曼衡量了不同的利润率对标准普尔指数（S&P 500）记录的500 家公司的市盈率的预测能力。他发现，以决定系数 R^2 作为利润率预测能力的衡量标准，历史成本利润率的预测能力远超过当前成本的预测能力。他认为这一结果表明，历史成本利润率更接近资本主义企业和投资者所关注的和通常所说的利润率。[1]

迪梅尼尔和列维则认为克莱曼是在摆弄定义。[2]他们指出，在一个

---

[1]　Kliman, A. , *The Failure of Capitalist Production* （London：Pluto Press, 2012）, pp. 74 - 122.

[2]　Duménil, G. and D. Lévy, "The Crisis of the Early 21st Century: A Critical Review of Alternative Interpretations," Preliminary Draft, 2011: 37.

价格呈上涨趋势的世界里，历史成本数据将低估资本存量的价值；历史成本利润率不能反映在给定生产线上持续投资所能够预期的利润率，因为进行新投资所面临的价格水平，是给定年份里的普遍价格，而不是以往的价格。

克莱曼正确地指出了资本存量的历史成本和重置成本之间的差别。历史成本利润率反映了利润与资产的账面价值之本，也就是资本家的实际收益率，因此克莱曼对当前成本利润率的第二点批评是成立的，而另外三点批评却不够有说服力。首先，迪梅尼尔和列维的企业自留利润率也与资本积累率密切相关。其次，克莱曼仅仅拿历史成本利润率和当前成本利润率，与股票市场收益率相比较，并没有对它们的相互关系进行分析，单凭数据上的相关关系，就否定当前成本利润率，肯定历史成本利润率，是不能令人信服的。再次，第一点批评也存在问题，因为企业和投资者可以用当前成本利润率和对市场的预期，来得到未来期望收益率。对于估算预期收益率而言，当前成本利润率显然是一个比历史成本利润率更好的指标。总而言之，采用历史成本来衡量资本存量，测度出了资本家的账面收益率，但它不能反映在给定生产线上持续投资所能够获得的利润率，因而不是一个反映资本积累的合适指标。

资本存量的指标有两种，一种是总资本存量，另一种是净资本存量，即总资本存量扣除折旧。在一个技术进步不断地促使固定资本贬值的世界里，以当前成本测算的、不考虑折旧的总资本存量数据会高估资本存量值。布伦纳采用净资本存量作为利润率的分母。① 谢克对其提出批评，认为企业会选择资产的总存量指标，以评估这项资产在其整个生命周期中的利润率变动状况；实证数据显示，净资本存量的增速慢于总存量的增速，谢克认为这意味着采用净存量指标会低估不变资本存量的

---

① Brenner, R., *The Economics of Global Turbulence* (London & New York: Verso, 2006), pp. 345 - 347.

增多，进而高估利润率。①

　　事实上，企业意图评估的往往是资本存量在当前的盈利状况，这就需要采用净资本存量指标。即使企业尝试评估一项投资在其整个生命周期的盈利状况，他们也可以分别评估净资本存量在当前的盈利，以及计提为折旧的资金所获得的盈利，譬如将这部分资金再投资于固定资产或者金融资产等获得的收益。净资本存量，才是资本在当前价格下的重置成本。采用总资本存量会高估资本存量值，当总资本存量的增速大于净资本存量的增速时，这种高估会被加剧，也就是加剧了对利润率的低估。

　　利润率定义差异的第三个维度，即是否应该区分以及如何区分生产性劳动和非生产性劳动，实际上是应该如何定位非生产性支出（即监管费用和流通费用）。方案一是将其与生产性支出等同，即不区分生产性劳动和非生产性劳动，迪梅尼尔和列维在测算五种利润率指标时遵循这种方案；方案二是将其归入剩余价值，区分生产性劳动和非生产性劳动的学者通常采取此思路；方案三是将其归入不变资本，梅基是该做法的提出者。

　　斯威齐是方案二的代表人物，他认为，商人的各种开销和用于买入商品的货款，都带有资本的性质；商品的买入价与售出价之间的差额，不仅要提供货款所要求的平均利润，而且需要补偿各种费用支出以及这些支出的正常利润；这些整个地构成对剩余价值的一种扣除。② 吉尔曼也类似地认为，监管费用和销售成本都是剩余价值的组成部分。这种方案的直接依据，是马克思在《资本论》第2卷中的论述：

　　　　一般的规律是：一切只是由商品的形式转化而产生的流通费

① Shaikh, A., "Explaining the Global Economic Crisis," *Historical Materialism*, 5 (1999): 105 – 108.
② 斯威齐：《资本主义发展论》，陈观烈、秦亚男译，商务印书馆，2006，第304 ~ 305页。

用，都不会把价值追加到商品上。这仅仅是实现价值或价值由一种形式转变为另一种形式所需的费用。投在这种费用上的资本（包括它所支配的劳动），属于资本主义生产上的非生产费用。这种费用必须从剩余产品中得到补偿，对整个资本家阶级来说，是剩余价值或剩余产品的一种扣除，就像对工人来说，购买生活资料所需的时间是损失掉的时间一样。①

梅基对方案二提出批评，认为它误解了剩余价值的含义。② 他指出，非生产性劳动者也和生产性工人一样向资本家出售劳动力，他们的工资也是资本家的支出；剩余价值指的仅是为财产所有者阶级所占有的社会剩余劳动的价值，它由三个部分构成，即企业主收入、利息和租金。梅基认为，马克思将流通费用视为剩余价值或剩余产品的一种扣除，只是从资本家的视角而言，并不是立足于整体资本主义生产过程；事实上，用于非生产性支出的资本，是社会总资本的一个必要的组成部分。他援引了马克思在《资本论》第 3 卷中的论述：

> 这些支出固然会形成追加资本，但不会生产任何剩余价值。它们必须从商品的价值中得到补偿；这些商品的一部分价值必须再转化为这种流通费用；但由此不会形成任何追加的剩余价值。就社会总资本来看，这事实上无非就是说，总资本的一部分是那些不加入价值增殖过程的次一级的活动所需要的，并且社会资本的这个部分必须为这些目的而不断地再生产出来。③

---

① 马克思：《资本论》第 2 卷，人民出版社，2004，第 167 页。
② Mage, S., "The 'Law of the Falling Tendency of the Rate of Profit': Its Place in the Marxian Theoretical System and Relevance to the U. S. Economy," New York: Columbia University, 1963: 57 – 68.
③ 马克思：《资本论》第 3 卷，人民出版社，2004，第 325 页。

马克思的这两段论述有矛盾之处。前者说流通费用不会把价值追加到商品上，而后者则说流通费用必须从商品的价值中得到补偿。按照前一段论述，非生产性支出的再生产就会成为问题。事实上，《资本论》第 3 卷也表露出了关于如何再生产非生产性支出的疑问："商人作为单纯的流通当事人既不生产价值，也不生产剩余价值（因为他由自己的费用加到商品上的追加价值，不过是原先已有的价值的追加，尽管这里还有一个问题：他究竟怎样保持和保存他的不变资本的这个价值?）"。①

梅基提出的方案三，解决了这一问题。他提出：一方面，非生产性支出虽然不生产新价值，但它们是对社会资本的一部分的消费，以这种方式被消费的价值，为了保持其持续再生产，必须进入生产出的商品的总价值；另一方面，不变资本和可变资本的区别，基于它们向商品中转化价值的不同方式，不变资本的特征方式是附加原本已存在的价值，因此，对待非生产性支出的合理方式，是将它们视作不变资本的组成部分。

方案一得到的利润率表达式，与方案三恰好一致。方案一将非生产性支出等同于生产性支出，也就是将其中用于劳动力的部分归入可变资本，将其他部分归入不变资本。方案三是将非生产性支出全部归入不变资本。利润率的分母是预付的不变资本和可变资本之和，因此两种方案得到的利润率分母是一致的，二者得到的分子也都是不包括非生产性支出的剩余价值。然而，方案一的问题在于，它得到的可变资本和不变资本进而剩余价值率和资本有机构成，不严格符合马克思的概念，因此不利于对利润率进行解释。

四 总结

综上所述，本文讨论了围绕利润率定义的四个方面的争论。图 5 试

---

① 马克思：《资本论》第 3 卷，人民出版社，2004，326 页。

图直观地表现这些争论，从图中可以看出，这些论争涉及：第一，在利润率定义中，采纳价格利润率还是价值利润率；第二，在利润率分母的定义中，是以历史成本衡量资本存量，还是以当前成本衡量资本存量；第三，在利润率的定义中，是否和如何区分生产性劳动与非生产性劳动；第四，是否考虑资本家的主观意识形式对利润率定义的影响。

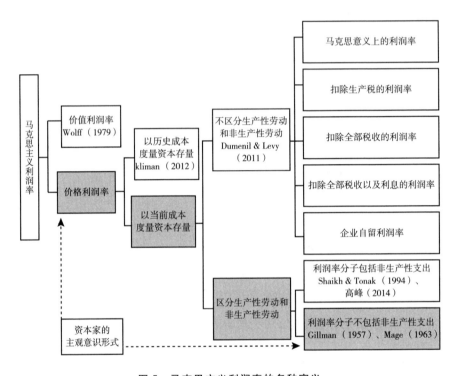

图 5　马克思主义利润率的多种定义

注：图中的阴影区域表示笔者赞同的观点。

在图 5 中，以阴影标识的图域代表笔者赞同的观点，具体而言，我们赞成以价格范畴定义利润率；赞成以当前成本度量资本存量；赞成区分生产性劳动和非生产性劳动，并主张将非生产性支出纳入利润率的分母；十分重要的是，资本家的主观意识形式是在定义利润率时需要考虑的重要因素。在图 5 中，资本家的主观意识形式分别影响到对价值利润率和价格利润率的选择，以及对于生产性劳动和非生产性劳动问题的处理。

还可指出的是，现行的国民经济核算以西方主流经济学为基础，其中的许多指标在含义和范围上都与相应的马克思主义概念有所区别。直接利用这些指标来度量利润率，就不可避免地有其局限性。谢克和托纳克在前人研究的基础之上，结合投入产出表与国民收入和产品账户（NIPA），给出了一个核算马克思主义指标的体系。① 这一体系已为一些学者所认可和借鉴。我们认为，根据本文提出的利润率定义标准，参考该体系的核算方法，可以较为严格地衡量利润率，并为马克思主义对于利润率动态的理论解释奠定基础。

参考文献

[1] 安瓦尔·谢克：《21 世纪的第一次大萧条》，赵准译，《当代经济研究》2014 年第 1 期，第 24～31 页。

[2] 高峰：《资本积累理论与现代资本主义》第 2 版，社会科学文献出版社，2014。

[3] 马克思：《资本论》第 2 卷，人民出版社，2004。

[4] 马克思：《资本论》第 3 卷，人民出版社，2004。

[5] 斯威齐：《资本主义发展论》，陈观烈、秦亚男译，商务印书馆，2006，第 304～305 页。

[6] Bakir, E., "Capital Accumulation, Profitability, and Crisis: Neoliberalism in the United States," *Review of Radical Political Economics*, Published Online 21 August 2014: 1 – 23.

[7] Brenner, R., *The Economics of Global Turbulence* (London & New York: Verso, 2006), pp. 345 – 347.

[8] Duménil, G. and D. Lévy, "The Crisis of the Early 21st Century: A Critical Review of Alternative Interpretations," Preliminary Draft, 2011: 1 – 48.

[9] Gillman, J. M., *The Falling Rate of Profit* (London: Dennis Dobson, 1957), pp. 33 – 85.

[10] Kliman, A., *The Failure of Capitalist Production* (London: Pluto Press, 2012).

---

① Shaikh, A. M. and E. A. Tonak, *Measuring the Wealth of Nations* (New York: Cambridge University Press, 1994), pp. 1 – 151.

[11] Mage, S., "The 'Law of the Falling Tendency of the Rate of Profit': Its Place in the Marxian Theoretical System and Relevance to the U. S. Economy," New York: Columbia University, 1963.

[12] Shaikh, A. M. and E. A. Tonak, *Measuring the Wealth of Nations* (New York: Cambridge University Press, 1994), pp. 1 – 151.

[13] Shaikh, A., "Explaining the Global Economic Crisis," *Historical Materialism*, 5 (1999): 105 – 108.

[14] Wolff, E. N., "The Rate of Surplus Value, the Organic Composition, and the General Rate of Profit in the U. S. Economy, 1947 – 67," *The American Economic Review*, 69 (1979): 329 – 341.

危机后一般利润率下降规律的
表现、国别差异和影响因素[*]

徐春华[**]

一 引言

一般利润率是马克思经济学中的重要概念，对一般利润率的估算及对其下降规律的验证也一直是国内外学者的研究主题之一。特别地，资本主义社会中的利润率究竟是在上升还是在下降，历来是马克思主义研究者热烈争论的一个重要问题。[①] 这不仅因为一般利润率下降规律"是现代政治经济学的最重要的规律，是理解最困难的关系的最本质的规律"[②]，而且因为我们对于一般利润率下降规律仍然存在许多模糊不清

博士生导师吴易风教授对本文的撰写给予了悉心指导,中国人民大学经济学院的胡钧教授、吴汉洪教授、夏明教授、赵峰副教授、周璇助理教授以及广东外语外贸大学的刘力教授、林吉双教授都提出了十分宝贵的建议,荷兰格罗宁根大学(University of Groningen)的 J. P. Elhorst 教授以及暨南大学的龚维进博士为本文的撰写提供了部分代码和相应帮助,同时两名审稿专家也提出了极具启发性的修改意见,在此一并谢之。当然,文责自负。

[**] 徐春华,广东外语外贸大学国际服务经济研究院讲师,主要研究方向为政治经济学。

[①] 朱钟棣:《当代国外马克思主义经济理论研究》,人民出版社,2004,第127页。

[②] 马克思、恩格斯:《马克思恩格斯全集》第46卷（下）,人民出版社,1980,第267页。

的理解或者扭曲的看法。[1]

在（一般）利润率的估算方面，不同学者的研究视角与研究方法存在较大差异。譬如，韦斯科普夫在其研究中把马克思的利润率公式 $r = M/(C+V)$ 改造成 $\rho = \Pi/K = (\Pi/Y) \times (Y/Z) \times (Z/K)$，即把利润率拆分为利润份额、产能利用率和潜在产出资本比这三者的乘积。[2] 随后，牛文俊[3]与谢富胜等[4]采用韦斯科普夫的分析方法分别对战后美国长期利润率以及 1975~2008 年美国实体经济利润率进行考察，但是得出的结论并不一致。

不同学者在估算（一般）利润率时对其中的不变资本和可变资本的推算做法不一。高峰[5]和郑佩玉[6]均认为应该采用固定资本价值预付额和不变流动资本价值年周转额之和来估算不变资本，而可变资本则应为可变资本价值年周转额。然而，这种推算方法在实践上碰到的一个困难就是很难获得不变流动资本年价值周转额的统计资料，从而只好用固定资本价值来代替不变资本价值作为估算的依据。此外，乔晓楠认为不变资本是消耗掉的生产资料的价值，从而采用当年相应产业部门固定资产的折旧来对之进行估计[7]。

在一般利润率下降规律方面，不同学者在考察范围以及研究结果等方面都莫衷一是。就利润率的考察范围而言，有人将利润率的研究范围

① 鲁保林、赵磊、林浦：《一般利润率下降的趋势：本质与表象》，《当代经济研究》2011 年第 6 期。
② Weisskopf, T. E., "Marxian Crisis Theory and the Rate of Profit in the Postwar U. S. Economy," *Cambridge Journal of Economics*, 3 (1979): 341 – 378.
③ 牛文俊：《战后美国长期利润率变动的研究》，博士学位论文，南开大学，2009。
④ 谢富胜、李安、朱安东：《马克思主义危机理论和 1975—2008 年美国经济的利润率》，《中国社会科学》2010 年第 5 期。
⑤ 高峰：《马克思的资本有机构成理论与现实》，《中国社会科学》1983 年第 2 期。
⑥ 郑佩玉：《论资本有机构成及其在战后的变动趋势》，《中山大学学报》1986 年第 2 期。
⑦ 乔晓楠：《产业部门间市场结构均衡状态的作用机制及实证分析——从马克思主义经济学的角度进行的考察》，《政治经济学评论》2005 年第 2 辑。

限定在非金融部门①，有人将之锁定在非农业非金融部门②，也有学者主张"利润率变动问题应该在生产和流通、生产和现实相结合的基础上来考察"③。值得注意的是，考察的范围越局限于制造业，利润率的下降趋势也就越明显，而考察的范围越宽泛则利润率变化的趋势也就越复杂④。在研究结果方面，有人发现英国制造业中的利润率下降了，然而服务业乃至整个私人部门当中的利润率则是上升的。⑤ 还有人通过构造 ARIMA 模型探讨了马克思的利润率趋于下降这一规律，且其研究结果表明美国 1948～2007 年的一般利润率符合长期下降趋势，其间美国的利润率大致每年下降 3% 左右。⑥ 此外，也有人认为马克思未能证明利润率必然下降。⑦ 总之，学者们在一般利润率应如何估算及其是否趋于下降等方面存有争议。⑧

在一般利润率的影响因素及一般利润率趋向下降这一规律在解释经

---

① 谢富胜、李安、朱安东：《马克思主义危机理论和 1975—2008 年美国经济的利润率》，《中国社会科学》2010 年第 5 期。

② Basu, D. and R. Vasudevan, "Technology, Distribution and the Rate of Profit in the US Economy: Understanding the Current Crisis," *Cambridge Journal of Economics*, 37 (2013): 57 – 89.

③ 高峰：《资本积累理论与现代资本主义——理论的和实证的分析》第 2 版，社会科学文献出版社，2014 年，第 7 页。

④ 周思成：《欧美学者近期关于当前危机与利润率下降趋势规律问题的争论》，《国外理论动态》2010 年第 10 期。

⑤ 周思成：《欧美学者近期关于当前危机与利润率下降趋势规律问题的争论》，《国外理论动态》2010 年第 10 期。

⑥ Basu, D. and P. Manolakos, "Is There a Tendency for the Rate of Profit to Fall? — Econometric Evidence for the U.S. Economy, 1948 – 2007," Economics Department Working Paper Series, 2010 Paper 99 (http://scholarworks. umass. edu/econ _ workingpaper/99/) .

⑦ Petith, H., "Marx's Analysis of the Falling Rate of Profit in the First Version of Volume III of Capital," *Review of Radical Political Economics*, 17 (2005): 269 – 290.

⑧ Brown, V. and S. Mohun, "The Rate of Profit in the UK, 1920 – 1938," *Cambridge Journal of Economics*, 35 (2011): 1035 – 1059, Basu, D. and R. Vasudevan, "Technology, Distribution and the Rate of Profit in the US Economy: Understanding the Current Crisis," *Cambridge Journal of Economics*, 37 (2013): 57 – 89; 〔英〕保罗·考克肖特：《为马克思利润率下降理论辩护》，李亚伟译，《当代经济研究》2013 年第 8 期。

济危机中的运用方面，谢富胜等认为，利润份额的波动是造成利润率周期性波动的最主要原因①。Giacché 认为，对外贸易抑制利润率下降的作用只存在于短期中。② 在对经济危机的解释上，孙立冰认为"利润率趋向下降的规律"是马克思关于资本主义经济危机理论当中的重要支柱③，并且很多学者都主张从利润率下降趋势的角度对 2008 年乃至资本主义社会中所有的经济危机进行解释④。

　　上述争论的解决有赖于在回归马克思的经典理论的基础上选定更为可靠的研究方法以及确定更为合理的考察范围。马克思认为，不同部门中各不相同的利润率会"通过竞争而平均化为一般利润率，而一般利润率就是所有这些不同利润率的平均数"⑤。同时，一般利润率的高低将受到商业资本大小的影响，即"在一般利润率的形成上，商业资本是一个极为重要的因素"⑥。故而，马克思将商业资本参与平均化后而形成的利润率称为"利润率的完成形态"，并明确指出，"以后凡是说到一般利润率或平均利润时，要注意我们总是……就平均利润率的完成形态而言"⑦。由此易知，一般利润率既然是作为"利润率的完成形态"而产生的，那就必然不是针对单个部门（如制造业部门）而言的，而应是就整个经济体及其中的大部分资本（包括产业资本、商业资本、金融资本等）而言的。因此，不能用单个部门的利润率变动趋势来解

---

① 谢富胜、李安、朱安东：《马克思主义危机理论和 1975－2008 年美国经济的利润率》，《中国社会科学》2010 年第 5 期。

② Giacché, V., "Marx, the Falling Rate of Profit, Financialization, and the Current Crisis," *International Journal of Political Economy*, 40 (2011): 18–32.

③ 孙立冰：《论利润率趋向下降的规律及与资本主义经济危机的内在联系》，《当代经济研究》2009 年第 12 期。

④ Kliman, A., *The Failure of Capitalist Production: Underlying Causes of the Great Recession* (London: Pluto Press, 2011), Giacché, V., "Marx, the Falling Rate of Profit, Financialization, and the Current Crisis," *International Journal of Political Economy*, 40 (2011): 18–32.

⑤ 马克思：《资本论》第 3 卷，人民出版社，2004，第 177 页。

⑥ 马克思：《资本论》第 3 卷，人民出版社，2004，第 23 页。

⑦ 马克思：《资本论》第 3 卷，人民出版社，2004，第 377 页。

释一般利润率下降规律①，因为囿于制造业或者非金融部门（NFCB）而估算出来的利润率不仅不能全面地反映出一般利润率所具备的"一般性"这一特征，也不具有"利润率的完成形态"。

马克思出于深入分析与把握经济规律的需要，从两大部类（生产生产资料的第Ⅰ部类和生产消费资料的第Ⅱ部类）的视角对经济部门进行了高度抽象的划分，发现了经济发展过程中所存在的生产资料部类优先增长规律。然而，一方面，在当今日益发展的现实世界中，要对两大部类的产品进行严格区分是相当困难的，对此，投入产出表不仅能较为科学地推算现实经济中的两大部类，而且这一分析方法应以马克思主义再生产理论为基础才能发挥出其应有的作用②；另一方面，在生产资料部类优先增长规律的作用下，加之两大部类中产品的异质性以及其他方面因素的综合影响，两大部类中的利润率必然会各不相同，从而有必要立足于两大部类的视角来估算一般利润率。

鉴于此，本文主要对以下三个紧密相连的问题进行考察。第一，两大部类中的利润率具有怎样的差异？本文在对两大部类中利润率差异的内在机制进行理论分析的基础上，采用非竞争型投入产出模型对世界38个国家两大部类中的利润率进行估算并考察其具体差异。第二，基于两大部类视角而估算出来的一般利润率水平及其变动趋势具有怎样的国别差异，特别是在2008年经济危机的冲击下一般利润率又有怎样的变化？第三，在经济全球化大背景下，影响一般利润率变动的主要因素是什么？对此，本文在考虑各国之间所存在的空间异质性与空间依赖性的基础上，从国际贸易规模的视角构造出相应的空间权重矩阵，采用空间杜宾模型（Spatial Durbin Model，SDM）进行探析。

本文的研究在一定程度上拓宽了一般利润率的估算思路，有助于理解全球化背景下一般利润率的影响因素与一般利润率下降规律，可为审

---

① Moseley, F., "The Decline of the Rate of Profit in Postwar US Economy: A Comment on Brenner," Mount Holyoke College Working Paper, 2000.

② 钟契夫：《投入产出分析》，中国财政经济出版社，1993，第20页。

视外资逃离、合理引进及利用外资、防范经济危机提供理论支撑和经验证据，具有显著的理论意义与实践价值。

二　理论分析与研究命题

马克思认为，生产资料是"具有必须进入或至少能够进入生产消费的形式的商品"①，消费资料是"具有进入资本家阶级和工人阶级的个人消费的形式的商品"②。这两部类中的商品在用途、性质等方面都是迥然不同的。因为"生产资料只有通过加到它上面的、用它来进行操作的活劳动，才能转化为新的产品，转化为当年的产品"③；而对于消费资料部类，马克思不仅认为"年商品生产的第Ⅱ部类是由种类繁多的产业部门构成的"，而且将之划分为"（必要）消费资料"和"奢侈消费资料"两方面进行考察④。总之，"生产资料和消费资料是完全不同的两类商品……从而也是完全不同种类的具体劳动的产品"⑤。就生产资料这类商品而言，它往往更多的是集中在生产资料市场上以大批量的批发方式进行交易，且其价值在它进入生产加工过程后转移到新商品当中，其利润的实现有待于新商品的最终出售。然而对于消费资料商品而言，它们则在出售过程中实现了其价值（包括附于其中的剩余价值），并由此退出了流通领域。

第Ⅰ部类的资本家所使用的那部分工人阶级并不是他们自己所生产的生产资料的买者，而是第Ⅱ部类所生产的消费资料的买者，因此，"为支付劳动力报酬而以货币形式预付的可变资本，不是直接回到第Ⅰ部类的资本家手中……只有当第Ⅱ部类的资本家用这种货币来购买生产

---

① 马克思：《资本论》第2卷，人民出版社，2004，第439页。
② 马克思：《资本论》第2卷，人民出版社，2004，第439页。
③ 马克思：《资本论》第2卷，人民出版社，2004，第478页。
④ 马克思：《资本论》第2卷，人民出版社，2004，第448~458页。
⑤ 马克思：《资本论》第2卷，人民出版社，2004，第479~480页。

资料的时候，它才通过这种迂回的道路回到第 I 部类的资本家手中"①。然而，就第 II 部类而言，"当一个资本家……把货币用于消费资料时，对他来说，这些货币已经完结，已经走尽了尘世的道路"②。同时，在两者的售卖方式上，"生产资料是直接从商品市场取走的，消费资料是一部分由花费自己工资的工人间接从商品市场取走的，一部分由决不停止消费的资本家自己直接从商品市场取走的"③。由此可见，与第 II 部类资本家所支付的可变资本可直接通过购买本部类消费资料的形式回流到本部类资本家手中的形式不同，第 I 部类资本家所支付的可变资本则需要通过该部类劳动者向第 II 部类购买消费品后，第 II 部类的资本家再将之用于购买生产资料时，才流回第 I 部类资本家手中。总之，第 I 部类的资本回流方式比第 II 部类更为迂回，这将使得后者的利润率可能会普遍高于前者。综合上述理论分析，得出如下研究命题 1。

命题 1：在各种因素的综合影响下，两大部类中的利润率不仅存在较大差异，而且第 II 部类中的利润率水平在整体上要高于第 I 部类。

随着资本有机构成的不断提高，会有越来越多的资本投入不变资本当中，即"资本主义社会把它所支配的年劳动的较大部分用来生产生产资料（即不变资本）"④，由此使得"增长最快的是制造生产资料的生产资料生产，其次是制造消费资料的生产资料生产，最慢的是消费资料生产"⑤。

在生产资料部类优先增长规律的作用下，第 I 部类中的利润率会比第 II 部类中的利润率呈现更为明显的下降趋势。一方面，马克思在其著作中确定的利润率的表达式为 $r = m/(k+1)$，其中 r 为利润率，m 为剩余价值率，k 为资本有机构成——不变资本与可变资本之比。故而，

① 马克思：《资本论》第 2 卷，人民出版社，2004，第 446 页。
② 马克思：《资本论》第 2 卷，人民出版社，2004，第 468 页。
③ 马克思：《资本论》第 2 卷，人民出版社，2004，第 535 页。
④ 马克思：《资本论》第 2 卷，人民出版社，2004，第 489 页。
⑤ 列宁：《列宁全集》第 1 卷，人民出版社，1984，第 66 页。

在其他因素保持不变的情况下，利润率将随着资本有机构成的提高而下降。另一方面，第Ⅰ部类的优先增长客观上会占用该经济体中较大部分的资源，由此使得经济体中的大部分资源投往资本回流方式更为迂回的第Ⅰ部类中，这也会在较大程度上影响到整个经济体中的利润率水平。基于此，得出如下研究命题 2。

命题 2：从整体上说，生产资料部类优先增长的趋势会导致其中的利润率水平下降得比消费资料部门更为明显与稳健，由此确保一般利润率在长期中呈现下降趋势。

关于一般利润率下降规律，马克思对其影响因素及产生机制等方面都做了充分论述。"一般利润率的实际变化……总是由一系列延续很长时期的波动所造成的、很晚才出现的结果，这些波动需要经过许多时间才能巩固为和平均化为一般利润率的一个变化。"[1] 不同学者对一般利润率下降规律的研究结论差异甚大。其原因不仅在于他们所采用的方法以及所考察的范围存在较大差异，而且在于可能每个国家中一般利润率的水平及其变动客观上就存在较大差异的事实。特别地，随着经济全球化的不断推进，各国已是全球经济分工格局中不可分割的一部分，加之每个国家往往在要素禀赋、历史文化、发展水平、制度环境等方面差异甚大，从而使得它们的一般利润率水平及其变动态势也会各不相同。此外，一般利润率在 2008 年全球经济危机期间也理应会有较大变动。

马克思指出，"一般利润率日益下降的趋势，只是劳动的社会生产力的日益发展**在资本主义生产方式下所特有的表现**"[2]。一般利润率"只是不断地作为一种趋势，作为一种使各种特殊利润率平均化的运动而存在"[3]，它"不仅对于单个资本家，而且对于每个特殊生产领域的资本来说，也都表现为外来的既定的东西"[4]。由此可知，一方面，就

[1] 马克思：《资本论》第 3 卷，人民出版社，2004，第 186 页。
[2] 马克思：《资本论》第 3 卷，人民出版社，2004，第 237 页。
[3] 马克思：《资本论》第 3 卷，人民出版社，2004，第 411 页。
[4] 马克思：《剩余价值理论》第 2 册，人民出版社，1975，第 359 页。

英、美、德、日等老牌的发达资本主义国家而言，它们的一般利润率呈现如马克思所言的下降趋势是具有较大可能性的；另一方面，就中国、印度等新兴的发展中国家而言，其一般利润率在整体上甚至可能呈现波动上升的态势。特别地，从全球经济发展的总趋势来看，表征技术进步的资本有机构成在整体上是不断提高的，当其他因素保持不变时，一般利润率下降规律则会在全球多国的均值层面显著体现出来。综上得出如下研究命题3。

命题3：在全球化大背景下，不同国家中的一般利润率往往因其不同国情而差异甚大，一般利润率下降规律不仅在老牌发达资本主义国家显著存在，而且从所有国家整体层面也能显著识别出来；同时，一般利润率在2008年全球经济危机的冲击下会有较大跌幅。

马克思明确指出，如果资本构成的逐渐变化不仅发生在个别生产部门当中，而且发生在一切生产部门或者具有决定意义的生产部门当中，则这种变化就包含着某一个社会中的总资本的平均有机构成发生变化，那么，"不变资本同可变资本相比的这种逐渐增加，就必然会有这样的结果：在剩余价值率不变或资本对劳动的剥削程度不变的情况下，一般利润率会逐渐下降"[1]。故而，"在资本主义生产方式的发展进程中使商品变得便宜的同一过程，也会使生产商品所使用的社会资本的有机构成发生变化，并由此使利润率下降"[2]。

在剖析一般利润率下降规律时，马克思还考察了一系列可能阻碍它下降的因素，包括劳动剥削程度的提高、工资被压低到劳动力的价值以下、不变资本各要素变得便宜、相对过剩人口、对外贸易、股份资本的增加等方面[3]，进而主张"把一般利润率的下降叫作趋向下降"[4]。同时，马克思详细分析了对外贸易的二重作用：一方面它能促使生产资料

---

[1] 马克思：《资本论》第3卷，人民出版社，2004，第236页。
[2] 马克思：《资本论》第3卷，人民出版社，2004，第266页。
[3] 马克思：《资本论》第3卷，人民出版社，2004，第258~268页。
[4] 马克思：《资本论》第3卷，人民出版社，2004，第258页。

与生活资料变得便宜从而有提高利润率的作用，另一方面它还能"加速可变资本同不变资本相比的相对减少，从而加速利润率的下降"①。

事实上，在考虑了各国之间的空间关联后，很多对一般利润率变动有影响的因素都具有二重性。就剩余价值率这一影响因素而言，一方面，一国剩余价值率的提高必然会直接抬升自身的一般利润率，故而需要考察这种直接效应；另一方面，一国剩余价值率的变动还将间接地影响到与该国存在空间关联的其他国家中的一般利润率，涉及间接效应。在间接效应中，本国剩余价值率越高则越能吸引资本流入，从而相对地减少了其他国家生产过程中的资本量并由此影响到经济发展和剩余价值率的提高，对其他具有空间关联的国家中的一般利润率变动具有负向的空间溢出效应。另外，当本国利润率较高时，他国的资本会大量流入本国，从而其他国家的利润率会升高而本国的利润率会降低，所以各国利润率之间还应会呈现趋同的关系，从而显现出正的空间溢出效应。

同理，资本有机构成的影响也具有二重性。一方面，作为技术变动指标的资本有机构成的变动具有相应的技术外溢效应，即本国资本有机构成的提高还将通过促进其他有空间关联的国家的技术进步及经济发展，从而提升它们的一般利润率水平；另一方面，随着其他国家技术进步的加快，它们自身的资本有机构成也将提高，从而降低其一般利润率水平。综合上述分析得出如下研究命题4。

命题4：随着经济全球化日益深入以及国家间关联程度的不断提高，各国的一般利润率变动是多重因素联动影响的结果，其中剩余价值率和资本有机构成均有显著的二重作用，进而使得一般利润率的变动呈现趋同或趋异态势。

对于以上所提出的4个相互联系的命题，下文将先基于两大部类的视角估算出各国的一般利润率，然后从经验分析或实证分析的层面对这些命题进行考察。

---

① 马克思：《资本论》第3卷，人民出版社，2004，第264页。

三 方法、数据与模型

（一） 对两大部类价值构成的估算

马克思将两大部类的社会总产值（Q）分别都划分为不变资本（C）、可变资本（V）和剩余价值（M）三部分，即 $Q_h = C_h + V_h + M_h$，其中 $h = $ Ⅰ 、Ⅱ，分别表示第Ⅰ部类和第Ⅱ部类。

由于每一行业的产品均有可能用作生产资料或消费资料，从而有必要用一个较为合理的权重将各行业中的产品划分到两大部类当中去。特别地，随着经济全球化的纵深发展，各国在生产过程中都会在不同程度上用到从其他国家进口的生产资料。事实上，马克思在探讨简单再生产中两大部类之间的交换时就考察了国外商品输入与输出的情形[1]，并认为"资本主义生产离开对外贸易是根本不行的"[2]。故而，我们在借鉴张忠任处理方法[3]的基础上，把世界投入产出数据库（WIOD）所公布的非竞争型投入产出模型（见表1）里边中间投入的进口部分纳入本文估算各国两大部类价值构成的考察范围中。

表1 开放经济条件下非竞争型投入产出简表

		中间产品	最终产品			总产出
		$1,2,\cdots,n$	消费	资本形成	出口	和进口
国内产品中间投入	$1,2,\cdots,n$	c_{ij}^d	F_i^d	G_i^d	ex_i^d	q_i^d
进口产品中间投入	$1,2,\cdots,n$	c_{ij}^m	F_i^m	G_i^m	ex_i^m	q_i^m
增加值	劳动报酬	v_j				
	社会纯收入	k_j				
总投入		q_j				

[1] 马克思：《资本论》第2卷，人民出版社，2004，第522~523页。
[2] 马克思：《资本论》第2卷，人民出版社，2004，第527页。
[3] 张忠任：《马克思再生产公式的模型化与两大部类的最优比例问题》，《政治经济学评论》2004年第2辑。

在生产部门的劳动者报酬无法获得的情况下，我们借鉴 Cockshott 和 Cottrell[1] 以及高伟[2]的做法，采用雇员报酬这一指标来衡量可变资本。两大部类的价值构成通过以下方法推算：

$$Q_{\mathrm{II}} = \sum_{i=1}^{n} (F_i^{\,d} + F_i^{\,m}) , \quad Q_{\mathrm{I}} = \sum_{i=1}^{n} q_i - Q_{\mathrm{II}} \tag{1}$$

$$C_{\mathrm{II}} = \sum_{j=1}^{n} \left\{ \left[\frac{\sum_{i=1}^{n} (c_{ij}^{\,d} + c_{ij}^{\,m})}{q_j} \right] \times (F_j^{\,d} + F_j^{\,m}) \right\} \tag{2}$$

$$V_{\mathrm{II}} = \sum_{j=1}^{n} \left[\left(\frac{v_j}{q_j} \right) \times (F_j^{\,d} + F_j^{\,m}) \right] , \quad M_{\mathrm{II}} = \sum_{j=1}^{n} \left[\left(\frac{k_j}{q_j} \right) \times (F_j^{\,d} + F_j^{\,m}) \right] \tag{3}$$

$$C_{\mathrm{I}} = \sum_{i=1}^{n} \sum_{j=1}^{n} (c_{ij}^{\,d} + c_{ij}^{\,m}) - C_{\mathrm{II}} , V_{\mathrm{I}} = \sum_{j=1}^{n} v_j - V_{\mathrm{II}} , M_{\mathrm{I}} = \sum_{j=1}^{n} k_j - M_{\mathrm{II}} \tag{4}$$

$$r_h = M_h / (C_h + V_h) , \qquad h = \mathrm{I} 、 \mathrm{II} \tag{5}$$

其中，式（1）表示将最终产品中用于消费的部分划归为第 II 部类，将该经济体的总产值减去第 II 部类产值后的部分划归为第 I 部类（即包括固定资本形成和存货）。式（2）与式（3）表示，在第 II 部类中，用生产第 j 种产品所有的中间投入在其总投入中的占比作为权重从第 II 部类总产值中"剥离"出该部类的不变资本投入额，用生产第 j 种产品所支付的劳动报酬在总投入中的占比作为权重从第 II 部类总产值中"剥离"出该部类的可变资本投入额，用生产第 j 种产品带来的社会纯收入在总投入中的占比作为权重从第 II 部类总产值中"剥离"出该部类的剩余价值额。式（4）表示，用该经济体所使用的中间投入总额、劳动报酬总额以及社会纯收入总额分别减去第 II 部类中的不变资本投入额、可变资本投入额及剩余价值额即为第 I 部类产出中所对应的三大价值构成情况。通过式（5）即可算得两大部类的利润率，在估算出两大

---

[1]　Cockshott, W. P. and A. Cottrell, "A Note on the Organic Composition of Capital and Profit Rates," *Cambridge Journal of Economics*, 27（2003）：749 – 754.

[2]　高伟：《中国国民收入和利润率的再估算》，中国人民大学出版社，2009，第 132 页。

部类利润率的基础上，计算两者的平均数即可推知相应经济体中的一般利润率，因为"这些不同的利润率的平均化，恰好形成一般利润率"[1]。通过计算各国剩余价值与可变资本之比以及不变资本与可变资本之比即可分别得到剩余价值率和资本有机构成这两者的数据。

（二）数据来源与处理

WIOD 公布了 1995～2011 年 40 个国家和地区各自的投入产出表（NIOT）以及 1995～2009 年主要国家的产出与就业的基本信息（SEA）。由于 NIOT 中缺乏雇员报酬的数据，故需要从 SEA 中给予补齐，由此本文的考察时期被限定为 1995～2009 年。同时，由于 SEA 中的所有数据均是以各个国家自身的货币计价的，而 NIOT 中的数据则统一以美元计价，故需要采用相应年份各国的汇率[2]将其雇员报酬换算成统一的美元计价额。此外，表 1 中的"消费"包括 NIOT 中的"居民最终消费支出"、"为居民服务的非营利机构最终消费支出"以及"政府最终消费支出"三部分。值得一提的是，用增加值减去劳动报酬并剔除产品补贴以外的税额的余额作为社会纯收入，因为增加值作为一个"净"的概念是不允许重复计算的。[3]

由于印度尼西亚和中国台湾的数据具有十分明显的异常值特征，故将其剔除出考察范围，最终选取了其余 38 个国家作为研究样本。由于大多数国家的家庭服务业的相关数据均为零并且在少数非零国家中这一数值也非常小，所以将所有国家的这一行业给予剔除。

（三）计量模型的选择

1. 空间异质性、空间依赖性与空间计量模型

一方面，各国在要素禀赋、人口规模、制度环境等诸多方面具有显

---

[1]　马克思：《剩余价值理论》（第 2 册），人民出版社，1975，第 61 页。

[2]　数据来源：联合国数据中心。

[3]　Koopman, R., Z. Wang, and S. J. Wei, "Tracing Value-Added and Double Counting in Gross Exports," *The American Economic Review*, 104（2014）：459–494.

著的空间异质性。另一方面,全球贸易的日益发展及国际经济合作的广泛展开客观上加深了各国或各区域之间的空间依赖及空间关联。对此,空间计量模型则是较好的选择。[①]

一般而言,广义嵌套空间模型(General Nesting Spatial Model,GNS)涵括多种空间计量模型所对应的不同形式。GNS 大体上可以表述成如下形式:

$$Y = \rho WY + \alpha I_N + X\beta + WX\theta + u, u = \lambda Wu + \varepsilon \qquad (6)$$

其中,Y 表示 $N \times 1$ 阶的被解释变量向量,W 表示空间权重矩阵,从而 WY 表示被解释变量的内生交互效应(Endogenous Interaction Effects),也称为因变量的空间滞后项;I_N 为 $N \times 1$ 阶且元素都为 1 的列向量,α 为常数项向量,ρ、β、θ 以及 λ 为对应的归系数向量,并将 ρ 和 λ 统称为空间相关系数,$\varepsilon \sim$ IID(0,$\sigma_\varepsilon^2 I$);X 表示解释变量矩阵,从而 WX 表示解释变量的外生交互效应(Exogenous Interaction Effects),也称为自变量的空间滞后项;u 为 $N \times 1$ 阶的扰动项列向量,从而 Wu 表示不同观测值扰动项的交互效应。

在式(6)GNS 中,当空间自回归系数 $\lambda = 0$ 时,这一模型便退化成 SDM。进一步地,在 SDM 中,如果 $\theta = 0$,则为空间自回归模型(Spatial Autoregressive Model,SAR);如果 $\theta = -\rho\beta$,则为空间误差自相关模型(Spatial Error Model,SEM);如果 $\rho = 0$,则是解释变量空间滞后模型(Spatial Lag of X Model,SLM),因此 SAR、SEM 及 SLM 都是 SDM 的特例[②]。对于面板空间计量模型中的个体效应是以固定效应还是以随机效应的形式表现出来则需要用 Hausman 检验来判断。

2. 直接效应、间接效应与总效应

在空间溢出效应的估计方法上,当前多数研究倾向于选择一个或者

---

① Anselin, L., "Thirty Years of Spatial Econometrics," *Papers in Regional Science*, 89 (2010):3 - 25.

② Vega, S. H. and J. P. Elhorst, "The SLX Model," *Journal of Regional Science*, 55 (2015):339 - 363.

多个空间模型的点估计方法来实现,对此,LeSage 和 Pace 则主张从偏微分这一视角来考察。事实上,由于空间关联的客观存在,一个地区中某一自变量的变化不但会通过直接效应(Direct Effect)影响到该地区的因变量,而且会通过间接效应(Indirect Effect)对周边地区的因变量产生相应的影响。[①]

由于 SDM 被广泛使用[②],以下重点对之进行分析。对式(6)中 SDM 的表达式合并同类项可得以下形式:

$$Y = (I - \rho W)^{-1} \alpha I_N + (I - \rho W)^{-1}(X\beta + WX\theta) + (I - \rho W)^{-1}u \qquad (7)$$

对因变量 Y 取期望值得 $\mathrm{E}(Y)$,然后对第 k 个自变量求其偏微分即得:

$$\left[\frac{\partial \mathrm{E}(Y)}{\partial x_{1k}} \cdots \frac{\partial \mathrm{E}(Y)}{\partial x_{Nk}} \right] = (I - \rho W)^{-1} \left[I\beta_k + W\theta_k \right] \qquad (8)$$

在式(8)中,对角线上的元素表示直接效应,而非对角线上的元素则表示间接效应。在 SAR 中,式(8)简化为:

$$\left[\frac{\partial \mathrm{E}(Y)}{\partial x_{1k}} \cdots \frac{\partial \mathrm{E}(Y)}{\partial x_{Nk}} \right] = (I - \rho W)^{-1} \beta_k \qquad (9)$$

式(9)偏微分矩阵中的直接效应与间接效应与式(8)类似。在 SLM 中,β_k 即为直接效应,而 θ_k 为间接效应;在 SEM 中,β_k 仍然表示直接效应,但此时无间接效应。[③]

由此可见,SEM、SLM 甚至 SAR 在用于捕获直接效应和间接效应的分析中都存在不同的局限。就 SAR 而言,其不足之一便是一个解释

[①] LeSage, J. P. and R. K. Pace, *Introduction to Spatial Econometrics* (Boca Raton. FL: Taylor and Francis, 2009).

[②] LeSage, J. P. and R. K. Pace, *Introduction to Spatial Econometrics* (Boca Raton. FL: Taylor and Francis, 2009); Elhorst, J. P., "Applied Spatial Econometrics: Raising the Bar," *Spatial Economic Analysis*, 5 (2010): 9 – 28.

[③] Vega, S. H. and J. P. Elhorst, "The SLX Model," *Journal of Regional Science*, 55 (2015): 339 – 363.

变量的溢出效应与直接效应之间的比值独立于 β_k。[①] 此外，直接把 SDM 的回归系数作为其空间回归系数的做法是不合理的乃至是错误的，而应从直接效应、间接效应和总效应来理解和分析空间系数的含义与影响。故而，本文主要选用 SDM 来探讨命题 4 中的相关论断。

3. 空间权重矩阵的构造

多数研究以 $n \times n$ 阶的二进制邻接矩阵作为空间权重矩阵 W 是颇受青睐的设置方式。这一矩阵中的元素 w_{ij} 的设置规则为：如果国家 i 和国家 j 之间存在地理分布上的邻近关系则取值为 1，否则为 0。然而，就本文所考察的 38 个国家而言，基于二进制邻接矩阵而设立的空间权重矩阵并不能合理而准确地反映出每个国家之间的空间依赖关系。

基于上述认识，同时考虑到当前经济全球化背景下的对外贸易能够在相当大程度上反映各国之间的关联性与依赖性，并且为了剔除 1995 ~ 2009 年各国的贸易规模的变动所带来的影响，在此采用每个国家这 15 年间贸易额与 GDP 比值的均值（简称为贸易规模均值，并记为 *avetrad*）作为空间权重矩阵的基本元素[②]，即 w_{ij} 的取值规则为：当 $i \neq j$ 时，则 $w_{ij} = \dfrac{avetrad_i + avetrad_j}{\sum avetrad}$；当 $i = j$ 时，$w_{ij} = 0$。其中，$\sum avetrad$ 表示所有国家的贸易规模均值之和。由此构造出的贸易空间权重矩阵表明，如果两国之间拥有规模越大的贸易总额则其空间依赖程度也理应越高。[③] 此外，在回归分析过程中会把这一权重矩阵标准化。

值得一提的是，地理距离权重矩阵也是被学者所普遍使用的空间权重矩阵，它一般包括反距离空间权重矩阵以及反距离平方空间权重矩阵两种形式。设 W_{ij} 为地理距离权重矩阵中的任意元素，则反距离空间权

---

① Elhorst, J. P., "Applied Spatial Econometrics : Raising the Bar," *Spatial Economic Analysis*, 5 (2010)：9 – 28.

② 徐春华、刘力：《FDI、政府消费与 CO_2 排放——基于贸易空间权重矩阵的空间杜宾模型分析》，《国际经贸探索》2016 年第 1 期。

③ 诚然，尽管任意两国之间的贸易额更能说明各国空间依赖程度，但是由于这一数据缺失，故而只能选用贸易规模均值来识别各国的空间依赖性。

重矩阵（记为 W_{ij}^{1}）的设定标准为：

$$W_{ij}^{1} = \begin{cases} 1/d & \text{当 } i \neq j; \\ 0 & \text{当 } i = j \end{cases}$$

反距离平方空间权重矩阵（记为 W_{ij}^{2}）的设定标准为：

$$W_{ij}^{2} = \begin{cases} 1/d^{2} & \text{当 } i \neq j。 \\ 0 & \text{当 } i = j \end{cases}$$

其中，d 是根据国家首都的经纬度而计算的球面距离。

四　经验分析

（一）38 国两大部类中的利润率差异

表 2 给出了本文所考察的 38 个国家两大部类的利润率，从中易知，38 个国家两大部类的利润率确实存在不同程度的差异，并且从总体上看，在绝大多数国家中第Ⅱ部类的利润率要普遍高于第Ⅰ部类。如果分别考察这 38 个国家中第Ⅰ部类与第Ⅱ部类的利润率平均值，则这一差异更为明显。

表 2　38 国两大部类中的利润率

国　别	1995 年		2000 年		2005 年		2009 年	
	Ⅰ	Ⅱ	Ⅰ	Ⅱ	Ⅰ	Ⅱ	Ⅰ	Ⅱ
澳大利亚	0.256	0.263	0.263	0.253	0.287	0.267	0.287	0.261
美　　国	0.303	0.359	0.287	0.340	0.328	0.328	0.345	0.347
加　拿　大	0.258	0.362	0.265	0.330	0.281	0.327	0.262	0.288
德　　国	0.233	0.292	0.210	0.296	0.228	0.337	0.186	0.308
法　　国	0.190	0.316	0.192	0.332	0.186	0.342	0.152	0.332
英　　国	0.267	0.210	0.242	0.179	0.258	0.173	0.192	0.097
中　　国	0.216	0.202	0.233	0.238	0.231	0.260	0.213	0.241
印　　度	0.377	0.534	0.392	0.624	0.403	0.666	0.366	0.658
日　　本	0.278	0.476	0.283	0.503	0.285	0.508	0.293	0.595

续表

国　　别	1995 年		2000 年		2005 年		2009 年	
	I	II	I	II	I	II	I	II
韩　　国	0.234	0.272	0.223	0.304	0.196	0.298	0.122	0.165
奥 地 利	0.254	0.282	0.258	0.287	0.250	0.297	0.226	0.300
比 利 时	0.188	0.325	0.165	0.302	0.177	0.280	0.168	0.291
保 加 利 亚	0.248	0.401	0.306	0.415	0.256	0.300	0.233	0.294
巴　　西	0.350	0.333	0.325	0.357	0.310	0.314	0.308	0.279
塞 浦 路 斯	0.506	0.461	0.489	0.500	0.440	0.412	0.391	0.364
捷　　克	0.275	0.377	0.213	0.288	0.193	0.273	0.167	0.230
丹　　麦	0.204	0.307	0.201	0.255	0.173	0.221	0.093	0.164
西 班 牙	0.256	0.321	0.230	0.311	0.221	0.318	0.222	0.295
爱 沙 尼 亚	0.161	0.204	0.214	0.308	0.235	0.287	0.171	0.192
芬　　兰	0.224	0.244	0.219	0.268	0.202	0.244	0.144	0.203
希　　腊	0.526	0.666	0.474	0.591	0.491	0.580	0.451	0.526
匈 牙 利	0.192	0.255	0.186	0.283	0.196	0.247	0.141	0.185
爱 尔 兰	0.275	0.184	0.298	0.265	0.278	0.248	0.241	0.178
意 大 利	0.259	0.305	0.296	0.391	0.282	0.387	0.250	0.362
立 陶 宛	0.345	0.381	0.417	0.388	0.399	0.369	0.370	0.351
卢 森 堡	0.249	0.483	0.169	0.433	0.164	0.388	0.144	0.312
拉 脱 维 亚	0.301	0.289	0.319	0.320	0.279	0.298	0.251	0.277
墨 西 哥	0.567	0.692	0.552	0.704	0.607	0.722	0.570	0.578
马 耳 他	0.206	0.301	0.271	0.401	0.219	0.330	0.214	0.274
荷　　兰	0.222	0.292	0.198	0.293	0.214	0.284	0.170	0.226
波　　兰	0.305	0.319	0.295	0.330	0.314	0.364	0.267	0.256
葡 萄 牙	0.216	0.240	0.200	0.252	0.177	0.250	0.154	0.245
罗 马 尼 亚	0.343	0.437	0.297	0.406	0.288	0.404	0.266	0.202
俄 罗 斯	0.244	0.232	0.398	0.353	0.352	0.336	0.241	0.211
斯 洛 伐 克	0.236	0.284	0.193	0.264	0.249	0.374	0.304	0.462
斯 洛 文 尼 亚	0.237	0.463	0.208	0.391	0.174	0.298	0.141	0.228
瑞　　典	0.202	0.207	0.172	0.213	0.183	0.197	0.109	0.131
土 耳 其	0.731	0.764	0.507	0.601	0.477	0.544	0.463	0.518

注:"Ⅰ"表示第Ⅰ部类,"Ⅱ"表示第Ⅱ部类。

从图 1 可以直观地看出,第Ⅰ部类的利润率平均值明显地高于第Ⅱ部类,并且两者都呈现波动下降的趋势。从波动变化趋势看,第Ⅰ部类和第Ⅱ部类的利润率平均值从 1995 年到 2009 年的降幅分别约为 4.33

与 5.03 个百分点。从总体上看，第 II 部类的利润率平均值约高出第 I
部类这一均值 7 个百分点。故而命题 1 是成立的。

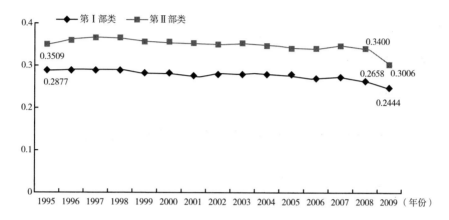

图 1   38 国两大部类利润率的平均值

由图 1 还可知，第 II 部类利润率平均值的波动幅度相对要大，并且
它在 1998 年之前表现出明显的上升态势。随着 2008 年全球性经济危机
的爆发，第 I 部类（第 II 部类）的利润率均值从 2008 年的 26.58%
（34.00%）迅猛地降至 2009 年的 24.44%（30.06%）。总之，第 I 部
类的利润率水平下降趋势更为明显与稳健，进而可确保一般利润率趋于
下降（命题 2）这一规律得以成立。

（二）各国一般利润率的差异及一般利润率趋于下降的规律

1. 世界主要国家中的一般利润率差异①

从图 2（a）中易知，日本的一般利润率呈现微幅波动下降的趋势：
从 1995 年的 37.65% 缓慢降至 2009 年的 37.39%。然而，韩国的一般
利润率所呈现出来的下降态势则较为明显：从 1995 年的 25.33% 波动

① 限于篇幅，本节仅就日本、韩国、中国、印度、巴西、美国、加拿大、澳大利亚、
英国、德国以及法国等 11 个相对主要的发达国家或发展中国家中的一般利润率进行
比较分析。

降至 2008 年的 22.36%，随后在 2008 年经济危机的影响下大幅降至 2009 年的 14.33%。从图 2（b）易知，中国（印度）的一般利润率从 1995 年的 20.88%（45.54%）波动上升至 2009 年的 22.67%（51.16%），然而巴西的一般利润率则从 1995 年的 34.14% 波动下降到 2009 年的 29.39%。

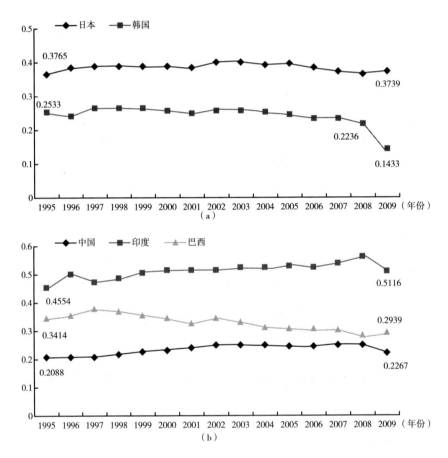

图 2　1995~2009 年日本、韩国、中国、印度、巴西的一般利润率

从图 3（a）中易知，澳大利亚的一般利润率从 1995 年的 25.95% 波动上升至 2009 年的 27.39%，而美国（加拿大）的一般利润率则从 1995 年的 33.09%（31.00%）波动下降到 2009 年的 31.62%（27.46%）。从图 3（b）可见，德国（法国）的一般利润率从 1995 年

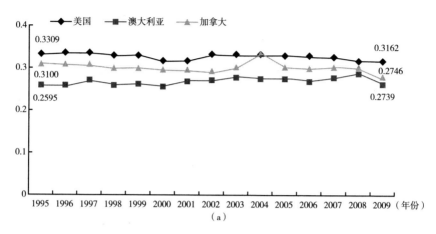

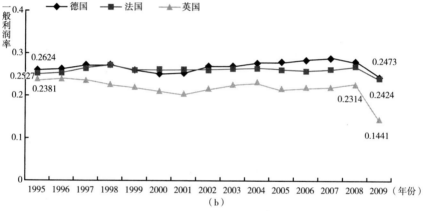

图 3 1995～2009 年美国、加拿大、澳大利亚、德国、
法国、英国的一般利润率

的 26.24%（25.27%）波动下降到 2009 年的 24.73%（24.24%），而英国的一般利润率则从 1995 年的 23.81% 波动下降到 2008 年的 23.14%，而后受 2008 年全球经济危机的影响断崖式地跌至 2009 年的 14.41%。通过对上述 11 个国家中的一般利润率及其变动情况的比较分析可知，命题 3 是显然成立的。

2. 一般利润率下降规律——来自世界 38 个国家整体均值层面的经验观察

图 4 清楚地表明世界 38 个国家中一般利润率的平均值呈现明显的

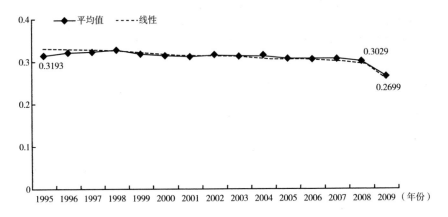

图 4　38 国一般利润率的平均值及其变动趋势

下降趋势：这一均值从 1995 年的 31.93% 波动下降到 2008 年的 30.29%，然而在 2008 年全球性经济危机期间，这一均值进一步下跌到 2009 年的 26.99%，从而命题 3 中的相关论断显然成立。

五　实证分析

（一）模型、方法与数据

如前所述，本部分将通过构造空间计量回归模型来证实命题 4 的相关论断。基于前文论述，我们将本文有待考察的空间计量模型设为如下 SDM 的形式：

$$\ln grp = \rho(I_T \otimes W_N)\ln grp + \alpha I_{NT} + X\beta + (I_T \otimes W_N)X\theta + \varepsilon \qquad (10)$$

其中，$\ln grp$ 为对数化后的一般利润率（grp）矩阵，$\otimes$ 为克罗内克积，X 为解释变量矩阵（包括本文重点考察的剩余价值率对数值 $\ln m$ 和资本有机构成对数值 $\ln occ$ 两大主要解释变量以及其他控制变量），从而（$I_T \otimes W_N$）$\ln grp$ 表示被解释变量的内生交互效应，（$I_T \otimes W_N$）X 表示解释变量的外生交互效应，其余符号含义如前所述。

在解释变量的选取方面，第一，考虑到马克思谈及不变资本、人口因素、对外贸易、股份资本等方面因素的变动对一般利润率造成的影响，同时出于数据可得性的考虑，依次将各国的固定资本形成总额与GDP比值（*fixcapi*）、人口密度（千人/每公里土地面积，*peopden*）、贸易额与GDP比值（*trade*）以及上市公司的市场资本总额与GDP比值（*lccapi*）作为这几个因素的控制变量。第二，使用居民最终消费支出与GDP比值（*rescons*）以及一般政府最终消费支出与GDP比值（*govcons*）分别来控制各国居民消费和政府行为对一般利润率的影响。第三，用城镇人口在总人口中的占比（*urban*）控制城镇化的作用。第四，一国的环境状况也可能影响到该国一般利润率的变动，故而将二氧化碳排放量（单位：千克/2005年美元GDP，co2）作为环境状况的替代指标而纳入本文的控制变量当中。同时，我们对所有的解释变量与控制变量都做了对数化处理。特别地，由于比利时与卢森堡两国的解释变量数据缺失较多，本文在实证分析时剔除了这两个国家，而选取了表2中剩余的36个国家作为考察对象，从而所对应的空间权重矩阵则为 36×36 阶的形式。

首先，采用Moran I统计量对全局空间相关性进行检验，其表达式为：

$$MoranI = \frac{\sum_{i=1}^{n} \sum_{j=1}^{n} W_{ij}(A_i - \bar{A})(A_j - \bar{A})}{S^2 \sum_{i=1}^{n} \sum_{j=1}^{n} W_{ij}} \tag{11}$$

其中，$S^2 = \frac{1}{n} \sum_{i=1}^{n} (A_i - \bar{A})$，$\bar{A} = \frac{1}{n} \sum_{i=1}^{n} A_i$，$A_i$ 表示 i 地区（国家）的观测值，n 为地区（国家）总数。Moran I的取值范围为 $[-1, 1]$，其绝对值大小则表示空间相关性的强弱。同时，一般通过构造 Z 统计量来判别 Moran I 的显著性，其原假设 H_0 为：不存在空间相关。Z 统计量的表达式如下：

$$Z(I) = \frac{I - E(I)}{\sqrt{Var(I)}} \sim N(0,1) \tag{12}$$

在这一统计量中，分母中的 Var（I）表示方差，分子中的 E（I）表示均值。如果 Z 值拒绝原假设则表明存在空间相关。在控制了相应的变量以后，lngrp、ln$m$ 以及 lnocc 这三大变量的 Moran I 检验结果[①]如表 3 所示。

表 3　lngrp、ln$m$ 及 lnocc 的 Moran I 检验结果

变量	1995 年	1996 年	1997 年	1998 年	1999 年	2000 年	2001 年	2002 年
lngrp（控制所有变量）	− 0.003 (0.790)	0.138 ** (2.475)	0.137 ** (2.474)	0.081 ** (2.102)	0.141 ** (2.506)	0.175 *** (2.757)	0.171 *** (2.668)	0.020 (0.951)
ln$m$（控制其他控制变量）	0.158 *** (2.579)	0.181 *** (2.761)	0.210 *** (3.046)	0.127 ** (2.069)	0.204 *** (2.942)	0.154 ** (2.509)	0.186 ** (2.509)	0.182 ** (2.535)
lnocc（控制其他控制变量）	0.137 ** (2.302)	0.122 ** (2.076)	0.084 (1.627)	0.123 ** (1.991)	0.095 * (1.725)	0.055 (1.174)	0.045 (1.026)	0.049 (1.113)
lngrp（控制所有变量）	0.106 * (1.866)	0.117 ** (2.013)	0.130 ** (2.027)	0.004 (0.744)	− 0.027 (0.331)	− 0.044 (0.097)	− 0.074 (− 0.203)	
ln$m$（控制其他控制变量）	0.142 ** (2.090)	0.107 * (1.747)	0.075 (1.294)	0.069 (1.405)	0.092 (1.605)	0.076 (1.496)	0.178 *** (2.639)	
lnocc（控制其他控制变量）	0.001 (0.549)	0.005 (0.622)	0.000 (0.482)	0.059 (1.282)	0.132 ** (2.012)	0.165 ** (2.414)	0.040 (1.108)	

注：括号内给出了 Z 统计量，限于篇幅而没有报告出 Moran I 检验的均值及标准差；*、**、*** 分别代表在 10%、5%、1% 的水平上显著。

从表 3 中不难发现，一方面，lngrp 的 Moran I 值在 2006 年开始变得不再显著，且逐渐过渡到了负相关区域，表明一般利润率在国别间的整体趋同态势有所弱化，甚至开始走向趋异的方向；另一方面，ln$m$ 和 lnocc 的 Moran I 值都在正值范围内波动——尽管在部分年份中不显著。总之，空间关联性的客观存在表明应选用空间计量分析方法进行回归分析。

[①]　计算 Moran I 值以及估计空间面板模型均通过 Matlab 2014a 编程实现，相关程序可主要参考 Elhorst 与 LeSage 的代码（http：//www. spatial-econometrics. com）。

（二）回归结果及其解释

从表4中易知，所有回归结果的拟合优度都在0.999以上，表明本文所设定的空间计量模型有很高的解释力度。Wald检验的结果在1%的水平下显著，这表明应选用SDM而非SAR或SEM等模型来分析。Hausman检验的结果选择了固定效应（空间固定效应、时间固定效应和时空双固定效应）下的SDM模型而非随机效应模型。同时，三大固定效应下SDM模型的空间相关系数ρ都接近于-1，均通过了1%的显著性检验，再次印证了空间关联的客观存在。

表4　贸易空间权重矩阵下空间计量模型的回归结果

	空间固定效应		时间固定效应		时空双固定效应		随机效应
	SAR	SDM	SAR	SDM	SAR	SDM	SDM
ln$m$	0.999***	0.999***	0.989***	0.986***	0.996***	0.993***	0.992***
	(345.54)	(360.04)	(486.73)	(372.37)	(338.58)	(322.50)	(312.57)
lnocc	-0.705***	-0.708***	-0.687***	-0.687***	-0.704***	-0.702***	-0.702***
	(-169.51)	(-177.77)	(-246.69)	(-184.57)	(-171.16)	(-162.31)	(-155.51)
ln$trade$	0.004*	-0.002	-0.000	-0.002	-0.002	-0.017***	-0.006**
	(1.852)	(-0.798)	(-0.111)	(-0.905)	(-0.712)	(-4.281)	(-1.974)
ln$fixcapi$	0.001	0.004	0.002	0.001	0.001	0.004*	0.002
	(0.544)	(1.627)	(0.708)	(0.368)	(0.411)	(1.773)	(0.712)
ln$urban$	-0.093***	-0.139***	-0.002	0.002	-0.109***	-0.104***	-0.027**
	(-9.114)	(-8.631)	(-0.607)	(0.313)	(-10.92)	(-4.756)	(-2.128)
ln$govcons$	0.002	-0.001	-0.002	0.006	-0.001	-0.011**	-0.002
	(0.464)	(-0.177)	(-0.938)	(1.499)	(-0.280)	(-2.551)	(-0.515)
ln$rescons$	0.006	0.001	0.015***	0.018**	-0.002	-0.023**	-0.005
	(0.737)	(0.080)	(3.260)	(2.291)	(-0.237)	(-2.56)	(-0.506)
ln$peopden$	0.033***	0.017	-0.001*	0.003***	-0.005	0.029**	-0.004
	(4.370)	(1.422)	(-1.825)	(3.394)	(-0.509)	(2.015)	(-1.215)
ln$co2$	0.003	0.016***	-0.001*	0.003*	0.017***	0.018***	0.010***
	(1.302)	(4.766)	(-1.680)	(1.847)	(4.692)	(3.885)	(3.321)
ln$lccapi$	0.001***	0.001***	0.001	0.002**	0.001**	0.002***	0.001**
	(3.129)	(2.072)	(1.274)	(2.574)	(2.060)	(2.886)	(2.096)

续表

	空间固定效应		时间固定效应		时空双固定效应		随机效应
	SAR	SDM	SAR	SDM	SAR	SDM	SDM
$2W \times \ln m$		0.974 *** (4.523)		0.589 *** (5.494)		0.577 *** (6.013)	− 0.263 *** (− 3.174)
$W \times \ln occ$		− 0.676 *** (− 4.249)		− 0.345 ** (− 2.060)		− 0.366 ** (− 2.714)	0.313 ** (2.296)
$W \times \ln trade$		− 0.002 (− 0.065)		− 0.096 ** (− 2.095)		− 0.697 *** (− 4.416)	− 0.194 ** (− 2.039)
$W \times \ln fixcapi$		0.098 ** (2.533)		0.149 (1.336)		− 0.024 (− 0.303)	0.202 *** (2.668)
$W \times \ln urban$		− 1.166 *** (− 2.743)		0.266 (1.275)		− 0.053 (− 0.090)	0.647 * (1.803)
$W \times \ln govcons$		0.056 (0.966)		0.699 *** (3.866)		− 0.321 * (− 1.698)	0.067 (0.348)
$W \times \ln rescons$		0.022 (0.269)		0.304 (1.236)		− 1.044 *** (− 4.138)	− 0.449 * (− 1.944)
$W \times \ln peopden$		1.033 ** (2.499)		− 0.087 *** (− 2.751)		1.855 *** (3.258)	− 0.120 (− 1.046)
$W \times \ln co2$		− 0.016 (− 0.741)		0.054 *** (2.689)		0.290 ** (2.037)	0.374 *** (3.372)
$W \times \ln lccapi$		− 0.001 (− 0.489)		− 0.096 ** (− 2.095)		0.042 *** (3.225)	0.034 ** (2.433)
ρ	− 0.004 (− 0.042)	− 0.955 *** (− 4.463)	− 0.267 *** (− 11.16)	− 0.992 *** (− 25.35)	− 0.151 *** (− 9.371)	− 0.993 *** (− 37.51)	− 0.003 (− 0.214)
R^2	0.9997	0.9998	0.9991	0.9992	0.9998	0.9998	0.9997
$\log L$	2072.55	2109.19	1658.90	487.685	2048.76	483.403	1992.59
Wald_spatial_lag						391.26 ***	
Hausman 检验统计量(伴随概率)						1926.95 (0.000)	
obs.	540	540	540	540	540	540	540
直接效应							
$\ln m$	0.999 *** (340.47)	0.999 *** (358.61)	0.991 *** (484.46)	0.993 *** (497.61)	0.997 *** (343.00)	1.001 *** (353.45)	0.992 *** (310.78)
$\ln occ$	− 0.705 *** (− 165.03)	− 0.708 *** (− 176.31)	− 0.688 *** (− 239.95)	− 0.693 *** (− 244.86)	− 0.704 *** (− 167.62)	− 0.708 *** (− 185.51)	− 0.702 *** (− 152.98)
$\ln trade$	0.004 * (1.778)	− 0.002 (− 0.739)	− 0.000 (− 0.117)	0.000 (0.057)	− 0.002 (− 0.747)	− 0.004 * (− 1.756)	− 0.006 ** (− 1.972)

	空间固定效应		时间固定效应		时空双固定效应		随机效应
	SAR	SDM	SAR	SDM	SAR	SDM	SDM
ln*fixcapi*	0.001	0.002	0.002	− 0.002	0.001	0.005 **	0.002
	(0.540)	(0.904)	(0.700)	(− 0.555)	(0.441)	(2.069)	(0.677)
ln*urban*	− 0.092 ***	− 0.122 ***	− 0.002	− 0.003	− 0.109 ***	− 0.106 ***	− 0.028 **
	(− 8.972)	(− 10.59)	(− 0.634)	(− 1.329)	(− 10.76)	(− 7.871)	(− 2.248)
ln*govcons*	0.002	− 0.001	− 0.002	− 0.007 **	− 0.001	− 0.005	− 0.002
	(0.465)	(− 0.437)	(− 0.860)	(− 2.256)	(− 0.250)	(− 1.526)	(− 0.452)
ln*rescons*	0.006	0.001	0.015 ***	0.013 **	− 0.001	− 0.004	− 0.004
	(0.764)	(0.040)	(3.186)	(2.203)	(− 0.131)	(− 0.593)	(− 0.467)
ln*peopden*	0.033 ***	− 0.001	− 0.001 *	− 0.001 ***	− 0.005	− 0.004	− 0.004
	(4.407)	(− 0.083)	(− 1.789)	(− 2.907)	(− 0.517)	(− 0.474)	(− 1.231)
ln*co2*	0.003	0.017 ***	− 0.002 *	− 0.001	0.017 ***	0.013 ***	0.010 ***
	(1.276)	(4.965)	(− 1.684)	(− 0.869)	(4.786)	(3.799)	(3.317)
ln*lccapi*	0.001 ***	0.001 ***	0.001	0.001	0.001 **	0.001	0.001 **
	(3.163)	(2.100)	(1.275)	(1.421)	(2.080)	(1.570)	(2.093)
间接效应							
ln*m*	− 0.001	0.010	− 0.209 ***	− 0.202 ***	− 0.131 ***	− 0.215 ***	− 0.266 ***
	(− 0.031)	(0.895)	(− 14.44)	(− 3.823)	(− 10.58)	(− 4.724)	(− 3.381)
ln*occ*	0.001	0.001	0.145 ***	0.178 **	0.093 ***	0.176 **	0.318 **
	(0.030)	(0.020)	(14.42)	(2.040)	(10.58)	(2.494)	(2.317)
ln*trade*	− 0.000	− 0.000	0.000	− 0.051 **	0.000	− 0.357 ***	− 0.197 **
	(− 0.031)	(− 0.005)	(0.120)	(− 2.168)	(0.744)	(− 4.453)	(− 2.127)
ln*fixcapi*	− 0.000	0.050 ***	− 0.000	0.079	− 0.000	− 0.015	0.200 ***
	(− 0.207)	(2.437)	(− 0.696)	(1.374)	(− 0.440)	(− 0.374)	(2.671)
ln*urban*	0.000	− 0.562 ***	0.000	0.134	0.014 ***	0.027	0.630 *
	(0.053)	(− 2.547)	(0.629)	(1.256)	(7.291)	(0.089)	(1.813)
ln*govcons*	0.000	0.030	0.001	0.363 ***	0.000	− 0.160	0.079
	(0.150)	(0.969)	(0.860)	(3.902)	(0.245)	(− 1.658)	(0.411)
ln*rescons*	− 0.000	0.010	− 0.003 ***	0.157	0.000	− 0.535 ***	− 0.436 *
	(− 0.017)	(0.231)	(− 3.149)	(1.265)	(0.125)	(− 4.150)	(− 1.890)
ln*peopden*	0.000	0.554 ***	0.001 *	− 0.043 ***	0.001	0.945 ***	− 0.124
	(0.030)	(2.528)	(1.780)	(− 2.666)	(0.516)	(3.179)	(− 1.068)
ln*co2*	− 0.000	− 0.016	0.001 *	0.109 ***	− 0.002 ***	0.144 *	0.369 ***
	(− 0.347)	(− 1.376)	(1.668)	(3.104)	(− 4.398)	(1.961)	(3.357)
ln*lccapi*	− 0.000	− 0.001	− 0.000	0.027 ***	− 0.001 **	0.021 ***	0.034 **
	(− 0.070)	(− 0.920)	(− 1.254)	(2.647)	(− 2.007)	(3.127)	(2.427)
总效应							
ln*m*	0.998 ***	1.009 ***	0.782 ***	0.790 ***	0.866 ***	0.786 ***	0.727 ***
	(120.9)	(99.27)	(52.97)	(14.95)	(67.19)	(17.33)	(9.084)

续表

	空间固定效应		时间固定效应		时空双固定效应		随机效应
	SAR	SDM	SAR	SDM	SAR	SDM	SDM
$lnocc$	-0.705*** (-99.22)	-0.708*** (-27.05)	-0.543*** (-52.06)	-0.515*** (-5.919)	-0.612*** (-62.86)	-0.532*** (-7.550)	-0.384*** (-2.753)
$lntrade$	0.004* (1.779)	-0.002 (-0.112)	-0.000 (-0.116)	-0.051** (-2.128)	-0.002 (-0.747)	-0.361*** (-4.487)	-0.203** (-2.147)
$lnfixcapi$	0.001 (0.539)	0.052** (2.561)	0.002 (0.701)	0.078 (1.345)	0.001 (0.441)	-0.010 (-0.257)	0.202*** (2.655)
$lnurban$	-0.092*** (-9.050)	-0.683*** (-3.024)	-0.001 (-0.635)	0.131 (1.220)	-0.095*** (-10.75)	-0.079 (-0.259)	0.602* (1.681)
$lngovcons$	0.002 (0.466)	0.029 (0.940)	-0.002 (-0.858)	0.356*** (3.846)	-0.001 (-0.251)	-0.165* (-1.720)	0.077 (0.395)
$lnrescons$	0.006 (0.765)	0.010 (0.242)	0.012*** (3.167)	0.170 (1.354)	-0.001 (-0.131)	-0.539*** (-4.134)	-0.440* (-1.862)
$lnpeopden$	0.033*** (4.372)	0.553** (2.520)	-0.001* (-1.786)	-0.044*** (-2.715)	-0.005 (-0.517)	-0.940*** (3.157)	-0.128 (-1.075)
$lnco2$	0.003 (1.279)	0.001 (0.080)	-0.001* (-1.683)	0.108*** (3.064)	0.015*** (4.759)	0.157** (2.116)	0.379*** (3.380)
$lnlccapi$	0.001*** (3.173)	0.000 (0.056)	0.001 (1.278)	0.028*** (2.725)	0.001** (2.083)	0.022*** (3.257)	0.035** (2.472)

注：（1）（ ）内为估计系数的 t 值；（2）上标 * 、 ** 、 *** 分别代表在 10%、5%、1% 的水平上显著；（3）log$L$ 表示对数似然值。表 5 同。

空间固定效应和时空双固定效应下 SDM 的拟合优度均相对较高，且前者的 log$L$ 优于其他的固定效应模型；与此同时，时空双固定效应模型的识别效果要优于无空间固定效应、时间固定效应、空间固定效应或者随机效应等模型的估计结果①。因此，我们重点选用空间固定和时空双固定效应下 SDM 的估计结果进行分析。

———————

① Elhorst, J. P. , "Matlab Software for Spatial Panels," *International Regional Science Review* , 37（2014）：389 - 405.

从回归结果来看，$\ln m$ 的回归系数都接近于 1 并且都在 1% 的水平上显著，存在空间相关的其他国家中 $\ln m$ 的回归系数均显著为正（在空间固定及时空双固定效应下 SDM 的回归系数分别为 0.974 与 0.577）；$\ln occ$ 的回归系数在 -0.7 附近，符号与预期相符，同时均通过了 1% 的显著性检验，具有空间相关的其他国家中 $\ln occ$ 的回归系数均显著为负。然而如前所述，并不能直接把这些回归系数当作 SDM 的空间回归系数，而应从直接效应、间接效应及总效应来分析。

就 $\ln m$ 而言，一方面，在直接效应的回归结果中，所有 SAR 与 SDM 中 $\ln m$ 的系数仍然在 1 附近小幅变动，并且高度显著，这表明一个国家中剩余价值率的上升会显著提高自身的一般利润率水平。另一方面，在间接效应的回归结果中，时间固定效应和时空双固定效应下 SDM 的回归系数分别为 -0.202 和 -0.215，并且均通过了 1% 的显著性检验，表明如前所述的剩余价值率的负向空间溢出效应是显著存在的。

就 $\ln occ$ 而言，一方面，在直接效应中，其回归系数在 -0.7 附近且均在 1% 的水平上显著，这说明本国的资本有机构成提高能显著地负向作用于本国的一般利润率，这与马克思经济学的相关理论相吻合；另一方面，在间接效应中，时间固定效应和时空双固定效应下 SDM 的回归系数分别为 0.178 和 0.176，并且均在 5% 的水平上显著，由此表明资本有机构成具有一定的技术外溢效应。总之，在直接效应与间接效应的综合作用下，总效应中的结果均一致表明资本有机构成以及剩余价值率的变动的确是导致一般利润率发生变化的两大主要的显著因素，从而命题 4 成立。

就控制变量而言，第一，时空双固定效应下 SDM 的直接效应表明，本国对外贸易的扩大会抑制自身一般利润率水平的提高；同时，时间固定效应和时空双固定效应下 SDM 的间接效应还表明，对外贸易还具有负向的空间溢出效应，从而本文的回归结果实证了马克思所讨论的对外贸易在加速利润率的下降方面的显著作用。第二，时空双固定效应下

SDM 的直接效应显示，本国固定资本形成总额的提高有助于提高一般利润率，而空间固定效应下 SDM 的间接效应则表明本国固定资本形成总额的增长具有正向的空间溢出效应，这与马克思的判断相符。第三，空间固定效应及时空双固定效应下 SDM 的直接效应一致表明，本国城镇化的推进将对一般利润率的提升产生显著的负向作用，同时空间固定效应下 SDM 的间接效应表明，本国城镇化还具有负向的空间溢出效应，这表明城镇化过程中的各种成本在很大程度上是对利润的一种侵蚀。第四，时间固定效应下 SDM 的直接效应显示，政府消费行为不利于本国一般利润率的提高，而居民消费行为则能显著提高其一般利润率水平；时间固定效应下 SDM 的间接效应表明政府消费行为具有正向空间溢出效应，而时空双固定效应下 SDM 的间接效应表明居民消费行为呈现负向的空间溢出效应。这应与因多数政府支出用于非生产性投资而产生的"挤出效应"密切相关，而本国居民消费的扩大则能通过拉动自身经济增长来提高其一般利润率水平。第五，时间固定效应下 SDM 的直接效应说明，本国人口密集度越大则越不利于自身一般利润率的提高，而空间固定效应与时空双固定效应下 SDM 的间接效应则表明人口密度对他国一般利润率变动具有正向的空间溢出效应。第六，多数固定效应下 SDM 的直接效应与间接效应表明，自身环境的恶化在一定程度上有助于提高本国的一般利润率，但会不利于提高其他有空间关联国家的一般利润率水平。第七，大部分固定效应下 SDM 的直接效应与间接效应显示上市公司市场资本总额的增长不仅能促使自身一般利润率水平的提高，而且对有空间关联的国家呈现正向的空间溢出效应。

（三）稳健性分析

值得注意的是，本文基于对外贸易份额这一指标而构建出来的贸易空间权重矩阵很可能是内生的，因为各国一般利润率的差异可能会直接影响到各国之间的对外贸易额，而基于地理位置的空间距离权重矩阵则在外生性方面有独特的优势。鉴于此，同时考虑到 SDM 相对于 SAR 更具优势，我们同时采用反距离空间权重矩阵和反距离平方空间权重矩阵两种形式，运用 SDM 对原有模型进行了重新估计，相关结果如表 5 所示。

表 5　空间距离矩阵下 SDM 的回归结果

	空间固定效应		时间固定效应		时空双固定效应		随机效应	
	W_{ij}^1	W_{ij}^2	W_{ij}^1	W_{ij}^2	W_{ij}^1	W_{ij}^2	W_{ij}^1	W_{ij}^2
总效应								
$\ln m$	1.003*** (360.58)	1.001*** (359.27)	1.001*** (531.00)	1.005*** (494.58)	1.003*** (367.59)	1.001*** (367.78)	1.002*** (347.80)	0.999*** (354.92)
$\ln occ$	−0.715*** (−171.29)	−0.712*** (−172.86)	−0.693*** (−223.50)	−0.697*** (−229.86)	−0.717*** (−172.77)	−0.713*** (−175.93)	−0.718*** (−166.87)	−0.714*** (−173.37)
$\ln trade$	0.001 (0.330)	0.000 (0.164)	−0.001 (−1.022)	−0.000 (−0.270)	0.001 (0.380)	−0.000 (−0.080)	−0.001 (−0.546)	−0.002 (−0.737)
$\ln fixcapi$	0.001 (0.419)	0.001 (0.342)	−0.003 (−0.940)	−0.002 (−0.861)	0.001 (0.226)	0.000 (0.058)	−0.002 (−0.978)	−0.003 (−1.106)
$\ln urban$	−0.111*** (−10.58)	−0.107*** (−10.91)	0.000 (0.063)	−0.004 (−1.496)	−0.109*** (−10.76)	−0.104*** (−11.00)	−0.056*** (−6.829)	−0.055*** (−6.975)
$\ln govcons$	−0.002 (−0.671)	−0.003 (−0.890)	0.001 (0.288)	0.004 (1.157)	−0.002 (−0.687)	−0.003 (−0.938)	0.001 (0.309)	0.001 (0.264)
$\ln rescons$	−0.001 (−0.308)	−0.001 (−0.381)	−0.002 (−0.535)	−0.001 (−0.255)	−0.003 (−1.404)	−0.001 (−0.820)	−0.002 (−0.810)	−0.001 (−0.414)
$\ln peopden$	0.009 (0.925)	0.004 (0.347)	−0.001 (−1.152)	−0.001** (−2.165)	0.013 (1.291)	0.002 (0.189)	−0.001 (−0.247)	−0.001 (−0.382)
$\ln co2$	0.016*** (4.734)	0.016*** (4.654)	−0.000 (−0.168)	0.000 (0.096)	0.014*** (4.222)	0.015*** (4.644)	0.012*** (4.482)	0.010*** (3.876)
$\ln lccapi$	0.001*** (2.633)	0.001** (2.294)	−0.001 (−1.396)	−0.001 (−1.220)	0.001** (2.488)	0.001** (2.346)	0.001 (1.487)	0.001 (1.266)
ρ	−0.706*** (−5.066)	−0.232*** (−3.730)	−0.271*** (−18.55)	−0.992*** (−25.35)	−0.844*** (−7.959)	−0.272*** (−7.925)	−0.119* (−1.883)	−0.050* (−1.708)
R^2	0.9998	0.9998	0.9991	0.9991	0.9998	0.9998	0.9997	0.9997
直接效应								
$\ln m$	1.001*** (369.42)	1.001*** (339.87)	1.002*** (503.52)	1.005*** (512.73)	1.002*** (367.29)	1.001*** (374.92)	1.002*** (346.48)	0.999*** (363.91)
$\ln occ$	−0.712*** (−176.84)	−0.710*** (−166.97)	−0.695*** (−229.12)	−0.696*** (−231.90)	−0.713*** (−177.12)	−0.711*** (−172.60)	−0.717*** (−170.78)	−0.714*** (−174.66)
$\ln trade$	−0.001 (−0.219)	−0.000 (−0.174)	−0.001 (−0.743)	−0.001 (−0.352)	−0.000 (−0.080)	−0.001 (−0.260)	−0.002 (−0.621)	−0.002 (−0.755)

续表

	空间固定效应		时间固定效应		时空双固定效应		随机效应	
	W_{ij}^1	W_{ij}^2	W_{ij}^1	W_{ij}^2	W_{ij}^1	W_{ij}^2	W_{ij}^1	W_{ij}^2
lnfixcapi	0.000 (0.138)	0.001 (0.193)	-0.002 (-0.730)	-0.002 (-0.941)	0.000 (0.026)	-0.000 (-0.032)	-0.002 (-0.961)	-0.002 (-1.079)
lnurban	-0.105*** (-10.30)	-0.105*** (-10.66)	0.000 (0.116)	-0.005* (-1.668)	-0.105*** (-10.79)	-0.104*** (-10.698)	-0.056*** (-6.834)	-0.055*** (-7.009)
lngovcons	-0.002 (-0.571)	-0.003 (-0.795)	0.001 (0.213)	0.004 (1.260)	-0.002 (-0.579)	-0.003 (-0.867)	0.001 (0.336)	0.001 (0.295)
lnrescons	-0.001 (-0.353)	-0.001 (0.296)	-0.002 (-0.463)	-0.001 (-0.253)	-0.002 (-0.845)	-0.001 (-0.567)	-0.002 (-0.716)	-0.001 (-0.379)
lnpeopden	0.001 (0.101)	-0.001 (-0.093)	-0.001 (-1.093)	-0.001** (-2.113)	0.003 (0.265)	-0.004 (-0.376)	-0.001 (-0.271)	-0.001 (-0.438)
lnco2	0.017*** (4.992)	0.017*** (4.880)	-0.000 (-0.212)	0.000 (0.114)	0.017*** (4.611)	0.017*** (4.806)	0.012*** (4.656)	0.010*** (3.940)
lnlccapi	0.001*** (2.609)	0.001*** (2.295)	-0.001 (-1.498)	-0.001 (-1.148)	0.001*** (2.605)	0.001** (2.281)	0.001 (1.485)	0.001 (1.246)
间接效应								
lnm	0.024*** (3.847)	0.013*** (2.940)	-0.062*** (-4.770)	-0.034*** (-5.183)	0.019** (2.026)	0.012** (2.482)	0.044*** (2.991)	0.020*** (3.366)
lnocc	-0.051*** (-4.234)	-0.029*** (-3.792)	0.067*** (3.706)	0.041*** (4.643)	-0.051*** (-3.713)	-0.029*** (-4.096)	-0.080*** (-3.396)	-0.038*** (-3.806)
lntrade	0.024*** (3.143)	0.013*** (2.769)	-0.015*** (-2.562)	-0.006* (-1.816)	0.016* (1.783)	0.009* (1.672)	0.026** (2.023)	0.010* (1.885)
lnfixcapi	0.011** (2.233)	0.006* (1.770)	-0.020* (-1.735)	-0.014 (-2.445)	0.007 (1.197)	0.003 (0.970)	0.004 (0.373)	0.002 (0.625)
lnurban	-0.106*** (-3.141)	-0.021 (-1.317)	-0.009 (-0.488)	-0.027*** (-2.786)	-0.064* (-1.998)	-0.012 (-0.705)	-0.024 (-0.636)	-0.013 (-0.856)
lngovcons	-0.008 (-1.097)	-0.006 (-1.327)	0.013 (1.248)	0.017*** (3.055)	-0.005 (-0.709)	-0.004 (-1.007)	-0.006 (-0.427)	-0.005 (-0.882)
lnrescons	0.001 (0.247)	-0.004 (-1.319)	-0.017 (-0.941)	-0.004 (-0.498)	-0.014** (-2.228)	-0.006* (-1.815)	-0.022* (-1.876)	-0.007 (-1.625)
lnpeopden	0.141*** (3.705)	0.090*** (4.516)	-0.001 (-0.530)	0.000 (0.270)	0.154*** (3.776)	0.083*** (3.666)	0.005 (0.350)	0.005 (0.801)
lnco2	-0.023*** (-4.671)	-0.020 (-4.968)	0.006 (1.177)	0.004 (1.583)	-0.039*** (-3.663)	-0.020*** (-3.194)	-0.024** (-2.126)	-0.006 (-1.197)
lnlccapi	-0.002*** (-2.687)	-0.001 (-1.156)	0.005* (1.764)	0.004*** (2.895)	-0.002* (-1.683)	-0.001 (-0.966)	-0.003 (-1.553)	-0.001 (-1.192)

注：限于篇幅，没有报告外生交互效应、部分统计量以及总效应的回归结果，备索。

从表 5 中不难看出，在两类空间权重矩阵的回归结果中，ln$m$ 的回归系数依然在 1 附近变动并且十分显著，lnocc 的回归系数也还是维持在 -0.7 附近变动并且高度显著，但是它们的符号在空间固定效应、时空双固定效应以及随机效应这三类回归结果的间接效应中与使用贸易空间权重矩阵的回归结果相反。由此表明了这两大变量对一般利润率变动所产生的二重作用，从而命题 4 成立。

在控制变量方面，对外贸易以及固定资本形成总额的直接效应都不显著，但对外贸易在间接效应中则能显著地表现出它的二重作用。政府消费行为和居民消费行为的回归系数在绝大多数模型中为负并且不显著。其他变量的回归结果与前文类似。

此外，我们选用了混合 OLS 估计、GMM 估计以及 SEM 估计等方法进行探讨，结果表明[①]，即便在没有考虑空间相关性的情况下，ln$m$ 的回归系数还是在 1 附近变动而且十分显著；同样，lnocc 的回归系数依然是在 -0.7 附近变动而且十分显著。SEM 的相关系数为 -0.2326，但是并不显著，这表明一般利润率更倾向于通过自身的历史"惯性"的形式（SAR 模型以及 SDM 模型的回归形式）而非误差冲击的形式来体现其空间传递性。

六　小结

本文考察了 1995~2009 年 38 个国家中两大部类的利润率以及经济体中一般利润率的变动情况，研究发现：第一，第 II 部类中的利润率水平整体上高于第 I 部类，并且生产资料部类优先增长的趋势会导致其中的利润率水平下降得比消费资料部门更为明显和稳健。第二，一般利润率下降规律不仅显著存在于美、日、英、法、德等老牌发达国家，而且在其他国家的均值层面也显著存在，在 2008 年金融危机的冲击下它们

---

① 限于篇幅，结果没有报告，备索。

都有较大降幅。第三，尽管一般利润率的变动是多种因素综合影响的结果，但是资本有机构成以及剩余价值率的变动仍然是两大具有二重性的重要影响因素。总之，对一般利润率的估算应该立足于两大部类的视角，要对一般利润率的主要影响因素进行有效识别，不仅需要立足于马克思的经典理论，而且需要充分考虑各国之间的空间异质性与空间相关性，更需要从直接效应与间接效应的层面来对之进行考察。

　　基于本文的研究结论可得如下政策启示。第一，中国的一般利润率在整体上不仅低于巴西、印度等主要发展中国家，而且低于日本、美国、加拿大、澳大利亚、德国、法国等主要发达国家，这可能引发大量资本的抽离，对此可通过相关措施来增强投资者信心。第二，由于多数发达资本主义国家中的一般利润率在整体上呈现明显的下降趋势，而中国的一般利润率则呈现波动上升的态势，一般利润率下降趋势是国际产业转移的根本动因①，所以在长期内"外资仍然喜欢中国"②，从而中国可合理引导外资在各大行业中的流向以推动产业结构优化升级。第三，一般利润率在长期中不断下降与经济危机的产生是相伴相生的，特别是各国一般利润率的变动已呈现显著的空间联动特征，由此局部经济危机的全球扩散渠道得到了强化。因此，还应建立与防范他国经济危机冲击的相应举措。

[1] 〔英〕保罗·考克肖特：《为马克思利润率下降理论辩护》，李亚伟译，《当代经济研究》2013 年第 8 期。

[2] 高峰：《马克思的资本有机构成理论与现实》，《中国社会科学》1983 年

---

① 徐春华、吴易风：《国际产业转移理论：马克思经济学与西方经济学的比较》，《经济学动态》2015 年第 6 期。

② 陈恒：《外资仍然喜欢中国》，《光明日报》2015 年 9 月 13 日，第 2 版。

第 2 期。

［3］ 高峰：《资本积累理论与现代资本主义——理论的和实证的分析》第 2 版，社会科学文献出版社，2014。

［4］ 高伟：《中国国民收入和利润率的再估算》，中国人民大学出版社，2009。

［5］ 列宁：《列宁全集》第 1 卷，人民出版社，1984。

［6］ 鲁保林、赵磊、林浦：《一般利润率下降的趋势：本质与表象》，《当代经济研究》2011 年第 6 期。

［7］ 马克思：《剩余价值理论》第 2 册，人民出版社，1975。

［8］ 马克思：《资本论》第 2 卷，人民出版社，2004。

［9］ 马克思：《资本论》第 3 卷，人民出版社，2004。

［10］ 马克思、恩格斯：《马克思恩格斯全集》第 25 卷，人民出版社，1974。

［11］ 马克思、恩格斯：《马克思恩格斯全集》第 46 卷（下），人民出版社，1980。

［12］ 牛文俊：《战后美国长期利润率变动的研究》，博士学位论文，南开大学，2009。

［13］ 乔晓楠：《产业部门间市场结构均衡状态的作用机制及实证分析——从马克思主义经济学的角度进行的考察》，《政治经济学评论》2005 年第 2 辑。

［14］ 孙立冰：《论利润率趋向下降的规律及与资本主义经济危机的内在联系》，《当代经济研究》2009 年第 12 期。

［15］ 谢富胜、李安、朱安东：《马克思主义危机理论和 1975—2008 年美国经济的利润率》，《中国社会科学》2010 年第 5 期。

［16］ 徐春华、刘力：《FDI、政府消费与 CO_2 排放——基于贸易空间权重矩阵的空间杜宾模型分析》，《国际经贸探索》2016 年第 1 期。

［17］ 徐春华、吴易风：《国际产业转移理论：马克思经济学与西方经济学的比较》，《经济学动态》2015 年第 6 期。

［18］ 张忠任：《马克思再生产公式的模型化与两大部类的最优比例问题》，《政治经济学评论》2004 年第 2 辑。

［19］ 郑佩玉：《论资本有机构成及其在战后的变动趋势》，《中山大学学报》1986 年第 2 期。

［20］ 钟契夫：《投入产出分析》，中国财政经济出版社，1993。

［21］ 周思成：《欧美学者近期关于当前危机与利润率下降趋势规律问题的争论》，《国外理论动态》2010 年第 10 期。

［22］ 朱钟棣：《当代国外马克思主义经济理论研究》，人民出版社，2004。

［23］ Anselin, L., "Thirty Years of Spatial Econometrics," *Papers in Regional Science*, 89 (2010): 3 – 25.

［24］ Basu, D. and P. Manolakos, "Is There a Tendency for the Rate of Profit to

Fall? —Econometric Evidence for the U. S. Economy, 1948 – 2007," Economics Department Working Paper Series, 2010, Paper 99 (http: // scholarworks. umass. edu/econ_ workingpaper/99/).

[25] Basu, D. and R. Vasudevan, "Technology, Distribution and the Rate of Profit in the US Economy: Understanding the Current Crisis," *Cambridge Journal of Economics*, 37 (2013): 57 – 89.

[26] Brown, V. and S. Mohun, "The Rate of Profit in the UK, 1920 – 1938," *Cambridge Journal of Economics*, 35 (2011): 1035 – 1059.

[27] Cockshott, W. P. and A. Cottrell, "A Note on the Organic Composition of Capital and Profit Rates," *Cambridge Journal of Economics*, 27 (2003): 749 – 754.

[28] Elhorst, J. P., "Applied Spatial Econometrics: Raising the Bar," *Spatial Economic Analysis*, 5 (2010): 9 – 28.

[29] Elhorst, J. P., "Matlab Software for Spatial Panels," *International Regional Science Review*, 2014, 37 (2014): 389 – 405.

[30] Giacché, V., "Marx, the Falling Rate of Profit, Financialization, and the Current Crisis," *International Journal of Political Economy*, 40 (2011): 18 – 32.

[31] Kliman, A., *The Failure of Capitalist Production: Underlying Causes of the Great Recession* (London: Pluto Press, 2011).

[32] Koopman, R., Z. Wang, and S. J. Wei, "Tracing Value – Added and Double Counting in Gross Exports," *The American Economic Review*, 104 (2014): 459 – 494.

[33] LeSage, J. P. and R. K. Pace, *Introduction to Spatial Econometrics* (Boca Raton. FL: Taylor and Francis, 2009).

[34] Moseley, F., "The Decline of the Rate of Profit in Postwar US Economy: A Comment on Brenner," Mount Holyoke College Working paper, 2000.

[35] Petith, H., "Marx's Analysis of the Falling Rate of Profit in the First Version of Volume III of Capital," *Review of Radical Political Economics*, 17 (2005): 269 – 290.

[36] Vega, S. H. and J. P. Elhorst, "The SLX Model," *Journal of Regional Science*, 55 (2015): 339 – 363.

[37] Weisskopf, T. E., "Marxian Crisis Theory and the Rate of Profit in the Postwar U. S. Economy," *Cambridge Journal of Economics*, 3 (1979): 341 – 378.

图书在版编目（CIP）数据

利润率的政治经济学 / 孟捷主编. -- 北京：社会
科学文献出版社，2018.6
（政治经济学新连线. 学术研究系列）
ISBN 978 - 7 - 5201 - 2881 - 0

Ⅰ.①利…　Ⅱ.①孟…　Ⅲ.①利润率 - 研究　Ⅳ.
①F014.392

中国版本图书馆 CIP 数据核字（2018）第 126055 号

政治经济学新连线·学术研究系列
利润率的政治经济学

主　　编 / 孟　捷

出 版 人 / 谢寿光
项目统筹 / 恽　薇　陈凤玲
责任编辑 / 田　康

出　　版 / 社会科学文献出版社·经济与管理分社（010）59367226
　　　　　　地址：北京市北三环中路甲 29 号院华龙大厦　邮编：100029
　　　　　　网址：www.ssap.com.cn
发　　行 / 市场营销中心（010）59367081　59367018
印　　装 / 三河市尚艺印装有限公司

规　　格 / 开　本：787mm × 1092mm　1/16
　　　　　　印　张：25　字　数：353 千字
版　　次 / 2018 年 6 月第 1 版　2018 年 6 月第 1 次印刷
书　　号 / ISBN 978 - 7 - 5201 - 2881 - 0
定　　价 / 98.00 元